Utsa Patnaik und Prabhat Patnaik

Kapital und Imperialismus

Utsa Patnaik und Prabhat Patnaik

Kapital und Imperialismus

Theorie, Geschichte und Gegenwart

Aus dem Englischen übersetzt
von Michael Zängle

MONTHLY REVIEW PRESS
New York

Mangroven Verlag

Capital and Imperialism. Theory, History and the Present
Utsa Patnaik, Prabhat Patnaik
Monthly Review Press

Erste Auflage
Utsa und Prabhat Patnaik: Kapital und Imperialismus
Übersetzung: Michael Zängle
Druck: www.interpress.eu
Umschlag: Niki Bong
Titelbild: Pixssa / Shutterstock.
www.mangroven-verlag.de
info@mangroven-verlag.de
ISBN: 978-3-946946-45-8

TRÄGER DES
PAUL A. BARAN – PAUL M. SWEEZY
GEDENKPREISES

Mit diesem im Jahr 2014 gestifteten Preis werden die Beiträge der Begründer der Tradition der Monthly Review gewürdigt: Paul M. Sweezy, Paul A. Baran und Harry Magdoff. Der Preis unterstützt die Veröffentlichung herausragender Monographien in englischer Sprache, die sich mit der politischen Ökonomie des Imperialismus befassen. Er gilt auch für Schriften, die bisher nicht in englischer Sprache veröffentlicht wurden und schließt Übersetzungen neuer Arbeiten ein, die erstmals in anderen Sprachen als Englisch erschienen sind. Ausführliche Informationen über den Preis finden Sie unter monthlyreview.org.

Frühere Preisträger

Imperialism in the Twenty-first Century: Globalization, Super-Exploitation, and Capitalism's Final Crisis
John Smith

The Age of Monopoly Capital: Selected Correspondence of Paul A. Baran and Paul M. Sweezy, 1949–1964
Herausgegeben und annotiert von
Nicholas Baran and John Bellamy Foster

Value Chains: The New Economic Imperialism
Intan Suwandi

Inhalt

Vorwort

Bei Vertretern der Theorie der Wirtschaftswissenschaften findet sich durchgängig die Tendenz, den Kapitalismus als geschlossenes, sich selbst genügendes System zu verstehen. Dies ist logisch unhaltbar und vermittelt zudem ein irreführendes Bild seiner tatsächlichen Geschichte. Ziel dieses Buches ist es, sich dieser theoretischen Perspektive entgegenzustellen. Wir stellen hier die These auf, dass der Kapitalismus nicht nur historisch immer in ein vorkapitalistisches Umfeld eingebettet war, aus dem er hervorging, mit dem er interagierte und das er für seine eigenen Zwecke modifizierte, sondern dass seine Existenz und seine Verbreitung darüber hinaus von dieser Interaktion abhängt.

Die ersten fünf Kapitel des Buches befassen sich hauptsächlich mit der Darstellung und Kritik der gängigen, allgemein akzeptierten Theorie. Wir zeigen dort, dass ein in sich geschlossener, sich in der Metropole selbst genügender Kapitalismus eine logische Unmöglichkeit ist. In den späteren Kapiteln diskutieren wir die Art und Weise, in der der Kapitalismus seine vorkapitalistische Umwelt nach seinen Bedürfnissen geformt hat und weiterhin formt. Dadurch ergibt sich eine Lesart der Geschichte des Kapitalismus, die sich von der üblichen Lesart stark unterscheidet. Diese Geschichte wird aus unserer besonderen theoretischen Perspektive dargestellt. Wir versuchen nicht, eine umfassende Darstellung des kapitalistischen Systems in all seinen Facetten zu liefern.

Dieses Buch ist das Ergebnis einer langen Zeit des Denkens und Forschens, in deren Verlauf wir zahlreichen Freunden und Kollegen gegenüber eine große intellektuelle und persönliche Schuld angehäuft haben. Es ist nicht möglich, alle zu erwähnen, aber es wäre undankbar, nicht zumindest einige zu erwähnen.

Für alle, die sich mit politischer Ökonomie befassen und unserer Generation angehören, ist die intellektuelle Schuld gegenüber Irfan Habib und Amiya K. Bagchi unermesslich. Darüber hinaus erkennen wir dankbar an, dass wir uns mit Akeel Bilgrami, Sayera Habib, Sunanda Sen, Carol Rovane, Radhika Desai, Akbar Noman, C.P. Chandrasekhar, Jayati Ghosh, Indu Chandrasekhar, Praveen Jha, Nishad Patnaik und Rajendra Prasad austauschen konnten und dass sie uns in unserer Arbeit ermutigt haben. Niemand von ihnen trägt jedoch irgendeine Verantwortung für die in diesem Buch geäußerten Ansichten. Sie sind unsere eigenen, was immer sie Wert sein mögen.

Schließlich sind wir Michael Yates, Colin Vanderburg und Erin Clermont zu tiefem Dank dafür verpflichtet, dass sie uns geholfen haben, das Manuskript in seine jetzige Form zu bringen.

UTSA PATNAIK
PRABHAT PATNAIK

TEIL 1

Kapitel 1

Kapitalismus als Geldwirtschaft

Die begriffliche Fassung des Kapitalismus, wie sie in der Wirtschaftstheorie in fast allen ihren Hauptsträngen vertreten wird, weicht nicht nur erheblich von der Realität des kapitalistischen Systems ab, sondern ist auch logisch fehlerhaft. Eine solche Behauptung unsererseits mag auf den ersten Blick als Übertreibung erscheinen, aber wir machen sie in allem Ernst. Wir wollen damit nicht die großen Vertreter des Fachs verunglimpfen. Wir wollen vielmehr nur unterstreichen, dass die Wirtschaftswissenschaften durchgängig mit einem blinden Fleck behaftet sind, der darauf zurückzuführen ist, dass sie im Wesentlichen in den kapitalistischen Metropolen entwickelt wurden. Ziel dieses Buches ist es, die Begrenztheit und damit die Fehlerhaftigkeit dieser Sichtweise zu belegen und eine alternative konzeptionelle Darstellung des Kapitalismus zu bieten, die sowohl theoretisch als auch empirisch besser fundiert ist als das, was die Wirtschaftstheorie bisher angeboten hat.

Seit ihren Anfängen folgt die Wirtschaftstheorie der Vorstellung einer isolierten kapitalistischen Wirtschaft, in der – in der einfachsten Version – nur Kapitalisten und Arbeiter existieren, wobei der Staat dafür sorgt, dass Recht und Ordnung herrschen und die Spielregeln des Systems befolgt werden. Wenn der internationale Handel in dieses Bild eingeführt wurde, dann war es der Handel zwischen solchen isolierten kapitalistischen Volkswirtschaften. Mit der Berücksichtigung des zwischenstaatlichen Handels erweitert sich zwar das Feld der Analyse. Aber das fügt den grundlegenden Schlussfolgerungen nur wenig Substanzielles hinzu. Ein großer logischer Fehler in dieser Darstellung besteht nun darin, dass eine solche isolierte kapitalistische Wirtschaft schlicht und einfach keine Wirtschaft mit Geldgebrauch sein kann. Mit anderen Worten, eine geldverwendende kapitalistische Wirtschaft ist mit Anforderungen verbunden, die eine isolierte kapitalistische Wirtschaft, wie sie in der Wirtschaftstheorie dargestellt wird, unmöglich erfüllen kann. Untersuchen wir einige der Implikationen des Geldgebrauchs.

Schon seit langem dient Geld als Zirkulationsmittel. Eine Geldwirtschaft zeichnet sich in erster Linie dadurch aus, dass Wirtschaftssubjekte in gewissem Umfang Geld zur Verfügung halten, um Transaktionen abwickeln zu können. Sie entsprechen damit, wie die Ökonomen sagen, der Nachfrage nach Geld als Transaktions- oder Zirkulationsmittel.

Man kann sich den Vorgang, in dem Geld für Transaktions- bzw. Zirkulationszwecke gehalten wird, wie folgt vorstellen: Die Wirtschaftssubjekte verkaufen Güter, im Falle von Arbeitern und Arbeiterinnen auch ihre Arbeitskraft, und erhalten im Gegenzug Geld. Sie verwenden dieses Geld zum Kauf der von ihnen benötigten Güter. Da bei jedem Wirtschaftssubjekt zwischen dem Verkauf und dem Kauf eine gewisse Zeitspanne liegt, hält jedes von ihnen in der Zwischenzeit Geld. Aggregiert über alle Wirtschaftssubjekte zu einem beliebigen Zeitpunkt, ist dies der Gesamtbetrag des Geldbestands, der zur Abwicklung der Transaktionen in einer Volkswirtschaft gehalten wird.

Jedes Wirtschaftssubjekt kann aber zusätzlich zu dem Geld, das es zu jeder Zeit nur für Zirkulationszwecke benötigt, einen gewissen Betrag an Geld halten. Es stellt eine Verfügungsgewalt über Waren und Dienstleistungen dar, die in einem bestimmten Zeitraum niemals tatsächlich in Waren und Dienstleistungen umgewandelt wird. Geld ist in diesem Fall einfach eine Form, in der die Wirtschaftssubjekte ihr Vermögen halten.

Abgesehen von einigen heterodoxen Traditionen, auf die wir später noch eingehen werden, geht die Wirtschaftstheorie davon aus, dass Geld zwar zu Transaktionszwecken gehalten wird, dass es aber nicht möglich sei, es als Vermögensanlage zu halten, da es eine unfruchtbare Anlage sei, die nichts einbringt. Ein Individuum, das Wert in Form von Geld hält, handelt sicherlich nicht in seinem besten Interesse, denn hätte es diesen Wert in einer anderen Form als Geld gehalten, hätte er eine positive Ertragsrate eingebracht, was Geld an sich nicht tut.

Für die nicht-heterodoxe Wirtschaftstheorie ist jedoch die Sichtweise, Geld könne als Vermögensanlage dienen, keine plausible Deutung der wirklichen Welt. Schon die Grundlagen der nicht-heterodoxen Wirtschaftstheorie beruhen auf der Annahme, dass Geld, das den Transaktionsbedarf übersteigt, nicht als eine Form von Vermögen gehalten werde. Untersuchen wir, warum das so ist.

Man kann sagen, dass die für Transaktionszwecke gehaltene Geldmenge in einem bestimmten festen Verhältnis zum Geldwert der gesamten Waren- und Dienstleistungstransaktionen in der Volkswirtschaft steht. Die Nachfrage nach Geld als Anlage, wenn es denn eine solche gibt, hinge jedoch von allen möglichen anderen Faktoren ab. Einer davon ist die erwartete Rendite alternativer Vermögensanlagen. Kurz gesagt, die Nachfrage nach Geld als Anlage hinge *inter alia* von den Erwartungen über die Zukunft ab.

Wenn das Vermögen von Wirtschaftssubjekten sowohl in Form von Geld als auch in Form eines Kapitalstocks gehalten wird, könnte der Sachverhalt auftreten, dass die erwartete Rendite des Kapitalstocks (oder der Ansprüche an den Kapitalstock in Form von Aktien und Anleihen) fällt. Dies würde die Vermögensinhaber dazu veranlassen, mehr von ihrem Vermögen in Form von Geld zu halten als in Form des Kapitalstocks (oder in Form der Ansprüche an den Kapitalstock). Wenn dies geschieht, sinkt *ceteris paribus* nominal der Preis des Kapitalstocks.

Dies würde die Produktion *neuer* Kapitalgüter senken, denn ein Rückgang des Preises für den vorhandenen Kapitalstock würde auch einen Rückgang des Preises für neue Kapitalgüter bedeuten, wobei hier der Einfachheit halber vorausgesetzt wird, dass alte und neue Kapitalgüter hinsichtlich ihrer Effektivität identisch sind, da in einer Wettbewerbssituation ihre Preise gleich sein und den Grenzkosten für die Produktion neuer Kapitalgüter entsprechen müssen. Dadurch würde der Preis neuer Kapitalgüter unter die Grenzkosten des alten Produktionsniveaus gedrückt, was zu einem Produktionsrückgang führen würde.[1] In einer oligopolistischen Situation, in der der Preis für neue Kapitalgüter ein Aufschlag auf die (konstanten) Gestehungsstückkosten ist, würde ein Rückgang der Preise für den alten Kapitalstock die Nachfrage von den neuen Kapitalgütern weglenken. Deren Produktion würde daraufhin sinken.

Dies würde zu einem Rückgang der Beschäftigung und der Einkommen im Kapitalgüter produzierenden Sektor führen, was wiederum „Multiplikatoreffekte" mit sich brächte. Geringere Einkommen im Kapitalgütersektor hätten eine geringere Nachfrage nach Konsumgütern zur Folge, führten zu einer geringeren Produktion von Konsumgütern und damit zu einer weiteren Verringerung der Nachfrage und so weiter. Dies wiederum wäre die Ursache höherer Arbeitslosigkeit bei gleichzeitig geringerer Kapazitätsauslastung in der Wirtschaft insgesamt.

Man könnte einwenden, dieses Argument gehe von gegebenen Nominallöhnen aus. Wenn aber die Nominallöhne in einer Situation höherer Arbeitslosigkeit sinken, dann würden nicht nur die Grenzkosten für die Produktion neuer Kapitalgüter sinken, sondern die ursprüngliche Erwartung einer geringeren Rendite für Kapitalgüter in der Zukunft könnte sich auch umkehren, wenn der Strom der erwarteten Preise für die von den Kapitalgütern produzierten Güter geringer ausfällt als der Strom der erwarteten Kosten für ihre Produktion (wobei letztere von dem Strom der erwarteten Nominallöhne abhängen). Der Rückgang der Nominallöhne könnte daher jeden Beschäftigungsrückgang zunichte machen, der sich aus dem Wunsch ergibt, Vermögen in Form von Geld und nicht in Form von Kapitalgütern oder Forderungen an Kapitalgüter zu halten. Daraus lässt sich folgern, dass bei *flexiblen* Nominallöhnen unfreiwillige Arbeitslosigkeit, die durch einen Mangel an gesamtwirtschaftlicher Nachfrage nach produzierten Gütern verursacht wird, gar nicht erst entstehen muss.

Es gibt jedoch keinen Grund, warum im obigen Beispiel die Erwartung eines relativen Rückgangs der Rendite des Kapitalstocks sich mit einem Rückgang der Nominallöhne *zwangsläufig* umkehren sollte, d. h., es gibt keinen zwingenden Grund, warum sich die Erwartungen genau auf diese Weise entwickeln sollten. Und wenn sie sich nicht so entwickeln, dann wird die Rezession zwar weitergehen, aber die Nominallohnflexibilität wird dazu führen, dass die Nominallöhne und die Preise in dem vergeblichen Versuch, dieses Problem zu beseitigen, ständig sinken. Das wird das Preissystem und damit die Wirtschaft zerstören. Ein zusätzlicher Faktor, der diese Zerstörung begünstigt, ist der Schaden, der daraus entspringen wird, dass die Wirtschaftssubjekte die aus den vorangegangenen Perioden übernommenen fixen Geldverträge nicht erfüllen können.[2]

Das Problem liegt also nicht, wie oft angenommen, in der fehlenden Flexibilität des Nominallohns, sondern darin, dass eine Nachfrage nach Geld als Vermögensanlage existiert, die eine solche „unfreiwillige" Arbeitslosigkeit erst möglich macht (wir definieren „unfreiwillige" Arbeitslosigkeit als Arbeitslosigkeit bei geringer Kapazitätsauslastung). Und da die nicht-heterodoxe Wirtschaftstheorie im Allgemeinen davon ausgeht, die Märkte funktionierten so, dass sich das System nicht in einem Zustand unfreiwilliger Arbeitslosigkeit einpendeln könne, neigt sie dazu, qua Annahme jegliche Nachfrage nach Geld als Vermögensanlage auszuschließen.

Man kann das alles auch anders betrachten. Die Auffassung, es könne in einer Volkswirtschaft niemals einen Mangel an Gesamtnachfrage nach den produzierten Waren und Dienstleistungen geben, weil „das Angebot seine eigene Nachfrage schafft", wurde von J. B. Say vertreten und wird als Say'sches Gesetz bezeichnet. Die nicht-heterodoxe Wirtschaftswissenschaft akzeptiert im Allgemeinen das Say'sche Gesetz (nicht immer ausdrücklich oder bewusst) und lehnt die Ansicht ab, der Kapitalismus sei ein System, das sich selbst in einer Welt flexibler Preise und ohne „politische Fehler" auf einen Zustand unfreiwilliger Arbeitslosigkeit einpendeln kann. Ricardo glaubte an das Say'sche Gesetz. Auch das walrasianische Gleichgewicht akzeptiert notwendigerweise das Say'sche Gesetz. Das walrasianische Gleichgewicht postuliert, dass bei flexiblen Preisen alle Märkte, einschließlich des Arbeitsmarktes, „geräumt werden".

Nun kann ein Ex-ante-Überangebot an produzierten Gütern und Dienstleistungen nur dann entstehen, wenn es einen Ex-ante-Nachfrageüberhang nach etwas anderem außerhalb des Kreises der produzierten Güter und Dienstleistungen gibt (da alle Ex-ante-Nachfrageüberschüsse, ob positiv oder negativ, sich immer zu Null addieren müssen). Die Einheit außerhalb des Kreises der produzierten Güter und Dienstleistungen, für die es einen solchen Ex-ante-Nachfrageüberhang geben könnte, ist offensichtlich das Geld. Wenn es aber überhaupt keine Nachfrage nach Geld als Vermögensanlage gibt, sondern nur eine Nachfrage nach Geld als Zirkulationsmittel, die in einem festen Verhältnis zum Gesamtwert der produzierten Waren und Dienstleistungen steht, kann kein Ex-ante-Nachfrageüberhang nach Geld entstehen, der einen entsprechenden Ex-ante-Angebotsüberhang an produzierten Waren und Dienstleistungen verursachen und das Say'sche Gesetz außer Kraft setzen würde.

Am deutlichsten kam dies in der Cambridge-Quantitätsgleichung der vorkeynesianischen Zeit zum Ausdruck, die die Geldnachfrage zu einer Funktion des Geldeinkommens machte, wobei eine Konstante *k* die beiden miteinander verband, d.h. $M_d = kY$. Seitdem wurden zwar mehrere Versuche unternommen, *k* zu einer Variablen zu machen und zu belegen, dass in einem funktionierenden Marktsystem unfreiwillige Arbeitslosigkeit ausgeschlossen ist. Doch diese Versuche waren stets mit logischen Mängeln behaftet, auf die hier nicht näher eingegangen werden soll.[3] Die nicht-heterodoxe Theorie ist logisch nur vertretbar, wenn es keine Nachfrage nach Geld als Anlagevermögen gibt (was zur Folge hat, dass *k* eine Konstante wird). Anders und präziser ausgedrückt: Wenn es keine Beschränkungen für die Form der Zukunftserwartungen gibt, dann gilt das Say'sche Gesetz nur dann, wenn es keine Nachfrage nach Geld als Anlagevermögen gibt.

Nachfrage nach Geld ist in einer Geldwirtschaft jedoch nicht nur ein real existierendes Phänomen, sondern ergibt sich auch logisch bereits aus der Nachfrage nach Geld als Zirkulationsmittel. Mit anderen Worten: Geld kann kein Zirkulationsmedium sein, ohne auch eine Form der Wertaufbewahrung zu sein. In dem bereits erwähnten W-G-W-Kreislauf, in dem Individuen Waren in Geld und letzteres wieder in Waren umwandeln, ist Geld die Form, in der Reichtum zumindest für einen flüchtigen Moment gehalten wird. Wenn aber Reichtum in dieser Form für einen flüchtigen Moment gehalten wird, dann gibt es keinen Grund, warum er nicht länger als einen flüchtigen Moment in dieser Form gehalten werden kann. Folglich ist es logisch unhaltbar, eine Nachfrage nach Geld als Zirkulationsmittel zu postulieren, eine Nachfrage nach Geld als Anlageform aber auszuschließen.

In einer Wirtschaft mit Geldgebrauch verfügen die Wirtschaftssubjekte in der Regel über einen Geldbestand, dessen Höhe nicht nur in einem festen Verhältnis zum Wert der produzierten Waren und Dienstleistungen steht. Mit anderen Worten: In einer solchen Wirtschaft ist Geld typischerweise eine der Formen, in denen Vermögen gehalten wird. Dies wiederum bedeutet, dass eine Geldwirtschaft in einen Zustand unfreiwilliger Arbeitslosigkeit geraten kann. Dabei ist der Sachverhalt, dass die Nominallöhne in einer jeweiligen Periode gegeben sind, nicht die Ursache einer solchen Arbeitslosigkeit. Dass die Nominallöhne gegeben sind, schafft vielmehr einen Haltepunkt, der sicherstellt, dass das Preissystem aufgrund der Existenz einer solchen Arbeitslosigkeit nicht nach unten rauscht.

Die Nachfrage nach Geld als Anlageform und deren Begleiterscheinung, dass sich die Wirtschaft in einem Zustand unfreiwilliger Arbeitslosigkeit einpendeln kann, haben eine Reihe theoretischer Implikationen. Diesen wollen wir uns nun zuwenden.

Akkumulation und die Frage nach der Rolle des Marktes

Wenn in einer kapitalistischen Volkswirtschaft jedes produzierende Wirtschaftssubjekt mit ungenutzten Kapazitäten konfrontiert ist, dann scheint eine Kapazitätserweiterung kaum gerechtfertigt. Und selbst wenn ein Teil der Kapazitätserweiterung aus der Überzeugung heraus erfolgt, dass der Umfang der ungenutzten Kapazitäten künftig schrumpfen wird, lässt sich nicht leugnen, dass der Umfang der Kapazitätserweiterung wahrscheinlich geringer ist, wenn die ungenutzten Kapazitäten größer sind. Folglich dürften Nettoinvestitionen, aggregiert über die gesamte Volkswirtschaft, in umgekehrtem Verhältnis zum Umfang der ungenutzten Kapazitäten in der Wirtschaft stehen.

Vor allem in der marxistischen Tradition ist, ausgehend von Marxens eigenem Kommentar „Akkumuliert, akkumuliert, das ist Moses und die Propheten!“, so viel über den kapitalistischen Wettbewerb als Akkumulationsantrieb geschrieben worden, dass jede Andeutung, Nachfrage könnte die Investitionen beeinflussen, auf den ersten Blick seltsam erscheinen mag. Nikolai Bucharins Kritik an Rosa Luxemburg betraf genau diesen Punkt. Ihre These, der Kapitalismus bedürfe eines „externen Marktes“, damit erweiterte Reproduktion überhaupt in Gang kommen könne, ist laut Bucharin unvereinbar mit der Wirklichkeit des Kapitalismus, in dem die Konkurrenz zwischen den Einzelkapitalen der Anreiz für die Akkumulation ist.[4]

Was aber in dieser Diskussion übersehen wird, und zwar auch von Bucharin, ist der Sachverhalt, dass Kapitalisten möglicherweise auch dann weiter Geldkapital akkumulieren wollen, wenn sie nicht *investieren*.[5] Akkumulation kann auch in Form von Geldanlagen erfolgen und nicht nur in Form von Erhöhungen des physischen Kapitalstocks. Folglich kann auch dann, wenn Kapitalisten aufgrund der Konkurrenz weiter akkumulieren wollen, der Umfang ihrer Kapazitätserweiterung vom Stand der Kapazitätsauslastung abhängen. Wer die Tatsache der Konkurrenz heranzieht, um die Relevanz einer Investitionsfunktion zu leugnen, der leugnet auch, dass die Akkumulation verschiedene Formen annehmen kann. Marx hatte dies durch seine Ablehnung des Say'schen Gesetzes und die Anerkennung einer Nachfrage nach Geld als Wertspeicher hervorgehoben.[6]

Die Tatsache, dass die Nettoinvestitionen vom Grad der Kapazitätsauslastung abhängen – sie nehmen zu bei steigender Kapazitätsauslastung und fallen bei sinkender Auslastung – hat zwei äußerst wichtige Implikationen. Erstens macht sie das System instabil. Angenommen, die Kapazitätsauslastung falle aus irgendeinem Grund. Dann sinken die Investitionen im Vergleich zu dem Niveau, das sie andernfalls erreicht hätten. Das wiederum verringert die Gesamtnachfrage und die Kapazitätsauslastung sinkt noch weiter.

Mit anderen Worten, es kann ein gewisses Niveau der Kapazitätsauslastung geben, bei dem eine Wirtschaft, wenn sie sich zufällig auf diesem Niveau befindet, hier verharrt – analog zu Roy Harrods „gesicherter Wachstumsrate". Weicht die Wirtschaft jedoch von diesem Niveau einmal ab, dann wird sie auch weiterhin davon abweichen. Man schreibt diesem Niveau dann die Eigenschaft einer „Messerschneide" zu.[7]

Nun zur zweiten Implikation. Wenn sich die Wirtschaft in einem stationären Zustand befindet (d. h. in einem Zustand der „einfachen Reproduktion" mit Nullwachstum), dann gibt es *innerhalb des Systems* nichts, was sie aus diesem Zustand herausziehen könnte. In einer Welt, in der die Nettoinvestitionen ausschließlich von der Kapazitätsauslastung abhängen und nicht stimuliert werden durch etwas anderes außerhalb dieses endogenen Kreislaufs – eines Kreislaufs, in dem die Nachfrage zu Investitionen führt, und diese wiederum die Nachfrage bestimmen – gibt es nichts, was die Wirtschaft aus einem stationären Zustand herausziehen könnte. Anders ausgedrückt, es gibt endogene und exogene Anreize. Erstere beziehen sich auf den Wachstumsimpuls in einem System, der sich aus der Tatsache ergibt, dass es bereits Wachstum gibt. Endogene Stimuli können daher ein System nicht aus einem stationären Zustand herausheben. Exogene Stimuli hingegen wirken unabhängig davon, ob Wachstum bereits stattgefunden hat. Ohne exogene Anreize bleibt eine Wirtschaft, die sich in der einfachen Reproduktion befindet, diesem Zustand verhaftet.

Aber das ist noch nicht alles. Die einfache Reproduktion oder ein stationärer Zustand, ist nicht irgendein Punkt, an dem die Wirtschaft ohne exogene Anreize gelegentlich *vielleicht* stecken bleiben könnte. Vielmehr wird die Wirtschaft ohne exogene Anreize *zwangsläufig* in diesen Zustand gelangen.[8] Angesichts der Instabilität des Systems muss sich eine wachsende Wirtschaft selbst vorantreiben. Dabei stößt sie früher oder später zwangsläufig auf irgendeine angebotsseitige Beschränkung, entweder auf Arbeitskräftemangel oder auf eine Kapazitätsbeschränkung bei der Produktion von Investitionsgütern, eine Kapazitätsbeschränkung, die die Investitionen reduziert.[9] In einem solchen Fall beginnt eine Abwärtsbewegung, die erst dann endet, wenn die Bruttoinvestitionen dem Niveau der Abschreibungen entsprechen, d. h., wenn der stationäre Zustand erreicht ist. Bei Berücksichtigung der Gesamtnachfrage gibt es keinen anderen Haltepunkt, an dem die Wirtschaft ohne exogene Anreize verharren kann, als im stationären Zustand. (Die andere mögliche Position, die Harrods „gesicherter Wachstumsrate" entspricht, ist, wie wir gesehen haben, eine instabile Position mit einer „Messerschneide"-Eigenschaft.)

Da eine kapitalistische Wirtschaft als Wirtschaft mit Geldgebrauch durch eine Nachfrage nach Geld als Vermögensanlage gekennzeichnet ist und sich in einem Zustand unfreiwilliger Arbeitslosigkeit einpendeln kann, bedeutet dies auch, dass sie sich bei ausbleibenden exogenen Anreizen letztlich auf einen Zustand einfacher Reproduktion zubewegt und dort verharrt.

Die drei exogenen Stimuli, die in der theoretischen Diskussion vorkommen, sind das Eindringen in vorkapitalistische Märkte, die Staatsausgaben und die Innovationen. Während die Wirtschaftstheorie in ihrer konzeptionellen Darstellung des Kapitalismus die ersten beiden Stimuli meist ausklammert – man geht ja davon aus, dass es sich um ein isoliertes System handelt und dass sich die Rolle des Staates darauf beschränkt, für Recht und Ordnung zu sorgen und die Spielregeln aufrechtzuerhalten – kann die dritte Anreizgruppe, bestehend aus Innovationen, entgegen einer verbreiteten Auffassung streng genommen nicht als exogen betrachtet werden.

Der Mythos „vollkommener Konkurrenz" geht einher mit der Annahme einer horizontal verlaufenden Angebotskurve zum Marktpreis. In einer Welt, in der die Firmen nicht davon ausgehen können, eine solche Situation vorzufinden, müssten sie, wollten sie mehr verkaufen, ihre Preise senken. Dies wiederum würde Vergeltungsmaßnahmen anderer kapitalistischer Unternehmen hervorrufen, die ihren Marktanteil nicht verlieren wollen. Nach dem üblicheren Szenario, in dem Firmen über unausgelastete Kapazitäten verfügen obwohl der Preis die Grenzkosten übersteigt, hält die Angst vor Vergeltung die Unternehmen davon ab, ihren Rivalen Marktanteile abzunehmen. Selbst wenn für ein Unternehmen ein neuer Prozess oder ein neues Produkt verfügbar wird, würde das Unternehmen aus eben dieser Furcht vor Vergeltung diese Innovationen nur dazu nutzen, *ebenso viel zu verkaufen, wie es ohne die Innovationen verkauft hätte.* Die Innovation führt nicht dazu, dass das Unternehmen versucht, mehr auf Kosten seiner Konkurrenten zu verkaufen. Daraus folgt, dass Innovationen nicht *per se* zusätzliche Nettoinvestitionen rechtfertigen; sie tragen zu einer Änderung der Investitions*form* bei (neue Maschinen anstelle der alten).[10] Eine Wirtschaft, die sich in einem stationären Zustand befindet, kann daher nicht darauf hoffen, aus einem solchen Zustand herauszukommen, selbst wenn Innovationen zur Verfügung stehen.[11]

Die Tatsache, dass Innovationen keinen echten exogenen Stimulus darstellen – vielleicht mit Ausnahme der von Baran und Sweezy als „epochemachend" bezeichneten Innovationen wie die Eisenbahn und das Automobil – wird von Wirtschaftshistorikern bezeugt.[12] Die Zeit zwischen dem Ersten und dem Zweiten Weltkrieg hat mehrere Innovationen erlebt, die jedoch aufgrund der Großen Depression nicht in den Produktionsprozess eingeführt wurden.[13] Sie wurden erst in den Jahren des Nachkriegsbooms eingeführt, was darauf hindeutet, dass Innovationen in Rezessionen eher abgewürgt werden, als dass sie dabei hülfen, Rezessionen zu überwinden.

Wäre die in der Wirtschaftstheorie weitverbreitete begriffliche Fassung des Kapitalismus korrekt, dann würde eine Wirtschaft, die eine Wirtschaft mit Geldgebrauch und als solche in der Lage ist, sich in einem Zustand unfreiwilliger Arbeitslosigkeit einzurichten, in einen stationären Zustand gedrängt und dort verharren. Man kann jedoch mit Händen greifen, wie wenig charakteristisch es für den Kapitalismus ist, in einem solchen Zustand zu verharren. Dies unterstreicht die Unvereinbarkeit zwischen dem vorherrschenden Kapitalismusverständnis und dem Charakter des Kapitalismus als einer Geldwirtschaft.

Der Wert des Geldes und die Frage der Inflation

Wenden wir uns nun einer weiteren Implikation der Nachfrage nach Geld als Vermögensanlage zu. Wenn man anerkennt, dass es eine Nachfrage nach Geld als Anlage gibt und dass somit kein festes Verhältnis zwischen der Höhe des Geldeinkommens und der Geldnachfrage besteht, dann folgt daraus zwingend, daß der Wert des Geldes, ausgedrückt in Waren und Dienstleistungen, nicht durch die Wechselwirkung zwischen dem Geldangebot und einer Geldnachfrage, die von der Welt der Waren und Dienstleistungen ausgeht, bestimmt werden kann. Der Monetarismus aber nimmt an, dass der Geldwert genau so bestimmt werden könne, und in der Cambridge-Quantitätsgleichung wird diese Auffassung klar zum Ausdruck gebracht.

Betrachten wir nun genauer, was die Cambridge-Gleichung besagt. Wenn die Geldnachfrage gleich $k.Y$ ist, was weiter differenziert werden kann als $k.p.Q$, wobei p das Preisniveau und Q die Vollbeschäftigungsproduktion ist, bedeutet die Gleichheit von Nachfrage und Angebot auf dem Geldmarkt, dass M=k.p.Q, wobei *M* die Geldmenge bezeichnet. (Vollbeschäftigung ist hier gewährleistet, weil in Abwesenheit einer Geldnachfrage das Say'sche Gesetz gelten muss). Das Preisniveau *p*, der Kehrwert des Geldwerts, wird also durch die Geldnachfrage und das Geldangebot bestimmt. Und in diesem Fall führt jede Erhöhung des Geldangebots zu einem äquiproportionalen Anstieg des Preisniveaus, da *Q* und *k* gegeben sind. Daraus folgt, dass ein Anstieg des Geldangebots den Geldwert im Vergleich zum Wert der Waren senkt.

Wenn wir jedoch anerkennen, dass es eine Nachfrage nach Geld als Vermögensanlage gibt, muss ein Anstieg der Geldmenge nicht notwendigerweise das nominale Preisniveau der Waren erhöhen, noch weniger muss es äquiproportional ansteigen. Mit anderen Worten, ein Anstieg der Geldmenge senkt nicht notwendigerweise den Wert des Geldes bezüglich der Waren. Da in der Wirtschaft keine Vollbeschäftigung herrscht, kann ein Anstieg der Geldmenge, wenn er die Nachfrage nach Gütern und Dienstleistungen überhaupt erhöht, ein größeres Angebot an diesen Gütern und Dienstleistungen hervorbringen, auch ohne dass sich deren Preis erhöht, d.h., wenn die Grenzkostenkurve flach ist oder der Preis von vornherein über den Grenzkosten lag.

Anders ausgedrückt: Gibt es eine Nachfrage nach Geld als Vermögensanlage – womit auch unfreiwillige Arbeitslosigkeit gegeben ist – muss es eine andere Regel als das Verhältnis von Geldnachfrage und Geldangebot geben, die den Wert des Geldes gegenüber Waren und Dienstleistungen bestimmt. Sowohl Marx als auch Keynes, die beide eine Nachfrage nach Geld als Vermögensanlage anerkannten, hatten entsprechend alternative Regeln für die Bestimmung des Geldwerts. Bei Marx kam diese Regel aus der Arbeitswerttheorie, die besagt, dass der Wert einer Ware in Bezug auf eine andere durch die relativen Mengen an Arbeit bestimmt wird, die direkt und indirekt in einer Einheit jeder Ware enthalten sind. Der Wert des Geldes in Bezug auf eine Einheit der Nicht-Geld-Ware wurde demnach durch die relativen Mengen an Arbeit bestimmt, die direkt und indirekt in einer Einheit der Geld-Ware im Vergleich zu einer Einheit der Nicht-Geld-Ware verkörpert sind. (Marx sprach über eine Ökonomie mit Geldware.) Bei Keynes war diese Regel die Festsetzung der Nominallöhne, d.h. die Festsetzung des monetären Wertes einer Ware (Arbeitskraft), die in die Produktion aller anderen Waren eingeht. Wir werden dieses Thema später erörtern, aber hier geht es darum festzuhalten, dass es in einer geldbasierten Wirtschaft, in der eine Nachfrage nach

Geld als Vermögensanlage und damit unfreiwillige Arbeitslosigkeit existiert, dennoch immer einen bestimmten Wert des Geldes in Bezug auf Waren und Dienstleistungen gibt, auch wenn dieser nicht auf Geldnachfrage und Geldangebot beruht.

Ebenso muss in einer Wirtschaft, in der Vermögen in Form von Geld und einer Vielzahl anderer gelddenominierter Vermögenswerte gehalten wird, der Wert des Geldes irgendwie geschützt werden. Er darf nicht nur nicht fallen, denn das hätte schwerwiegende Folgen für das System, sondern es darf auch nicht *erwartet werden, dass er fällt*. Bestünde diese Erwartung würden sich die Vermögensinhaber nämlich vom Geld (und sogar von auf Geld lautenden Vermögenswerten) abwenden und stattdessen Waren halten. Das aber würde den geldbasierten Charakter des Systems beeinträchtigen. Und da jeder tatsächliche Rückgang des Geldwerts auch Erwartungen über einen weiteren Rückgang weckt, ist es umso wichtiger, einen solchen tatsächlichen Rückgang zu verhindern.

Natürlich kann ein mehr oder weniger großer Rückgang, ja sogar ein stetiger Rückgang des Geldwerts vom System überwunden werden, solange die Rate dieses Rückgangs unterhalb einer bestimmten Grenze bleibt. Aber oberhalb einer bestimmten Schwelle beschleunigt sich die Inflation der Waren- und Dienstleistungspreise, wenn die erwartete Inflationsrate die Lagerhaltungskosten jener Güter übersteigt, die am leichtesten Geld ersetzen können. Der Wert des Gelds kann in einem solchen Fall geradezu abstürzen. Daher muss eine geldbasierte Wirtschaft dafür sorgen, dass die Inflation unter diesem Schwellenwert verharrt, oder, da niemand diesen Schwellenwert genau kennt, im Allgemeinen so niedrig bleibt wie möglich.

Da in einer Geldwirtschaft in der Regel unfreiwillige, also mit niedriger Kapazitätsauslastung einhergehende Arbeitslosigkeit auftritt, und da in einer solchen Geldwirtschaft kaum jemals eine Angebotsbeschränkung besteht (abgesehen von außergewöhnlichen Umständen wie Kriegen, in denen es ohnehin Preiskontrollen und Rationierungen gibt), ist die Bedrohung des Geldwerts durch einen Nachfrageüberhang nach Waren und Dienstleistungen nicht sehr ernst. Das gilt so lange Rohstoffe, deren Quellen sich außerhalb dieser Volkswirtschaft befinden, zu stabilen Preisen beschafft werden können. (Wir behandeln diesen Punkt später.) Unfreiwillige Arbeitslosigkeit, ein Wesensmerkmal einer Geldwirtschaft, wirkt daher selbst schon als Mittel zur Erhaltung des Geldwerts. Aber sogar in einem System mit Nachfragebeschränkungen – und eine geldbasierte Wirtschaft ist typischerweise ein solches System – kann der Wert des Geldes durch Verteilungskonflikte bedroht sein.

Inflation, sogar eine beschleunigte, kann sehr wohl auch dann auftreten, wenn eine Wirtschaft nicht einmal annähernd die Vollbeschäftigung erreicht. Das wird in der Wirtschaftstheorie bis zum heutigen Tag kaum beachtet. Die Monetaristen gehen davon aus, dass die Wirtschaft spontan eine „natürliche Arbeitslosenquote" erreicht, bei der de facto Vollbeschäftigung herrscht. Sie sehen eine beschleunigte Inflation, wenn die Arbeitslosenquote unter dieses Niveau gedrückt wird, und sie sprechen von einer sich verlangsamenden Inflation, wenn die Arbeitslosenquote über dem „natürlichen Niveau" liegt. Auf diesem Niveau tritt in der Wirtschaft eine stetige Inflation auf, die durch die Differenz zwischen der Wachstumsrate der Geldmenge und der „natürlichen Wachstumsrate" der Wirtschaft bestimmt wird (abgesehen von parametrischen Änderungen der Umlaufgeschwindigkeit des Geldes).[14]

Nach der Auffassung der Monetaristen kann es also niemals zu einer beschleunigten Inflation kommen, solange die Beschäftigung irgendwo unterhalb dieses De-facto-Vollbeschäftigungsniveaus liegt. Und selbst Keynesianer sehen aufgrund ihrer Überzeugung, dass das kapitalistische System nahe an die Vollbeschäftigung herangeführt werden kann, keine ernsthafte Einschränkung durch eine beschleunigte Inflation, solange nicht nahezu Vollbeschäftigung erreicht ist. (Joan Robinsons „Inflationsschranke" war eine Ausnahme, auf die wir später eingehen werden.)[15]

Es gibt jedoch keinen Grund, eine Situation auszuschließen, in der die durch die Gesamtnachfrage bestimmte Beschäftigung ein Niveau erreicht, wo Nominallohnforderungen entweder zu einer Anpassungskürzung des Anteils der Non-Labor-Einkommen am wirtschaftlichen Output führen; oder, wenn eine solche Anpassung ausbleibt, wo die Inflationsrate, sobald sie von den Wirtschaftssubjekten antizipiert wird, sich zu beschleunigen beginnt. Sinkt der Anteil der Non-Labor-Einkommen am wirtschaftlichen Output und steigen gleichzeitig die Nominallöhne, dann muss dieser Anstieg, der ja nicht einhergeht mit einem entsprechenden Anstieg der Preise, zu einem Anstieg der Reallöhne führen.

Beschleunigte Inflation untergräbt eine Geldwirtschaft. Soll eine beschleunigte Inflation verhindert werden, muss also mit einem Anstieg der Nominallöhne, wenn er überhaupt stattfindet, ein Anstieg der Reallöhne einhergehen. Natürlich lässt ein Anstieg der Nominallöhne, der genau so hoch ist wie der Anstieg der Arbeitsproduktivität, die nominalen Lohnstückkosten unverändert. In einem solchen Fall kommt es, selbst wenn das Preisniveau gegenüber der Vorperiode gleichbleibt, sowohl zu einem Anstieg der Reallöhne als auch zu einer Beibehaltung des Non-Labor-Anteils am Output. *Uns aber geht es hier um den Fall, wo die Nominallöhne gesteigert werden mit dem Ziel, die Lohnquote zu erhöhen*. In einer Geldwirtschaft muss ein solcher Anstieg der Nominallöhne, wenn er überhaupt stattfindet, zu einem Anstieg der Lohnquote führen, käme es doch andernfalls zu einer Inflation, die den Wert des Geldes und damit den in Form von Geld und geldwerten Vermögenswerten gehaltenen Reichtum bedroht. Eine geldbasierte Wirtschaft kann eine solche Inflation schwerlich dulden.

Die keynesianische Wirtschaftstheorie umging dieses Argument. Da Keynes meinte, dass im „Gleichgewichtszustand" die Reallöhne der Grenzproduktivität der Arbeit entsprechen, und dass die Kurve für die kurzfristige Grenzproduktivität der Arbeit nach unten fällt, würde ein staatlich ausgelöster Anstieg der Gesamtnachfrage die Beschäftigung nur dann erhöhen, wenn die Reallöhne gesenkt werden. Wollte man die Beschäftigung erhöhen, war es für die keynesianische Position unerlässlich, dass die arbeitende Bevölkerung eine Senkung der Reallöhne akzeptierte. Keynes untermauerte seine Position mit dem Konzept der „Geldwertillusion". Wenn Beschäftigung und Produktion entlang einer nach oben steigenden Grenzkostenkurve zunehmen, tritt ein Reallohnverlust ein. Aufgrund einer „Geldwertillusion" wird die arbeitende Bevölkerung dies jedoch kaum zur Kenntnis nehmen, solange der Nominallohnsatz nicht gesenkt wird.

Diese Vorstellung einer „Geldwertillusion" wurde durch das Konzept der Phillips-Kurve vertieft und empirisch untermauert. Auf der Grundlage historischer Daten konnte man zeigen, dass die Wachstumsrate der Nominallöhne und die Arbeitslosenquote in einem stabilen umgekehrten Verhältnis zueinander stehen. Gleichgültig, welche Erhöhungen der Nominallöhne die arbeitende Bevölkerung forderte und erzielte, sie nahm kaum zur Kenntnis, wenn diese Erhöhungen durch entsprechende Preiserhöhungen zunichte gemacht wurden, und sie bezog die Preiserhöhungen nicht in ihre Nominallohnforderungen ein. Es handelte sich um eine „Geldwertillusion" in neuem Gewand: Die arbeitende Bevölkerung gab sich mit Nominallohnerhöhungen zufrieden, die bei niedrigerer Arbeitslosigkeit aufgrund größerer Verhandlungsstärke der Arbeiter zwar höher ausfallen konnten, die Reallöhne aber nicht erhöhten.

Dies warf jedoch sofort die Frage auf: Wozu sind die Gewerkschaften überhaupt da, wenn es ihnen nicht gelingt, die Reallöhne zu erhöhen? Und die ebenso relevante Frage: Warum war die Gegnerschaft der Unternehmer gegen die Gewerkschaften so heftig, und warum hat die Kapitalseite so viel Lärm um die Gewerkschaften gemacht, wenn diese, in realen Größen ausgedrückt, gar nichts erreicht haben?

Auch Michał Kalecki war stark von dieser Fragestellung beeinflusst. Er lehnte die Behauptung ab, im Zustand des „Gleichgewichts" entspreche der Reallohn der Grenzproduktivität der Arbeit. Vielmehr vertrat er eine Verteilungstheorie, nach der der Anteil der Löhne – Reallöhne geteilt durch die (gegebene) Arbeitsproduktivität – durch das Preissetzungsverfahren der Kapitalisten bestimmt wird. Diese schlagen auf die Selbstkosten pro Stück einen Betrag auf, der den „Monopolgrad" widerspiegelt. Nominallohnerhöhungen konnten daher die Reallöhne nicht steigern, sondern nur die Preise erhöhen, was wiederum die Frage aufwirft: Wozu Gewerkschaften? Die von Kalecki gegebene Antwort, der Preisaufschlag selbst werde durch die Stärke der Gewerkschaften eingeschränkt, gab keinen Aufschluss darüber, wie genau es zu diesem Ergebnis kommt.[16]

Diese Frage wurde von Ashok Mitra aufgegriffen und mit einer eigenen Verteilungstheorie beantwortet, die sich von der Kaleckis unterschied.[17] Doch die Frage des Preisaufschlags beunruhigte Kalecki weiterhin. Er kam in einem seiner letzten Artikel, „Class Struggle and the Distribution of Income"[18] darauf zurück. Er behauptete dort erneut, – ohne genau zu erklären, wie – dass gewerkschaftliche Maßnahmen eine Rolle bei der Begrenzung des Aufschlags spielten.

Wenn aber die Nominallohnerhöhungen nicht zu einer Erhöhung der Reallöhne, sondern nur zu einer Erhöhung der Preise führen, dann stellt sich in einer Welt, in der die Gewerkschaften auf Reallohnerhöhungen bestehen, eine beschleunigte Inflation ein. In einer geldbasierten Wirtschaft ist dies nicht akzeptabel. *In einer solchen Wirtschaft führen Nominallohnerhöhungen zur einer Erhöhung der Lohnquote, wenn die Nominallohnsteigerungen ausreichend hohe Reallohnsteigerungen auslösen.*

Kapitalisten ziehen natürlich Situationen vor, in denen es zu Nominallohnerhöhungen dieser Art nicht kommt. Deshalb hält das System (nicht notwendigerweise bewusst oder durch absichtliche Machenschaften) ein beträchtliches Maß an Arbeitslosigkeit aufrecht, oder, in Marxens Terminologie, es produziert eine „industrielle Reservearmee", die die Gewerkschaften angemessen schwächt. Die Aufrechterhaltung des *Geld*werts erfordert mit anderen Worten die Aufrechterhaltung einer beträchtlichen Reserve an *Arbeitskräften*. Sollte sich aber eventuell wegen einer Erhöhung des Nominallohnsatzes der Anteil der Arbeitseinkommen am Volkseinkommen erhöhen, dann muss in einer geldbasierten Wirtschaft der Reallohnsatz ansteigen und der Anteil der Arbeit an der volkswirtschaftlichen Gesamtleistung muss entsprechend wachsen.

Nun muss in einem Modell der kapitalistischen Wirtschaft, in dem nur die Arbeiter und die Kapitalisten auftreten, jeder Anstieg des Arbeitsanteils zu einem Rückgang des Profitanteils und damit auch der Profitrate führen. Wenn also die Nominallöhne über jenes Maß hinaus steigen, das die Steigerung der Arbeitsproduktivität zulässt, dann müssen die Kapitalisten einen Rückgang der Gewinnspanne hinnehmen (wenn eine beschleunigte Inflation und damit ein Verfall des Geldwerts vermieden werden soll). Aus ihrer Sicht wäre es das beste Szenario, wenn es keine Erhöhungen der Nominallöhne gäbe. Das bedeutet, dass eine Arbeitskräftereserve aufrechterhalten werden muss, die groß genug ist, solche Erhöhungen zu verhindern. Aber selbst das würde aus einem anderen Grund nicht ausreichen. Betrachten wir diesen Grund nun genauer.

Anstieg des langfristigen Angebotspreises

Eine große Anzahl von Primärgütern oder Rohstoffen unterliegt einem steigenden Angebotspreis, und zwar nicht nur kurzfristig, wenn es gerade einmal schwierig ist, die Produktion zu steigern, sondern auch in langfristiger Betrachtung. Die Größe der tropischen und halbtropischen Anbauflächen, auf denen eine große Zahl von Nutzpflanzen für den Verbrauch oder die kommerzielle Nutzung im kapitalistischen Sektor der Welt angebaut wird, ist begrenzt. Auch wenn Investitionen zur Intensivierung der Landnutzung und technologischer Wandel das effektive Angebot an Land erhöhen können, erfordert dies in der Regel staatliche Maßnahmen, die im eng gefassten Begriff des Kapitalismus ausgeschlossen sind. (Staatseingriffe sind nicht nur begrifflich ausgeschlossen. Es gibt im wirklichen Leben einen Widerstand gegen staatliche Maßnahmen seitens der Finanzinteressen, die auf „soliden Finanzen" und auf einer Minimierung solcher Staatsausgaben bestehen.) Auch Mineralien wie Erdöl unterliegen einem steigenden langfristigen Angebotspreis, wenn keine neuen Vorkommen entdeckt werden.

Einem steigenden langfristigen Angebotspreis kann nur durch einen Rückgang der Gewinn- oder der Lohnquote innerhalb des kapitalistischen Sektors begegnet werden. Nach David Ricardo ist der Reallohnsatz nach unten durch ein bestimmtes Existenzminimum begrenzt. Nur dann ist ein ausreichendes Angebot an Arbeitskräften gewährleistet. Unter dieser Voraussetzung muss, so Ricardo, ein steigender Angebotspreis für Primärgüter (er sprach von „abnehmenden Erträgen") den Profitanteil und damit die Profitrate drücken, bis sie im stationären Zustand auf Null fällt und die Akkumulation zum Stillstand kommt.

Auch bei gegebenen Nominallöhnen muss ein steigender Angebotspreis die Profitspannen und Profitraten reduzieren, wenn der Wert des Geldes erhalten und eine beschleunigte Inflation vermieden werden soll. Es reicht also nicht aus, dass die Nominallöhne nicht von sich aus steigen dürfen. Selbst wenn sie nicht autonom steigen, müssen die Kapitalisten entweder mit einer Verringerung der Gewinnspanne oder mit einer beschleunigten Inflation rechnen. Auch eine industrielle Reservearmee, die groß genug ist, autonome Erhöhungen der Nominallöhne zu verhindern, schützt die Kapitalisten nicht vor einer Reduktion der Gewinnspannen.

Es gibt aber hier noch einen weiteren wichtigen Punkt. Selbst wenn die Gewinnspanne und die Profitrate der Kapitalisten sinken und der Endproduktpreis keiner beschleunigten Inflation unterliegt, und selbst wenn der Geldwert nicht durch diese Inflation des Endproduktpreises bedroht ist, besteht dennoch eine direkte Bedrohung des Geldwerts, und zwar durch die Inflation der Primärgüterpreise. Primärgüter oder Waren, deren Preise sich erwartungsgemäß parallel zu den Primärgüterpreisen entwickeln, werden das Geld als eine Form der Vermögensanlage ersetzen, da die Leute dann mit einem langanhaltenden Anstieg der Primärgüterpreise rechnen. Und selbst wenn die Gewinnspanne und die Profitrate im Primärrohstoffsektor sinken, bleibt der Geldwert bedroht, da Geld dann keine Form der Vermögensanlage mehr, und das System somit nicht mehr geldbasiert wäre.

Als Geldwirtschaft muss der Kapitalismus daher auf bestimmte Mittel zum Schutz des Geldwerts zurückgreifen. Diese Mittel können jedoch im Rahmen eines Kapitalismuskonzepts, wie es die Wirtschaftstheorie über die Jahre hinweg beschworen hat, nicht begriffen werden.

Zusammenfassung

Kapitalismus ist zuallererst Geldwirtschaft oder geldbasierte Wirtschaft. Dieses Charakteristikum wird in der begrifflichen Fassung des Kapitalismus, mit der die Wirtschaftstheorie in der Regel gearbeitet hat, jedoch verfehlt. Hier erscheint der Kapitalismus als isolierter Sektor, bestehend aus nur zwei kollektiven Akteuren, aus den Arbeitern und den Kapitalisten. Wäre der Kapitalismus nur ein isolierter Sektor, dann verharrte er für immer in einem stationären Zustand oder einem Zustand der einfachen Reproduktion. Und wenn Akkumulation doch stattfände, wäre er nicht einmal in der Lage, den Wert des Geldes angesichts des langfristig steigenden Angebotspreises einiger Primärgüter zu bewahren. Der Kapitalismus musste diese bitteren Erfahrungen in Wirklichkeit nicht machen. Das ist darauf zurückzuführen, dass sich die kapitalistische Wirklichkeit deutlich von ihrer Darstellung in den meisten Richtungen der Wirtschaftstheorie unterscheidet. Doch bevor wir diese Wirklichkeit untersuchen, werfen wir einen kurzen Blick auf einige dieser theoretischen Richtungen. Wir zeigen, warum es ihnen nicht gelungen ist, insbesondere den geldbasierten Charakter des Kapitalismus in Rechnung zu stellen.

1 Kapitalismus als Geldwirtschaft

1. Das ist zwar klar und offensichtlich. Aber der Begriffsrahmen, in dem Keynes das Konzept der Grenzleistungsfähigkeit des Kapitals entwickelte um diesen Sachvehalt zu explizieren, ist logisch fehlerhaft. Entgegen der Auffassung von Keynes würde sich unter der Bedingung des Wettbewerbs das Grenzeffizienzschema nicht nach unten bewegen. Der Grund, den Keynes für eine Abwärtsbewegung anführt, ist logisch ungültig, denn Grenzleistungsfähigkeit des Kapitals ist ein Ex-ante-Konzept und kann deshalb nur unter der Bedingung einer Oligopsonie auftreten.
2. Prabhat Patnaik, The Value of Money (New York: Columbia University Press, 2009).
3. Diese werden ausführlich behandelt in ibid.
4. Nikolai Bukharin, Imperialism and the Accumulation of Capital, ed. Kenneth Tarbuck (London: Lane, 1971).
5. Zwischen Akkumulation und Investition wird klar unterschieden in Paul Sweezy, The Theory of Capitalist Development (New York: Oxford University Press, 1942).
6. Karl Marx, Theories of Surplus Value, Part II (Moscow: Progress Publishers, 1968).
7. Roy Harrod, „An Essay on Dynamic Theory," Economic Journal 49, no. 193 (March 1939).
8. Michał Kalecki, „Observations on the Theory of Growth," Economic Journal 72, no. 285 (March 1962); Prabhat Patnaik, Accumulation and Stability under Capitalism (Oxford: Clarendon, 1997).
9. R. M.Goodwin, „The Non-linear Accelerator and the Persistence of Business Cycles," Econometrica, Volume 19, No.1 (January 1951).
10. Dieses Argument wurde zum ersten Mal vorgebracht in Joseph Steindl, Maturity and Stagnation in American Capitalism (New York: Monthly Review Press, 1979, Erstveröfentlichung 1952).
11. Man könnte meinen, dass eine Preissenkung zur Steigerung des Absatzes zwar Vergeltungsmaßnahmen der Konkurrenten nach sich ziehen könnte, die Unternehmen aber dennoch die Preise senken könnten, wenn die Gesamtnachfrage nach dem Gut preiselastisch ist. Wenn aber die Gesamtnachfrage preiselastisch ist, dann wäre der ursprüngliche Preis nicht vorherrschend gewesen; er wäre auch ohne Innovation gesenkt worden.
12. Michał Kalecki, „Observations on the Theory of Growth," Economic Journal 72, no. 285 (March 1962); Prabhat Patnaik, Accumulation and Stability under Capitalism (Oxford: Clarendon, 1997).
13. W. Arthur Lewis, Growth and Fluctuations 1870–1913 (London: Allen and Unwin, 1978).
14. Da $Mv = pQ$, folgt daraus, dass bei konstantem v, der Einkommensumlaufgeschwindigkeit des Geldes, $\dot{p}/p$ gleich $\dot{M}/M - \dot{Q}/Q$ sein muss. Die Wachstumsrate $\dot{Q}/Q$ kann wiederum nur gleich einer Wachstumsrate, in der die Arbeitskräfte in „Effizienzeinheiten" gemessen werden, da immer von Vollbeschäftigung ausgegangen wird. Diese Wachstumsrate wird als „natürliche Wachstumsrate" bezeichnet.
15. Joan Robinson, The Accumulation of Capital (London: Macmillan, 1956).
16. Michal Kalecki, The Theory of Economic Dynamics (London: Allen and Unwin, 1954)
17. Ashok Mitra, The Share of Wages in National Income (Bloomington: Indiana University Press, 1954).
18. Michał Kalecki, „Class Struggle and the Distribution of National Income," Kyklos 24, no. 1 (February1971), republished in Selected Essays in the Dynamics of the Capitalist Economy 1933–1970 (Cambridge: Cambridge University Press, 1971).

Kapitel 2

Der Begriff des Gelds in unterschiedlichen theoretischen Traditionen

Die Darstellung des Kapitalismus als isolierten Sektor, der nur aus Kapitalisten und Arbeitern besteht, kann dessen Charakter als Geldwirtschaft nicht erfassen. Das haben wir im vorigen Kapitel erörtert. Dennoch hat ein Großteil der Wirtschaftstheorie an dieser Darstellung festgehalten. Ihre Behandlung des Gelds war deshalb in verschiedener Hinsicht mangelhaft. In diesem Kapitel untersuchen wir einige wichtige Stränge der Wirtschaftstheorie, um diesen Punkt zu belegen.

Das walrasianische System

Beginnen wir mit dem walrasianischen System. In der einfachsten Darstellung dieses Systems legt ein Auktionator markträumende Preise fest, alle Verkäufe finden nur zu diesen „Gleichgewichtspreisen" statt, und es besteht kein Bedarf an Geld bei Transaktionen. Geld ist nur ein *numeraire,* in dem alle Preise ausgedrückt werden, eine Rolle, die auch jedes andere Gut spielen kann. Geld hat keinerlei *sui-generis*-Qualität. Es gibt tatsächlich keinen Grund, warum ein spezielles Ding namens „Geld" in einer solchen Welt überhaupt existieren muss.

Im walrasianischen System dient Geld dem Umlauf von Waren mit konstanter Geschwindigkeit. Die Nachfrage nach Geld als Zirkulationsmittel steht hierbei in einem konstanten Verhältnis zum Gesamtwert der durchgeführten Transaktionen. Ironischerweise war das walrasianische System das Grundgerüst eines Großteils der Geldtheorie. Sie ist das Fundament der theoretischen Tradition „Monetarismus". Das gilt so sehr, dass Frank Hahn den Monetarismus als Synonym für die Überzeugung bezeichnete, die ökonomische Welt stehe in einem walrasianischen Gleichgewicht.[1] Aber auch wenn man eine Nachfrage nach Geld als Zirkulationsmittel in ein walrasianisches Universum einpfropft, bleibt die Frage: Warum sollte es in einer Welt, in der Transaktionen nur zu markträumenden Preisen stattfinden, überhaupt eine Nachfrage nach Geld geben? Die einzig mögliche Antwort: die Gebote der Marktteilnehmer, die der Auktionator berücksichtigen muss, werden von ihrem Geldbesitz beeinflusst, d. h., die Geldbilanz eines Individuums beeinflusst seine Nachfragefunktion. Die Frage ist nur, wie dies mit dem Konzept einer Nachfrage nach Geld als Zirkulationsmittel vereinbar ist.

Robert Clower versuchte, diese Frage anhand des folgenden Beispiels zu beantworten:[2] Der Markt findet nur einmal pro Woche statt, und der Verkaufserlös einer bestimmten Woche kann nicht vollständig für den Kauf von Waren in derselben Woche verwendet werden. Nur ein Teil dieses Erlöses, und zwar ein fester Teil, kann eingesetzt werden. Der Rest muss auf die nächste Woche übertragen werden, wo die Nachfrage folglich von den Geldbeständen im Besitz der Käufer abhängt. In einem solchen Fall wird der Gesamtwert der Transaktionen eines Markttags eindeutig durch die Geldmenge im Besitz der Wirtschaftssubjekte begrenzt, so wie es der Monetarismus postuliert.[3]

In dieser Darstellung schränkt die Geldmenge den Wert der Transaktionen ein, und das Geld nimmt auch noch in einer Welt, in der alle Transaktionen gleichzeitig über einen Auktionator abgewickelt werden, eine gewisse Rolle wahr. Aber diese Funktion ergibt sich ausschließlich aus der Annahme, nur ein fester Anteil der laufenden Erlöse könne für Käufe in der laufenden Woche ausgegeben werden. Leider ist diese Annahme völlig willkürlich. Der Monetarismus und seine Annahme einer konstanten (Einkommens-)Umlaufgeschwindigkeit des Geldes bricht zusammen, wenn dieser Anteil zur veränderlichen Variablen wird. Außerdem gibt es keinen Grund, warum der Anteil nicht 100 Prozent erreichen kann, d. h., warum nicht die gesamten Einnahmen eines bestimmten Tages am selben Tag ausgegeben werden können. Die einschränkende Rolle des Geldes bei Transaktionen, und damit jegliche Rolle des Geldes überhaupt, verschwände dann vollständig. In einem solchen Fall wären wir wieder in der Walras'schen Welt mit einem Auktionator, in einer Welt also, in der man Geld gar nicht braucht.

Darüber hinaus tritt ein noch gravierenderes Problem auf, wenn wir die Zeitspanne zwischen Verkauf und Kauf durch ein und dasselbe Wirtschaftssubjekt als variabel betrachten. Wenn Geld nicht für einen fixen, sondern für einen variablen Zeitraum zwischen Verkauf und Kauf gehalten wird, dann wird das Gegenstück dieses Zeitraums, nämlich die Umlaufgeschwindigkeit des Geldes, ebenfalls eine Variable. Dadurch entsteht aber sofort die Möglichkeit eines gesamtwirtschaftlichen Nachfragedefizits, und das Say'sche Gesetz, das ein solches Defizit ja verneint, bricht zusammen.

Das Say'sche Gesetz, wonach es niemals ein Nachfragedefizit geben kann, da ja „das Angebot seine eigene Nachfrage schafft", läuft auf Folgendes hinaus. Es kann niemals ein Ex-ante-Überangebot an produzierten Gütern geben, weil es dazu außerhalb des Kreises der produzierten Güter eine ökonomische Größe geben muss, für die ein entsprechender Ex-ante-Nachfrageüberhang besteht. Es gibt aber nichts außerhalb dieses Kreises der produzierten Güter, hinsichtlich dessen ein solcher Ex-ante-Nachfrageüberhang auftreten könnte. Geld ist die einzige offensichtliche Entität außerhalb der abgegrenzten Welt produzierter Waren, für die ein Ex-ante-Nachfrageüberschuss ein Ex-ante-Überangebot an produzierten Gütern verursachen könnte. Das Say'sche Gesetz wäre damit aufgehoben. Geld aber kann diese aufhebende Rolle nicht spielen, wenn die Nachfrage nach Geld in einem festen Verhältnis zum Wert der produzierten Waren steht.

Kurz gesagt, *ex hypothesi* kann es nie einen Ex-ante-Nachfrageüberhang nach Geld geben, wenn die Zeitspanne zwischen Verkauf und Kauf, getätigt durch einen repräsentativen Marktteilnehmer, konstant ist. Ein solcher Nachfrageüberhang kann nur entstehen, wenn diese Zeitspanne zu einer sich verändernden Variablen wird. Ist dies der Fall, und gilt somit das Say'sche Gesetz nicht mehr, verliert das walrasianische Gleichgewicht seine Bedeutung, setzt es doch voraus, dass alle Märkte geräumt werden und dass es keine unfreiwillige Arbeitslosigkeit gibt (bei einem Ex-ante-Überangebot an produzierten Gütern würde jedoch unfreiwillige Arbeitslosigkeit auftreten).

Zusammengefasst: Wenn zwischen dem Verkauf und dem Kauf von Gütern durch einen Marktteilnehmer keine Zeitverzögerung besteht, dann kommt in einer solchen Wirtschaft Geld letztlich gar nicht vor. Wir haben es hier vielmehr mit einer Situation zu tun, wo alle Transaktionen gleichzeitig zu den vom Auktionator ermittelten markträumenden Gleichgewichtspreisen stattfinden. Geld kommt nur dann ins Spiel, wenn zwischen dem Verkauf und dem Kauf durch ein und dasselbe Wirtschaftssubjekt eine Zeitspanne liegt. Ist diese Zeitverzögerung konstant, kann man vielleicht eine einigermaßen kohärente Geschichte über das walrasianische Gleichgewicht erzählen. Aber es gibt keinen Grund, warum diese Zeitspanne konstant sein sollte. Ist sie aber nicht konstant, dann verliert das Walras'sche Gleichgewicht seine Bedeutung. Es lässt sich ja nicht mehr begründen, warum das Say'sche Gesetz dann noch gelten sollte. Will man, anders gesagt, dem Geld im walrasianischen System eine Rolle zubilligen, und zwar eine Rolle, die das walrasianische System selbst nicht irrelevant macht, dann geht das nur unter strengen und unrealistischen Annahmen.

Wie unrealistisch diese Annahme einer festen Zeitspanne zwischen Verkauf und Kauf ist, zeigt sich auch auf andere Weise. Während der Zeitspanne zwischen Verkauf und Kauf im W-G-W-Kreislauf wird das Vermögen, wenn auch nur vorübergehend, in Form von Geld gehalten. Aber wenn Vermögen vorübergehend in Form von Geld gehalten werden kann, dann gibt es absolut keinen Grund, warum es nicht nur vorübergehend, sondern auch länger in dieser Form gehalten werden kann. Es kann in der Tat eine ganze Reihe von Umständen geben, die die Menschen dazu veranlassen, ihre Käufe aufzuschieben und ihre Verkaufserlöse in Form von Geld zu halten, obwohl dies das Say'sche Gesetz außer Kraft setzen würde.

Dem Say'schen Gesetz und dem walrasianischen Gleichgewicht liegt die Annahme zugrunde, ein solches Ergebnis, nämlich ein Ex-ante-Überangebot an produzierten Gütern, *werde niemals eintreten*. Es ist also auch ausgeschlossen, dass es ein solches Überangebot unter bestimmten Umständen ausnahmsweise geben könnte. Folglich beruht der etablierteste Strang der Wirtschaftstheorie, und das ist der walrasianische, auf einer Konzeption, die mit einer Geldwirtschaft nicht vereinbar ist.

Das ricardianische System

Ricardo hat Vieles über Geld geschrieben, auch über strittige Geldfragen, die zu seiner Zeit debattiert wurden. Wir wollen hier jedoch seine Geldtheorie in Bezug auf seine allgemeine Wirtschaftstheorie erörtern, nicht in Bezug auf seine Position in den Gelddebatten seiner Zeit.

Adam Smith hat eine Preistheorie vorgelegt, die oft als „additive Komponententheorie"[4] bezeichnet wird. Nach dieser Theorie bestimmt der Getreidepreis die Preise aller anderen Waren. Wenn der Getreidepreis steigt, steigen die Nominallöhne, womit der Reallohn, ausgedrückt in Getreide, intakt bleibt. In der Folge steigen überall die Produktionskosten, und dieser Anstieg wird in Form höherer „natürlicher Preise“ für alle Waren in die gesamte Wirtschaft weitergegeben.

In dieser Theorie, nach der eine „allgemeine Erhöhung des Preises aller Waren“ „als Folge der Erhöhung des Preises der Arbeit“ eintritt,[5] bleibt jedoch das Niveau der Nominallöhne und der nominalen Preise unbestimmt. Das gilt selbst in einer Welt, in der der Reallohn, ausgedrückt in Getreide, als gegeben angenommen wird. Eine solche Unbestimmtheit des nominalen Preisniveaus könnte in einer Welt des Papier- oder Kreditgeldes noch verständlich sein. In einer solchen Welt könnte das Niveau der Nominallöhne und der nominalen Preise auf jedem beliebigen Niveau liegen, befindet sich aber zu einem bestimmten Zeitpunkt zufällig an einem bestimmten Haltepunkt. Aber in der Ökonomie, über die Smith sprach, trat Geld nicht als Papier- oder Kreditgeld auf.

Smith sprach über eine ökonomische Welt, in der es eine Geldware gibt. Eine solche Welt war zu seiner Zeit sehr wohl relevant. Das wurde deutlich, als er Humes geniales Theorem über Goldströme nutzte, um die merkantilistische Behauptung zu widerlegen, eine Nation könne durch die Anhäufung von Edelmetallen reicher werden.[6] Hume folgend sagte Smith, wenn ein Land mehr Gold anhäuft, steigt sein Preisniveau entsprechend der Quantitätstheorie des Geldes an. Die Waren dieses Landes sind dann nicht mehr wettbewerbsfähig. Das wiederum führt zu einem Leistungsbilanzdefizit, das nur durch den Abfluss von Gold ausgeglichen werden könnte; und in einer Welt mit Geldware könnte die Smith'sche additive Komponententheorie nicht gelten. In einer solchen Welt, in der die Produktion der Geldware in dem Maße gesteigert wird, wie sie profitabler wird, musste der Wert des Geldes an dessen Produktionsbedingungen gebunden sein.

Dies war der Ausgangspunkt der Theorie Ricardos.[7] In einer ökonomischen Welt mit Geldware (oder in einer Welt, in der Papiergeld in die Geldware konvertierbar ist) wird das Geld Teil des Kreises der produzierten Waren, wobei der Lohnsatz und die Profitrate im Geld- und Nichtgeldsektor identisch sind (bei freier Mobilität von Kapital und Arbeit zwischen den Sektoren). Der Gleichgewichtswert des Gelds, das „Gravitationszentrum“ um das herum der „Marktpreis“ des Gelds oszilliert, ist durch seinen Produktionspreis gegeben. Mit „Produktionspreis des Gelds“ ist dessen relativer Preis gegenüber den

Nicht-Geld-Waren angesprochen, bei dem die Gewinn- und Lohnsätze im Geldsektor denen im Nicht-Geld-Sektor gleich sind. (Allerdings verwendet Ricardo im Allgemeinen die relativen Arbeitswerte als Näherung für diesen Gleichgewichtswert.)

Daraus folgt, dass bei steigenden Nominallöhnen die Profitrate sinkt. Die nominalen Preise würden nicht allesamt steigen, wie Adam Smith meinte. Vielmehr würde ein Anstieg der Nominallöhne *einen Rückgang der Nominalpreise aller Nicht-Geldwaren* bedeuten – unter der Voraussetzung, dass die Geldware ausschließlich über den Einsatz von Arbeit produziert wurde und die Herstellung aller anderen Waren zusätzlich irgendwelche Produktionsmittel erforderte. Das war das genaue Gegenteil der Smithschen Position.

In Ricardos Geldtheorie spielte jedoch die Nachfrage nach Geld keine Rolle. Das erklärt auch, warum er ein Anhänger des Say'schen Gesetzes war. Er verstand Geld als eine produzierte Ware, Geld hatte bei ihm nur die Funktion eines Zirkulationsmittels. Auf dieser Grundlage übertrug Ricardo dann die gesamte Begriffspalette – „Marktpreis", „natürlicher Preis" und „Gravitationszentrum" – auf seine Geldtheorie. Das machte ihn bei Analysen kurzfristiger Zusammenhänge zu einem Monetaristen. Bei der Betrachtung langfristiger Zusammenhänge ist Ricardo jedoch kein Monetarist.

Wenn es zufällig zu einer Erhöhung des Geldangebots kommt, sinkt nach Ricardo der Marktpreis des Gelds. Das bedeutet, es steigen die in Geld ausgedrückten Marktpreise aller Nicht-Geld-Güter, genau so, wie es der Monetarismus postuliert. Dies kommt jedoch einer Senkung der Profitrate des geldproduzierenden Sektors im Vergleich zu den anderen Sektoren gleich. Es tritt dann eine Verlagerung des Kapitals und der Arbeit ein, weg von der Geldproduktion hin zur Produktion anderer Güter. Dadurch sinkt das Geldangebot. Es ist danach so wieder sichergestellt, dass die Produktionspreise vorherrschen und dass das Geldangebot nicht größer oder kleiner ist als der Umfang, der zu diesen Produktionspreisen für die Zirkulation der Waren erforderlich ist.

Kurzfristig hängen die Warenpreise also vom Geldangebot ab. Langfristig passt sich das Geldangebot an die Nachfrage an, wobei die Warenpreise den Produktionspreisen entsprechen. Wie Joan Robinson treffend formuliert, liest Ricardo die Quantitätsgleichung $MV = PQ$ auf kurze Sicht von links nach rechts. Das entspricht dem Monetarismus. Auf lange Sicht liest er sie jedoch von rechts nach links. Das widerspricht natürlich dem Monetarismus.[8]

Die Annahme einer konstanten Einkommensumlaufgeschwindigkeit des Geldes war jedoch für Ricardos Theorie von zentraler Bedeutung, und zwar sowohl für seine Theorie der nominalen Marktpreise als auch für seine Theorie der Produktionspreise. Das gilt auch für David Hume. James Mill, Ricardos Interpret und Popularisierer, versuchte, die Annahme einer konstanten Einkommensumlaufgeschwindigkeit zu rechtfertigen. Auch wenn die verschiedenen Bestandteile der Geldmenge eine unterschiedliche Anzahl von Kreisläufen im Prozess der Zirkulation durchliefen, könne man sich, so Mill, auf deren durchschnittliche Anzahl beziehen. Gegen diese Rechtfertigung hat Marx zu Recht angemerkt, dass ein *Durchschnitt* eben keine *Konstante* sei.[9] Und sobald die Annahme, die Einkommensumlaufgeschwindigkeit sei konstant, fallen gelassen wird, müssen wir mit einer Nachfrage nach Geld als Anlageform rechnen. Es ist dann logisch unhaltbar, am Say'schen Gesetz festzuhalten.

Die Geldtheorie Ricardos ignorierte – wie die Geldtheorie von Walras – die grundlegende Eigenschaft einer Geldwirtschaft. Im Kern bestand Ricardos begriffliche Fassung des Kapitalismus aus einem isolierten Sektor mit Kapitalisten und Arbeitern, und bei der Analyse dieses Sektors abstrahierte er denn auch, wenig überraschend, von den zentralen Merkmalen einer Geldwirtschaft.

Genau dasselbe lässt sich auch über das System Marshalls sagen, das wir in Kapitel 1 anhand der Cambridge-Gleichung betrachtet haben. Wie im walrasianischen System, ist Geld im System Marshalls zwar kein produziertes Gut. Es gibt also keinen „natürlichen Preis" des Gelds. Es besteht auch keine Notwendigkeit, zwischen „natürlichem Preis" des Gelds und seinem „Marktpreis" zu unterscheiden. Aber die Annahme eines konstanten k (oder einer konstanten Einkommensumlaufgeschwindigkeit des Geldes) schließt jede Nachfrage nach Geld als Vermögensanlage aus. Damit ist auch jede Möglichkeit eines gesamtwirtschaftlichen Nachfragedefizits ausgeschlossen. Sei es nun die Theorie von Walras, von Ricardo oder von Marschall, für sie alle ist es logisch unhaltbar, jede Nachfrage nach Geld als Anlage auszuschließen und nur eine Nachfrage nach Geld als Zirkulationsmittel zuzulassen. Denn wenn Geld für einen „flüchtigen Augenblick" gehalten wird, dann gibt es keinen irdischen Grund, warum es nicht länger, über diesen flüchtigen Augenblick hinaus, als Anlage gehalten werden kann.

Das keynesianische System

Ebenso wie das Marx'sche nimmt das keynesianische System richtigerweise an, dass es eine Nachfrage nach Geld als Anlageform gibt. Es lehnt deshalb sowohl den Monetarismus als auch das Say'sche Gesetz ab. Nach Keynes ist der Wert des Geldes in jeder Periode nicht durch das Verhältnis von Geldnachfrage und Geldangebot gegeben, sondern durch die Höhe des Nominallohnsatzes. Diese Höhe ist bestimmt über das gegebene Austauschverhältnis zwischen einer Einheit Geld und einer Einheit einer besonderen Ware, nämlich der „Arbeitskraft", – um die Terminologie von Marx zu entlehnen – die direkt oder indirekt in der Produktion aller produzierten Waren eingesetzt wird.

Eine solche oder ähnliche Annahme ist für eine Wirtschaft mit Papiergeld unerlässlich, sobald wir eine Nachfrage nach Geld als Anlage anerkennen und die Ansicht aufgeben, der Wert des Geldes sei durch Geldnachfrage und Geldangebot bestimmt. Da Geld in einer solchen Welt keine produzierte Ware ist und nicht einmal zu einem festen Wechselkurs in eine produzierte Ware wie Gold oder Silber konvertierbar ist, gibt es keine Produktionskosten, die den Wert des Geldes verankern könnten. Und wenn Angebot und Nachfrage bei der Bestimmung des Geldwertes keine Rolle spielen, dann kann es nur dann einen bestimmten Geldwert geben, wenn dieser Wert an eine besondere Ware gebunden ist. Eine Ware, die für die Produktion aller anderen Waren verwendet werden muss, ist ein idealer Kandidat für diesen Zweck. Die Arbeitskraft ist eine solche Ware. Deshalb ist es höchst sinnvoll, in diesem Zusammenhang auf die in jeder Periode gegebenen Nominallöhne zurückzugreifen.

Ein Problem ergibt sich jedoch aus der Tatsache, dass die Stabilität des Geldwertes, die für die Rolle des Gelds als einer Vermögensform erforderlich ist, von der Stabilität des Nominallohnsatzes oder, um mit Keynes zusprechen, von der Stabilität der „Lohneinheit" abhängt. Aber in einem konzeptionellen Universum, das die Ökonomie als isolierten kapitalistischen Sektor betrachtet, gibt es keinen Grund zu erwarten, dass die Lohneinheit unabhängig vom Beschäftigungsniveau konstant bleibt, sei es innerhalb einer bestimmten Periode oder über die Perioden hinweg.

Dies ist genau die Annahme, die Keynes im Rahmen seiner Ein-Perioden-Analyse getroffen hat. Für seine Theorie ist sie von entscheidender Bedeutung. Der zentrale Punkt seiner Theorie war, dass sich eine kapitalistische Wirtschaft abhängig vom Niveau der Gesamtnachfrage auf jedem beliebigen Beschäftigungsniveau einpendeln kann. Da Arbeitslosigkeit aus sozialen Gründen inakzeptabel war, sollte der Staat die Wirtschaft zu einem höheren Beschäftigungsniveau anregen. Wenn aber ein höheres Beschäftigungsniveau einen höheren Nominallohn mit sich brächte, dann wäre die Stabilität der Lohneinheit und damit die gesamte Rolle des Geldes als Vermögensanlage in Frage gestellt.

Da Keynes andererseits die Aussage akzeptierte, die Reallöhne und das Grenzprodukt der Arbeit seien bei gegebener Gesamtnachfrage auf dem „Gleichgewichts"-Beschäftigungsniveau gleich, läuft ein höheres Beschäftigungsniveau zwangsläufig auf niedrigere Reallöhne hinaus (da sich die Kurve des Grenzprodukts der Arbeit annahmegemäß abwärts bewegt). Man musste somit davon ausgehen, die arbeitende Bevölkerung sei unabhängig vom Beschäftigungsniveau bereit, einen gleich bleibenden Nominallohnsatz zu akzeptieren, auch wenn der Reallohnsatz bei verschiedenen Arbeitslosenquoten unterschiedlich hoch wäre.

Es bestand also ein grundlegender Widerspruch zwischen Keynes' Annahme, in der von ihm betrachteten einzigen Periode seien mehrere Beschäftigungsgleichgewichte möglich, die Lohneinheit in dieser Periode aber bleibe dennoch stabil. Im Versuch, den Monetarismus wiederzubeleben, haben später die Kritiker von Keynes diesen Widerspruch ausgeschlachtet.

Keynes verdeckte diesen Widerspruch, indem er postulierte, die arbeitende Bevölkerung sei in einer „Geldwertillusion" befangen. Eine Senkung der Reallöhne bei steigender Beschäftigung, so seine These, werde von der arbeitenden Bevölkerung jedoch nicht bemerkt, solange nur die Nominallöhne unverändert blieben. Die arbeitende Bevölkerung sei nur auf den Nominallohnsatz fixiert – darin liege ihre „Geldwertillusion". Sinkt ihr Reallohnsatz durch eine Senkung des Nominallohnsatzes, werden sie sich dagegen wehren. Aber eine Senkung des Reallohnsatzes durch einen Anstieg der Preise bei einem gegebenen Nominallohnsatz würden sie nicht bemerken.

Keynes versuchte also, die Forderung, in einer geldbasierten Wirtschaft müsse die Lohneinheit stabil sein, mit seiner Theorie der Geldwertillusion in Einklang zu bringen. Nach dieser Theorie kann sich eine Geldwirtschaft auf einem beliebigen Beschäftigungsniveau einpendeln. Staatliche Eingriffe in die Gesamtnachfrage sollten deshalb die Wirtschaft in Richtung Vollbeschäftigung treiben. Die Phillips-Kurve stützte Keynes' Idee, die arbeitende Bevölkerung sei in einer „Geldwertillusion" befangen.

Dieser letzte Punkt ist wie folgt zu verstehen: Wenn die Wachstumsrate der Nominallöhne eine Funktion der Arbeitslosenquote ist, d.h. $[(dw/dt)/w]=f(u)$, und wenn die Wachstumsrate der Preise gleich der Wachstumsrate der Lohnstückkosten ist, d.h. $[(dp/dt)]/p=[(dw/dt)/w]-\beta$, wobei β für die Wachstumsrate der Arbeitsproduktivität steht, dann können die Bemühungen der arbeitenden Bevölkerung, die Lohnquote zu erhöhen, bei jedem Niveau der Arbeitslosigkeit vereitelt werden. Das Wachstum der Reallöhne *kann niemals über das Produktivitätswachstum hinausgehen, obwohl die arbeitende Bevölkerung genau dies mit ihrer Forderung nach einer Erhöhung der Nominallöhne durchsetzen will.* Sie glaubt, dass, wenn sie Nominallohnerhöhungen durchsetze, sich die Preise nicht ändern werden. Aber genau das passiert und verhindert, dass die arbeitende Bevölkerung Reallohnzuwächse erstreiten kann, die über das Produktivitätswachstum hinausgehen.

Nimmt man an, β sei gleich Null, bedeutet dies, die arbeitende Bevölkerung wird niemals eine Reallohnerhöhung erhalten, obwohl der eigentliche Zweck ihrer Forderung nach höheren oder zumindest gleichbleibenden Nominallöhnen gerade darin besteht, ihren Reallohn zu erhöhen. Ihr eigentliches Anliegen wird jedoch durch den Preisanstieg vereitelt. Dennoch postuliert die Phillips-Kurve, dass die arbeitende Bevölkerung *den Preisanstieg nie bemerkt.* Würde sie ihn bemerken, nähme sie die Inflation vorweg. Sie würde die antizipierte Inflation in die Nominallohnforderung einbeziehen. Dies wiederum würde die Inflation beschleunigen. Die Grundannahme der Phillips-Kurve ist bekanntlich eine statische Preiserwartung seitens der arbeitenden Bevölkerung, was bedeutet, dass sie die Inflation nicht bemerkt. Sie hegt deshalb auch keine Inflationserwartung. Die Phillips-Kurve expliziert also eine Form der „Geldwertillusion".

Zwar kann es vorübergehend eine „Geldwertillusion" der arbeitenden Bevölkerung geben. Man kann sie aber offensichtlich nicht als ein dauerhaftes Merkmal einer kapitalistischen Wirtschaft betrachten. In diesem Fall gerät der Keynesianismus in Schwierigkeiten. Joan Robinson wurde dessen gewahr und postulierte deshalb eine „Inflationsschranke"[10]. Sie erkannte, dass die Arbeitslosenquote nicht unter ein bestimmtes Niveau sinken kann, wenn eine unbegrenzte Inflation vermieden werden soll. Das heißt, das Risiko unbegrenzter Inflation setzt der Arbeitslosenquote eine Untergrenze. Tiefer darf sie durch einen (eventuell staatlich induzierten) Anstieg der Gesamtnachfrage nicht gedrückt werden.

Die „Inflationsschranke" räumt jedoch nicht mit der Idee der „Geldwertillusion" auf. Die Schranke weist lediglich darauf hin, dass bei einem bestimmten Niveau der Arbeitslosigkeit und ausreichend niedrigen Reallöhnen der Rückgang des Reallohns nicht unbemerkt bleibt. Dann zerbricht die „Illusion", die arbeitende Bevölkerung wacht auf und fordert höhere Nominallöhne. Wenn diese durch Preiserhöhungen ausgeglichen werden, steigen die Nominallöhne immer weiter. Das kann zu einer regelrechten Explosion führen. Aber bevor der Punkt erreicht ist, an dem die „Illusion" zerbricht, muss sie zuvor schon dagewesen sein. Sie ist also im Konzept der Inflationsschranke noch vorausgesetzt.

Anders ausgedrückt: Das keynesianische System lässt sich über drei Thesen charakterisieren. Sie können logisch gesehen nicht alle drei gleichzeitig gelten, ohne dass man annimmt, die arbeitende Bevölkerung sei zumindest in einem der drei Bereiche in einer „Geldwertillusion" befangen: (1) Reallöhne = Grenzproduktivität der Arbeit (mit einer nach unten fallenden Grenzproduktivitätskurve); (2) Nominallöhne sind in der betreffenden Periode gegeben; und (3) das Beschäftigungsniveau kann durch staatliche Eingriffe über die Veränderung der Gesamtnachfrage verändert werden. Wird aber hinsichtlich der „Geldwertillusion" angenommen, sie sei kein reales Phänomen, dann macht dies das keynesianische System *logisch* unhaltbar. Das gilt zumindest für seine ursprüngliche, von Keynes entwickelte Form[11].

Man kann natürlich anstelle der keynesianischen die Kalecki'sche Fassung übernehmen und die Nummer (1) im obigen Absatz streichen. Man kann stattdessen postulieren, der Preis sei ein Aufschlag auf die Gestehungskosten. Das sind im Falle einer isolierten kapitalistischen Wirtschaft, die *ex hypothesi* alle ihre Rohstoffe selbst intern produziert, einfach die Lohnstückkosten. Diese sind konstant, solange alle Produktionskoeffizienten gegeben und unveränderlich sind. Aber selbst in diesem Fall ist die Fixierung des Nominallohnsatzes logisch nicht haltbar, da die Reallohnnachfrage der arbeitenden Bevölkerung (bei gegebener Produktivität) negativ mit der Arbeitslosenquote zusammenhängt, wobei es eine bestimmte Untergrenze des Reallohnsatzes gibt, unter die er nicht fallen darf. Bei dem Niveau der Arbeitslosigkeit, bei dem die Reallohnnachfrage diese Untergrenze zu unterschreiten beginnt, werden die Nominallöhne steigen. Da sie in Form höherer Preise „weitergegeben" werden, wird es zu einer beschleunigten Inflation kommen (weil die Annahme einer „Geldwertillusion" entfällt). Aber dieses Niveau der Arbeitslosigkeit wird dann zur Untergrenze, unter die die Arbeitslosigkeit nicht fallen kann (analog zur „Inflationsschranke"). Da die Nominallöhne im Rahmen der Verhandlungen über höhere Reallöhne erst ab diesem Niveau der Arbeitslosigkeit steigen, kann diese Untergrenze der Arbeitslosigkeit recht hoch sein. Das bedeutet, dass die Möglichkeiten des Staates, die Arbeitslosigkeit zu senken, entsprechend eingeschränkt bleiben.

Aber aus demselben Grund, der es erschwert, die Arbeitslosigkeit zu senken, führt jeder Anschub der Gesamtnachfrage, der die Arbeitslosenquote unter den Schwellenwert drückt, zu einer Beschleunigung der Inflation. In einer isolierten kapitalistischen Wirtschaft ohne Regulierung der Gesamtnachfrage gibt es nichts, was eine solche beschleunigte Inflation verhindern könnte.

Wir können hier zwei Fälle unterscheiden. Erstens, auf dem vorherrschenden Niveau der Gesamtnachfrage und damit der gesamtwirtschaftlichen Produktion bestehen sowohl unausgelastete Kapazitäten als auch Arbeitslosigkeit oberhalb dieses Schwellenwerts. In diesem Fall ist die Lohneinheit stabil. Zweiter Fall. Es besteht bei dem vorherrschenden Niveau der Gesamtnachfrage entweder ein Ex-ante-Nachfrageüberhang bei voller Kapazitätsauslastung oder eine Ex-ante-Tendenz zur Unterschreitung des Schwellenwerts bei der Arbeitslosigkeit. In diesem Fall wird die Lohneinheit durch eine Beschleunigung der Inflation destabilisiert.

Zwei Voraussetzungen müssen erfüllt sein, wenn die Lohneinheit stabil sein soll. Zum einen eine niedrige Kapazitätsauslastung (damit es keine Tendenz zu einem Preisanstieg durch Faktoren gibt, die einen Nachfragesog auslösen). Zum anderen die Aufrechterhaltung einer ausreichend hohen Arbeitslosigkeit. Sie muss über der Schwelle liegen, ab der die Nominallöhne steigen. Diese doppelte Anforderung kann in einer kapitalistischen Wirtschaft, in der die Gesamtnachfrage nicht von einer zentralen Behörde geplant wird, niemals erfüllt werden.

Wären diese beiden Bedingungen erfüllt, könnte es außerdem niemals einen Anstieg der Nominallöhne geben, der steiler ist als der Anstieg der Arbeitsproduktivität, denn das würde ja zu einer beschleunigten Inflation führen. Phillips hat in seinen empirischen Analysen gezeigt, dass wir aber sehr wohl einen Anstieg der Nominallöhne über die Wachstumsrate der Arbeitsproduktivität hinaus beobachten, ohne dass dabei eine beschleunigte Inflation auftritt. Daraus folgt, die begriffliche Fassung des Kapitalismus als ein isoliertes System, in dem es nur zwei kollektive Akteure gibt, die arbeitende Bevölkerung und die Kapitalisten, ist falsch. Es sei denn, wir glauben an eine „Geldwertillusion".

Zwar erfasst die keynesianische Analyse die Charakteristika einer Geldwirtschaft viel besser als die anderen von uns analysierten theoretischen Systeme, besser als das walrasianische, das marshallianische und das ricardianische System. Aber selbst das keynesianische System ist voller logischer Widersprüche. Diese treten zwar nicht auf, wenn wir mit Keynes der arbeitenden Bevölkerung eine „Geldwertillusion" zuschreiben. Aber sobald wir dieses Konzept als irreal aufgeben (womit Keynes' ursprüngliches System logisch unhaltbar wird) und stattdessen ein alternatives Preis- und Verteilungssystem einführen, das mit „unfreiwilliger Arbeitslosigkeit" vereinbar ist, erweist sich, dass die Stabilität der Lohneinheit in diesem alternativen System nicht gewährleistet ist. Aber ohne stabile Lohneinheit kann eine geldbasierte Wirtschaft nicht überleben.

Der Kapitalismus lässt sich nicht als ein isoliertes System begreifen, in dem nur zwei kollektive Akteure auftreten, die arbeitende Bevölkerung und die Kapitalisten. Aber genau dieser Konzeption war die Wirtschaftstheorie in all ihren verschiedenen Traditionen verhaftet. Bevor wir jedoch näher darauf eingehen, wie eine richtige Konzeption des Kapitalismus aussehen sollte, untersuchen wir im nächsten Kapitel das Marx'sche theoretische System.

2 „Geld“ in unterschiedlichen theoretischen Taditionen

1. Frank Hahn, *Equilibrium and Macroeconomics* (Oxford: Clarendon, 1984).
2. Robert W. Clower, „A Reconsideration of the Microfoundation of Monetary Theory,“ *Western Economic Journal* 6, no. 1 (1967).
3. Clowers Konzeptualisierung der Nachfrage nach Geld als Zirkulationsmittel in einer walrasianischen Welt mit Auktionator ist von anderen Autoren aufgegriffen worden, besonders zu erwähnen Bryce Hool, „Liquidity, Speculation and the Demand for Money,“ *Journal of Economic Theory* 21, no. 1 (1979).
4. David Ricardo, *Works and Correspondence of David Ricardo,* vol. 1, ed. Piero Sraffa (Cambridge: Cambridge University Press, 1951); Maurice Dobb, *Theories of Value and Distribution since Adam Smith* (Cambridge: Cambridge University Press, 1973). Vgl. auch Marx, *Theories of Surplus Value, Part I* (Moscow: Progress Publishers, 1969).
5. Adam Smith, *An Inquiry Into the Nature and Causes of the Wealth of Nations,* 2 Vols. (Indianapolis: Liberty Fund, 1981), 466.
6. Dobb, *Theories of Value and Distribution since Adam Smith.*
7. Ricardo, Works and Correspondence of David Ricardo, vol. 1.
8. Joan Robinson, *Economic Heresies* (London: Palgrave Macmillan, 1972).
9. Karl Marx, *A Contribution to the Critique of Political Economy* (London: Lawrence and Wishart, 1971).
10. Joan Robinson, *The Accumulation of Capital* (London: Macmillan, 1956).
11. John Maynard Keynes, *The General Theory of Employment, Interest and Money* (London: Macmillan, 1936).

Kapitel 3

„Geld" im Marx'schen System

Wie im System von Keynes ist im Marx'schen System anerkannt, dass die Wirtschaftssubjekte einen Teil ihres Vermögens in Form von Geld halten können. Somit gilt hier das Say'sche Gesetz nicht. Außerdem kann in einer so gefassten Wirtschaft unfreiwillige Arbeitslosigkeit auftreten. Sie kann nicht nur auftreten, sondern tritt dort auch tatsächlich auf. Das Marx'sche System erkennt auch an, dass der Wert des Geldes gegenüber der Warenwelt nicht durch Geldnachfrage und Geldangebot bestimmt werden kann, und zwar weil es eine Nachfrage nach Geld als Anlageform gibt. Der Wert des Geldes ist vielmehr unabhängig von der Geldnachfrage und dem Geldangebot festgelegt.[1] Marx sprach im Gegensatz zu Keynes nicht über eine ökonomische Welt mit Papier- oder Kreditgeld, sondern über eine Ökonomie mit Geldware (in der Papiergeld gesetzlich zu einem bestimmten Kurs in die Geldware konvertierbar ist). Der Wert des Geldes war nach Marx bestimmt über die relative Menge an Arbeit, die im Vergleich zu einer Einheit des Warenkorbs der produzierten Nicht-Geldwaren direkt oder indirekt in einer Einheit der Geldware verkörpert ist. Kurz gesagt, Marx bestimmte den Wert des Geldes im Verhältnis zur Warenwelt im Rahmen seiner Arbeitswerttheorie.

Ricardo und Marx zu Geld und Wert

Oft wird angenommen, die Arbeitswerttheorie von Marx sei mit der Ricardos mehr oder weniger identisch. Dies trifft nicht zu. In der Tat kann es nicht zutreffen, da Marx das Say'sche Gesetz völlig ablehnte, im Gegensatz zu Ricardo, der es ausdrücklich akzeptierte. Die Ablehnung des Say'schen

Gesetzes setzt die Aussage voraus, Geld werde nicht nur als Zirkulationsmittel, sondern auch als Anlageform nachgefragt. Die Größe dieser Nachfrage nach Geld als Vermögensanlage kann sich auch dann ändern, wenn sich der Wert der Waren, die durch das Medium Geld in Umlauf gebracht werden, nicht ändert. Marx sah, dass die Leute Geld ganz unabhängig von dem zirkulierenden Geld horten, und dass der Umfang des Horts aus unabhängigen Gründen, die nichts mit dem Wert der Gesamtmenge der zirkulierenden Waren zu tun haben, schwanken kann. Wenn es eine solche Nachfrage nach Geld als Vermögensanlage gibt, dann muss eine Erhöhung des Geldangebots auch nicht sofort in den Umlauf gelangen (zumindest nicht das gesamte Geld). Ricardo dagegen glaubte, eine Erhöhung des Geldangebots müsse eine zusätzliche Nachfrage nach Waren schaffen, die deren Preise kurzfristig erhöht.

Der Wert des Geldes oder sein Gegenstück, das Preisniveau der Waren, reagiert nicht auf eine Erhöhung des Geldangebots. Es reagiert weder in vollem Umfang (wie der Monetarismus, Ricardo eingeschlossen, meint), noch in irgendeinem geringeren Ausmaß, da die gesamte Erhöhung des Geldangebots einfach dem Hort, den die Leute als Vermögen halten, hinzugefügt werden kann. Steigt aufgrund einer Erhöhung des Wertes der in der Wirtschaft zirkulierenden Güter die Nachfrage nach Geld als Zirkulationsmittel, so muss dies nicht zwangsläufig zu einer Erhöhung des Geldwertes führen, da dieser zusätzlichen Nachfrage nach Geld als Zirkulationsmittel durch einen Rückgang der relativen Größe des Hortes entsprochen werden kann.

Mehr noch. Selbst wenn das Geldangebot unverändert bleibt, und selbst wenn sich das Angebot an Gütern, die mittels Geld in Umlauf gebracht werden müssen, nicht ändert, kann der Wunsch der Wirtschaftssubjekte, eine größere Geldmenge zu horten, d.h. sie nicht wieder in Umlauf zu bringen, zu einer Ex-ante-Änderung der Gesamtnachfrage nach Gütern und damit ihres Preisniveaus führen. (Dieser Änderung muss dann eine Mengenanpassung folgen.) Da weder eine Erhöhung des Warenangebots (und damit eine Erhöhung der Nachfrage nach Geld als Zirkulationsmittel, das für den Umlauf dieser Waren erforderlich ist) noch eine Erhöhung des Geldangebots den Wert des Geldes verändern müssen, erklärt sich folglich der Wert des Geldes in einer Geldwirtschaft durch einen anderen Faktor als Geldnachfrage und Geldangebot. Die Auswirkungen von Veränderungen der Geldnachfrage und des Geldangebots auf die Wirtschaft müssen dann getrennt untersucht werden. Angebot und Nachfrage bieten keinerlei Verankerung für den Wert des Geldes.

Dieser andere geldwertbestimmende Faktor kann nicht das Gegenstück der „Produktionspreise" der Waren sein, wie das im System Ricardos der Fall ist. Das liegt wie oben gezeigt daran, dass der Monetarismus ein notwendiger Bestandteil der Theorie Ricardos ist, ja ein Bestandteil einer jeden Theorie, die den Wert des Geldes anhand dieser Produktionspreise (oder der „Sraffa-Preise", wie manche sie lieber nennen) bestimmt.

In der kurzfristigen Analyse ökonomischer Abläufe akzeptiert Ricardo den Monetarismus. Anders im Marxschen System. Auch kurzfristige Abläufe werden dort nicht monetaristisch betrachtet. Das wiederum bedeutet, dass das Geld im Marx'schen System nicht Teil des abgeschlossenen Kreises der Waren sein kann, in dem die Profitrate und der Lohnsatz in einer Wirtschaft mit freiem Wettbewerb ausgeglichen werden. Der Wert des Geldes muss unabhängig bestimmt werden, *und die Bestimmung aller Produktionspreise von Nicht-Geld-Waren muss auf dieser eigenständigen Geldwertbestimmung beruhen.* Der relative Wechselkurs zwischen Geldware und Nicht-Geld-Waren wird bei Marx nicht wie die relativen Wechselkurse innerhalb der Welt der Nicht-Geld-Waren bestimmt. Er wird vielmehr davon unabhängig bestimmt und liegt letzteren zugrunde. Die Geldwertbestimmung erfolgt durch die relativen Mengen an Arbeit, die direkt und indirekt in einer Einheit der Geldware im Verhältnis zu einer Einheit des Warenkorbs der Nicht-Geld-Waren verkörpert sind.

Daraus folgt: Die Abweichung der Produktionspreise von den Arbeitswerten im Kreis der Nicht-Geld-Waren bringt keine Änderung des Wechselkurses zwischen Geld- und Nicht-Geld-Waren mit sich. Im Marx'schen System entspricht er weiterhin den relativen Arbeitswerten. Dieser Wechselkurs bleibt unverändert, unberührt von der Umformung der Werte in Preise; er bildet vielmehr die Grundlage, auf der die Transformation der Werte in Preise in der Nicht-Geld-Warenwelt stattfindet.

Anders ausgedrückt: Auch wenn im Marx'schen System die Arbeitswerte nicht tatsächlich die langfristigen Gleichgewichtspreise (die „Gravitationszentren") der Nicht-Geld-Waren bestimmen, so sind die relativen Quantitäten der verkörperten Arbeit doch nach wie vor die Determinante des Austauschverhältnisses zwischen der Geldware und der Welt der Nicht-Geld-Waren. Mit anderen Worten, die nominalen Preise der Waren werden durch die vorherige

Formulierung einer unabhängigen Metaregel festgelegt, die ihrerseits den Wert des Geldes bestimmt. Die Arbeitswerttheorie liefert eine solche Metaregel.

Ein Beispiel soll dies verdeutlichen. Wenn 100 Einheiten der Geldware direkt und indirekt so viel Arbeit erfordern wie die gesamte Produktion der Nicht-Geld-Waren, dann ist der Geldwert der letzteren 100; oder, anders gesagt, der Wert des Geldes in Bezug auf den Korb der produzierten Waren ist 0,01. Wenn der Nominallohnsatz 0,5 beträgt, können die Produktionspreise unter Berücksichtigung dieses Geldwerts bestimmt werden. Wäre der Wert des Geldes nicht durch diese Metaregel gegeben, könnten die Produktionspreise, anders als im ricardianischen System, nicht bestimmt werden. (Im System Ricardos tritt das Geld in den abgeschlossenen Kreis der Waren ein, über den hinweg der Lohnsatz und die Profitrate ausgeglichen werden.)

Natürlich muss das Tauschverhältnis zwischen der Geldware und dem Korb anderer Waren empirisch nicht mit den relativen Mengen an Arbeit, die direkt und indirekt in einer Einheit der beiden Warenarten verkörpert sind, übereinstimmen. Diese empirische Tatsache könnte nahelegen, dass wir eine alternative Erklärung für dieses Tauschverhältnis brauchen. Aber jede andere Erklärung kann immer unter eine Erklärung subsumiert werden, die auf dem Verhältnis inkorporierter Arbeitsmengen beruht. So kann man beispielsweise die Monopolrente der Goldminenbesitzer einbeziehen, was erklären könnte, warum das Gold-Ware-Verhältnis nicht genau mit den relativen Mengen an verkörperter Arbeit identisch ist.

Mit anderen Worten, man kann ein festes Verhältnis zwischen der Geldware und der Welt der Nicht-Geld-Waren auch dann aus den Mengen jeweils inkorporierter Arbeiten ableiten, wenn deren Verhältnis sich nicht mit dem Geldware-Waren-Verhältnis deckt. Man kann immer noch behaupten, das fixe Verhältnis von Geldware zu den übrigen Waren beruhe auf dem Verhältnis der jeweils inkorporierten Arbeitsmengen. Dieses feste Verhältnis ist ein wesentlicher Bestandteil der Marx'schen Theorie, da es auch der Bestimmung der Produktionspreise der Nicht-Geld-Waren bei gegebenen Nominallöhnen zugrunde liegt. Es besteht also ein grundlegender Unterschied zwischen Ricardo und Marx in der Frage der Geld- und Werttheorie. Dieser wiederum ergibt sich aus ihrer unterschiedlichen Auffassung über die Nachfrage nach Geld als Anlageform, und damit aus ihrer unterschiedlichen Haltung gegenüber dem Say'schen Gesetz und der Möglichkeit einer allgemeinen Ex-ante-Überproduktion.

Systeme in der Nachfolge von Marx und Keynes im Vergleich

In der grundlegenden Frage der Nachfrage nach Geld als Vermögensanlage und der Möglichkeit einer allgemeinen Ex-ante-Überproduktion (die Keynes als „unfreiwillige Arbeitslosigkeit" bezeichnete) gibt es viele Gemeinsamkeiten zwischen den Systemen der marxistischen Tradition und den keynesianischen Systemen. In der Tat kann man ohne Übertreibung sagen, dass Marx fast siebzig Jahre vor Keynes' *Allgemeiner Theorie* die grundlegenden Schlussfolgerungen dieses Keynes'schen Werks vorweggenommen hat. Zwar erkannte Marx die Möglichkeit einer allgemeinen Überproduktion. Aber er stellte keine Theorie darüber auf, wie sich die Wirtschaft in einer solchen Situation entwickeln würde. Das heißt, ihm fehlte eine Theorie zur Bestimmung des Volkseinkommens auf der Grundlage des „Multiplikators", wie sie Richard Kahn und Keynes dann in den 1930er Jahren aufstellten.

Die Marxisten sahen in einem gesamtwirtschaftlichen Nachfragedefizit jedoch nur ein *zyklisches* Phänomen, das sich selbst umkehren würde, so dass das System *im Durchschnitt* auf einem bestimmten Niveau der Kapazitätsauslastung funktionieren würde, auf dessen Grundlage die Inputkoeffizienten, die in die Bestimmung des Arbeitswertes eingehen, berechnet werden könnten. Dies war ein Irrtum, denn sobald die Möglichkeit eines gesamtwirtschaftlichen Nachfragedefizits zugelassen wird, kommt einem isolierten kapitalistischen System die Eigenschaft einer „Messerschneide" zu. Es wird also in Richtung eines stationären Zustands oder der einfachen Reproduktion (eine Null-Trend-Situation) gedrängt. Nur Rosa Luxemburg (1913) hat diese Möglichkeit gesehen. Kalecki hat sie später theoretisch gefasst.[2] Lange Zeit blieb die marxistische Wirtschaftswissenschaft dadurch behindert, dass sie Marx' Erkenntnisse zur Theorie der Gesamtnachfrage nicht weiterverfolgte.

Diese Ähnlichkeit zwischen den Systemen marxistischer Tradition und den keynesianischen Systemen mag für viele überraschend sein, da diese Traditionen ja ein sehr unterschiedliches Verständnis von Geld haben. In der Tat hat Nicholas Kaldor argumentiert, dass der Monetarismus in einer Kreditgeldwelt zwar nicht gilt, da eine solche Welt durch die „Endogenität" des Geldangebots gekennzeichnet ist (in der sich das Geldangebot an die Geldnachfrage anpasst). Der Monetarismus könnte aber möglicherweise für eine Wirtschaft mit Geldware gelten, da das Geldangebot dort exogen gegeben ist.[3] Die Existenz eines Hortes, der in einer ökonomischen Welt mit Geldware auf eine Nachfrage nach Geld als Anlageform verweist, kann jedoch genau die gleichen Auswirkungen haben wie sie in einer Kreditgeldwelt auftreten, weil die Existenz eines Horts mit Monetarismus und dem Say'schen Gesetz unvereinbar ist.

Ein grundlegender Unterschied zwischen dem Marx'schen und dem Keynes'schen System besteht jedoch auch auf diesem Gebiet. Während bei Keynes eine Erhöhung der Nominallöhne zu einem Anstieg der Preise führt und die Reallöhne unverändert bleiben – was die Frage aufwirft, warum es überhaupt Gewerkschaften gibt – führt bei Marx wie bei Ricardo ein Anstieg der Nominallöhne zu einer Erhöhung der Reallöhne auf Kosten der Gewinne. In einer berühmten Abhandlung mit dem Titel *Lohn, Preis und Profit*, einem Vortrag, den Marx am 20. und 27. Juni 1865 während der Sitzungen des Generalrats der Internationalen Arbeiterassoziation hielt, wandte sich Marx gegen den Bürger Weston, einen Anhänger von John Stuart Mill. Weston hatte auf der Grundlage von Mills „Lohnfond"-Theorie behauptet, die Arbeiter könnten ihre Reallöhne nicht erhöhen. Was die einen gewinnen, so Weston, verlieren die anderen. Dies sei jedoch nicht der Fall, so Marx, der behauptete, dass alle Arbeiter durch gewerkschaftliche Aktionen auf Kosten der Kapitalisten gewinnen könnten. Dies war wahrscheinlich die erste explizite Formulierung des später als „Faktorpreisgrenze" bezeichneten Sachverhalts einer inversen Beziehung zwischen dem Reallohnsatz und der Profitrate. Auffallend war jedoch, dass diese Formulierung für eine Welt erfolgte, die sich nach Marx' eigener Erkenntnis als eine Welt mit „unfreiwilliger Arbeitslosigkeit" charakterisieren ließe.

In einer Welt mit „unfreiwilliger Arbeitslosigkeit" ist die gesamtwirtschaftliche Produktion nachfragebeschränkt. Ein Anstieg der Reallöhne könnte daher die gesamtwirtschaftliche Produktion, den Output, einfach erhöhen. Der Anstieg der Reallöhne führt zu einer erhöhten Nachfrage nach Produktion, was wiederum die produzierte Menge erhöht, ohne die Höhe der Gewinne und damit die Profitrate zu verändern. Eine nach unten verlaufende „Faktorpreisgrenze" kann hier nur in folgendem Sinne postuliert werden: Wenn die Reallöhne *bei einem gegebenen Output* steigen, dann sinkt die Profitrate. Oder anders ausgedrückt: Ein Anstieg der Reallöhne würde die „Profitrate bei gegebenem Output" senken, und ein Anstieg der Nominallöhne, da er notwendigerweise die Reallöhne erhöht, würde dies ebenfalls tun. Bei der

Interpretation der Marx'schen „Faktorpreisgrenze", nach der Nominallöhne und Profitrate in einer inversen Beziehung stehen, lautet unsere Fragestellung also nicht, was passiert, wenn die Nominallöhne in einer Volkswirtschaft steigen. Die Frage lautet vielmehr: was passiert, wenn die Nominallöhne bei gegebenem Output steigen.

Führen wir nun die Fäden der Marx'schen Argumentation in Bezug auf das Geld zusammen. Marx' Auffassung davon, was für eine geldbasierte kapitalistische Wirtschaft charakteristisch ist, lässt sich in drei Aussagen zusammenfassen:

- Aussage 1: Geld wird in einer kapitalistischen Wirtschaft nicht nur als Zirkulationsmittel gehalten, sondern auch als eine Form der Vermögensanlage, so dass die im Durchschnitt einer Periode gehaltene Geldmenge weit über das hinausgehen kann, was für die Zirkulation benötigt wird.
- Aussage 2: Für jeden gegebenen Grad der Auslastung des fixen Kapitals gibt es einen eindeutigen Geldwert der gesamtwirtschaftlichen Produktion. Dieser ist unabhängig vom gesamtwirtschaftlichen Geldangebot.
- Aussage 3: Bei jedem gegebenen Auslastungsgrad senkt ein Anstieg des Nominallohnsatzes die maximal realisierbare Profitrate.

Während das keynesianische System nur die ersten beiden Aussagen akzeptiert, gelten im Marx'schen System alle drei, und darin liegt seine Einzigartigkeit.

Der Unterschied zwischen den beiden Systemen, der sich nur auf die dritte der obigen Aussagen bezieht, lässt sich unmittelbar darauf zurückführen, dass Marx von einer Ökonomie mit Geldware handelt. In ihr ist der Wert der Geldware in Bezug auf die Nicht-Geld-Waren unabhängig festgelegt. Keynes dagegen argumentiert in einer Ökonomie mit Kreditgeld. Hier gibt es keine derartige Festlegung.

Auch wenn dies sicherlich zutrifft, muss man sich in Bezug auf das Marx'sche System folgende Frage stellen: Wenn die Nominallöhne steigen, warum sollten dann nicht auch die Preise steigen? *Über welchen Mechanismus wird die Fixierung oder die relative Fixierung des Geldwertes bei steigenden Nominallöhnen aufrechterhalten?*

Es reicht nicht aus, zu sagen, Geld bestehe beispielsweise aus Gold und der Wert des Goldes in Bezug auf andere Waren sei durch ihre relativen Arbeitskosten bestimmt (entweder unmittelbar oder in irgendeiner vermittelten Form). Dies läuft auf die Behauptung hinaus, jede Erhöhung der Nominallöhne führe *ipso facto* zu einem Anstieg der Reallöhne (weil der Wert des Geldes in Bezug auf die Waren fix ist). Die Frage ist hier: Warum ändert sich der Wert des Geldes in Bezug auf die Waren nicht, wenn der Nominallohnsatz ansteigt?

Anders betrachtet: Angenommen, der Nominallohnsatz steigt, und angenommen, die Kapitalisten erhöhen ihre Preise proportional zum Anstieg des Nominallohnsatzes, so dass die Gewinnspanne und damit die Profitrate nicht sinken. Was eigentlich verhindert einen solchen Ausgang im Marx'schen Schema, wo doch nach dem keynesianisch-kaleckischen Schema genau dieser Ausgang zu erwarten ist (wobei die Art und Weise, in der diese Entwicklung verläuft, bei Keynes und Kalecki unterschiedlich gefasst ist)?

Eine erste Antwort könnte darauf verweisen, Marx habe von „freiem Wettbewerb" gesprochen. Preiserhöhungen durch die Kapitalisten als Antwort auf eine Erhöhung der Nominallöhne könnte somit ausgeschlossen werden. Wenn „freier Wettbewerb" funktioniere wie gedacht könnten die Kapitalisten eine proportionale Erhöhung der Preise nicht durchsetzen. Diese Antwort ist jedoch aus zwei Gründen nicht überzeugend. Erstens würde sie darauf hinauslaufen, dass die Gewerkschaften die Reallöhne zwar bei freiem Wettbewerb anheben können, nicht aber im Oligopol (wo die Preise über Aufschläge auf Grundpreise bestimmt werden). Damit stehen wir wieder vor der gleichen Frage wie zuvor: Warum wird so viel Aufhebens um die Gewerkschaften im oligopolistischen Kapitalismus gemacht? Zweitens verdeckt die Konzentration auf die *Art des Wettbewerbs (frei oder oligopolistisch)*, dass sich die Antwort auf das eigentliche Thema, also auf die *Natur des Geldes*, beziehen sollte. In der Tat wäre das Marx' eigene Antwort gewesen. Er hätte wohl betont, das Geld, über das er spreche, sei das Geld als Geldware. Daher ist der Bezug auf die Unterscheidung zwischen „freiem Wettbewerb" und Oligopol/Monopol hier unangebracht.

Was kann verhindern, dass die Kapitalisten ihre Preise in der gleichen Proportion erhöhen, wenn es in einer Ökonomie mit Geldware zu einem Anstieg der Nominallöhne kommt? Es hilft nichts zu entgegnen, dass sie das nicht könnten, da ja der Wert des Geldes festgesetzt sei. Geht es doch gerade darum zu untersuchen, wie diese Fixierung des Geldwertes aufrechterhalten wird.

Merkwürdigerweise sagt Marx nicht viel darüber, wie genau diese Festlegung des Geldwerts in der Wirtschaft auf Dauer gestellt wird. Eine implizite Antwort in *Lohn, Preis und Profit* lautet wie folgt: Wenn die Wirtschaft kein Gold produziert, sondern ihr Gold gegen ein bestimmtes Bündel anderer Waren importiert, gibt es überhaupt keinen Grund, warum die Goldexporteure ein kleineres Warenbündel akzeptieren sollten, nur weil die Nominallöhne innerhalb der goldimportierenden Wirtschaft gestiegen sind. Die Fixierung des Geldwerts angesichts von Nominallohnänderungen ergibt sich mit anderen Worten daraus, dass die Tauschbedingungen zwischen den Goldimporten und Warenexporten des goldimportierenden Landes unverändert bleiben, wenn sich die Nominallöhne ändern. Dieses Argument ist plausibel, gilt aber nicht für den Fall, dass das Gold im Inland produziert wird.

Die marxistische Tradition hat sich um diese Frage überhaupt nicht gekümmert.[4] Typischerweise tendierte man dazu, einen festgesetzten Geldwert als gegeben anzunehmen und auf dieser Grundlage zu argumentieren, ein Anstieg der Nominallöhne müsse die Reallöhne erhöhen. Dies ist jedoch, wie wir behauptet haben, kein Beweis dafür, dass eine Festsetzung des Geldwerts tatsächlich vorliegt.

Wertbeständigkeit des Gelds

Obwohl Marx nicht genau gesagt hat, wie die Wertbeständigkeit des Geldes aufrechterhalten wird, können wir einen möglichen Geldwertsicherungsmechanismus vorschlagen. Nehmen wir an, jedes Wirtschaftssubjekt glaubt, dass diese Fixierung künftig beibehalten werde, weil sie in der Vergangenheit tatsächlich beibehalten wurde. Wenn dann die Nominallöhne beispielsweise um 10 Prozent steigen und die nominalen Preise ebenfalls um 10 Prozent angehoben werden, sinkt der Wert des Geldes um 10 Prozent. Da die Wirtschaftssubjekte glauben, der überkommene Wert des Geldes werde künftig beibehalten, hegen sie die Erwartung, der Wert des Geldes werde vom gegenwärtigen Niveau aus um 10 Prozent steigen. Sie erwarten also, dass die Warenpreise um 10 Prozent fallen. Die Nachfrage nach Waren würde also zurückgehen, da die Leute, um ihre Geldbestände zu erhöhen, in Erwartung fallender Preise ihre Käufe aufschieben und ihre Warenvorräte verringern. Dadurch werden die Warenpreise auf ihr altes Niveau zurückgedrängt, und es wird sichergestellt, dass der Anstieg der Nominallöhne tatsächlich zu einem entsprechenden Anstieg der Reallöhne und damit zu einem Rückgang der „Profitrate bei gegebenem Output" führt.

Man könnte meinen, dass bei diesem Mechanismus eine Veränderung der Marktpreise für Waren, wie sie im Vorlauf zu unfreiwilliger Arbeitslosigkeit auftreten würde, nur schwer möglich wäre. Denn bevor es zu einer Mengenanpassung kommt, ist es wahrscheinlich, dass die Preise aufgrund der Ex-ante-Überproduktion allgemein etwas sinken; wenn aber jeder Preisrückgang die Erwartung eines Preisanstiegs und eine größere Nachfrage nach Gütern hervorruft, kann es kaum zu einem gesamtwirtschaftlichen Nachfragedefizit (oder zu Schwankungen im Niveau der Gesamtnachfrage) kommen.

Wir können jedoch Marx' theoretischen Entwurf von diesem logischen Problem über zwei Wege befreien. Den einen Weg können wir mit Kalecki gehen. Er sieht keine tatsächliche Abweichung der Marktpreise von den „Gleichgewichtspreisen" (oder Gewinnaufschlagspreisen) vor. Nachfrageschwankungen wirken sich direkt auf die Lagerbestände und damit auf die Kapazitätsauslastung aus, ohne Preisänderungen zu verursachen. Gleichzeitig ist jeder Anstieg der Nominallöhne, wenn er vollständig als allgemeiner Preisanstieg weitergegeben wird, zum Scheitern verurteilt, da jedes Wirtschaftssubjekt glauben wird, dass die Geldpreise in der Zukunft, unabhängig davon, wie hoch ihr derzeitiges Niveau ist, wieder auf ihr früheres Niveau zurückkehren werden. Auf diesem Lösungsweg gelangen wir in eine Welt, die manchmal als „Festpreiswirtschaft" bezeichnet wird. Dieser Weg ist zwar weit von Marx' eigenen Formulierungen entfernt. Er könnte aber eine Möglichkeit bieten, sicherzustellen, dass Marx' verschiedene Thesen zum Geld untereinander vereinbar sind.

Der andere Lösungsweg führt über die Annahme, dass die Wirtschaftssubjekte zwischen „kosteninduzierten" und „nachfrageinduzierten" Änderungen des Preisniveaus unterscheiden können. Wird die Geldware im Inland produziert, und ist sie somit wie alle anderen Waren von einem Anstieg der Nominallöhne betroffen, erwarten die Wirtschaftssubjekte, dass die nominalen Preise der Nicht-Geldwaren auch bei steigenden Nominallöhnen mehr oder weniger unverändert bleiben. Dies würde einen tatsächlichen Anstieg der nominalen Preise für Nicht-Geldwaren verhindern. Nominallohnerhöhungen werden in diesem Fall zu Reallohnsteigerungen führen. Durch die Gesamtnachfrage induzierte Änderungen des Preisniveaus wirken sich jedoch nur auf die Nicht-Geldwaren im Vergleich zur Geldware aus. Die Erwartung wäre dann, dass sich die Veränderung der Geldpreise nicht umkehrt, sondern eine Zeit lang anhält. Dies würde zu einer Anpassung der Produktion oder zu unfreiwilliger Arbeitslosigkeit führen.

Wir können also mögliche Wege aufzeigen, wie sich Marx' Position zum Geld im Kontext eines isolierten kapitalistischen Sektors verteidigen ließe. Aber selbst diese Wege sind nicht ausreichend, unabhängig davon, ob sie in sich überzeugend sind oder nicht. Die Unvereinbarkeit zwischen einem geschlossenen kapitalistischen Sektor und den drei von Marx aufgestellten Thesen über die Rolle des Gelds in einer Geldwirtschaft wird offensichtlich, wenn wir Papiergeld in unsere Betrachtung einbeziehen. Marx selbst hat das getan.

Zur Problematik Papiergeld im Marx'schen System

Auf den ersten Blick scheint es, dass das Marx'sche System immun ist gegen einen wichtigen Argumentationsstrang der allgemeinen Kritik, die wir hier an den verschiedenen theoretischen Systemen der Wirtschaftswissenschaften geübt haben. Wir haben festgestellt, dass die in der wirtschaftswissenschaftlichen Literatur verbreitete Fassung des Kapitalismus nicht mit den Charakteristika einer Geldwirtschaft vereinbar ist. Unsere generelle Kritik richtet sich gegen ein Verständnis des Kapitalismus als isoliertes System, das nur aus Arbeitern und Kapitalisten besteht, wobei der Staat, wenn überhaupt, dann nur in unbedeutendem Maß direkt in das Wirtschaftsleben eingreift. Für unseren generellen Einwand gibt es eine Reihe von Gründen. Einer der Gründe besagt, dass in einem isolierten kapitalistischen Sektor folgende Eigenschaften einer Geldwirtschaft nicht gleichzeitig erfüllt sein können. Erste Eigenschaft: ein Anstieg der Nominallöhne muss zu einer Verringerung der „Profitrate bei gegebenen Produktionsniveau" führen, sonst können wir die Realität des Klassenkampfes und die anhaltenden Bemühungen der Kapitalseite, Gewerkschaftsrechte zurückzudrängen, nicht verstehen. Zweite Eigenschaft: eine geldbasierte Wirtschaft kann die Möglichkeit unfreiwilliger Arbeitslosigkeit nicht ausschließen.[5]

Das Marx'sche System scheint gegen diesen speziellen Argumentationsstrang unserer Kritik immun zu sein. Es scheint, dass es in diesem System einerseits unfreiwillige Arbeitslosigkeit geben kann, und dass andererseits bei jedem Niveau dieser Arbeitslosigkeit, sollten die Arbeiter *tatsächlich* eine Nominallohnerhöhung erzwingen, dies nicht zu einem Anstieg des Preisniveaus, sondern zu einer Senkung der Profitrate führen würde. Mit anderen Worten, wenn auf jedem bestimmten Niveau der Arbeitslosigkeit die nominalen Preisänderungen im Vergleich zu den Änderungen des Nominallohns gleichbleiben, kann sich das System bei unterschiedlichen Niveaus der Arbeitslosigkeit einpendeln. (Und in der Regel sind niedrigere Arbeitslosenzahlen mit niedrigeren „Profitraten bei gegebenem Output“ verbunden. In einem solchen System ist es klar, warum die Kapitalseite so feindselig gegen die Gewerkschaften eingestellt ist.)

Aber auch hier gibt es noch ein Problem. Um auf unsere vorangegangene Diskussion zurückzukommen: Wenn die Nominallöhne und die Preise *pari passu*, also im Gleichschritt, steigen, dann verringert sich die tatsächliche Nachfrage nach Waren, da die Menschen erwarten, dass der Wert der Geldware auf das alte Niveau zurückkehrt, womit das Preisniveau auf die ursprüngliche Position zurückfällt und die Profitrate bei gegebenem Output sinkt. Wenn aber Geld nicht nur aus der Geldware besteht, sondern auch aus Papiergeld, das in diese Geldware konvertierbar ist, dann haben wir es nicht mit nur einer, sondern mit zwei Gruppen von Erwartungen zu tun, nämlich der Erwartung des Wertes der Geldware gegenüber den Nicht-Geldwaren *und* der Erwartung des Wertes des Papiergeldes gegenüber der Geldware. Selbst wenn die Papierwährung gesetzlich konvertierbar ist, können die Menschen nicht immer darauf vertrauen, dass dies auch dann im Fall einer Krise so bleiben wird.

Auch wenn die Wirtschaftssubjekte zuversichtlich erwarten, dass wenn die Preise aufgrund eines Anstiegs der Nominallöhne steigen, die Warenpreise im Vergleich zur Geldware sinken werden, können sie ebenso erwarten, dass die Papierwährung ihren Wert nicht halten kann. In diesem Fall kommt die Befürchtung auf, dass das Papiergeld möglicherweise nur vorrübergehend zum alten Kurs konvertierbar bleibt. Es gäbe dann einen Ansturm auf Gold aus beiden Richtungen, einen Ansturm von jenen, die Waren halten, und einen Ansturm jener, die Papiergeld halten. Und mit jeder Flucht aus der Papierwährung in Gold würde das Vertrauen in die Konvertierbarkeit zum alten Kurs schwinden. Eine weitere Flucht aus dem Papiergeld wäre die Folge. In einer solchen Situation die Konvertierbarkeit aufrecht zu erhalten, wäre dann tatsächlich unmöglich.

Im Marx'schen System tritt also trotz des Vorliegens einer Geldware und einer in die Geldware konvertierbaren Papierwährung ein Problem auf, das in ähnlicher Weise auch am keynesianischen System haftet. Sofern ein Anstieg der Nominallöhne über höhere Preise weitergegeben wird, bedroht dies den Wert jenes Teils des Geldes, der aus Papiergeld besteht. Andererseits gibt es keinen Grund, warum die Kapitalisten höhere Löhne nicht in Form höherer Preise weitergeben sollten. Sie haben keinerlei Grund, eine niedrigere Profitrate schicksalsergeben in Kauf zu nehmen. Und wenn die höheren Nominallöhne als höhere Preise weitergegeben werden, ohne dass zu erwarten ist, dass diese Preise gegenüber der ebenfalls an Wert verlierenden Papierwährung sinken, dann wird das in Papierwährung gehaltene Vermögen Verluste erleiden. *Wenn wir es mit einer Wirtschaft mit Papiergeldgebrauch zu tun haben und Vermögen in gewissem Umfang in Form dieses Geldes gehalten wird, dann bedroht ein Anstieg der Nominallöhne den Wert dieses Geldes und damit das in dieser Form gehaltene Vermögen, auch wenn das Papiergeld zu einem festen Kurs in die Geldware konvertierbar ist.*

Es scheint innerhalb eines isolierten kapitalistischen Sektors unmöglich, drei offensichtliche und empirisch beobachtbare Phänomene, die alle drei den Kapitalismus kennzeichnen und im Marx'schen System anerkannt sind, miteinander in Einklang zu bringen: nämlich Geld als Anlageform, die Möglichkeit unfreiwilliger Arbeitslosigkeit und die Fähigkeit der Gewerkschaften, die Reallöhne durch das Aushandeln von Nominallohnsteigerungen zu erhöhen.

Wir können also folgern: Sogar das Marx'sche System sieht sich mit Schwierigkeiten konfrontiert, wenn es darum geht, eine begriffliche Fassung des Kapitalismus als eines isolierten Sektors, der nur aus Arbeitern und Kapitalisten besteht, mit der Realität einer Geldwirtschaft in Einklang zu bringen. Und dies, obwohl sich das Marx'sche System der Realitäten einer Wirtschaft mit Geldgebrauch weit stärker bewusst ist als andere theoretische Systeme, einschließlich des keynesianischen.

Eine Kritik des Marx'schen Systems: Zusammenfassung

Zwar zeigt Marx ein tiefes, kontextuelles Verständnis der Beziehung zwischen dem Kapitalismus und den ihn umgebenden vorkapitalistischen, gewaltsam in dessen Umlaufbahn gezwungenen Segmenten. Dieses kontextuelle Verständnis kommt zwar in seinen zahlreichen Schriften zur Kolonialfrage zum Ausdruck, taucht aber in *Das Kapital*, insbesondere in Band I, den er zu Lebzeiten fertigstellte, nur flüchtig auf. Dort fasst Marx den Kapitalismus grundsätzlich über das Konzept eines isolierten kapitalistischen Sektors. Infolgedessen besteht die Tendenz, Marx die bei Wirtschaftstheoretikern übliche Konzeption zuzuschreiben, die die kapitalistische Wirtschaft grundsätzlich als einen geschlossenen Sektor betrachtet (die vorkapitalistische Umwelt ist dann lediglich ein für diesen Kernsektor unwesentlicher Zusatz).

Diese Auffassung hat auch die spätere marxistische Wirtschaftstheorie in eine unglückliche Richtung gedrängt. Ein offensichtliches Beispiel dafür ist die in marxistischen Kreisen weit verbreitete Überzeugung, der Prozess der Ursprünglichen Akkumulation habe nur in der Vorgeschichte des Kapitalismus stattgefunden, dass aber, sobald das System einmal etabliert war, in der nachfolgenden Akkumulation der Mehrwert ausschließlich innerhalb des Systems erzeugt wurde. In Wirklichkeit findet die Ursprüngliche Akkumulation jedoch während der gesamten Geschichte des Kapitalismus statt, und im Kolonialismus sogar in einer ganz expliziten Form, nämlich in Form einer auf Steuern basierenden Aneignung des ökonomischen Surplus der Kolonie durch die Metropole.[6]

Es ist dieses überkommene Verständnis des Marx'schen Systems, das wir kritisieren. Marx selbst kann nicht gänzlich davon freigesprochen werden, Anhaltspunkte für dieses Verständnis geboten zu haben. Unsere umfassende Kritik am Marx'schen System, einschließlich der Ausführungen in früheren Kapiteln, konzentriert sich auf drei Punkte. Erstens: Da Marx zu Recht das Say'sche Gesetz ablehnt und die Möglichkeit einer Ex-ante-Überproduktion anerkennt, würde sich der von ihm untersuchte kapitalistische Sektor in einen Zustand der einfachen Reproduktion einpendeln. Oder, genauer gesagt, in einem Universum, in dem es ein gesamtwirtschaftliches Nachfragedefizit geben kann, ist bei einer Investitionsfunktion, die die Nachfrage angemessen berücksichtigt, das einzige stabile Gleichgewicht ein Gleichgewicht mit einem Trend von Null.[7] Ein nachhaltiges Wachstum oder eine erweiterte Reproduktion im kapitalistischen Sektor lässt sich daher nur erklären, wenn wir über seine isolierte Existenz hinausgehen. Wir haben es also, alles zusammengenommen, mit einem theoretischen Widerspruch zwischen dem Konzept einer Geldwirtschaft (die eine Ex-ante-Überproduktion verursacht) und einem isolierten kapitalistischen Sektor zu tun. Dieser Widerspruch tritt auf, sobald wir nachhaltiges Wachstum als eines der unabdingbaren Charakteristika des kapitalistischen Sektors betrachten.

Ein zweiter Widerspruch zwischen dem Konzept einer Geldwirtschaft und dem Konzept eines isolierten kapitalistischen Sektors ergibt sich daraus, dass das System in einer Wirtschaft mit Papiergeldgebrauch nicht mehr funktioniert. Wenn der kapitalistische Sektor eine Papierwährung verwendet, und sogar, wenn es sich um eine in die Geldware konvertierbare Papierwährung handelt, funktioniert das System nicht mehr, wenn die Gewerkschaften zur Erhöhung des Lohnanteils am Volkseinkommen höhere Nominallöhne erzwingen. Denn die Kapitalisten wehren sich dann natürlich mittels Preiserhöhungen gegen jede Verringerung ihres Anteils. Das führt zu einer Abwanderung aus der Papierwährung hin zu Gold. Das in Form von Papiergeld gehaltene Vermögen wird dann wertlos. Da wir aber beobachten, dass Vermögen tatsächlich in Form von Papiergeld gehalten wird, muss es etwas geben, das sogar im Fall von Nominallohnerhöhungen verhindert, dass der Wert des Papiergelds zusammenbricht. Dieses „Etwas" muss außerhalb des isolierten kapitalistischen Sektors angesiedelt sein. Das bedeutet, die begriffliche Fassung des Kapitalismus als isolierter Sektor ist unangemessen.

Selbst innerhalb des Marx'schen Schemas entsteht ein dritter Widerspruch zwischen den Charakteristika einer Geldwirtschaft und der Betrachtung des Kapitalismus als isolierten kapitalistischen Sektor, sobald wir zur Kenntnis nehmen, dass es eine ganze Reihe von Gütern gibt, die von diesem Sektor genutzt, aber außerhalb von ihm produziert werden. Alle diese Güter unterliegen, bei gegebenem Nominallohn, dem Phänomen des steigenden Angebotspreises.

In einem solchen Fall endet die erweiterte Reproduktion des kapitalistischen Sektors in einer Sackgasse. Nach Ricardo ist diese Sackgasse gegeben, wenn die Wirtschaft den stationären Zustand, definiert über den Kulminationspunkt im Ablauf einer sinkenden Profitrate, erreicht. Aber schon bevor die Wirtschaft diese Sackgasse betritt, ist der Wert des Geldes schon gefallen. Denn die Kapitalisten werden versuchen, die Profitrate aufrechtzuerhalten, indem sie die Nominalpreise erhöhen. In diesem Fall werden die Wirtschaftssubjekte nicht erwarten, dass der Wert des Geldes auf sein altes Niveau zurückkehren werde; im Gegenteil, da jedes Wirtschaftssubjekt über den steigenden Angebotspreis Bescheid weiß, weckt jeder anfängliche Geldwertverlust die Erwartung, es werde zu einem weiteren Rückgang kommen.

Der Geldwert stürzt ab, da die Anleger aus den Geldanlagen in die Warenanlagen flüchten, und zwar in Waren mit steigendem Angebotspreis. Soll unter diesen Umständen eine geldbasierte Wirtschaft auf Dauer eine geldbasierte Wirtschaft bleiben, darf der Sachverhalt eines steigenden Angebotspreises nicht in Erscheinung treten.

Preissteigerungen lassen sich nur verhindern, wenn der Außenwelt, aus der heraus Waren in den kapitalistischen Sektor importiert werden, ein bestimmtes Wirtschaftsregime aufgezwungen wird. Dafür ist wiederum eine direkte oder indirekte politische Kontrolle über diese Außenwelt notwendig. Man kann nicht behaupten, man könne erweiterte Reproduktion innerhalb eines isolierten kapitalistischen Sektors ausreichend erklären, und gleichzeitig festhalten, dieser Sektor kaufe selbst bei normalem Gang der Dinge Güter aus seiner Außenwelt.

Das Thema eines steigenden Angebotspreises werden wir in einem späteren Kapitel ausführlich behandeln. Das Marx'sche System bietet außergewöhnlich tiefe Einsichten in das Wesen einer geldbasierten Wirtschaft. Das vorliegende Kapitel sollte jedoch zeigen, dass selbst das Marx'sche System in Schwierigkeiten gerät. Es verwickelt sich, wie andere Systeme auch, in schwerwiegende Widersprüche, weil es die Geldwirtschaft im Rahmen einer Konzeption analysiert, die den Kapitalismus als isolierten Sektor betrachtet, der nur aus Kapitalisten und Arbeitern besteht.

3 „Geld" im Marx'schen System

1. Die folgenden Ausführungen beruhen auf Prabhat Patnaik, *The Value of Money* (New York: Columbia University Press, 2009).
2. Michał Kalecki, Theory of Economic Dynamics (London: Allen and Unwin, 1954).
3. Nicholas Kaldor, „Monetarism and U.K. Monetary Policy," Cambridge Journal of Economics 4, no. 4 (December 1980).
4. Ashok Mitra, *The Share of Wages in National Income* (Bloomington: Indiana University Press, 1954) hat eine Begründung dafür geliefert, warum selbst in einem breit gefassten Kalecki'schen Begriffsrahmen Nominallohnerhöhungen zu Reallohnerhöhungen führen. Er ging dabei jedoch nicht auf die Frage des Geldwerts ein.
5. Der Widerspruch zwischen den Eigenschaften einer Geldwirtschaft und der Fassung des Kapitalismus als isolierten Sektor wird ausführlich behandelt in Prabhat Patnaik, „,Capital' and the Labour Theory of Value," in Reading *‚Capital' Today*, Ingo Schmidt and Carlo Fanelli, eds. (London: Pluto 2017).
6. Zur steuerfinanzierten Aneignung des gesamtwirtschaftlichen Überschusses Indiens zu Zeiten der Kolonialherrschaft, vgl. Utsa Patnaik, „Revisiting the ‚Drain,' or Transfers from India to Britain in the Context of Global Diffusion of Capitalism," in *Agrarian and Other Histories*, Shubhra Chakrabarti and Utsa Patnaik, eds. (Delhi: Tulika, 2017). Vgl. auch unser Kapital 10, unten.
7. Um es zu wiederholen: Eine Wirtschaft, die sich auf einem ungesicherten Wachstumspfad befindet – einem Pfad, der die Eigenschaft einer „Messerschneide" hat – konvergiert zu einem stationären Zustand. Das ist eine Eigenschaft des Systems. Sollte sich dennoch hinter zyklischen Bewegungen ein positiver Trend beobachten lassen, kann das nur über exogene Stimuli erklärt werden.

Kapitel 4

Der Kapitalismus und sein Umfeld

Wir haben argumentiert, jede konzeptionelle Darstellung des Kapitalismus als isolierten Sektor, der nur aus Kapitalisten und Arbeitern besteht und in dem der Staat keine direkte Rolle bei der Gestaltung der Wirtschaft spielt, führe zu schwerwiegenden logischen Widersprüchen. Denn der Kapitalismus ist in erster Linie Geldwirtschaft (Wirtschaft mit Geldgebrauch, geldbasierte Wirtschaft). Dennoch ist es in der Wirtschaftstheorie üblich, den Kapitalismus als einen isolierten kapitalistischen Sektor zu betrachten. Außerdem ist mit Händen zu greifen, dass die verschiedenen Wege zur Überwindung dieser logischen Widersprüche unbefriedigend sind. Die walrasianische und die ricardianische Tradition, beispielsweise, berücksichtigen nur teilweise, dass der Kapitalismus eine geldbasierte Wirtschaft ist; sie lassen dem Geld nur die Rolle als Zirkulationsmedium, leugnen aber seine Rolle als Medium der Vermögensanlage (was seinerseits ein logischer Widerspruch ist, denn Geld kann das eine nicht sein, ohne auch zugleich das andere zu sein). Auf dieser Grundlage akzeptieren diese Traditionen das Say'sche Gesetz und verneinen sie die Möglichkeit „unfreiwilliger Arbeitslosigkeit".

Die keynesianischen und die an Marx orientierten Traditionen hingegen, die die Implikationen des Kapitalismus als einer Geldwirtschaft sehr wohl zur Kenntnis nehmen, werden auf andere Weise durch die „Isolierter-Sektor"-Auffassung gelähmt. Sie können im Rahmen dieser Auffassung nicht erklären, wie ein nachhaltiges Wachstum innerhalb dieses Sektors zustande kommt. Denn ein solches Wachstum erfordert exogene Stimuli, die von außerhalb des Sektors kommen müssen; und wenn die „Isolierter-Sektor"-Auffassung ein „Außen" ausschließt, dann schließt sie *ipso facto* ein nachhaltiges Wachstum aus. Die keynesianischen und die an Marx orientierten Traditionen können auch nicht erklären, wie das System mit Nominallohnerhöhungen, die von den Beschäftigten mit dem Ziel durchgesetzt werden, ihren Anteil am Volkseinkommen zu erhöhen, zurecht kommen kann, ohne den Geldwert zu gefährden. Und da dieser isolierte kapitalistische Sektor eine Reihe von Gütern benötigt (die bei jedem gegebenen Nominallohnsatz einem steigenden Angebotspreis unterliegen), ist es diesen Traditionen unmöglich zu erklären, wie in diesem System weiterhin eine erweiterte Reproduktion möglich ist, ohne dass der Wert des Geldes zusammenbricht.

Der Ausweg aus diesen logischen Widersprüchen besteht darin, den Kapitalismus nicht als isoliertes Gebilde zu betrachten, sondern als ein Gebilde, das in einem Umfeld existiert, mit dem es nicht nur interagiert, sondern mit dessen Hilfe und auf dessen Kosten es alle Probleme überwindet, mit denen es ansonsten aufgrund seiner Eigenschaft als Geldwirtschaft konfrontiert wäre. Schauen wir uns an, wie jedes dieser Probleme des Marx'schen und des Keynes'schen Systems überwunden wird, wenn wir den Kapitalismus in seiner Umwelteinbettung betrachten (wir ignorieren das walrasianische und das ricardianische System, weil sie sich beide nicht einmal mit der Tatsache auseinandersetzen, dass der Kapitalismus eine Geldwirtschaft ist).

Zur Problematik exogener Stimuli

Wie wir in einem früheren Kapitel argumentiert haben, ergibt sich die Notwendigkeit exogener Stimuli für ein nachhaltiges Wachstum aus dem Umstand, dass im kapitalistischen System „unfreiwillige Arbeitslosigkeit" auftreten kann. Sobald die Möglichkeit unfreiwilliger Arbeitslosigkeit anerkannt wird, erhöhen die Kapitalisten in Abwesenheit exogener Anreize ihre Kapazitäten nur dann, wenn sie einen Anstieg der Nachfrage erwarten. Und ob sie einen Anstieg der Nachfrage erwarten, hängt davon ab, ob die Nachfrage in letzter Zeit gestiegen ist, hängt also ab von der aktuellen Erfahrung.

Wenn die Nachfrage der laufenden Periode eine Größe hat, die den Kapitalisten den „gewünschten" Grad der Kapazitätsauslastung bietet (nach Steindl wünschen sich Kapitalisten immer eine gewisse Unterauslastung der Kapazitäten[1]), dann treffen sie Investitionsentscheidungen, die ihnen in der nächsten Periode die gleiche Wachstumsrate des Kapitalstocks wie in der laufenden Periode gewähren. Ist die aktuelle Kapazitätsauslastung geringer als „erwünscht", dann verringern sie in der Folgeperiode die Wachstumsrate des

Kapitalstocks. Ist die Kapazitätsauslastung in der aktuellen Periode höher als „erwünscht", dann erhöhen sie die Wachstumsrate des Kapitalstocks in der nächsten Periode.

Die Kapazitätsauslastung der laufenden Periode hängt jedoch von den Investitionen der laufenden Periode im Verhältnis zum Kapitalstock ab. Daraus folgt, es gibt eine bestimmte Wachstumsrate des Kapitalstocks, die das „erwünschte" Niveau der Kapazitätsauslastung liefert. Dieses Niveau, einmal erreicht, besteht dann fort. Liegt die Wachstumsrate des Kapitalstocks unter dieser günstigen Rate, dann wird im Laufe der Zeit eine immer niedrigere Wachstumsrate des Kapitalstocks auftreten, bis diese Rate auf Null fällt, d.h. bis die Bruttoinvestitionen exakt der Abschreibungsrate des Kapitalstocks entsprechen. Die Wirtschaft hat dann einen stationären Zustand oder einen Zustand der einfachen Reproduktion erreicht.

Selbst wenn die Wachstumsrate des Kapitalstocks diese gewünschte Rate übersteigt, wird sie schließlich an eine Obergrenze stoßen. Oberhalb der gewünschten Wachstumsrate des Kapitalstocks wächst diese Rate im Laufe der Zeit, weil die Kapazitätsauslastung das gewünschte Niveau übersteigt. Sie erreicht die Obergrenze, wenn entweder die Arbeitsreserven oder die ungenutzten Kapazitäten erschöpft sind. Ist dies der Fall, wird sie nicht an dieser Obergrenze stehen bleiben, sondern von da an beständig sinken, bis sie wieder in einen Zustand der einfachen Reproduktion gelangt.

Sobald wir also die Wirkung der Nachfrage auf die Investitionen zur Kenntnis nehmen, bleiben nur zwei Trends, denen die Wirtschaft folgen kann: die eine Möglichkeit besteht im Erreichen genau jener Wachstumsrate, die das „gewünschte" Niveau der Kapazitätsauslastung liefert (diese bestimmte Wachstumsrate bezeichnete der Ökonom Roy Harrod als „befriedigende Wachstumsrate"[2]), die andere Entwicklungsmöglichkeit ist ein Nulltrend oder der Zustand der einfachen Reproduktion. Der erste Trend ist insofern instabil, als eine zufällige Abweichung der Akkumulationsrate von diesem Trend in die eine oder andere Richtung die Wirtschaft in den Zustand der einfachen Reproduktion führt; die zweite Möglichkeit, die einfache Reproduktion, ist insofern stabil, als nach einer zufälligen Abweichung von dieser Situation die Wirtschaft wieder in diese Lage zurückkehrt.[3]

Allein auf der Grundlage endogener Impulse, d.h. auf der Grundlage der Wachstumsimpulse, die sich daraus ergeben, dass die Wirtschaft in der Vergangenheit gewachsen ist und dass daher die Erwartung besteht, sie werde auch in Zukunft wachsen, lässt sich ein nachhaltiges Wachstum im System nicht erklären.[4] Ein solches Wachstum erfordert zusätzliche, exogene Impulse, die einen Investitionsbetrag hinzufügen, der nicht in Bezug zum Wachstum in der Vergangenheit steht.

Nun wird seit langem die Auffassung vertreten, dass selbst ein isolierter kapitalistischer Sektor exogene Impulse aus sich selbst heraus erzeugt, und zwar durch Innovationen, die das Niveau der Bruttoinvestitionen und damit auch der Nettoinvestitionen über das Volumen hinaus erhöhen, das andernfalls durch das erwartete Wachstum der Märkte allein gewährleistet wäre. Dies geschieht jedoch nur dann, wenn die Innovatoren zusätzliche Investitionen tätigen, die über das Volumen hinausgehen, das das erwartete Marktwachstum andernfalls erlaubt hätte. Sie handeln dabei im Glauben, dass sie mehr verkaufen können, weil sie eine Innovation einführen, über die ihre Konkurrenten nicht verfügen.

Wenn aber die Rivalen stark genug sind, den Versuch einer Marktübernahme abzuwehren, und zwar ohne ihrerseits die Innovationen einzuführen, und wenn sie dennoch stark genug sind, ihre Preise zu senken und die Preissenkungen des Innovators, zu denen dieser dank seiner Innovationen im Stande ist, zu überleben, dann ist es dem Innovator verwehrt, einen Markt zu übernehmen oder seine Marktanteile zu erhöhen. Dies wissend, wird der Innovator keine Investitionen tätigen, die über das Maß hinausgehen, das durch das erwartete Wachstum seines Marktes gerechtfertigt wäre. Eine Innovation wird sich nur auf die *Form* der Investitionen auswirken – z. B. neue innovative Maschinen anstelle der alten – nicht aber auf ihre Höhe. In diesem Fall ist diese Innovation kein echter exogener Anreiz mehr.[5] Die Konkurrenten erkennen aufgrund der ursprünglichen Innovation die Notwendigkeit, auch ihrerseits innovativ werden zu müssen. Aber auch sie werden nur alte durch verbesserte Maschinen ersetzen, nicht aber das Investitionsvolumen erhöhen. Innovationen wirken nicht als ein exogener Anreiz dafür, die Investitionen über jenes Maß hinaus zu erhöhen, das mit dem Wachstum des Marktes vorgegeben wäre; im Gegenteil, das Wachstum des Marktes bestimmt das Tempo der Einführung von Innovationen.

Wirtschaftshistoriker haben diese Auffassung, wie bereits erörtert, schon seit einiger Zeit vertreten. Mehrere Innovationen, die in der Zwischenkriegszeit bereits verfügbar waren, wurden erst nach dem Boom des Zweiten Weltkriegs in die Wirtschaft eingeführt. W. Arthur Lewis führt dies auf die Große

Depression zurück, die sich dämpfend auf die Einführung von Innovationen ausgewirkt habe.[6] Wenn eine Periode mangelnder Nachfrage die Einführung von Innovationen dämpft, dann spielen Innovationen offenkundig nicht die Rolle eines exogenen Impulses.

Baran und Sweezy haben zwischen Routine-Innovationen und „epochalen" Innovationen wie Eisenbahnen und Automobilen unterschieden.[7] Sie argumentierten, epochale Innovationen könnten einen exogenen Wachstumsimpuls geben, nicht aber die Routine-Innovationen. Von der Verbreitung des Automobils nach dem Ersten Weltkrieg hätte man erwarten können, dass dies den Ausbruch der Großen Depression verhindert oder doch die Tiefe und Dauer der Depression verkürzt. Es ist jedoch bezeichnend, dass diese Wirkung nicht eintrat. Erst in der Hochkonjunktur nach dem Zweiten Weltkrieg breitete sich der Automobilabsatz dramatisch aus. Selbst epochale Innovationen dürften daher kaum das Potenzial haben, den Beginn einer Stagnation zu vereiteln oder eine bereits eingetretene Stagnation zu durchbrechen. Kurzum: Innovationen sind schlechte Belege für das Vorliegen eines exogenen Stimulus.

Zweifelsohne werden in Zeiten des Booms Innovationen mit voller Kraft aufgegriffen. Das erweckt den Eindruck, dass es die Innovationen sind, die den Boom verursachen. Doch handelt es sich dabei wahrscheinlich eher um eine Verwechslung. Booms, die durch andere, wirklich exogene Anreize ausgelöst wurden, haben zu einer starken Verbreitung von Innovationen beigetragen, aber es gibt kaum Belege dafür, dass Innovationen selbst einen Boom ausgelöst hätten. Die offensichtliche Ausnahme ist die Einführung von Innovationen durch den Staat, wie das bei der Einführung der Eisenbahn über weite Phasen des 19. Jahrhunderts der Fall war. In diesem Fall müssen wir jedoch den Staat, nicht die Innovation, als Urheber des exogenen Anreizes betrachten.

Wenn wir Innovationen nun außer Acht lassen können, dann sind die einzigen beiden wirklich exogenen Stimuli die Staatsausgaben und das imperiale Arrangement, das im Mittelpunkt der Analyse Rosa Luxemburgs stand. Während in beiden Fällen die begriffliche Fassung des Kapitalismus als „isolierter kapitalistischer Sektor" durchbrochen wird, ist es das von Luxemburg hervorgehobene imperiale Arrangement, das über einen Großteil der Geschichte des Kapitalismus die Rolle eines exogenen Stimulus gespielt hat.

Unter „imperialem Arrangement" verstehen wir mehr als nur die Existenz kolonialer Märkte. Das Eindringen in koloniale Märkte war Teil des imperialen Arrangements, aber dieses Arrangement muss in seiner Gesamtheit betrachtet werden. Wir müssen zunächst zwischen den Eroberungskolonien wie Indien, Indonesien, Malaya und den Westindischen Inseln (und Halbkolonien wie China) und den Siedlungskolonien wie den Vereinigten Staaten, Kanada, Australien und Neuseeland unterscheiden. Der Verkauf von Waren aus der kapitalistischen Metropole an die Eroberungskolonien war ein wichtiger Teil des imperialen Arrangements. Das geschah zu Lasten der lokalen Handwerksproduzenten, die dadurch aus ihren traditionellen Berufen verdrängt wurden (ein Prozess, der als „Deindustrialisierung" bezeichnet wird).

Aber nicht alle Länder, die zum Metropolkapitalismus zählen, verfügten über solche kolonialen oder halbkolonialen Märkte. Britannien als führendes kapitalistisches Land und als Kolonialmacht hatte den direkten Zugang zu diesen Märkten. Es ermöglichte anderen kapitalistischen Ländern, insbesondere den Ländern mit aufholender Industrialisierung, den Zugang zu seinen eigenen Märkten (die der Wirtschaftshistoriker S. B. Saul als „markets on tap" – wörtlich: Anzapfmärkte – bezeichnete[8]). Also hatten alle kapitalistischen Länder, entweder direkt oder indirekt über Britannien Zugang zu den kolonialen und halbkolonialen Märkten.

In den Siedlungskolonien hingegen wurden die Ureinwohner von ihrem Land vertrieben. Ihr Land wurde von Einwanderern aus Europa besetzt. Viele Einheimische kamen ums Leben, und die, die überlebten, wurden in Reservaten zusammengepfercht. Zwischen dem Ende der Napoleonischen Kriege und dem Ersten Weltkrieg[9] kam es zu einer enormen Migration weißer Menschen aus Europa. Ihre Zahl belief sich auf etwa fünfzig Millionen. Parallel zu dieser Wanderung von Personen kam es zu einer komplementären Wanderung des Kapitals, das in den Bau von Eisenbahnen, in die Errichtung einer Infrastruktur und in die Ausdehnung der Siedlungsgebietsgrenze floss.

Nun mag es auf den ersten Blick so scheinen, als ob diese Ausbreitung des Metropolkapitalismus von Europa aus die exogenen Impulse lieferte, dass also die tropischen und subtropischen kolonialen und halbkolonialen Märkte in dieser Hinsicht keine wesentliche Rolle spielten. Dies ist jedoch nicht der Fall. Die Warenstruktur der Nachfrage aus diesen neuen Siedlungsgebieten unterschied sich von der Struktur des Angebots, das aus den europäischen Metropolen geliefert werden konnte. Diese strukturelle Diskrepanz verschärfte sich zunehmend mit der Industrialisierung der Siedlungsgebiete, die damit begannen, Industriegüter nach Europa zu exportieren. Die kolonialen und halbkolonialen Märkte in den Eroberungskolonien waren für die Lösung dieses Problems von entscheidender Bedeutung. So verkaufte Großbritannien im 19. Jahrhundert zunehmend Waren auf den kolonialen und halbkolonialen Märkten (der Historiker Eric Hobsbawm verwendet den Begriff „Flucht in die kolonialen Märkte", um dieses Phänomen zu beschreiben)[10] und brachte diese Märkte dazu, ihre Waren in die gemäßigten, von Weißen besiedelten Regionen zu exportieren. Über dieses Handelsdreieck konnte Britannien seine Zahlungsbilanz ausgleichen.

Aber das ist noch nicht alles. Britannien brachte seine Kolonien, etwa Indien, dazu, mehr Waren zu exportieren, als sie absorbierten (wobei auch diese Absorption auf Kosten ihrer eigenen einheimischen Handwerker ging). Diesen Überschuss in Form von Rohstoffen und anderen Primärprodukten hat sich Britannien einfach angeeignet, um damit seine eigenen Kapitalexporte in diese Regionen zu bezahlen. Mit anderen Worten, dieser Überschuss wurde nicht dem Konto der kolonisierten Länder gutgeschrieben. Er wurde ihnen von der kolonisierenden Macht über Steuern abgenommen, und zwar zur Finanzierung der eigenen Kapitalexporte – ein Phänomen, das man als „Drain" (Überschussabzug) bezeichnet.[11]

Die kolonialen und halbkolonialen Märkte spielten also nicht die Rolle eines exogenen Stimulus in der einfachen und offensichtlichen Weise, wie Rosa Luxemburg sich das vorstellte. Die Märkte wurden Teil eines imperialen Gesamtarrangements, das den Akkumulationsprozess in Gang hielt, indem es ihm einen exogenen Anreiz gab. Um dieses Arrangement zu verstehen und um zu begreifen, wie es im Metropolkapitalismus zu einer anhaltenden Akkumulation kommen konnte, müssen wir uns jedoch von der Vorstellung eines isolierten kapitalistischen Sektors trennen.

Klären wir nun die jeweilige Rolle der exogenen und endogenen Stimuli. Man muss zwischen der quantitativen und der qualitativen Bedeutung der exogenen Stimuli unterscheiden. Diese exogenen Stimuli sind qualitativ wichtig in dem Sinne, dass der isolierte kapitalistische Sektor ohne sie dem Zustand einfacher Reproduktion verhaftet bliebe. Die quantitative Wirkung dieser Stimuli ist größer als es zunächst scheint. Sie erschöpft sich nicht in deren direktem Effekt. Hinzu kommt deren Multiplikatoreffekt. Deshalb ist die indirekt über den Multiplikatoreffekt tatsächlich erzielte Wachstumsrate des kapitalistischen Sektors größer als die über Stimuli direkt erzielbare Wachstumsrate des Kapitalstocks, genauso wie der Umfang der Produktion aufgrund des Multiplikatoreffekts in einem beliebigen Zeitraum viel größer wäre als beispielsweise die Verkäufe an den vorkapitalistischen Sektor selbst. Läßt man die Multiplikatoreffekte außer Betracht, kann dies also den falschen Schein erzeugen, exogene Anreize seien nicht sehr wichtig. Das Gegenteil aber ist der Fall. Das System würde ohne sie in einer Stagnation versinken.

Der Puffer gegen die Inflation

Betrachten wir nun den Fall von Nominallohnerhöhungen. Wir haben weiter oben argumentiert: Wenn in einem isolierten kapitalistischen Sektor Nominallohnerhöhungen in dem Bemühen erfolgen, den Lohnanteil am Volkseinkommen zu erhöhen, müsste der Geldwert angesichts des Widerstands der Kapitalisten gegen jegliche Kürzung des Profitanteils am Volksvermögen an Stabilität verlieren. Bleibt in diesem Szenario der Wert des Geldes aber stabil, ist dies nur möglich, wenn die Seite der Arbeit keine über die Produktivitätssteigerungen hinausgehenden Nominallohnerhöhungen durchsetzen konnte, oder wenn die Seite des Kapitals Kürzungen des Profitanteils am Volkseinkommen schicksalsergeben hinnehmen würde. Beides kommt in Wirklichkeit nicht vor. Wir folgerten daraus, dass es eine logische Unvereinbarkeit gibt zwischen dem Grundcharakteristikum des Kapitalismus als Geldwirtschaft (in der der Wert des Geldes stabil bleibt) und seiner Darstellung als isolierter kapitalistischer Sektor.

Sobald wir uns aber von der Vorstellung eines isolierten kapitalistischen Sektors befreien, stellt sich das Problem der Destabilisierung des Geldwerts aufgrund von Nominallohnerhöhungen nicht mehr. Wenn es eine Klasse von Anspruchsberechtigten auf die Gesamtproduktion gibt, die ihren Anteil am Output nicht verteidigen kann, dann können die konkurrierenden Ansprüche von Arbeitern und Kapitalisten immer auf Kosten dieser Anspruchsberechtigten ausgeglichen werden. Die Beschäftigten können in der Tat Nominallohnsteigerungen erzielen, die über das Wachstum der Arbeitsproduktivität hinausgehen und nicht einfach „weitergegeben" werden. Die Preise dürfen also nicht im Gleichschritt mit dem Anstieg der Lohnstückkosten steigen. Andernfalls könnte der Anteil der arbeitenden Bevölkerung an der Gesamtproduktion nicht wachsen. Es kann der Seite der Arbeit also durchaus gelingen, ihren Anteil an der Produktion zu erhöhen. Und dies kann nicht durch eine

Verringerung des Anteils der Kapitalseite an der Produktion geschehen. Vielmehr muss es der Outputanteil dieser dritten Gruppe von Anspruchsberechtigten sein, der sich verringert.

Das soll nicht heißen, die Seite der Arbeit drücke bewusst die Anteile dieser anderen Anspruchsgruppen hinab. Aber das System funktioniert so, dass die höheren Lohnforderungen der arbeitenden Bevölkerung auf Kosten dieser anderen Anspruchsgruppen erfüllt werden können, ohne dass der Anteil der Kapitalseite gefährdet wäre. Anders ausgedrückt: wenn es eine dritte Kategorie von Anspruchsberechtigten gibt, die lediglich als „Preisnehmer" auftritt, können die Ansprüche sowohl der arbeitenden Bevölkerung als auch der Kapitalisten erfüllt werden, ohne dass es zu einer beschleunigten Inflation und einer Destabilisierung des Geldwerts kommt. Eine wesentliche Voraussetzung für die Lebensfähigkeit des Systems ist die Einbettung des Kapitalismus in ein breiteres Umfeld, in dem Rohstoffe, laufende Betriebsmittel und sogar Lebensmittel einer Gruppe von Produzenten abgekauft werden, die keine Verhandlungsmacht hat und deren Anspruch an die gesamtwirtschaftliche Produktion eingeschnürt werden kann.

Der Grund, warum der Anspruch dieser Gruppe beschnitten werden kann, liegt offensichtlich darin, dass sie sich in einem Ozean von Arbeitskräftereserven befindet. Das zwingt die Zugehörigen dieser Gruppe dazu, sich als Preisnehmer zu verhalten. Im Kapitalismus war das schon immer so. Schon immer hat der Kapitalismus eine gewisse Warenmenge von Kleinproduzenten außerhalb des Metropolkerns bezogen. Die Deindustrialisierung, die der Kapitalismus auf seiner Suche nach Absatzmärkten den abgelegenen Volkswirtschaften aufgenötigt hatte, führte zu einer enormen Massenarbeitslosigkeit. Dies ermöglichte es den Kleinproduzenten, die Verringerung ihrer Ansprüche auf die unteren Schichten, d. h. auf die von ihnen beschäftigten Arbeitskräfte, abzuwälzen. Und jene, die gar kein Personal beschäftigten, konnten sich nicht gegen eine Absenkung ihres Anspruchs an das Gesamtprodukt wehren, da sie sich nicht organisieren konnten. Jeder Versuch der Kleinproduzenten, sich zu organisieren, hätte es angesichts der großen Arbeitskräftereserven den Grundbesitzern (die nicht mit den Kleinproduzenten identisch sind) erlaubt, sie durch andere, auf ihre Chance lauernden Kleinproduzenten zu ersetzen.

Wir haben bereits auf Keynes' Idee der „Geldwertillusion" hingewiesen. Sie ist im Keynes'schen Schema von entscheidender Bedeutung für die Stabilität der Lohneinheit, selbst wenn es innerhalb dieses Schemas möglich ist, die Beschäftigung durch eine Erhöhung der Gesamtnachfrage zu steigern. Es ist nicht irgendeine psychologische Eigenschaft der Arbeitskräfte oder irgendeine Einschränkung ihrerseits, die sie auf Nominallöhne fixiert. Es ist irreführend als Grund für die Komprimierbarkeit des Anteils der arbeitenden Bevölkerung die Geldwertillusion anzuführen (der Verweis auf diesen Grund hat es dem Monetarismus leicht gemacht, die keynesianische Revolution zu konterkarieren). Der wahre Grund, warum der Anteil der arbeitenden Bevölkerung eingeschnürt werden kann, liegt vielmehr in der Existenz einer riesigen Arbeitsreserve. Diese existiert vor allem in den Randgebieten außerhalb des eigentlichen kapitalistischen Sektors. Sie betrifft nicht alle vom Kapital Beschäftigten (denn dann gäbe es überhaupt keine Gewerkschaften, geschweige denn erfolgreich durchgesetzte Lohnerhöhungen). Es betrifft vielmehr nur eine Teilgruppe der arbeitenden Bevölkerung (oder genauer gesagt die Kleinproduzenten), die in diesen Randgebieten angesiedelt ist und die den kapitalistischen Sektor mit zahlreichen von ihm benötigten Produkten versorgt. Aber um auf die Bedeutung dieser Kleinproduzenten aufmerksam zu werden, müssen wir die Vorstellung vom Kapitalismus als eines isolierten Sektors aufgeben und ihn in seiner Einbettung betrachten. Der kapitalistische Kern ist umgeben von einer Reihe von Kleinproduzenten, die seinen Bedarf nach ihren Waren befriedigen. [12]

Man kann den Punkt, um den es jetzt geht, wie folgt betrachten. Das Produkt des kapitalistischen Sektors hat den Preis p. Die zur Produktion eingesetzte Arbeit wird bezahlt zu einem Nominallohnsatz w. Die von außerhalb des kapitalistischen Sektors „importierten" Rohstoffe, die in die Produktion einfließen, haben einen Preis m pro Einheit (in der Währung der Metropole). Als Gleichung dargestellt:

$$p = (am + wl)(+\pi) \qquad \text{(i)}$$

a bezeichnet die Rohstoffe, die pro Stück eingesetzt werden, *l* bezeichnet das Arbeitsvolumen, das zur Produktion pro Stück eingesetzt werden muss, und π steht für den Aufschlagsfaktor. Obige Gleichung kann auch wie folgt geschrieben werden:

$$1 = (am/p + wl/p)(1 + \pi)$$

Der Anteil der Löhne an der Produktion wl/p kann offensichtlich erhöht werden, ohne dass deshalb der Anteil der Gewinne an der Produktion ($\pi/(1+\pi)$) sinkt, und zwar, wenn der Anspruch der Rohstoffproduzenten (am/p) gesenkt wird. Die Rohstoffproduzenten müssen die Senkung des von ihnen beanspruchten Anteils zulassen, weil sie Preisnehmer sind.

Das gleiche Ergebnis könnte auch erreicht werden, wenn beide Gruppen innerhalb des isolierten kapitalistischen Sektors angesiedelt wären. Auch dann könnte gelten, dass eine erfolgreiche Nominallohnerhöhung für die eine Beschäftigtengruppe durch die Komprimierung des Outputanteils einer anderen Beschäftigtengruppe aufgefangen werden kann, ohne dass der Geldwert destabilisiert würde. Aber es ist schwierig, eine gegebene oder sogar zunehmende Trennung zwischen zwei Beschäftigtengruppen sicherzustellen, die sich in unmittelbarer geografischer Nähe befinden und die sich frei bewegen können. Außerdem stößt der Druck auf die Löhne der direkt vom Kapital Beschäftigten an Grenzen, da das Kapital einen kontinuierlichen Fluss von Arbeitskräften sicherstellen muss, die über ein gewisses Mindestmaß an Kraft und Fähigkeiten verfügen. Sind die Kleinproduzenten jedoch außerhalb der Grenzen des Metropolkapitals in einem nahezu unerschöpflichen Reservoir von Arbeitsreserven angesiedelt, so dass die eine Gruppe ohne große Unannehmlichkeiten für das Kapital durch eine andere ersetzt werden kann, sieht die Sache ganz anders aus. Diese abgelegenen Arbeitskräftereserven stellen eine „ideale“ Gruppe dar, auf die Lohndruck ausgeübt werden kann (nicht notwendigerweise direkt, sondern vermittelt über den Markt), um über diesem Weg die Stabilität des Geldwerts zu gewährleisten.

In den letzten Jahrzehnten ist sehr viel über Inflationstheorie geschrieben worden. Aber es ist bemerkenswert, dass kaum ein Wort über die Möglichkeit verloren wurde, die Inflation durch einen Druck auf die Einkommen der Primärrohstoffe liefernden Kleinproduzenten zu kontrollieren. Die Wirtschaftswissenschaft war so sehr der Vorstellung eines isolierten kapitalistischen Sektors verschrieben, dass sie im Rahmen dieses Paradigmas sogar erklärte, es gebe nur ein einziges Niveau der Arbeitslosigkeit (NAIRU, inflationsstabile Arbeitslosenquote), auf dem die Inflation nicht selbstbeschleunigend sei. (Eine nicht beschleunigte Inflation wäre aber auch bei höheren Arbeitslosenquoten möglich, nämlich dann, wenn Sperrklinkeneffekte eine Verlangsamung der Inflation verhinderten. In diesem Fall lässt die Kapitalseite ein absolutes Sinken der Preise nicht zu. Bei all diesen inflationsstabilen Arbeitslosigkeitsquoten gäbe es keine Nominallohnerhöhungen.) Die Möglichkeit, dass sich die Wirtschaft bei jeweils unterschiedlichen Nominallohnsteigerungen bei einer von mehreren möglichen Arbeitslosenquoten einpendeln kann, wird einfach beiseite geschoben. Aber wie Phillips gezeigt hat, entsprechen solche Situationen der kapitalistischen Wirklichkeit. (Sein empirischer Beleg ist gültig, gleichgütig was man von der theoretischen Fundierung der Phillips-Kurve hält.)

Wenn wir jedoch über die Vorstellung eines isolierten kapitalistischen Sektors hinausgehen und den Kapitalismus in seiner Einbettung in ein Umfeld vorkapitalistischer Produzenten betrachten, dann zeigt sich, dass es für jedes Niveau der Terms of Trade (m/p im obigen Beispiel) eine entsprechende NAIRU geben kann. Die vorkapitalistischen Produzenten werden hierbei zur Deckung eines Bedarfs herangezogen, den der kapitalistische Kern nicht selbst produzieren kann. Es gibt nicht eine einzige NAIRU, es gibt derer viele. Und wenn die Forderungen dieser Kleinproduzenten komprimierbar sind, kann sich die Wirtschaft auf jedem Niveau der Arbeitslosigkeit einpendeln, ohne dass sie eine beschleunigte Inflation erleiden müsste. Genau so hatte sich Keynes das vorgestellt, wenn auch mit falscher Begründung (der Begründung mit der „Geldwertillusion").

Michal Kalecki hat die Rohstoffproduzenten entlegener Gebiete explizit in die Analyse des Kapitalismus einbezogen. Darin besteht die Bedeutung seiner Arbeiten. Allerdings trieb er die Analyse nicht bis zu ihrem logischen Schluss.[13] Er erklärte nämlich die angebliche Stabilität des Anteils der Löhne am Volkseinkommen in den kapitalistischen Metropolen als das Ergebnis zweier Faktoren, die in entgegengesetzte Richtungen ziehen[14]: zum einen, aus einem Anstieg des „Monopolgrads" (der Handelsspanne), der den Lohnanteil am Volkseinkommen senkt, und zum anderen aus einem Rückgang des Verhältnisses der Rohstoffpreise zu den Lohnstückkosten, ein Rückgang, der in die entgegengesetzte Richtung wirkt. Diese Theorie brachte frischen Wind in die Debatte. Das gilt vor allem im Vergleich zu den gekünstelten Erklärungen mit Hilfe der Cobb-Douglas-Produktionsfunktion. Diese Funktion hat den Mangel, das Kapital als eine Wertsumme zu betrachten. Da sie hartnäckig an der Idee eines isolierten kapitalistischen Sektors festhält, ist sie darüber hinaus mit den logischen Problemen behaftet, die wir bereits erörtert haben (z.B. die Annahme des Say'schen Gesetzes).

In Kaleckis Analyse wirken die beiden von ihm hervorgehobenen Faktoren unabhängig voneinander. Beide Faktoren beeinflussen die Lohnquote, aber sie beeinflussen sich nicht untereinander. Der Rückgang des einen Faktors, der Rohstoffpreise im Verhältnis zu den Lohnstückkosten, galt ihm nicht als *Ursache für* die Zunahme des zweiten Faktors, des Monopolgrades. Die angebliche Konstanz der Lohnquote war ein Zufallsergebnis, weil sich die Effekte dieser beiden entgegengesetzt wirkenden Kräfte zufällig genau ausglichen. Er trieb seine Analyse aber nicht bis zu der Einsicht, dass sich das System selbst stabilisiert, und zwar weil eine Senkung des Verhältnisses Rohstoffpreise zu Lohnstückkosten den Anstieg des Monopolgrades ausgleicht.

Damit ist natürlich nicht gemeint, dass das System absichtlich die Terms of Trade gegen die Rohstoffproduzenten wendet, um zu verhindern, dass die Lohnquote als Folge der Zunahme des Monopolgrades sinkt. Vielmehr würde in einer Welt mit Preisnehmern das „spontane" Funktionieren des Systems automatisch zu einem solchen Ergebnis führen. Das kann man anhand des folgenden Beispiels erkennen.[15]

Angenommen, die Beschäftigten verhandeln um einen Nominallohn, der ihnen bei einem erwarteten Preis p^e einen bestimmten angestrebten Anteil am Output gewähren soll. Dieser Anteil ist bei jedem gegebenen gewerkschaftlichen Organisationsgrad eine Funktion der Beschäftigungsquote *e*. Den Rohstoffproduzenten mangelt es jedoch an organisatorischer Stärke. In ihrer Verhandlung erreichen sie ihren Anteil am Volkseinkommen, aber nur bei einem Preis der Vorperiode. Wir können dann die weiter oben angeführte Gleichung (i) abändern zur Gleichung (i')

$$p_t = (a\mu p_{t-1} + f(e)\,p_t^e)(1+\pi) \qquad \text{(i')}.$$

In obiger Gleichung (i') steht ($a\mu$) für den von den Rohstoffproduzenten angestrebten Outputanteil (Anteil am Volkseinkommen). Ihr tatsächlich erreichter Outputanteil beträgt jedoch ($a\mu\ p_{t-1}/p_t$). Das bedeutet: je höher die Inflationsrate, desto niedriger der tatsächlich erreichte Outputanteil. Nehmen wir nun an:

$$p_t^e = p_{t-1} \cdot p_{t-1}/p_{t-2}$$

Das ist ein Fall adaptiver Erwartungen. Danach gäbe es bei jedem bestimmten Beschäftigungsniveau *e* und jeder Handelsspanne im kapitalistischen Sektor eine eindeutige konstante Inflationsrate und damit einen einzigen tatsächlichen Outputanteil der Rohstoffproduzenten. Die Gleichung für diese konstante Inflationsrate lautet:

$$r^* = [a.\mu(1+\pi)/\{1-(f(e).(1+\pi))\}]-1 \qquad \text{(ii)}$$

Wenn der Monopolgrad zunimmt, können die Beschäftigungsquote und der Outputanteil der Arbeit unverändert bleiben. Da aber die rechte Seite in Gleichung (ii) ansteigt, steigt die konstante Inflationsrate auf eine neues Niveau, und der Outputanteil der Rohstoffproduzenten sinkt. In diesem Fall wäre der Anteil der Rohstoffproduzenten *spontan* gesunken, als Ausgleich der Auswirkungen des Monopolgradanstiegs auf den Anteil der Beschäftigten am Output.

Der Zeitraum vom letzten Viertel des 19. Jahrhunderts bis zum Zweiten Weltkrieg war durch eine ungünstige Verschiebung der Terms of Trade zwischen dem verarbeitenden Gewerbe gegenüber den Primärgütern gekennzeichnet.[16] Dies war auch der Zeitraum, in dem die Lohnquote mehr oder weniger konstant geblieben sein dürfte, obwohl der Monopolgrad zunahm. Diese beiden Faktoren, nämlich die Zunahme des Monopolgrades und die Verschiebung der Terms of Trade waren keine voneinander unabhängige Phänomene. Sie hingen wie folgt zusammen: Der Anstieg des Monopolgrades erhöhte die Handelsspanne, aber die Beschäftigten in der Metropole konnten einen Rückgang ihres Outputanteils über die Durchsetzung höherer Nominallöhne verhindern; dieser Prozess führte nicht zu einer Beschleunigung der Inflation, weil die Terms of Trade zu Lasten der Primärwarenerzeuger verschoben werden konnten. Diese Lastenverschiebung war möglich, weil die Erzeuger von Primärgütern Preisnehmer waren und deren Outputanteil daher komprimiert werden konnte.

Ein langanhaltender Anstieg des Monopolgrades hat den Geldwert im Kapitalismus also nicht destabilisiert, obwohl der Anteil der Löhne nahezu konstant blieb. Das ist darauf zurückzuführen, dass der Kapitalismus kein isolierter Sektor war. Er war vielmehr eingebettet in eine Gruppe von Kleinproduzenten, die als Preisnehmer agieren mussten.

Abschließende Bemerkungen

Je stärker der Anteil der Primärproduzenten am Gesamtwert der Produktion sinkt, desto schwieriger wird es natürlich, diesen Anteil noch weiter zu komprimieren. Daher verliert die Umkehrung der Terms of Trade gegenüber den

Primärgütern als Instrument zur Stabilisierung des Geldwertes ihre Wirksamkeit. Das gilt im Falle eines Anstiegs des Monopolgrades bei gegebener Arbeitslosenquote (und damit bei gegebener Lohnquote). Das gilt auch im Falle eines über den Anstieg der Arbeitsproduktivität hinausgehenden Anstiegs der Nominallöhne bei gegebener Handelsspanne. Jede Veränderung dieser Faktoren kann eine beschleunigte Inflation auslösen. Aber wenn der Anteil des Wertes der Primärprodukte am Gesamtwert des produzierten Outputs äußerst gering ist, kann eine Verringerung dieses Anteils kaum als wirksames Mittel gegen die Beschleunigung der Inflation wirken.

Aber die Tatsache, dass ein bestimmter Faktor in seiner Rolle als Stabilisator weniger wirksam wird, bedeutet nicht, dass er gar nicht mehr wirkt. Nur wenn wir der Rolle, die er in der Vergangenheit gespielt hat, Beachtung schenken, können wir die Probleme erkennen, denen sich der Spätkapitalismus bei der Stabilisierung des Geldwertes gegenübersieht; Probleme, wie zum Beispiel das im Vergleich zu der Zeit unmittelbar nach dem Zweiten Weltkrieg im Durchschnitt höhere Niveau der Arbeitslosigkeit. Welche Veränderungen auch immer innerhalb des kapitalistischen Systems stattfinden mögen, entscheidend ist, dass es, im Unterschied zu der Tradition in verschiedenen Strängen der Wirtschaftstheorie, nicht als ein isolierter, uneingebetteter Sektor analysiert werden darf.

Schließlich schafft die Analyse des Kapitalismus als isolierter Sektor noch aus einem anderen Grund ernsthafte Probleme. Sie ignoriert völlig das Phänomen steigender Angebotspreise für viele der vom kapitalistischen Sektor verwendeten Primärgüter. Diesem Phänomen steigender Angebotspreise kommt eine hohe Bedeutung zu. Es kann aber nur dann richtig eingeschätzt werden, wenn wir den Kapitalismus in seinem umfassenden internationalen Umfeld betrachten. Wir werden das im nächsten Kapitel erörtern.

4 Der Kapitalismus und sein Umfeld

1 Josef Steindl, *Maturity and Stagnation in American Capitalism* (New York: Monthly Review Press, 1976, originally published in 1951).

2. R. F. Harrod, „An Essay on Dynamic Theory," *Economic Journal* 49, no.193 (March 1939).

3. Dieses Argument lässt sich formal wie folgt ausdrücken. Wir bezeichnen den Grad der Kapazitätsauslastung in der Periode *t* mit ut ($Ot/Kt.\beta$), eine numerische Größe, wobei *O* den Output und *K* den Kapitalstock bezeichnet . β steht für die technologische Output-Kapital-Relation, u^* für den gewünschten Grad der Kapazitätsauslastung. Wir nehmen an, dass ein Anteil δ des Kapitalstocks in jeder Periode „stirbt". Es gilt nun folgender Zusammenhang:

$$[I_{t+1} - \delta K_{t+1}]/K_{t+1} = [(I_t - \delta . K_t)/K_t] . [1 + b(u_t - u^*)] \quad \text{(i)}$$

Der Output in jeder Periode wird durch den Multiplikator bestimmt, d. h.:

$$O_t = I_t./s \quad \text{(ii)}$$

wobei *s* die (konstante) Sparquote ist. Aus den Gleichungen (i) und (ii) ergeben sich zwei mögliche stationäre Lösungen oder einheitliche Trends, die, wenn man $(I - \delta K)/K$ als *i* ausdrückt, wie folgt lauten: (a) $i = 0$; und (b) $i = u^*.s\beta - \delta$. Der erste dieser Trends ist ein stabiler Trend, während der zweite, analog zu Harrod's „befriedigender Wachstumsrate", ein instabiler Trend ist.

4. Michal Kalecki, „Observations on the Theory of Growth," *Economic Journal* (March 1962), hat dieses Ergebnis mit Bezug auf Rosa Luxemburg abgeleitet, und zwar für eine Reihe von Produktionsfaktoren, in denen die Nachfragesensibilität der Investitionen berücksichtigt wird.

5. Josef Steindl, *Maturity and Stagnation in American Capitalism.*

6. W. Arthur Lewis, *Growth And Fluctuations* 1870–1913 (London: George Allen and Unwin, 1978).

7. P. A. Baran and P. M. Sweezy, *Monopoly Capital* (New York: Monthly Review Press, 1966).

8. S. B. Saul, *Studies in British Overseas Trade 1870–1914* (Liverpool: Liverpool University Press, 1960).

9. W. Arthur Lewis, *The Evolution of the International Economic Order* (Princeton: Princeton University Press, 1978).

10. E. J. Hobsbawm, *Industry and Empire: From 1750 to the Present Day* (Harmondsworth: Penguin, 1972).

11. Utsa Patnaik, „Revisiting the ‚Drain,' or Transfers from India to Britain in the Context of Global Diffusion of Capitalism," in *Agrarian and Other Histories*, Shubhra Chakrabarti and Utsa Patnaik, eds. (Delhi: Tulika, 2017).

12. Dieses Argument wird in Prabhat Patnaik, *Accumulation and Stability under Capitalism* (Oxford: Clarendon, 1997) ausführlich dargelegt.

13. Michal Kalecki, *Theory of Economic Dynamics* (London: Allen and Unwin, 1954); *Selected Essays on the Dynamics of the Capitalist Economy 1933–1971* (Cambridge: Cambridge University Press, 1971).

14. Kalecki belegt, dass der Anteil der Löhne am Volkseinkommen im Vereinigten Königreich zwischen 1881-85 und 1924 konstant geblieben ist. Für die Vereinigten Staaten gibt es jedoch für diesen Zeitraum keine vergleichbaren Zahlen. Es gibt jedoch Daten für die Lohnquote im verarbeitenden Gewerbe der USA zwischen 1879 und 1937. Diese Lohnquote geht zurück. Dieser Rückgang würde jedoch geringer ausfallen, wenn wir nicht nur die Löhne, sondern die Arbeitseinkommen einschließlich der Gehälter betrachten. Kalecki, *Selected Essays in the Dynamics of the Capitalist Economy*, S. 66–77.

15. Das folgende Modell veranschaulicht, wie die Existenz von Preisnehmern mehrere NAIRUs möglich macht. Die Frage, warum der inflationäre Prozess, durch den die Preisnehmer unter Druck gesetzt werden, den Wert des Geldes nicht bedroht, wird hier nicht behandelt.

16. Raúl Prebisch, *The Economic Development of Latin America and Its Principal Problems* (New York: United Nations Economic Commission for Latin America, 1950); H. W. Singer, „The Distribution of Gains Between Investing and Borrowing Countries," *American Economic Review* 40, no. 2 (May 1950).

Kapitel 5

Steigender Angebotspreis und Imperialismus

David Ricardo war der erste bedeutende Wirtschaftswissenschaftler, der „abnehmende Erträge" („diminishing returns", so seine Bezeichnung) in die theoretische Analyse des Kapitalismus einbezog.[1] „Abnehmende Erträge" ist jedoch eine irreführende Bezeichnung. Sie kann leicht mit „abnehmenden Skalenerträgen" verwechselt werden. Das Konzept „abnehmende Skalenerträge" birgt jedoch streng genommen eine logische Unmöglichkeit. Denn um die Produktion zu verdoppeln, kann die Produktion einer Einheit wiederholt werden, anstatt eine doppelt so große Einheit herzustellen. Wir ziehen deshalb den Begriff „steigender Angebotspreis" (bei gegebenen Nominallöhnen) vor. Hinsichtlich der Primärgüter ist allgemein anerkannt, dass sie steigenden Angebotspreisen unterliegen, und unter den Primärgütern sind es die Mineralien, insbesondere Öl, die hier viel Aufmerksamkeit erfahren. Da es sich hierbei um eine nichterneuerbare Ressource handelt, bleibt bei zunehmender Ressourcenausbeutung zum einen immer weniger für die restliche Ausbeutung übrig, zum anderen steigt auch der Angebotspreis. Denn es ist davon auszugehen, dass die leichter ausbeutbaren Ressourcen zuerst aufgebraucht werden.

Marx hat der letzteren Annahme widersprochen.[2] Ricardos Beispiel aufgreifend meinte er, es gebe keinen Grund, warum Menschen, die eine Insel besiedeln, das fruchtbarere Land zuerst kultivieren sollten. Es sei viel wahrscheinlicher, dass das Land in Küstennähe zuerst kultiviert würde. Wenn die Siedler dann weiter ins Landesinnere zögen, könnten sie zufällig auf Land mit größerer Fruchtbarkeit stoßen. In diesem Szenario würde der Angebotspreis nicht stetig steigen. Er würde sich vielmehr um einen Trend herum auf und ab bewegen. Es spricht nichts dagegen, dass dieser Trend auch flach sein kann.

Innerhalb seines Beispiels einer zu besiedelnden Insel hat Marx vollkommen recht. Aber das Beispiel selbst ist irreführend. Man vergegenwärtige sich, dass Erdöl und andere Mineralien die „führende Art einer großen Gattung“ sind (um Alfred Marshall zu paraphrasieren). Zu ihr zählen auch die Produkte der tropischen und halbtropischen Landmasse. Was den Anbau dieser Produkte betrifft, so erfolgt er nicht auf erstmals zu besiedelndem unberührtem Land. Es geht vielmehr um Gebiete, auf denen Millionen von Menschen seit Jahrtausenden leben. Auch wenn diese Gebiete anfangs nicht vollständig genutzt werden, kommt es in dem Maße, wie die Nachfrage aus der kapitalistischen Metropole bedient wird, Schritt für Schritt zu einer vollständigen Landnutzung. In dieser Situation wird zuerst das leichter zu bewirtschaftende Land aufgebraucht, und die Marge wird in Richtung weniger zugänglichen und weniger fruchtbaren Lands verschoben. Steigende Angebotspreise und sogar eine nahezu vertikale Angebotskurve sind bei solchen Produkten daher eine durchaus realistische Annahme. In diesem Kapitel behandeln wir das Problem des steigenden Angebotspreises für tropische und halbtropische Produkte. Sie können nicht überall auf der Erde produziert werden und sind in dieser Hinsicht mit dem Erdöl verwandt. Aber sie haben kaum die Aufmerksamkeit erhalten, die sie verdienen.

Intensivierung der Landnutzung und die Rolle des Staats

So wie es keinen steigenden Angebotspreis gibt, wenn Land gleicher Fruchtbarkeit im Überfluss zur Verfügung steht, so gibt es auch keinen steigenden Angebotspreis, wenn der technische Fortschritt im Sinne einer „land augmentation“ (Intensivierung der Landnutzung) ohne größere Schwierigkeiten umgesetzt werden kann. Um einen steigenden Angebotspreis zu vermeiden, bedarf es weder eines dramatischen Fortschritts in der Intensivierung der Landnutzung, noch bedarf es völlig neuer Produktionsmethoden und völlig neuer Verfahren. Zur Vermeidung eines steigenden Angebotspreises genügt es schon, dass in ein Bewässerungssystem investiert wird, das Fruchtwechsel ermöglicht und somit das effektive Angebot an Land erhöht. Wenn wir also dennoch davon sprechen, ein steigender Angebotspreis stelle ein Problem für den kapitalistischen Sektor dar, setzen wir damit voraus, dass die Investitionen in die Intensivierung der Landnutzung und die Umsetzung des technischen Fortschritts nicht in dem erforderlichen Maße stattfinden. Warum ist das so?

Bevor wir darauf antworten, sollten wir uns über den sozio- und geopolitischen Rahmen unserer Diskussion im Klaren sein. Er ist durch eine Reihe struktureller Grundzüge vorgegeben. Erstens: Der Kapitalismus hat sich in der gemäßigten Region der Welt, in Europa, entwickelt. Er ist von dort aus in die gemäßigten, von Weißen besiedelten Regionen in Nordamerika, Australien und Neuseeland vorgedrungen. Er nutzt eine ganze Reihe von Gütern, die in den tropischen und halbtropischen Regionen der Welt produziert werden. Er kann diese Güter weder selbst herstellen oder in ausreichender Menge produzieren, noch kann er auf sie verzichten.

Wenn wir sagen, der Kapitalismus könne bestimmte Güter nicht produzieren, schließen wir auch den Fall ein, dass er die Produkte nur in einer bestimmten Jahreszeit produzieren kann, sie aber zu anderen Jahreszeiten aus den tropischen und halbtropischen Regionen, die solche Güter zu dieser Jahreszeit herstellen können, importieren muss. Wir schließen auch den Fall ein, dass bestimmte Produkte in der kapitalistischen Metropole zwar produziert werden können und auch tatsächlich produziert werden, aber der Bedarf der Metropole an diesen Produkten weit über das hinausgeht, was sie selbst erzeugen kann. Die gesamte *marginale* Versorgung muss deshalb aus den tropischen und halbtropischen Regionen kommen. Kurz gesagt, es gibt eine ganze Reihe von Waren, auf die die Metropole nicht verzichten kann, deren marginales Angebot aber aus den tropischen und halbtropischen Regionen kommen muss.

Zweitens werden solche Produkte in den tropischen und halbtropischen Regionen größtenteils von einer Gruppe ansässiger bäuerlicher Produzenten angebaut. In den dicht besiedelten Tropen ist es nicht möglich, mit der ansässigen Bevölkerung so zu verfahren, wie man mit den ursprünglichen Bewohnern der Siedlungsgebiete in den gemäßigten Zonen umgegangen ist, als die Europäer in diese Regionen einwanderten. Nebenbei bemerkt, die Migration aus Europa in die Tropen ist nur von geringer Bedeutung. Wir haben es also mit einer Situation zu tun, in der die alten Praktiken und Produktionsweisen fortbestehen, aber das Metropolkapital sie einfach für seine eigenen Zwecke nutzt. Das schiere Ausmaß der Störung, die auftritt, wenn die bäuerlichen Produzenten verdrängt werden, ihr Land von Kapitalisten übernommen und kapitalistisch bewirtschaftet wird, ist so groß, dass das Kapital nicht allzu sehr daran interessiert ist, sich auf eine solche Vorgehensweise einzulassen. Statt die bäuerliche Produktion in den tropischen und halbtropischen Regionen zu zerstören, lässt das Metropolkapital sie bestehen und nutzt sie für seine eigenen Zwecke. Das Kapital lässt so über ansässige bäuerliche Betriebe eine ganze Reihe von ihm nachgefragter Güter produzieren. Im Unterschied zur Praxis in den Siedlungsgebieten der gemäßigten Zone geschieht dies auf einer Landmasse, die bereits weitgehend kultiviert ist.

In diesem Zusammenhang erfordert eine Intensivierung der Landnutzung vor allem das Eingreifen des Staates. Bewässerung ist historisch gesehen die wichtigste Maßnahme zur Intensivierung der Nutzung von Land und Boden. Sie kann aber nicht von einzelnen Bauern durchgeführt werden. Damit der Boden vor Ort bewässert werden kann, müssen ganze Dörfer über Kanäle, die sich aus den tropischen Flusssystemen speisen, mit Wasser versorgt werden. Der Umfang der erforderlichen Investitionen für solche Kanäle ist zu groß, als dass sie von einzelnen Bauern übernommen werden könnten. Sind die Kanäle jedoch erst einmal bereitgestellt, können die Bauern Zubringerkanäle zu den einzelnen Höfen oder sogar Brunnen bauen, deren Grundwasserspiegel von den Kanälen gespeist wird. Für den Bau der Kanäle, erst recht für den Bau der Wasserspeicher und für deren Instandhaltung, ist jedoch eine überdörfliche, überbäuerliche Behörde erforderlich.

In früheren Zeiten hatte der Staat diese Rolle gespielt. Bezüglich Indien veranlasste das Marx zu der Bemerkung, in Asien habe es seit undenklichen Zeiten drei Hauptabteilungen der Regierung gegeben: eine Abteilung für Finanzen, deren Ziel die Ausplünderung der eigenen Bevölkerung gewesen sei, eine Abteilung für Krieg, deren Ziel die Ausplünderung anderer Länder gewesen sei, und eine Abteilung für öffentliche Arbeiten, da die „künstliche Bewässerung“ „die Grundlage der orientalischen Landwirtschaft“ war[3].

Der technische Fortschritt im Bereich der Intensivierung der Landnutzung umfasst die Einführung neuer Praktiken, neuer Saatgutvarianten und neuer Anbaumethoden. Dies erfordert Forschung und wissenschaftliche Experimente, die die Möglichkeiten eines einzelnen Bauern, der einen winzigen Streifen Land in den dicht besiedelten tropischen Agrargebieten bewirtschaftet, übersteigen. Sollen diese neuen Praktiken und Methoden in großem Maßstab von den Bauern aufgegriffen werden, bedarf es eines Netzes an Beratungsstellen, das nur der Staat anbieten kann. Kurzum, nur durch staatliche Intervention und staatliche Ausgabenprogramme kann in den Tropen eine Intensivierung der Landnutzung umgesetzt werden. Man könnte meinen, beim Anbau ertragssteigernder gentechnisch veränderter

Pflanzen wäre auch eine private Finanzierung der Intensivierung möglich. Aber die Ergebnisse beim Anbau gentechnisch veränderter Pflanzen sind höchst umstritten. Denn zum einen geraten die Landwirte bei der Beschaffung von Saatgut in die Abhängigkeit von transnationalen Unternehmen, zum anderen erhöht sich beim Anbau gentechnisch veränderter Pflanzen die Volatilität der Produktion.

Im Kapitalismus steht man jedoch einer staatlichen Intervention, wie sie in den Tropen für eine Intensivierung der Landnutzung erforderlich wäre, ablehnend gegenüber. Dafür gibt es mindestens drei Gründe: Erstens schließt der ideologische Rahmen, innerhalb dessen der kapitalistische Staat, oder sein Ableger, der Kolonialstaat, funktionieren soll, jegliche staatliche Anstrengung zur Intensivierung der Landnutzung aus. Nach den ideologischen Vorgaben muss der Staat seinen Haushalt ausgleichen und kann somit nur dann Investitionen tätigen, wenn sie eine Mindestrendite abwerfen. Eine Mindestrendite von 5 Prozent musste erwirtschaftet werden, damit es sich für den Staat lohnte, in ein Projekt zu investieren. Zweitens gewährt der Staat zwar Abschreibungsvorteile und Subventionen, wenn es um Projekte geht, die den Kapitalisten zugute kommen. Aber sobald es um Projekte geht, die den Bauern ein höheres Einkommen brächten, hält er sich an die starren, ideologisch begründeten Regeln. Derselbe indische Kolonialstaat, der mit Verweis auf obiges Renditekriterium nennenswerte staatliche Investitionen in die Bewässerung ablehnte (einzige Ausnahme die „Kanalkolonien" im Punjab), subventionierte beim Bau des indischen Eisenbahnsystems ausländische Unternehmen mit einer Renditegarantie von 5 Prozent. Vor allem dank dieses Arrangements konnte das Metropolkapital die koloniale Wirtschaft für die Extraktion von Mineralien, Nahrungsmittelpflanzen und Rohstoffen öffnen.

Die *formalen* Regeln des staatlichen Handelns beruhen also auf der *substanziellen* Wirklichkeit der Klassenbeziehungen. Das führt uns zum dritten Punkt. Zwei Optionen bieten sich an. Der Staat kann entweder einen Teil der tropischen Produkte an sich ziehen, indem er die Bauern und andere Klassen in dieser Region mit Steuern oder anderen Abgaben belastet. Oder er kann das Produktionsvolumen ausweiten, indem er die staatlichen Ausgaben für die Intensivierung der Landnutzung erhöht. In diesem letzteren Fall muss der Staat entweder Kredite aufnehmen oder jene staatlichen Ausgaben kürzen, die den Kapitalisten zugute kommen. Unter kapitalistischen Bedingungen erhielt die erste Option in der Regel den Vorzug.

Wir können festhalten: Unter kapitalistischen Bedingungen sind die Mittel, die einer Intensivierung der Bodennutzung auf der tropische Landmasse dienen könnten, aufgrund der Regeln korrekter Haushaltsführung gesperrt. (Diese ideologischen Regeln entspringen ihrerseits der materiellen Realität der Klassenbeziehungen.) Tropische und halbtropische Produkte sind deshalb mit einem steigenden Angebotspreis behaftet (es kann sogar eine vertikale Angebotskurve vorliegen), eine Tatsache, der sich der Kapitalismus stellen muss.

Steigender Angebotspreis und Wert des Geldes

Nach David Ricardo hat ein steigender Angebotspreis, oder, wie er es nannte, haben „abnehmende Erträge", zwei grundlegende Auswirkungen. Erstens, die Profitrate sinkt, sobald Akkumulation von Kapital stattfindet. Dies gilt unter folgenden Bedingungen: Mit zunehmender Akkumulation muss beispielsweise bei der Herstellung von Getreide mehr und mehr auf Boden mit geringerer Fruchtbarkeit zurückgegriffen werden. Die durchschnittliche Arbeitsproduktivität wird deshalb immer geringer. Der Reallohnsatz ist insofern eine gegebene Größe, als er nicht unter den langfristigen Angebotspreis für Arbeit fallen kann. Dieser Preis ist seinerseits bestimmt durch einen Korb von Subsistenzmitteln. Unter diesen Bedingungen sinkt die Profitrate im Laufe der Akkumulation immer weiter, bis sie auf Null fällt (wo der Lohnsatz dem durchschnittlichen Arbeitsprodukt auf dem Grenzboden entspricht). Fällt die Profitrate auf diesen Nullpunkt, ist dies nach Ricardo bedeutungsgleich mit dem Eintritt in einen „stationären Zustand".

Zweitens kommt es nach Ricardo zu einer Verschiebung der Terms of Trade zugunsten des Getreides und zuungunsten des verarbeitenden Gewerbes oder des Nicht-Getreide-Sektors (d.h. des Sektors, der nicht von abnehmenden Erträgen betroffen ist), mit der Folge, dass die Profitrate im letzteren Sektor parallel zu der Profitrate im Getreidesektor weiter sinkt, bis auch sie auf Null fällt.

Die Vorstellung, die Profitrate falle so lange bis sie schließlich auf Null sinkt, ist jedoch völlig unrealistisch. Wenn es „abnehmende Erträge" gibt, aufgrund derer bestimmte Produkte einen Anstieg ihres relativen Preises nicht nur in Bezug auf andere Produkte mit nicht-abnehmenden Erträgen erfahren, sondern, wie im ricardianischen System postuliert, auch in Bezug auf Geld, und wenn jeder weiß, dass dies von Periode zu Periode wieder und wieder geschehen wird, dann stürzt der Geldwert gegenüber solchen Produkten ab, lange bevor ein stationärer Zustand erreicht wird. Eine Wirtschaft mit Geldgebrauch würde zu einem Ding der Unmöglichkeit, da jedes Wirtschaftssubjekt die Produkte mit abnehmenden Erträgen anstelle der Geldware oder irgendeiner anderen Ware halten möchte, lange bevor die Wirtschaft einen stationären Zustand erreicht hat. Wie wir in Kapitel 1 gesehen haben, ist es daher für das System von entscheidender Bedeutung, dass ein steigender Angebotspreis nicht in Erscheinung tritt.

Ricardo schrieb natürlich im Kontext einer Wirtschaft mit Geldware, und er ging davon aus, dass es in dieser Wirtschaft freien Wettbewerb gebe, d. h., dass auf Grund der freien Mobilität von Arbeit und Kapital über alle Sektoren hinweg gleiche Löhne und gleiche Profitraten vorliegen. Für unsere Fragestellung ist es wichtiger, eine ökonomische Welt mit Papiergeldgebrauch und einer vom Monopolgrad abhängigen Preisbestimmung zu betrachten. In einer solchen Welt tritt die Wirkung eines geldwertzerstörenden Angebotspreises noch deutlicher zutage. In Kapitel 4 haben wir argumentiert, dass in einer solchen Welt, bei gegebenen Produktionskoeffizienten, die Ex-ante-Ansprüche der Kapitalisten und der Arbeiter auf Anteile an der gesamtwirtschaftlichen Produktion durch eine entsprechende Verschiebung der Terms of Trade zu Lasten der Primärgüterproduzenten in Einklang gebracht werden können. Eine solche Verschiebung wird über Inflation bewirkt. Da die Produzenten von Primärgütern Preisnehmer sind, ist der Preis, den sie erhalten, nicht an den Preis für Industriegüter gekoppelt; er wird nur langsam angepasst. Eine höhere Inflationsrate heißt daher schlechtere Terms of Trade für die Primärgüterproduzenten. In der Folge sinkt ihr Anteil am gesamtwirtschaftlichen Output. Kurz gesagt, sie müssen sich mit den „Überbleibseln" begnügen, die andere ihnen überlassen.

Wenn der Angebotspreis steigt, steigt der Arbeitskoeffizient pro Produktionseinheit im Rohstoffsektor. Dieser wird vom System absorbiert, ohne dass der Outputanteil der Arbeiter oder der Kapitalisten im verarbeitenden Gewerbe sinkt. Die Absorption erfolgt, weil sich die Realeinkommen der Primärproduzenten über eine höhere Inflationsrate verringern, *ohne dass sich die Terms of Trade verschieben*. Auslöser für die höhere Inflation sind nicht die gestiegenen Anteilsansprüche der Arbeiter oder der Kapitalisten. Auslöser ist vielmehr ein Anstieg des Arbeitskoeffizienten im Primärproduktionssektor. Folglich wird dieser Anstieg durch ein geringeres Einkommen pro Arbeitseinheit genau ausgeglichen. Das erhöht die Inflationsrate, lässt aber die Terms of Trade unverändert.

Ein einmaliger Anstieg des Arbeitskoeffizienten in der Primärgüterproduktion führt zu einer höheren, aber nicht zu einer beschleunigten Inflationsrate. Steigt der Arbeitskoeffizient aber anhaltend weiter – was auch bedeutet, dass der Angebotspreis steigt – dann beschleunigt sich die Inflationsrate.[4] Das zerstört den Geldwert.

Die Wirtschaftssubjekte steigen von Geld als Anlageform um auf Waren als Form der Vermögensanlage. Natürlich kann es auch bei konstanter Inflationsrate zu einem solchen Umstieg kommen, sobald sie eine bestimmte Schwelle überschreitet. Wenn aber wegen eines steigenden Arbeitskoeffizienten in der Rohstoffproduktion eine beschleunigte Inflation eintritt, und wenn sich dann eine entsprechende Inflationserwartung einstellt, ist ein Umstieg vom Geld als Anlageform zu Waren als Anlageform vorprogrammiert.

Wenn wir die Inflationsrate mit r bezeichnen, dann impliziert die Erwartung einer beschleunigten Inflation, dass $r^e_{t+1} > r_t$. Angenommen, der Preis des letzten Jahres (für den Zeitraum t−1) beträgt 100; wenn der Preis des laufenden Jahres 105 beträgt, d.h. wenn die aktuelle Inflationsrate bei 5 Prozent liegt, dann muss die erwartete Inflationsrate des nächsten Jahres mehr als 5 Prozent betragen. Der erwartete Preis des nächsten Jahres muss also bei mehr als 110,25 liegen. Ähnlich verhält es sich, wenn der Preis des laufenden Jahres 110 beträgt, d.h. wenn die aktuelle Inflationsrate 10 Prozent beträgt. Der Preis des nächsten Jahres muss dann über 121 liegen. Ein Anstieg des aktuellen Preises um 4,8 Prozent von 105 auf 110 bewirkt also einen Anstieg des erwarteten Preises um mindestens 9,8 Prozent, also von 110,25 auf 121. Die Elastizität der Preiserwartung ist somit größer als 1, und bei einer Preiserwartungselastizität größer als 1 kann der Geldwert in Relation zu den Waren niemals stabil sein.

Dies ist übrigens die Antwort auf eine Frage, die sich viele stellen dürften. Wie kann Anlage in Geld durch Anlage in Waren ersetzt werden, solange die Inflation nicht einen bestimmten Schwellenwert überschreitet, wo doch Geld keine Lagerhaltungskosten hat, Waren aber sehr wohl mit solchen Kosten behaftet sind. Dieses Argument wird irrelevant, wenn eine Beschleunigung der Inflation erwartet wird. Unter dieser Erwartung kann es kein Gleichgewicht geben, gleichgültig, wie hoch das Niveau der Rate ist, gleichgültig sogar, ob sie unter den Lagerhaltungskosten liegt. Der Wert des Geldes würde auch unter diesen Bedingungen auf einen Wert von Null abstürzen.

All dies hat seinen Grund darin, dass nicht alle Güter die gleichen Lagerhaltungskosten und nicht alle Personen die gleichen Preiserwartungen haben. Solange es auch nur eine einzige Person gibt, die erwartet, der Preis einer bestimmten Ware werde in der nächsten Periode den Preis der aktuellen Periode um eine Spanne, die größer ist als die Lagerhaltungskosten für die betreffende Ware, übersteigen, würde diese Person von Geld auf Ware als Form der Vermögensanlage wechseln (der Einfachheit halber lassen wir hier die Risikoprämie außer Acht). Das lässt den Preis der Ware weiter steigen. Aufgrund der elastischen Preiserwartungen steigen dann noch mehr Menschen auf die Anlage in diese Ware um. Das wiederum lässt den Preis weiter steigen, und so weiter. Was mit dieser einen Ware geschieht, wirkt sich dann auch hinsichtlich der Preiserwartung für andere Waren aus. *Selbst wenn die anfängliche Inflationsrate niedriger wäre als die Lagerhaltungskosten, könnte die Wirtschaft unter diesen Umständen kein Gleichgewicht erreichen.* Aus einem steigenden Angebotspreis entspringt die Erwartung einer beschleunigten Inflation. Weil dann aber kein Gleichgewichtszustand erreicht werden kann, wird der Geldwert durch diese Erwartung einer beschleunigten Inflation schlichtweg zerstört. Tritt diese Erwartung ein, dann kann eine Geldwirtschaft nicht länger Bestand haben.

Ganz unabhängig davon, dass nach Ricardo ein steigender Angebotspreis die Profitrate fallen lässt, ist es daher für den Kapitalismus von wesentlicher Bedeutung, sicherzustellen, dass der Schatten eines steigenden Angebotspreises nicht auf die Wirtschaft fällt.[5]

Abwendung der Gefahr eines steigenden Angebotspreises

Ein naheliegender Weg, einem ansteigenden Angebotspreis entgegenzuwirken, ist die Abwertung des Wechselkurses der Währung der tropischen Region gegenüber der Metropolwährung. Anhand eines einfachen Beispiels kann man sich das klarmachen. Nehmen wir an, wir hätten es mit einer vertikalen Angebotskurve zu tun. Die tropische Landmasse sei also vollständig verbraucht, und es sei völlig unmöglich, die Produktion zu steigern. Wenn die Nachfrage nach diesen Produkten in der Metropole steigt, muss in der tropischen Region, um das Angebot für die Metropole zu erhöhen, die einheimische Absorption dieser Produkte eingeschränkt werden. Eine naheliegende Möglichkeit, diese Einschränkung durchzusetzen, besteht darin, eine „Profitinflation" (um mit Keynes zu sprechen) herbeizuführen. Diesen Weg hat man in der Vergangenheit bereits beschritten.

Mit dem Anstieg der Nachfrage steigt bei unverändertem Angebot auch der Preis im Verhältnis zum Nominallohn. Die Gewinnspanne vergrößert sich, daher der Begriff „Gewinninflation". Das zwingt die Arbeiter, deren Nominallöhne nicht über einen Index an die Preise gebunden sind, ihren Verbrauch einzuschränken. Ein größeres Quantum der betroffenen Waren wird damit frei für die Verwendung in der Metropole. Arbeiter und Bauern haben ihre Produkte zu vorab vereinbarten Preisen verkauft, müssen nun aber die gleichen Produkte, oder die entsprechenden Ersatzprodukte, zu höheren Preisen erwerben. Natürlich sind es nicht nur die Arbeiter oder in diesem Fall die Bauern, deren Verbrauch gedrosselt wird. Alle, die über ein festes Geldeinkommen verfügen oder deren Geldeinkommen bei einem Preisanstieg der fraglichen Produkte nicht *pari passu* steigt, müssen bei gegebenem Preisanstieg ihren Konsum der betreffenden Waren einschränken. Dadurch wird eine größerer Menge dieser Waren für den Metropolmarkt frei. Auch wenn die Produktion nicht gesteigert werden kann, bewirkt die Gewinninflation also, dass als Reaktion auf die steigende Nachfrage ein größeres Angebot für den Metropolmarkt freigegeben wird.

Eine Gewinninflation in der tropischen Region stellt jedoch dann keine Bedrohung für den Wert des Metropolgelds dar, wenn sich der Wechselkurs der Region gegenüber der Metropole verschlechtert. In einer Welt, in der sich das Kapital frei über die Grenzen hinweg bewegen kann, verändert sich der Wechselkurs spontan. Herrscht in der tropischen Region Inflation, erwarten die Vermögensinhaber einen entsprechenden Rückgang des nominalen Wechselkurses der Region im Vergleich zur Metropole. Sie steigen dann von der tropischen Währung auf die Metropolwährung um. Als Folge dieses Umstiegs kommt es zu einer Abwertung der tropischen Währung in einer Größenordnung, die dem Ausmaß der Inflation entspricht (vorausgesetzt, der ursprüngliche reale effektive Wechselkurs der tropischen Währung war ein Gleichgewichtswechselkurs und wurde als solcher wahrgenommen).

Die tropischen und halbtropischen Produkte, werden – mit Ausnahme einiger weniger Plantagenpflanzen – von der bäuerlichen Landwirtschaft erzeugt. Der Kapitalismus ist auf diese Produkte angewiesen. Weil die Fläche der tropischen Böden nicht erweiterbar ist, unterliegen die tropischen und halbtropischen Produkte einem steigenden Angebotspreis. Unter diesen Umständen ist die Einrichtung eines Regimes, das die tropische Region an die Metropole bindet, eine unabdingbare Notwendigkeit. Ein solches Regime muss zwei Merkmale erfüllen. Erstens muss diese Region für den Handel mit der Metropole „offen" sein, so dass es für den Warenstrom aus dieser Region, der die Nachfrage der Metropole decken soll, keine Beschränkungen gibt. Zweitens muss die Region auch offen sein für grenzüberschreitende Zu- und Abströme von Kapital. Es treten dann Wechselkursänderungen auf, die die Währung der Metropole von den Auswirkungen der Inflation in der Peripherie isolieren.

Aber aus zwei Gründen wäre ein solches Regime allein nicht ausreichend. Die eine Begründung ist einfacher und kommt geradliniger zum Punkt. Die andere Begründung ist weniger einfach und geht tiefer. Zunächst zur einfacheren Begründung. Die Metropole benötigt neben den Gütern, die schon vor der Öffnung der tropischen Region dort herkömmlicherweise produziert wurden, auch eine ganze Reihe anderer Güter, die vor dem Eindringen des Metropolkapitals dort noch nicht hergestellt wurden, die aber nur auf der tropischen Landmasse produziert werden können. Man könnte zwar meinen, wenn das aus der heimischen Absorption herausgelöste tropische Produkt für die Verwendung in der Metropole bestimmt ist, die Metropole nur jene Erzeugnisse benötigt, die immer schon in dieser Region – bevor sie für den Handel geöffnet wurde – produziert wurden. Dies ist jedoch nicht unbedingt der Fall. Die Bauern in der tropischen Region müssen dazu gebracht werden, diese neuen tropischen Agrargüter anzubauen. Dazu müssen sie die Flächennutzung umwidmen, weg von den Gütern, die sie herkömmlicherweise produzierten, hin zu diesen neuen Gütern.

Es ist richtig, wenn die Produktion dieser Güter erst einmal eingeführt ist, könnten relative Preisveränderungen ausreichen, die Bauern als Reaktion auf eine größere Nachfrage aus der Metropole zu einer Ausweitung der Produktion zu veranlassen (obwohl dies die Notwendigkeit einer Profitinflation nicht aufheben würde). Aber um auf solche Produkte überhaupt erst einmal umzusteigen, bedarf es eines eigenen Mechanismus. Im kolonialen Indien bestand dieser Mechanismus aus einem System von Vorschüssen, ausgegeben von Händlern an die Bauern (die Händler standen ihrerseits mit Exportagenturen in Verbindung). Die Bauern waren gezwungen, diese Vorschüsse annehmen. Nur so konnten sie *rechtzeitig* ihre Einkünfte an die Kolonialverwaltung zahlen oder die Pacht an ihre örtlichen Grundherren – die *Zamindars* – entrichten. Die örtlichen Grundherren mussten dann ihrerseits den Großteil der Pacht als Einnahmen an die Kolonialverwaltung abführen. Erfolgten diese Zahlungen nicht rechtzeitig, verloren die Bauern alles, was auch immer sie an Rechten auf ihr Land innehatten. Sie konnten also nicht umhin, die Vorschüsse der Händler anzunehmen. Die Händler legten dann fest, welche Feldfrüchte die Bauern anzubauen hatten und zu welchem Preis die Bauern ihre Produkte zur Verfügung stellen mussten. Kurz, die Marktsignale wurden über die Vorschuss gewährenden Händler an die Bauernschaft weitergegeben. Das der tropischen Region auferlegte Regime umfasste also nicht nur die Öffnung für Handel und Kapitalströme. Es enthielt darüber hinaus ein Arrangement, das die Produktstruktur des landwirtschaftlichen Anbaus diktierte.

Aber selbst dies genügte aus einem tieferen Grund nicht. Profitinflation im Verbund mit einer ausgleichenden Wechselkursabwertung war als Mechanismus nicht ausreichend dafür, aus einer gegebenen tropischen Landmasse heraus die Zufuhr an tropischen Produkten für den Metropolmarkt sicherzustellen.

Warum es der Einkommensdeflation bedarf

Es gibt zwei offensichtliche Gründe, warum der Mechanismus der Profitinflation allein nicht ausreichen würde, das Angebot tropischer Produkte für den Bedarf der Metropole sicherzustellen. Zum ersten Grund. Selbst wenn es in der Metropole gelänge, die beschleunigte Inflation über eine Wechselkursabwertung abzuwenden, träte nun aus den gleichen Gründen in der Peripherie eine beschleunigte Inflation auf. Aber die Währung der Peripherie würde nicht nur gegenüber der Metropole abgewertet, sondern sie würde zusammenbrechen, wenn die Anleger auf Rohstoffe oder in die Währung der Metropole umsteigen.

Auch wenn ein Niedergang nur die Peripherie betrifft, ist das für den Kapitalismus als System alles andere als belanglos. Was das Kapital braucht, ist ein Arrangement und nicht das blanke Chaos. Daher kann der Weg, über Profitinflation einen größeren Anteil aus der gegebenen Produktion der tropischen Landmasse in die Metropole abzuziehen, nicht bis zu dem Punkt verfolgt werden, an dem eine beschleunigte Inflation auch in der Peripherie zu einer Bedrohung wird. Es muss neben der Profitinflation einen weiteren Weg zur Extraktion tropischer Produkte geben. Die Profitinflation kann diese Rolle nur in begrenztem Maße spielen – ausgenommen außergewöhnliche Umstände, etwa Kriegszeiten, wenn die Anlagefreiheit eingeschränkt ist und es ohnehin zu chaotischen Entwicklungen und massiven Verlusten von Menschenleben kommt.

Ein zweiter Faktor kommt hinzu. Wir haben bislang angenommen, das durch die Profitinflation ausgelöste Chaos in der Peripherie greife nicht auf die Metropole über. Die Metropole sei nur deshalb über dieses Chaos besorgt, weil sie ein Arrangement aufrechterhalten und in der Peripherie keinen Zusammenbruch der Währung erleben möchte. Aber jede Tendenz zum Zusammenbruch der Peripheriewährung bedroht auch die Währung der Metropole. Denn wenn ein solcher Zusammenbruch die Anleger in der Peripherie dazu veranlasst, beispielsweise Gold anstelle der Peripheriewährung zu halten, dann wird der Goldpreis angesichts der Tatsache, dass die Goldvorräte kurzfristig nicht vermehrbar sind, sogar in Bezug auf die Metropolwährung ansteigen. Dies würde einige Anleger dazu veranlassen, von der Metropolwährung auf Gold, das niedrigere Lagerhaltungskosten hat, umzusteigen. In diesem Fall bliebe die Gefahr eines Wertverfalls der Währung nicht mehr auf die Peripherie beschränkt. Sie würde sich auch auf die Metropole ausweiten.

Die Profitinflation spielt also beim Abzug tropischer Güter für die Metropole durchaus eine Rolle, allerdings nur eine begrenzte. Profitinflation soll nicht mehr und nicht weniger als einen Zustand sichern, den wir weiter oben als Schwellenwert für eine stetige Inflation in der Peripherie bezeichnet haben (begleitet von einer Abwertung des nominalen Wechselkurses). Profitinflation muss durch etwas anderes ergänzt werden. Es muss ein anderes Mittel dazu kommen, mit dem sich die Nachfrage in der Peripherie einschnüren lässt. Wir sprechen hier von „Einkommensdeflation".

Einkommensdeflation führt zum gleichen Ergebnis wie Gewinninflation, aber ohne dass es dabei zu einer Erhöhung der Preise kommt. Nehmen wir ein einfaches Beispiel: Angenommen, eine bestimmte Menge an Gütern muss dem Konsum der arbeitenden Bevölkerung entzogen werden. (In der Literatur wird dies als „erzwungene Ersparnis" bezeichnet. Dabei ist jedoch zu bedenken, dass die Vorteile solcher „Ersparnisse", die der arbeitenden Bevölkerung in Form von Wohlstandszuwächsen entzogen werden, nicht ihnen, sondern den Kapitalisten zugute kommen.) Diese erzwungene Konsumbeschränkung verlangt eine Senkung des Reallohnsatzes. Man kann zwei Arten der Senkung unterscheiden. Die eine Art der Reallohnsatzsenkung, die Profitinflation, besteht in einer Erhöhung des Preises im Verhältnis zum Nominallohnsatz; die andere besteht in einer Senkung des Nominallohnsatzes im Verhältnis zum Preis. Hier wird der arbeitenden Bevölkerung eine Einkommensdeflation auferlegt. Vom Standpunkt des Kapitals aus betrachtet ist dieser Weg besonders vorteilhaft. Man erreicht das gleiche Ziel wie bei einer Profitinflation, aber ohne den Geldwert oder den Wert monetär denominierter Vermögensanlagen zu gefährden.

Im obigen Beispiel haben wir eine bestimmte Form der Einkommensdeflation, nämlich die Lohndeflation behandelt (wir haben ja angenommen, die ökonomische Welt sei mit nur zwei Akteuren, Kapitalisten und Arbeitern, bevölkert. Was wir über Lohndeflation gesagt haben, gilt aber für Einkommensdeflation allgemein). Selbst bei einem gegebenen und starren Angebot kann Einkommensdeflation bestimmte tropische Produkte aus dem örtlichen Konsum herausziehen und für den Verbrauch in der Metropole freisetzen. Damit diese Freisetzung tropischer Produkte gelingt, muss jenen Segmenten der Peripheriebevölkerung, die diese bestimmten Produkte konsumieren, eine Einkommensdeflation auferlegt werden.

Eine Einkommensdeflation kann natürlich auch der arbeitenden Bevölkerung in der Metropole selbst aufgezwungen werden. Aber dort können die Realeinkommen nicht so leicht beschnitten werden wie in der Peripherie. In der Metropole gibt es Grenzen für das Ausmaß der Reallohneinschränkung, mittels derer dem steigenden Angebotspreis für tropische Produkte begegnet werden könnte. Hier benötigt das Kapital ein ausreichendes örtlich verfügbares Angebot an Arbeitskräften mit bestimmten Fähigkeiten. Das setzt einen entsprechenden Lebensstandard voraus. Anders bei der arbeitenden Bevölkerung der Peripherie. Es gibt dort keine ökonomische Notwendigkeit, den realen Lebensstandard der arbeitenden Bevölkerung aufrechtzuerhalten, ja er darf sogar unter das Existenzminimum fallen. Einkommensdeflation zu Lasten der arbeitenden Bevölkerung in der Peripherie ist daher ein Wesensmerkmal des Arrangements, das die Metropole der Peripherie aufnötigt.

Dieses Arrangement enthält folgende Komponenten. Es öffnet die Peripherie für den Handel, es öffnet die Peripherie für den freien Zu- und Abfluss von Kapital, es enthält einen Mechanismus, über den die Produktstruktur der landwirtschaftlichen Erzeugung auf der tropischen Landmasse kontrolliert werden kann, und es belastet die arbeitende Bevölkerung der Peripherie mit einer Einkommensdeflation. Diese Komponenten konstituieren das Arrangement, das im kapitalistischen System dazu dient, die Auswirkungen eines steigenden Angebotspreises zu bekämpfen. Und dieses Arrangement ist ein integrales Element des „Imperialismus“. Imperialismus beinhaltet Unterwerfung der Peripherie unter ein Regime, das diese für Handel und Kapitalströme offen hält, ein Regime, das dem Metropolkapital erlaubt, die Produktionsmuster auf der peripheren Landmasse zu diktieren, wobei es der arbeitenden Bevölkerung eine Einkommensdeflation aufzwingt.

Welcher Natur dieses Regime ist, wie es sich im Laufe der Zeit über die verschiedenen Phasen des Kapitalismus hinweg verändert hat, die verschiedenen Mechanismen, durch die der arbeitenden Bevölkerung der Peripherie die Einkommensdeflation aufgezwungen wurde, das sind Themen, die wir in den folgenden Kapiteln ausführlich erörtern werden. Hier geht es zunächst darum, theoretisch zu zeigen, warum ein solches Regime unentbehrlich ist. Der Kapitalismus, so unser Argument, kann nicht als isolierter kapitalistischer Sektor betrachtet werden. Er ist vielmehr zu begreifen als ein System, das in einem Umfeld von Produzenten existiert, die in bestimmten vorkapitalistischen Verhältnissen gefangen waren. Das Metropolkapital knüpft an diese vorkapitalistischen Verhältnisse an, nutzt und formt sie für seine eigenen Zwecke und zwingt seinem peripheren Umfeld das soeben beschriebene Regime auf.

Ein Wort zum Imperialismusbegriff

Kapitalismus, so haben wir argumentiert, ist zuvörderst eine Wirtschaft mit Geldgebrauch. Jede Sichtweise, die ihn als isolierten Sektor konzipiert, ist daher unhaltbar. Sie ist unhaltbar, weil ein geldwirtschaftlicher, aber isolierter kapitalistischer Sektor in einen Zustand der einfachen Reproduktion fiele. Er fiele also in einen (stationären) Zustand mit einer Trendwachstumsrate von Null; er könnte auf Erhöhungen der Nominallöhne nicht angemessen reagieren, ohne den Geldwert zu gefährden; und ein als isoliert gedachter kapitalistischer Sektor könnte nicht verhindern, dass der Geldwert angesichts steigender Angebotspreise zusammenbricht. Sobald wir jedoch den Kapitalismus in einem Umfeld vorkapitalistischer Produzenten betrachten, die er für seine Zwecke rekrutiert und formt (sie werden also nicht in ihrem herkömmlichen Zustand belassen), verschwinden diese Probleme.

Der kapitalistische Sektor dringt in die Märkte der vorkapitalistischen Produzenten ein. Darüber kann er den exogenen Stimulus setzen, dessen er bedarf, um aus dem Zustand der einfachen Reproduktion ausbrechen und in einen nachhaltigen Akkumulationsprozess übergehen zu können. Die überkommene handwerkliche Produktion wird dabei verdrängt. Es entsteht so eine Gruppe von Arbeitskräften, die zur Herstellung von Reallohngütern und sonstiger Inputs für den kapitalistischen Sektor eingesetzt werden. Sie sind Teil eines riesigen Reservoirs an Arbeitskräften, das sich mit dem Eindringen kapitalistischer Produkte in die Peripherie (also über die Deindustrialisierung der Peripherie) aufgebaut hat. Ihre Lage macht diese Gruppe zu Preisnehmern. Selbst bei Nominallohnsteigerungen und bei Steigerungen der Profitmarge stabilisiert die Existenz einer solchen Gruppe den Geldwert.

Diese beiden Funktionen des vorkapitalistischen Umfelds des Metropolkapitals verlieren jedoch mit der Zeit immer mehr an Bedeutung. Sobald die vorkapitalistische handwerkliche Produktion schrumpft, erschöpft sich auch der Spielraum des kapitalistischen Sektors, sich durch Ausdehnung in den präkapitalistischen Bereich zu revitalisieren. Gleichermaßen, sobald der Anteil der Primärproduzenten am Gesamtwert der Produktion des kapitalistischen Sektors schrumpft, nimmt die Fähigkeit des Systems ab, sich durch eine weitere Komprimierung dieses Anteils zu stabilisieren, und zwar gerade weil dieser Anteil komprimierbar ist und in der Vergangenheit bereits komprimiert worden ist.

Diese Überlegungen implizieren jedoch keinesfalls, dass für das Metropolkapital die Notwendigkeit einer Umweltkontrolle entfiele. Gleichgültig, ob die Umweltbedingungen in gleichem Wirkungsgrad wie früher einen externen Stimulus setzen und den Geldwert stabilisieren können – die Kontrolle der Umwelt bleibt weiterhin unverzichtbar. Die Frage nach einem Verzicht auf Umweltkontrolle stellt sich einfach nicht, da jegliche Lockerung der Kontrolle das System in eine Krise stürzen würde. Es ist eine Sache, dass diese Mechanismen nicht mehr so wirksam sind wie früher, ob sie deshalb entbehrlich sind, ist eine ganz andere Frage.

Die Frage, ob zur Abwehr eines steigenden Angebotspreises dem präkapitalistischen Umfeld ein Regime aufgenötigt werden muss, stellt sich auf einer ganz anderen Grundlage. Ein solches Regime ist für das kapitalistische System weiterhin von zentraler Bedeutung, und zwar nicht nur als Vermächtnis der Vergangenheit, sondern auch als Funktionserfordernis der Gegenwart. In diesem Sinn ist ein Umweltkontrollregime ein zentrales Charakteristikum des Phänomens „Imperialismus".[6]

Der Kapitalismus hat sich so sehr verändert, dass viele der Ansicht sind, der Begriff Imperialismus habe seine Bedeutung völlig verloren. Zweifellos sind im Vergleich zur Kolonialzeit zwei grundlegende Veränderungen zu erkennen: Erstens sind Länder wie Indien und China zu hochrangigen Wirtschaftsmächten aufgestiegen, deren Bourgeoisien in das globale Kapital inkorporiert sind. Zum zweiten stagnieren oder sinken die Reallöhne der Beschäftigten in den fortgeschrittenen kapitalistischen Ländern seit fast einem halben Jahrhundert. Viele meinen deshalb, die alte Dichotomie zwischen globalem Norden und globalem Süden, oder zwischen „fortgeschrittenen" und „unterentwickelten" oder „rückständigen" Ländern, sei nicht mehr gültig. Und es ist diese Dichotomie, auf die sich der Begriff „Imperialismus" berief.

Diese Veränderungen im Kapitalismus sind sicherlich von großer Bedeutung. Aber es ist ein Fehler, den Imperialismus aus einer Nord-Süd-Dichotomie oder aus einer Dichotomie von fortgeschrittenen versus rückständigen Ländern zu verstehen und sich dabei die Ersteren als die Ausbeuter der Letzteren zu denken. Imperialismus ist vielmehr eine Beziehung zwischen dem Metropolkapital und seinem peripheren Umfeld. Kern dieser Beziehung ist ein Kontrollregime, das der Peripherie – zur Abwehr eines steigenden Angebotspreises – eine Einkommensdeflation aufnötigt. Diese Umweltbeziehung aus der Kolonialzeit besteht bis heute fort, unabhängig davon, was mit den Bourgeoisien des Südens oder der arbeitenden Bevölkerung des Nordens geschieht. Das System kann ohne diese Umweltkontrolle einfach nicht existieren. Zwar hat sich die Form dieser Kontrollbeziehung mit der Zeit verändert, ihr Inhalt ist jedoch gleichgeblieben.

5 Steigender Angebotspreis und Imperialismus

1. David Ricardo, Principles of Political Economy and Taxation (1817), in Works and Correspondence of David Ricardo, vol.1, Piero Sraffa, ed. (Cambridge: Cambridge University Press, 1951).
2. Karl Marx, Theories of Surplus Value, Part II (Moscow: Progress Publishers, 1968).
3. Vgl. Iqbal Husain, ed., Karl Marx on India (Delhi: Tulika Books, 2006).
4. Das folgende einfache Modell illustriert diesen Punkt. Es ist abgeleitet von dem Modell in Kapitel 4. *p* steht für den Stückpreis des Outputs im (industriellen) kapitalistischen Sektor, a bezeichnet die Rohstoffe pro produziertem Stück, l steht für den Arbeitskoeffizienten pro Stück. (Die Rohstoffe werden annahmegemäß von bäuerlichen Produzenten hergestellt). Der Reallohnsatz der Industriearbeiter sei genau so hoch wie der zufriedenstellende Reallohnsatz bei gegebener Outputpreiserwartung. (Der Einfachheit halber abstrahieren wir von jeglichem Wachstum der Arbeitsproduktivität.) Der zufriedenstellende Reallohnsatz ist eine Funktion der Arbeitslosenquote. W_a bezeichnet den monetären Ertrag einer Arbeitseinheit. L_a bezeichnet den Arbeitseinsatz pro produzierter Einheit im landwirtschaftlichen Sektor. Das System lässt sich wie folgt darstellen:.

$$(ap_a + wl)(1+\pi) = p \qquad \text{(i)}$$

$$w = f(u)\,p^e \qquad \text{(ii)}$$

$$w_a\, l_a\, \alpha = p_a \qquad \text{(iii)}$$

Dabei steht α für den als konstant angenommenen Handelsaufschlag auf die Gestehungskosten des landwirtschaftlichen Produkts.

$$w_a = w^* p(t-1) \qquad \text{(iv)}$$

w^* ist das Realeinkommen (ausgedrückt in Waren) der Bauern. Sie versuchen, diese Güter zum Preis der Vorperiode zu erstehen. Der erwartete Preis der mittels der Metropolarbeiter erzeugten Produkte wird mit der folgenden Formel ausgedrückt:

$$p^e_t = p_{t-1.} \cdot p_{t-1} / p_{t-2} \qquad \text{(v)}$$

Wie weiter oben angenommen, geht Gleichung (v) von adaptiven Erwartungen aus. Das bedeutet, die Inflationsrate der Vorperiode wird in die laufende Periode extrapoliert.
Es liegt auf der Hand, dass es bei einer gegebenen Arbeitslosenquote u im verarbeitenden Gewerbe und bei gegebenen Inputkoeffizienten in dieser Modellwelt eine konstante Inflationsrate geben würde, die für beide Sektoren gleich wäre. Der Grund für die Konstanz der Inflationsrate liegt darin, dass eine Gruppe der arbeitenden Bevölkerung, nämlich die Landwirte, als „Preisnehmer" fungiert. Bei dieser konstanten Inflationsrate mit gegebenem u gäbe es ein bestimmtes Niveau der Terms of Trade zwischen Industrie und Landwirtschaft. Wenn aber la aufgrund „abnehmender Erträge" steigt, sinkt das Realeinkommen der Landwirte; Das Reallohneinkommen sinkt, weil die Rate der konstanten Inflation bei der gegebenen Arbeitslosenquote u steigt, während die Terms of Trade unverändert bleiben. Wenn nun la weiter ansteigt, dann haben wir selbst bei der gegebenen Arbeitslosenquote eine beschleunigte Inflation.
5. Dieses Argument wurde ursprünglich in Utsa Patnaik und Prabhat Patnaik, *A Theory of Imperialism* (New York: Columbia University Press, 2016) dargelegt. Der von einigen Kritikern gegen dieses Argument vorgebrachte Einwand, es ignoriere den Zinssatz, verfehlt natürlich den entscheidenden Punkt. Ginge man davon aus, dass Geldanlagen nichts einbringen, würde das oben Gesagte gelten. Selbst wenn man annimmt, Geld erwirtschafte eine implizite Rendite, kann man annehmen, dass Anlagen in Waren genau dieselbe implizite Rendite erzielen. Sie sind ja frei in Geld konvertierbar. Und selbst wenn annimmt, dass Anlagen in Waren keine solche Rendite erwirtschaften, Geld aber schon,

erhöht dies nur den Schwellenwert (zuzüglich zu den Lagerhaltungskosten), ab dem der Umstieg auf Waren erfolgen würde. Unsere obige Argumentation zeigt jedoch, dass bei zunehmender Inflation eine solche Schwelle unweigerlich überschritten wird, und das führt zu einem Zusammenbruch des Geldwerts. Dieser Zusammenbruch hat also nichts mit dem Zinssatz zu tun.

6. In letzter Zeit sind mehrere wichtige Werke zum Thema Imperien und Imperialismus erschienen, wie z. B. Michael Hardt und Antonio Negri, *Empire* (Cambridge, MA: Harvard University Press, 2000) und John Smith, *Imperialism in the Twenty-First Century* (New York: Monthly Review Press, 2016). Das vorliegende Buch liefert jedoch insofern eine Argumentation *sui generis*, als sie zeigt, dass Imperialismus ein notwendiges Element des Kapitalismus ist, und dass es folglich ein Band der Kontinuität gibt zwischen dem Imperialismus der Kolonialzeit und dem Imperialismus der Gegenwart (in den Schriften der leninistischen Tradition wird dieser Punkt nicht behandelt).

TEIL 2

Kapitel 6

Entwicklungsperioden des Kapitalismus

Folgt man der Darstellung im Hauptstrang der Wirtschaftstheorie, dann besteht der kapitalistische Sektor aus zwei Akteuren, aus der Seite des Kapitals und der Seite der Arbeit. Der Staat kommt zwar vor, aber nur insofern, als er für die Einhaltung der Spielregeln sorgt. Er greift aber nicht direkt in die Wirtschaft ein. Will man die wirkliche Natur des Kapitalismus begreifen, und geht man deshalb über das Konzept eines isolierten kapitalistischen Sektors hinaus, muss man den Kapitalismus in seinem Umfeld vorkapitalistischer Produzenten verorten. Er zieht diese Produzenten für seine eigenen Zwecke heran und zerstört darüber deren herkömmlichen ökonomischen Charakter. Die wirkliche Natur des Kapitalismus begreifen, bedeutet außerdem, den Staat als aktiven Teilnehmer in die wirtschaftlichen Prozesse einzuführen.

Wir können in der Tat das eine nicht einführen, ohne gleichzeitig auch das andere einzuführen. Im Kolonialismus wurde das vorkapitalistische Umfeld unterworfen, in das eingebettet der Kapitalismus entstand. Der Kolonialismus stützte sich zur Unterwerfung seines Umfelds auf den staatlichen Einsatz militärischer Macht. (Manchmal delegierte der Staat seine Macht an andere Instanzen. So übertrug er unter der Herrschaft der Ostindien-Kompanie seine Macht an ein kapitalistisches Unternehmen.) Auch wenn die direkte staatliche Intervention zur „Nachfragesteuerung" auf die Nachkriegszeit beschränkt war, so war die staatliche Intervention in anderen Formen doch ein durchgängiges Merkmal des Kapitalismus seit es ihn gibt. Diese Intervention fand statt als Protektionismus, im Erwerb von Kolonien und abhängiger Gebiete, oder, wie Lenin sich ausdrückte, im Erwerb „ökologischen Territoriums". Und diese Interventionen gehen weit über die staatliche Gewährleistung der Spielregeln hinaus – den einzigen Interventionszweck, dem die Wirtschaftstheorie in der Regel Beachtung schenkt.

Das Umfeld insgesamt besteht aus dem Staat (oder der Gruppe der kapitalistischen Nationalstaaten, die in einer bestimmten Beziehung zueinander stehen) und der vorkapitalistischen Welt. Der Staat verschafft dem Kapitalismus die Möglichkeit, sich in dieses vorkapitalistische Umfeld einzunisten. Wie das im Einzelnen das Funktionieren des Kapitalismus beeinflusst, hat sich im Laufe der Geschichte des Systems verändert. Wir werden diese Geschichte in verschiedene Perioden unterteilen. Innerhalb dieser Perioden sind in unserer Analyse die Auswirkungen des kapitalistischen Umfelds gleich, zwischen den Perioden sind die Umfeldauswirkungen verschieden. Aus der Vogelperspektive werden wir in diesem Kapitel jede dieser Perioden kurz untersuchen. Es bietet einen Überblick über unsere Gesamtargumentation. In späteren Kapiteln werden wir jede dieser Entwicklungsperioden ausführlich behandeln.

Unsere Periodisierung ist wie folgt: (1) Kolonialismus vor den Ersten Weltkrieg; (2) die Zwischenkriegsjahre; (3) die Jahre des „Goldenen Zeitalters des Kapitalismus" nach dem Zweiten Weltkrieg; (4) die Ära der Globalisierung, und (5) die gegenwärtige Konstellation als Sackgasse der Globalisierung. Die Logik hinter dieser Periodisierung wird im weiteren Verlauf unserer Darstellung deutlich werden.

Das kolonialistische Arrangement und seine Erschöpfung

Die Kolonialzeit bis zum Ersten Weltkrieg war durch den längsten Aufschwung gekennzeichnet, den das kapitalistische System bis heute erlebt hat, wenngleich das Wirtschaftswachstum damals nicht so hoch war wie im Vierteljahrhundert nach dem Zweiten Weltkrieg. Die Eroberungskolonien ermöglichten es Britannien, dem damals führenden kapitalistischen Land, seine Waren auf den Kolonialmärkten zu verkaufen, als wären sie, um mit dem Wirtschaftshistoriker S. B. Saul zu sprechen, „Märkte zum Anzapfen".[1] Die kapitalistischen Abnehmerländer britischer Waren befanden sich damals in einer Phase rasch aufholender Industrialisierung. Britische Produkte waren in diesen industriell aufstrebenden Ländern jener Zeit deshalb nicht mehr allzu sehr gefragt. Sie entwickelten nun ihre eigene Produktion. Britannien konnte seinen eigenen Markt für die Waren der aufholenden kapitalistischen Wirtschaften aber offen halten, ohne in Zahlungsbilanzschwierigkeiten zu geraten, weil es seinerseits die kolonialen Märkte ausbeuten konnte. Weil sich Britannien für die wirtschaftlichen Ambitionen der industriell aufstrebenden Länder offen hielt, konnte es sie in das von ihm beherrschte Goldstandardsystem einbinden. Es musste so nicht mehr damit rechnen, dass diese Länder gegen sein Regime revoltieren würden.

Britannien betrieb also einen Dreieckshandel. Es verkaufte seine Waren an seine Kolonien, und die Waren der Kolonien wurden an die neu entstehenden kapitalistischen Mächte verkauft, die ihrerseits einen Handelsüberschuss gegenüber Britannien hatten. Mit diesem Dreieckshandel konnte Britannien nicht nur seine Zahlungsbilanz ausgleichen. Es konnte außerdem in erheblichem Umfang Kapital exportieren und so die Ausdehnung des Kapitalismus in den aufstrebenden kapitalistischen Ländern unterstützen. Finanziert hat Britannien diese Kapitalexporte, indem es ohne jegliche Gegenleistung den Surplus, den gesamtwirtschaftlichen Überschuss der Kolonien, gewaltsam an sich zog. Diese Surplusextraktion lief über die Besteuerung der Kolonialwirtschaft, wobei das Steueraufkommen in der Form eines Exportüberschusses abgezweigt wurde.

Der Verkauf der Metropolprodukte in die Kolonien führte zu deren Deindustrialisierung. Über diese Deindustrialisierung und den mittels Besteuerung abgewickelten Überschussabzug („drain of surplus“) wurde der arbeitenden Bevölkerung in der Kolonialwirtschaft eine Einkommensdeflation aufgenötigt. Damit konnte auch den Auswirkungen eines steigenden Angebotspreises begegnet werden. Sogar die Gefahr, die mit der starren Begrenzung des Outputs auf einer gegebenem tropischen Landmasse einhergeht, konnte auf diese Weise abgewandt werden.

Das koloniale Arrangement war also vom Standpunkt des Kapitalismus aus gesehen ideal. Es ermöglichte die Ausbreitung des Kapitalismus in den gemäßigten von Weißen besiedelten Regionen; es sicherte die Stabilität des Geldwerts in der Metropole; es sicherte die Stabilität des Geldwerts sogar in der Peripherie und dies trotz der Tatsache, dass die tropische Landmasse fest umrissen und nicht erweiterbar ist; und es hielt das Niveau der gesamtwirtschaftlichen Nachfrage für das System als Ganzes aufrecht.

Aber aus Gründen, die wir später im Detail erläutern werden, konnte dieses Arrangement nicht von Dauer sein, schon weil Kolonialmärkte offensichtlich relativ eng begrenzt sind. Außerdem brachte nach dem Ersten Weltkrieg die japanische Konkurrenz auf den Märkten der britischen Kolonien in Asien dieses Arrangement in ernste Schwierigkeiten. Großbritannien versuchte eine Zeit lang, diese Konkurrenz abzuwehren. Es ging dazu ein Bündnis mit den aufstrebenden einheimischen Bourgeoisien ein (ein Beispiel dafür war die Gewährung eines begrenzten „diskriminierenden Schutzes" für indische Kapitalisten). Dies sicherte die britische Position jedoch nicht. Mit dem Ausbruch der weltweiten Agrarkrise im Jahr 1926 brach das gesamte koloniale Arrangement, auf dem der lange viktorianische und edwardianische Aufschwung beruht hatte, zusammen. Der Kolonialismus bestand indessen weiterhin. Während des Zweiten Weltkriegs wurden kolonialistische Methoden mit außergewöhnlicher Rücksichtslosigkeit zur Finanzierung von Kriegsausgaben genutzt. In grausamer Weise kam dies zum Ausdruck in der Großen bengalischen Hungersnot von 1943, die drei Millionen Menschenleben forderte.

Aus unserer Analyse ergibt sich eine Erklärung der Weltwirtschaftskrise (der Großen Depression), die sich völlig von den in der Wirtschaftstheorie üblichen Erklärungen, auch von der marxistischen, unterscheidet. Damit soll nicht gesagt sein, diese Erklärungen entbehrten der Substanz. Vielmehr fehlt in diesen Erklärungen unseres Erachtens ein wichtiges Element des Bildes, das wir hier genauer zeichnen wollen. Die wichtigsten Erklärungen der Großen Depression waren bislang: Joseph Schumpeters[2] Erklärung aus dem Zusammenfall der Tiefpunkte in Konjunkturzyklen unterschiedlichen Typs, den Kondratieff-, den Juglar- und den Kitchin-Zyklen; Alvin Hansens[3] Erklärung aus dem Abschluss der gebietserweiternden Grenzverschiebung, dem „closing of the frontier", und schließlich Baran und Sweezys[4] Erklärung der Großen Depression aus dem Aufstieg des Monopolkapitalismus. Baran und Sweezy stützen sich auf ihre eigenen, vorbereitenden Forschungen und auf eine lange Tradition umfangreicher theoretischer Arbeiten, darunter die Arbeiten von Kalecki und Steindl.

Bei all diesen Erklärungen spielte die Erschöpfung des kolonialen Arrangements jedoch keine Rolle. Dies wiederum liegt daran, dass die Rolle des Kolonialismus bei der Aufrechterhaltung des langen Booms im ‚Langen neunzehnten Jahrhundert' ihrerseits nicht angemessen erkannt wurde. Sobald wir jedoch verstehen, welche konjunkturstabilisierende Rolle der Kolonialismus damals gespielt hat, können wir auch verstehen, wie die Große Depression darüber beschleunigt wurde, dass der Kolonialismus seine stabilisierende Rolle nicht länger wahrnehmen konnte.

Nach Charles Kindleberger,[5] dem herausragenden Historiker der Weltwirtschaftskrise, fiel die Große Depression in eine Zeit, in der Großbritannien seine Führungsrolle in der kapitalistischen Welt verloren hatte, die Vereinigten Staaten diese Rolle aber noch nicht übernommen hatten. Aber Großbritannien hat seine Führungsrolle verloren, weil sich das von ihm unterhaltene Kolonialarrangement erschöpft hatte.

In unserer Periodisierung grenzen wir die Jahre vor dem Ersten Weltkrieg von den Jahren zwischen den Weltkriegen ab. Die Logik dieser Abgrenzung ist keine rein zeitliche. Es ist auch keine Abgrenzung nach Perioden des konjunkturellen Hochs oder Tiefs. Das entscheidende Kriterium für unsere Abgrenzung ist vielmehr der Sachverhalt, dass das Kolonialarrangement, das den Kapitalismus so lange getragen hatte, auf sein baldiges Ende zuging, aber kein anderes Arrangement zur Ablösung bereit stand. In der Weltwirtschaftskrise kam dieser Sachverhalt zum Ausdruck.

Die Jahre des „Goldenen Zeitalters“

Nach dem Zweiten Weltkrieg kam es dann zu einem neuen Arrangement, das jedoch in den Vereinigten Staaten und in Europa auf unterschiedliche Weise umgesetzt wurde. In den nicht-faschistischen Ländern fand die Weltwirtschaftskrise erst mit der Aufrüstung am Vorabend des Zweiten Weltkriegs ein Ende. Anders in Japan und Deutschland. Dort hatte der Militarismus einen früheren Aufschwung ermöglicht. Der kurze Aufschwung, den der New Deal Franklin Roosevelts in den Vereinigten Staaten ausgelöst hatte, wurde durch die Rückkehr zur orthodoxen Politik zunichte gemacht. Orthodoxe politische Maßnahmen führten den Abschwung von 1937 herbei, eine Art Depression innerhalb der Depression. Am Vorabend des Krieges war in den USA die Kapazitätsauslastung in den Konsumgüterindustrien recht hoch, aber in den Produktionsgüterindustrien gab es große unausgelastete Kapazitäten.[6] Die starke Erhöhung der Militärausgaben für den Krieg verbesserte dann die Kapazitätsauslastung auch in diesem Sektor.

Die Vereinigten Staaten waren durch den Krieg nicht so stark verwüstet wie die europäischen Länder. Auch hatte sich dort das Kräfteverhältnis nicht so entscheidend zugunsten der Arbeiterklasse verschoben. Eine Fortsetzung des rüstungswirtschaftlichen Kurses stieß deshalb kaum auf Probleme. Die

Vereinigten Staaten hielten vor allem aus zwei Gründen auch nach dem Krieg an hohen Militärausgaben fest. Erstens sicherten sie sich so die neue Rolle einer Führungsmacht der kapitalistischen Welt, die sich der „doppelten Bedrohung" durch den Kommunismus und die nationalen Befreiungsbewegungen gegenübersah. Zweitens schien es der einfachste Weg zur Aufrechterhaltung eines hohen Beschäftigungsniveaus zu sein, auf einen rüstungswirtschaftlichen Mechanismus zurückzugreifen, der ohnehin schon vorhanden war, und der keinem Kapitalisten auf die Füße trat.[7] Eine Rückkehr zu den Arbeitslosenzahlen der Vorkriegszeit war offensichtlich undenkbar. Das hätte den Kapitalismus existentiell bedroht. (Keynes war sich dessen sehr wohl bewusst); daher wurde in den Vereinigten Staaten ein politisches Konzept sehr beliebt, das einige Autoren als „militärischen Keynesianismus" bezeichnet haben. Marxistische Autoren wie Baran, Sweezy und Magdoff haben die Charakteristika dieses rüstungswirtschaftlichen Interventionismus in mehreren Studien herausgearbeitet.

Ganz anders jedoch verlief die Entwicklung in Europa. Der Kontinent war am Boden zerstört. Die Arbeiterklasse hatte den Krieg unter enormen Opfern überstanden und war entschlossen, nicht in die Arbeitslosigkeit und das Elend der Vorkriegsjahre zurückzufallen. Die arbeitende Bevölkerung konnte ihre Stärke als Klasse erheblich steigern. Winston Churchills Niederlage in den Nachkriegswahlen ist dafür das beredtste Beispiel. Das System konnte nicht zu seinen alten Routinen zurückkehren, und die Präsenz der Sowjetunion in unmittelbarer Nachbarschaft stellte eine ernsthafte Bedrohung für die herrschenden Klassen dar.

Zur Abwehr dieser Bedrohung musste der Kapitalismus in Europa Zugeständnisse machen und das System in erheblichem Maße verändern. Es waren im Wesentlichen drei Modifikationen. Erstens die Einführung der von Keynes schon seit langem geforderten staatlichen Intervention zur Nachfragesteuerung; zweitens die Entkolonialisierung, zumindest auf politischer Ebene (zur wirtschaftlichen Entkolonialisierung, also der Lockerung der Kontrolle über die kolonialen Ressourcen, bedurfte es noch einer weiteren Runde oft erbitterter Kämpfe. Die anglo-französische Invasion in Ägypten nach Nassers Verstaatlichung des Suezkanals ist hierfür ein Beispiel); und drittens die Einführung des allgemeinen Wahlrechts. In Großbritannien ist 1928 das Frauenwahlrecht eingeführt worden. Mit diesem Schritt kam Großbritannien einem vollständig entfalteten allgemeinen Wahlrecht recht nahe. Aber selbst in Frankreich wurde das allgemeine Wahlrecht erst 1945 eingeführt.

Im Gegensatz zum militärischen Keynesianismus der Vereinigten Staaten wurde im europäischen Kapitalismus unter der Ägide der Sozialdemokratie eine Kapitalismusvariante eingeführt, die erhebliche wohlfahrtsstaatliche Ausgaben vorsah. Zweifellos wurde ein großer Teil dieser Ausgaben über Steuern von der arbeitenden Bevölkerung selbst finanziert.[8] Aber per saldo war das dennoch eine fiskalpolitisch gesteuerte Umverteilung des Volkseinkommens in eine egalitäre Richtung. Diese Umverteilung war an sich wünschenswert, hielt aber auch – selbst nachdem die Auswirkungen des Wiederaufbaubooms der Nachkriegszeit abgeklungen waren – das Niveau der gesamtwirtschaftlichen Nachfrage aufrecht.

Die hohe gesamtwirtschaftliche Nachfrage drückte die Arbeitslosenquoten auf ein Niveau hinab, das es in Friedenszeiten nie gegeben hatte. Sie stimulierte außerdem hohe Investitionsraten und wirtschaftliches Wachstum und folglich auch ein starkes Wachstum der Arbeitsproduktivität. Dieses Wachstum wurde durch eine Reihe von Innovationen unterstützt. Sie waren in der Zwischenkriegszeit entwickelt worden, blieben aber aufgrund der damaligen wirtschaftlichen Depression bloß Innovationen im Wartestand. Nun aber konnten sie in den Produktionsprozess eingeführt werden. Eine niedrige Arbeitslosenquote begünstigte die Zuwanderung von Arbeitskräften aus den ehemaligen Kolonien und abhängigen Territorien. So kamen indische, pakistanische und westindische Arbeitskräfte nach Großbritannien, algerische Arbeitskräfte gingen nach Frankreich und türkische Arbeitskräfte strömten nach Deutschland. Angesichts des starken Wachstums der Arbeitsproduktivität konnten die Gewerkschaften hohe Lohnsteigerungen durchsetzen. Die Lage der arbeitenden Bevölkerung verbesserte sich erheblich, zum einen aufgrund von Lohnerhöhungen, zum anderen aufgrund sozialstaatlicher Maßnahmen. Daher die Wendung „Goldenes Zeitalter des Kapitalismus". Man glaubte nun sagen zu dürfen, „der Kapitalismus habe sich verändert", er habe im Buch seiner Geschichte ein neues Blatt aufgeschlagen.[9]

Im Lichte unserer vorangegangenen Diskussion betrachtet, hatte das Nachkriegsarrangement jedoch eine offensichtliche Lücke. Es enthielt keinen Ersatz für die Einkommensdeflation, die im Kolonialregime gegen die Auswirkungen eines steigenden Angebotspreises abschirmte. Mit der staatsinterventionistisch erzeugten Nachfrage gab es zwar einen Ersatz für das alte koloniale Arrangement, das einen Markt für die Produkte der kapitalistischen Metropole schuf. Er bestand in der vom Staat erzeugten Nachfrage. Kalecki sprach von einem „Exportüberschuss" des kapitalistischen Sektors an den Staat, finanziert über ein Haushaltsdefizit.[10] Und selbst wenn der Staat einen ausgeglichenen Haushalt führte, es also kein Haushaltsdefizit gab, konnten die Multiplikatoreffekte auch eines ausgeglichenen Haushalts die gesamtwirtschaftliche Nachfrage aufrechterhalten. Kurz gesagt, der „Markt zum Anzapfen", den das Kolonialarrangement in den Jahren vor dem Ersten Weltkrieg bereitgestellt hatte, wurde nun vom kapitalistischen Staat bereitgestellt.

Nach Schumpeter vertritt Keynes in *Economic Consequences of the Peace* die Auffassung, dass die Wachstumsstimulierung, die das Kolonialarrangement vor dem Ersten Weltkrieg geliefert hatte, nicht länger wirken konnte, dass der Kapitalismus also eines neuen Anreizes bedurfte, der nur vom Staat gesetzt werden konnte.[11] (Keynes sprach natürlich nicht von Kolonialismus.) Man kann sagen, dass diese Position in der Nachkriegszeit verwirklicht wurde. Keynes hat in Laufe seiner Arbeit seine Position theoretisch weiterentwickelt. Aufgrund des Widerstands der Finanzwelt wurde sie aber vor dem Zweiten Weltkrieg nicht ernst genommen, nicht einmal in den Vereinigten Staaten, wo man nur halbherzig zur New-Deal-Strategie überging.

Dem Nachkriegsarrangement fehlte jedoch ein Schutzmechanismus gegen die geldwertgefährdenden Auswirkungen eines steigenden Angebotspreises. Im Kolonialregime kam dieser Schutz aus der Einkommensdeflation, die man der arbeitenden Bevölkerung in der Peripherie aufnötigte. Mit der politischen Entkolonialisierung verlor der kapitalistische Sektor nun diese Waffe einer über das Steuersystem erzwungenen Einkommensdeflation.

Doch interessanterweise stand diese Lücke im Arrangement dem Nachkriegsboom lange Zeit nicht im Wege. Arthur Lewis hatte einen deutlichen Anstieg der Rohstoffpreise für die Nachkriegszeit vorausgesagt.[12] Doch hielt sich der tatsächliche Preisanstieg in Grenzen, und es kam zu einer erneuten Verschlechterung der Terms of Trade für Rohstoffe gegenüber Industrieprodukten.[13] Was hat nun in der Metropole die Stabilität des Gelds gesichert, selbst nachdem der Kapitalismus durch die politische Entkolonialisierung seine Fähigkeit eingebüßt hatte, in der Peripherie eine Einkommensdeflation durchzusetzen?

Die Entkolonialisierung löste zwei unterschiedliche Entwicklungen aus. Erstens führten die postkolonialen Regierungen Maßnahmen zur Intensivierung der Landnutzung ein. Solche Maßnahmen waren in der Kolonialzeit in auffälliger Weise unterlassen worden. Die postkolonialen Regierungen waren überall mit starker Unterstützung der Bauernschaft an die Macht gekommen und sahen sich daher in der Pflicht, deren Lage zu verbessern. Wir haben weiter oben gezeigt, dass es zur Intensivierung der Landnutzung der Unterstützung des Staats bedurfte. Der koloniale Staat hatte diese Unterstützung aber nicht gewährt. Im Gegenteil, er hat die Bauernschaft durch Besteuerung ausgepresst; der postkoloniale Staat bot nun diese Unterstützung. Die öffentlichen Investitionen in die Bewässerung wurden erhöht, die öffentlichen Ausgaben für die Erforschung und Entwicklung neuen Saatguts und neuer landwirtschaftlicher Verfahren stiegen, es wurden öffentliche Beratungsdienste eingerichtet, und die Regierung sicherte der Landwirtschaft auskömmliche Preise zu, wobei sie gleichzeitig die Produktionsmittel dieses Sektor subventionierte. Dank dieser Maßnahmen konnte das landwirtschaftliche Produktionsvolumen auf der fixen, nicht erweiterbaren Fläche der tropischen Landmasse erheblich gesteigert werden. Das erhöhte die inländische Absorption von Nahrungsmittelgetreide und erlaubte gleichzeitig eine angemessene Rohstoffversorgung der Metropole.

Die zweite Entwicklung im Zuge der Entkolonialisierung bezieht sich auf die Konkurrenz unter jenen Ländern, die ihre Unabhängigkeit neu erlangt hatten. Alle waren sie daran interessiert, ihre Wirtschaft zu industrialisieren. Zu diesem Zweck importierten sie Investitionsgüter aus der Metropole. Sie erwirtschafteten diese Importe, indem sie ihre traditionellen Exporte in die Metropole so stark wie möglich erhöhten. So wurden die Preise der Rohstoffe in der Metropole niedrig gehalten, und über die Intensivierung der Landnutzung war sichergestellt, dass der Metropole diese Rohstoffe in ausreichender Menge zur Verfügung standen. Indien und Sri Lanka konkurrierten nun auf dem Teemarkt, ohne sich wie zuvor über ihren Marktzugang abzusprechen. Zwischen Indien und Bangladesch (damals ein Teil Pakistans) entfiel zum Beispiel die Marktabsprache über Jute. Sie traten nun auf diesem Markt in unmittelbare Konkurrenz. Für eine lange Zeit traten die Auswirkungen der Entkolonialisierung auf die Verfügbarkeit von Rohstoffen in den Metropolen nicht offen zu Tage.

Aber schließlich traten sie dann doch zu Tage, und zwar Anfang der 1970er Jahre, als die Rohstoffpreise stark anstiegen. Natürlich steckte hinter diesem Anstieg auch ein spekulatives Element. Ein Merkmal des Bretton-Woods-Systems war die Bindung des Dollar an Gold gewesen. Diese Bindung wurde nun gekappt. Anschließend wurde dann das Bretton-Woods-System selbst aufgegeben. Innerhalb dieses Systems hatte der US-Dollar ein stabiles Medium der Vermögensanlage dargestellt. Mit dem Ende des Bretton-Woods-Abkommens verlor die kapitalistische Welt vorübergehend diese stabilisierende Eigenschaft des Dollar.[14] In den unmittelbar darauf folgenden Turbulenzen (bis der Dollar trotz des Fehlens einer ausdrücklichen Goldbindung seinen Status als stabiles Medium wiederherstellte) gingen viele Anleger dazu über, Rohstoffe (oder besser gesagt, Forderungen auf Rohstoffe) zu halten. Das trieb die Rohstoffpreise in die Höhe. Zu einer Situation, in der sich bereits Angebotsengpässe abzeichneten, kamen also noch die Auswirkungen der Spekulation hinzu.

Man kann die Sache auch genau andersherum formulieren. Im Bretton-Woods-System war eine Konvertierbarkeit des US-Dollars in Gold zu 35 Dollar pro Unze Gold vorgesehen. Diese Regel war nun nicht mehr aufrechtzuerhalten. Das zeigte sich, als die Forderung nach einem Umtausch aufkam. Vor allem die französische Regierung unter de Gaulle bestand auf dem Umtausch von Dollar in Gold. Diese Forderung entsprang aber nicht, wie gemeinhin angenommen, der angeblich rücksichtslosen Halsstarrigkeit De Gaulles. Sie hatte ihren tieferen Grund in der Inflation, die sich bereits seit Ende der 1960er Jahre abgezeichnet hatte. Mit anderen Worten: das System von Bretton Woods brach wegen der aufkommenden Inflation zusammen. Dieser Zusammenbruch führte seinerseits wieder zu einem Anstieg der Inflation, das ist richtig. Aber der Ursprung der Inflation lag tiefer. Hinter dem Nachkriegsboom stand kein Arrangement, das es erlaubt hätte, den arbeitenden Menschen in der Peripherie eine Einkommensdeflation aufzuzwingen.[15]

Die Preisexplosion ereignete sich vor dem Hintergrund eines anderen Phänomens, das im so genannten Goldenen Zeitalter des Kapitalismus auftrat, nämlich einer enormen Konzentration der Finanzmittel in den Händen von Banken und anderen Finanzinstituten. Diese Konzentration hatte drei Ursachen: erstens, das anhaltende Leistungsbilanzdefizit der USA. Das Defizit hatte sich irgendwann nach dem Krieg aufgrund der massiven Ausgaben der Vereinigten Staaten für ein globales Netz von Militärstützpunkten ausgebildet und hat sich dann mit dem Vietnamkrieg drastisch aufgebläht. (Der Vietnamkrieg heizte die Inflation an, diese löste dann ihrerseits die Lohnexplosion von 1968 aus.) Zweitens, die von der Wirtschaft während des anhaltenden Booms erzielten Ersparnisse, die in das Bankensystem flossen; und drittens, der erste Ölpreisschock von 1973 und der bald darauf folgende zweite Schock, spülten plötzlich die Kaufkraft einer großen Zahl von Ölkonsumenten in die Taschen einiger weniger Ölproduzenten, die dann ihrerseits diese Einnahmen in Metropolbanken deponierten.

In der Metropole saßen nun einige Banken auf riesigen Finanzmitteln, die ausgeliehen werden sollten. Dazu mussten die Hindernisse für eine freie Bewegung des Kapitals, musste die Kapitalverkehrskontrolle, aufgehoben werden. Das galt besonders für die Kontrolle grenzüberschreitender Kapitalströme, wie sie das System von Bretton Woods institutionalisiert hatte. Diese Auflösung von Kapitalverkehrskontrollen begann in Europa in den frühen 1970er Jahren, in Afrika und Lateinamerika ein Jahrzehnt später, und in Indien setzte sie in den 1990er Jahren ein. Damit hatte sich ein *globalisiertes* Finanzkapital herausgebildet.

Aus dem gleichzeitigen Auftreten einer enormen Finanzkonzentration einerseits und einer Inflation andererseits – beide entstanden unter dem Regime des „Goldenen Zeitalters" – ergab sich eine explosive Situation. Angesichts der enormen Konzentration von Finanzmitteln war es besonders dringlich, die Inflation zu bekämpfen. Der Druck des Finanzkapitals zur Beseitigung der Kapitalverkehrskontrollen führte zur Globalisierung des Finanzkapitals. Und interessanterweise war gerade die Globalisierung des Finanzwesens der Grund dafür, der arbeitenden Bevölkerung der Peripherie erneut ein Regime der Einkommensdeflation aufzunötigen, um über diesen Weg die Inflation zu bekämpfen und den Geldwert zu stabilisieren. Damit war das Regime der Globalisierung entstanden.

Das Globalisierungsregime

Im Zentrum des Globalisierungsregimes steht die Globalisierung des Kapitals, besonders des Finanzkapitals. Ist das Finanzwesen globalisiert, der Staat aber territorial begrenzter Nationalstaat, dann muss der Staat wohl oder übel den Forderungen der Finanzwelt entsprechen, wenn er einen Abfluss von Finanzkapital und eine daraus resultierende akute Wirtschaftskrise vermeiden will. Die Verhinderung einer solchen Kapitalflucht, die Aufrechterhaltung des so genannten „Vertrauens der Investoren" und damit das Werben um die Billigung der Rating-Agenturen, die ihrerseits die Entscheidungen der Agenten des Finanzkapitals beeinflussen, werden die wichtigsten Anliegen des Staates. Im Wesentlichen kommt das einer Aushöhlung der Autonomie des Staates gleich.

Dies hat erhebliche Auswirkungen auf die Demokratie. Im demokratischen Regierungssystem müssen den Bürgern alternative Visionen der Gesellschaft, alternative Entwicklungspfade vorgestellt werden, unter denen sie auswählen können. Wenn aber alle politischen Parteien die gleiche Politik verfolgen, nämlich die des Finanzkapitals, dann wird die Wahlentscheidung des Volkes bedeutungslos. Solange die Parteien im Globalisierungsregime gefangen sind, können sie gar nicht anders als sich in ihrer Programmatik am Finanzkapital auszurichten. Gleichgültig, wen die Leute wählen, es wird die gleiche Wirtschaftspolitik fortgesetzt, es sei denn, irgendeine politische Formation hat den Mut, sich durch Kapitalverkehrskontrollen von der Globalisierung abzukoppeln. Weil eine solche Abkopplung Übergangsschwierigkeiten mit sich brächte, haben jedoch nur wenige den Mut dazu.[16]

Wir werden die Auswirkungen des Globalisierungsregimes auf den Prozess demokratischer Beteiligung nicht weiter verfolgen. Aus unserer Sicht hat der Sachverhalt, dass unter einem solchen Globalisierungsregime eine staatsinterventionistische Nachfragesteuerung nicht mehr möglich ist, die größere Bedeutung. Will der Staat die Gesamtnachfrage ankurbeln, muss er entweder ein Haushaltsdefizit eingehen, oder – bei Einsatz des Multiplikators bei ausgeglichenem Haushalt – er muss zur Finanzierung der Intervention die Kapitalisten besteuern. Diese Besteuerung muss die Kapitalisten betreffen, nicht die arbeitende Bevölkerung, da die Kapitalisten eine höhere Sparneigung haben als die arbeitende Bevölkerung. Besteuerte man zu Finanzierung der konjunkturellen Ankurbelung statt der Kapitalisten die arbeitende Bevölkerung, würde das wegen ihrer niedrigen Sparneigung die gesamtwirtschaftliche Nachfrage nicht nennenswert erhöhen.

Aber das Finanzkapital stellt sich gegen Haushaltsdefizite zur Finanzierung staatlicher Nachfragestimulation. Es liefert alle möglichen theoretischen Begründungen für deren Ablehnung. Allesamt sind sie völlig ungültig. Joan Robinson hat solche Begründungen als „Humbug des Finanzkapitals" bezeichnet.[17] Der eigentliche Grund für diese Abneigung liegt jedoch woanders. Wenn der Staat die Nachfrage durch seine eigenen direkten Ausgaben ankurbeln muss, untergräbt dies die gesellschaftliche Legitimität des Kapitals, besonders jenes Segments des Kapitals, das Keynes als „funktionslose Investoren" bezeichnet hatte. In erster Linie war damit das Finanzkapital angesprochen. Akzeptiert das Finanzkapital die Notwendigkeit staatlicher Ausgaben zur Ankurbelung der Gesamtnachfrage, ist das, selbst bei Defizitfinanzierung, gleichbedeutend mit dem Eingeständnis der eigenen Entbehrlichkeit. Aber einzugestehen, man sei entbehrlich, ist sicherlich nicht das erste Anliegen des Finanzkapitals. Und die Besteuerung von Kapitalisten zur Finanzierung der Nachfragestimulierung ist für das Finanzkapital doppelt unangenehm. Es untergräbt nicht nur die gesellschaftliche Legitimität des Kapitals, insbesondere des Finanzsektors, sondern senkt auch die Einnahmen der Kapitalisten unter das Niveau, das sie in ähnlicher Größenordnung selbst bei einer defizitfinanzierten Intervention erreicht hätten.

Keynes hatte in *The Yale Review* geschrieben, das Finanzwesen sollte grundsätzlich auf nationaler Ebene organisiert sein. Es war ihm sehr bewusst, dass ein in das internationale Finanzsystem eingebundener Nationalstaat seine Autonomie verliert. Das gilt auch hinsichtlich staatlicher Interventionen, die der Steigerung der Nachfrage und der Beschäftigung dienen sollen. Wenn der Kapitalismus gerettet werden sollte, so Keynes, musste die Arbeitslosigkeit, eine typisch kapitalistische Erscheinung, durch staatliche Eingriffe verringert werden. Das ist jedoch nur möglich, wenn das Finanzwesen „national" organisiert ist. Die heutige Globalisierung des Finanzwesens untergräbt somit die Fähigkeit des Staates, zur Steigerung der Gesamtnachfrage und der Beschäftigung zu intervenieren.

Aber die Globalisierung des Kapitals richtet noch weiteren Schaden an. Das Werben um das „Vertrauen der Investoren", um dessentwillen der Staat den Forderungen des Finanzkapitals stattgeben muss, ändert das Wesen des Staates. Er ist nicht länger ein über der Gesellschaft stehendes Gebilde, das sich der Form nach um die Interessen aller kümmert (obwohl er ein bürgerlicher Staat in dem Sinne ist, dass er durch dieses formelle Wohlwollen gegenüber allen letztlich die Interessen der Kapitalisten schützt und nährt). Nun geht es dem Staat viel ausschließlicher und transparenter um die Förderung der Interessen des globalisierten Kapitals, einschließlich seiner nationalen Komponente. Der Staat zieht sich also aus der Verteidigung der Interessen der Bauern, anderer Kleinproduzenten und der abhängig Beschäftigten zurück.

Die postkolonialen *dirigistischen* Regime in den meisten Ländern der Peripherie haben selbst dann, wenn sie ihr Land kapitalistisch entwickelten, die bäuerliche Landwirtschaft geschützt und gefördert. Im Gegensatz dazu zieht sich das Globalisierungsregime von der Unterstützung und Förderung der bäuerlichen Landwirtschaft und anderer Kleinproduzenten zurück. Es überlässt die Bauern der Gnade des Großkapitals (Agrarindustrie); und die Verpflichtung auf das Ziel der „Haushaltsdisziplin" in Form einer Verringerung des Haushaltsdefizits hat zur Folge, dass die Maßnahmen, die man nach der politischen Entkolonialisierung zur Unterstützung der Bauern und Kleinproduzenten eingeführt hatte, wieder zurückgenommen werden. Umgesetzt wird dies in einer sich selbst widerlegenden Gesetzgebung zu „verantwortungsbewusster Fiskalpolitik", die dem Haushaltsdefizit in der Form eines Prozentanteils am Bruttosozialprodukt eine gesetzliche Obergrenze setzt.

All dies bedeutet einen Einkommensverlust für die Bauern, Kleinproduzenten und die arbeitende Bevölkerung in der Peripherie. Sie werden unter Druck gesetzt durch wachsende Arbeitskräftereserven, die sich aus vertriebenen Bauern und Kleinproduzenten speisen. Sie suchen einen Ersatz für ihre verlorene Beschäftigung, aber oft suchen sie nach Arbeitsplätzen, die es gar nicht gibt. Über das Globalisierungsregime wird der arbeitenden Bevölkerung in der Peripherie also eine Einkommensdeflation aufgenötigt.

Darüber hinaus ahmt der Staat der Peripherie im neoliberalen Regime – das Regime der fiskalischen Austerität, der Privatisierung öffentlicher Dienstleistungen usw. – bis zu einem gewissen Grad den kolonialen Staat nach, auch wenn das Element des Überschussabzugs („drain of surplus") nicht mehr in der gleichen Art wie früher existiert. In der Kolonialzeit war es der Verbund von Metropol- und Kolonialstaat, der die Einkommensdeflation in der Peripherie durchzusetzte. Heute ist das inländische Kapital der Peripherie in das globale Kapital integriert und das globale Kapital setzt nun vermittelt über den neoliberalen Peripheriestaat eine entsprechend modifizierte Einkommensdeflation durch. Bei jeder Inflationstendenz, die über den „Schwellenwert" hinausgeht, erschallt sofort der Ruf nach inflationsbekämpfenden „Austeritäts-" und Sparmaßnahmen, die der arbeitenden Bevölkerung eine Einkommensdeflation aufzwingen. *Mit anderen Worten: Globalisierung bedeutet nicht nur Einkommensdeflation in der Peripherie. Vielmehr existiert nun in der Peripherie selbst ein Regime zur Regulierung einer Einkommensdeflation, die ihrerseits der Stabilisierung des Geldwerts dient.*

Die Einkommensdeflation hat eine große Rolle dabei gespielt, der Inflation der Rohstoffpreise in den frühen 1970er Jahren ein Ende zu bereiten. Aber diese Rolle findet kaum die ihr gebührende Beachtung. Selbst Paul Krugman ist der Ansicht, dass der damalige Inflationsschub durch neue Rohstoffquellen und die Erschließung neuer Anbauflächen eingedämmt wurde.[19] Krugmann hätte recht, wenn sich eine Ausweitung der Pro-Kopf-Produktion gezeigt hätte. Aber dafür gibt es keinerlei Belege.

Im Gegenteil: Vergleicht man die weltweite durchschnittliche Jahresproduktion von Lebensmittelgetreide im Dreijahresmesspunkt 1999-2001 mit der entsprechenden Größe im Dreijahresmesspunkt 1979-81, dann ist dieser Indikator von 355 auf 343 Kilogramm *zurückgegangen*.[20]

Mit anderen Worten, die Produktion von Lebensmittelgetreide ist nicht stärker gestiegen als die Weltbevölkerung. Da das weltweite Pro-Kopf-Realeinkommen in diesem Zeitraum wuchs, und da die Einkommenselastizität der Nachfrage nach Getreide positiv ist, hätte es zu einem Anstieg der Getreidepreise im Verhältnis zum Vektor der Nominallöhne kommen müssen. Folglich hätten sich die Terms of Trade zugunsten des Lebensmittelgetreides und zu Lasten des gewerblichen Sektors verschieben müssen (da die Preise des verarbeitenden Gewerbes in der Regel an die Nominallöhne gebunden sind und aufgrund des Wachstums der Arbeitsproduktivität sogar im Vergleich zu den Nominallöhnen fallen). Das Gegenteil ist jedoch der Fall. Auf weltwirtschaftlicher Ebene verschlechtern sich im untersuchten Zeitraum die Terms of Trade für Getreide gegenüber dem verarbeitenden Gewerbe in einer Größenordnung von 45 Prozent![21] Produktionssteigerung im Getreidesektor und Erschließung neuer Anbauflächen können also nicht die Gründe dafür sein, dass die Inflation in den 70er Jahre unter Kontrolle gebracht werden konnte. Grund dafür war eindeutig die Einkommensdeflation.

Aber wie die *dirigistischen Nachkriegsregime* hat auch das Regime der Globalisierung, oder besser gesagt, hat das über die Globalisierung eingeführte neoliberale Regime, eine Lücke. Sie ist das Spiegelbild der Lücke des früheren Regimes. Das frühere Regime verfügte, wie gesagt, über den Mechanismus, mittels Staatsausgaben Märkte zu eröffnen. Was ihm fehlte, war ein Mechanismus dafür, der arbeitenden Bevölkerung in der Peripherie eine Einkommensdeflation aufzubürden. Nun ist die Situation spiegelbildlich gedreht. Das neoliberale Regime der Globalisierung verfügt zwar über einen Mechanismus dafür, die arbeitende Bevölkerung in der Peripherie mit einer Einkommensdeflation zu belasten, aber es hat keinen Mechanismus, dem System neue Märkte zu eröffnen. Und es ist genau diese Lücke, die die gegenwärtige

Lage des globalen Kapitalismus bestimmt. Diese Lage läßt sich charakterisieren als Sackgasse der Globalisierung.

Zweifellos wird gerade das rasche Wachstum des Finanzsektors, oder, anders gesagt, die sogenannte „Finanzialisierung" der Volkswirtschaften, selbst zu einer Quelle der Nachfrage (im Verein mit der Industrialisierung, die schon davor eingesetzt hat). Der Finanzüberbau, errichtet über der eigentlichen Wirtschaft, steigert die gesamtwirtschaftliche Nachfrage. Das ist richtig. *Aber es handelt sich nicht um einen „Markt zum Anzapfen"* im Sinne von S. B. Saul. Die durch den Finanzüberbau erzeugte Nachfrage ähnelt vielmehr der Nachfrage, die sich aus Einkommen speist, die sich ihrerseits aus den von Baran und Sweezy so genannten „Zirkulationskosten" ableiten. Im Unterschied zu den vorkapitalistischen Märkten der Vorkriegszeit und den staatlichen Interventionen der Nachkriegszeit stellt eine solche Nachfrage jedoch keinen exogenen Anreiz dar. In einem neoliberalen Regime wird der primäre exogene Stimulus (wenn diese Bezeichnung hier überhaupt am Platze ist) durch die Bildung gelegentlicher Preis- „Blasen" bei Vermögensanlagen gesetzt. Doch auch dieser Anreiz ist nicht jederzeit auf Abruf „anzapfbar". „Blasen" können nicht auf Bestellung erzeugt werden. Das ist einer der Hauptgründe dafür, dass die kapitalistische Weltwirtschaft weiterhin in einer lang anhaltenden Periode der Krise und Stagnation verharrt.

Die Periode anhaltender Krisenhaftigkeit

Das neoliberale Regime hat, wie gesagt, unter den Rahmenbedingungen der Globalisierung keinen exogenen Stimulus zur Verfügung. Die Zeiten, als koloniale Märkte oder staatliche Interventionen die Wirtschaft exogen stimulierten, sind vorbei, und „Blasen", die allein eine neoliberale Wirtschaft wiederbeleben können, sind nicht auf Abruf verfügbar. Aber diese Faktoren erklären die derzeitige langanhaltende Krise nur zum Teil. Sie überlagern eine tiefere, durch die Globalisierung hervorgerufene strukturelle Krisendimension.

Auf globaler Ebene war der Kapitalismus für lange Zeit in zwei regionale Segmente geteilt. Die Arbeitskräfte der Peripherie durften sich nicht frei in die Metropole bewegen (sie tun dies auch heute noch nicht). Dagegen war das Metropolkapital zwar rechtlich frei, in die Peripherie zu ziehen, tat dies in Wirklichkeit aber nur zum Teil. Es strömte nur in Sektoren, die mit dem

Export von Primärgütern zu tun hatten, wie Plantagen und Bergwerke, und in jene Sektoren des Handels und der Dienstleistungen, die den Export von Primärgütern abwickelten. Das Metropolkapital schuf jedoch keine Produktionsstätten in der Peripherie, um dort bei niedrigeren Löhnen für den Metropolmarkt zu produzieren. Wegen dieser Segmentierung verharrten die Reallöhne in der Peripherie mehr oder weniger auf dem Existenzminimum, während die Löhne in der Metropole aufgrund der dortigen Steigerung der Arbeitsproduktivität ständig stiegen.

Die gegenwärtige Globalisierung hat dieser Segmentierung ein Ende gesetzt. Während es den Arbeitskräften immer noch nicht freisteht, von der Peripherie in die Metropole zu ziehen (ihr verzweifelter Versuch, sich dieser Einschränkung der Bewegungsfreiheit zumindest teilweise zu widersetzen, hat zu der jüngsten Flüchtlingskrise in Europa geführt), ist das Kapital nun eher bereit, zur Befriedigung der Metropolnachfrage Betriebsstätten auch in den Niedriglohnländern der Peripherie anzusiedeln. Die Arbeitskräfte in der Metropole müssen daher nun mit den Arbeitskräften in der Peripherie konkurrieren. Deshalb sinken ihre Reallöhne zwar nicht auf das Niveau der Reallöhne in der Peripherie, aber sie steigen auch nicht. Tatsächlich ist nach Joseph Stiglitz der Reallohn eines amerikanischen Arbeiters im Jahr 2011 nicht höher als im Jahr 1968.[22]

Gleichzeitig besteht trotz dieser Verlagerung wirtschaftlicher Aktivitäten in die Peripherie dort weiterhin ein unerschöpfliches Reservoir an Arbeitskräftereserven. Die Wachstumsrate der Beschäftigung ist hinter der demographischen Wachstumsrate des Arbeitskräftepotentials zurückgeblieben. Das trifft sogar auf jene Volkswirtschaften der Peripherie zu, die besonders schnell gewachsen sind (vorausgesetzt, man misst die Arbeitslosigkeit korrekt und bezieht auch die verdeckte Arbeitslosigkeit mit ein). Ganz zu schweigen von einem Beschäftigungsangebot für die verdrängten Kleinproduzenten, die aufgrund der Deflation ihrer Einkommen auf den Arbeitsmarkt strömen. Die Reallöhne in der Peripherie steigen also trotz dieser Verlagerung von Produktionsstätten in die Peripherie und der damit einhergehenden hohen Wachstumsraten nicht. *Folglich verharrt auf globaler Ebene der Vektor der Reallöhne mehr oder weniger auf dem gleichen Niveau.*

Vorausgesetzt man beachtet die verdeckte Arbeitslosigkeit mit der notwendigen Sorgfalt, zeigt sich, dass sich der Vektor der Arbeitsproduktivität erhöht hat. Das bedeutet, der Vektor der Überschüsse (Surplus), letztere ausgedrückt als Anteile an der gesamtwirtschaftlichen Produktion, ist gestiegen. In der Weltwirtschaft gibt es nun aus folgendem Zusammenhang eine Ex-ante-Tendenz zur Überproduktion: Auf globaler Ebene ist der Vektor der Arbeitsproduktivität gestiegen. Die Konsumneigung bei Surpluseinkommen ist geringer als bei Lohneinkommen. In Volkswirtschaften, in denen die Überschüsse schneller steigen, ist diese Konsumneigung für Surpluseinkommen nicht höher als in Volkswirtschaften, in denen sie langsamer steigen (wenn überhaupt ein Unterschied besteht, dann wird in den schneller wachsenden Volkswirtschaften ein größerer Teil der Surpluseinkommen gespart). *In der Weltwirtschaft gibt es daher eine Ex-ante-Tendenz zur Überproduktion.* Die strukturelle Krise des Weltkapitalismus hat in dieser Ex-ante-Tendenz ihren tieferen Grund.

Diese Ex-ante-Tendenz hat sich nicht schon früher manifestiert, weil in der US-Wirtschaft „Blasen" am Werke waren, zunächst die „Dotcom-Blase", dann die „Immobilienblase". Die anhaltende Krise des globalen Kapitalismus erklärt sich *jedoch nur teilweise aus dem Platzen der Immobilienblase.* Dahinter steht ein tieferer Grund: Die Globalisierung entfesselt eine Ex-ante-Tendenz zur Überproduktion.

Abschließende Bemerkungen

Nicht nur fehlt dem gegenwärtigen Weltkapitalismus ein exogener Wachstumsstimulus. Sein zweites Charakteristikum ist die ihm innewohnende Ex-ante-Tendenz zur Überproduktion. Das ist der Grund für die Langwierigkeit der gegenwärtigen Krise, und diese Krise ist zudem als Ausdruck einer Art kapitalistischer Sackgasse ohne Beispiel. Selbst wenn die gegenwärtige Krise durch die Bildung einer neuen „Blase" vorübergehend überwunden wird, deren Platzen wird nur wieder in die nächste Krise führen. Protektionismus, wie ihn US-Präsident Donald Trump versucht hat, läuft unter diesen Umständen (d. h. ohne eine nennenswerte Ausweitung der Staatsausgaben, sei sie nun über ein Haushaltsdefizit oder durch Besteuerung der Kapitalisten finanziert) auf einen Export von Arbeitslosigkeit in andere Länder hinaus. Dies kann nur funktionieren, wenn die anderen Länder keine Vergeltungsmaßnahmen ergreifen. Tun sie es doch, führt dies zu einer wettbewerbsorientierten „beggar-thy-neighbor"-Politik, die die Krise nur verschlimmert. Neue Unsicherheiten entstehen, und die Investitionen werden weiter reduziert.

Eine Ausweitung des Weltmarktes erfordert einen koordinierten fiskalischen Stimulus durch mehrere bedeutende Volkswirtschaften. Das ist das eine Szenario. Im alternativen Szenario koppeln sich die einzelnen Länder durch die Einführung von Kapitalverkehrskontrollen von der Globalisierung ab. Befreit von der Knechtschaft des Finanzkapitals kann dann der jeweilige Nationalstaat die Staatsausgaben erhöhen. In beiden Szenarien kommt es zu einer Konfrontation mit dem Finanzkapital. Es ist schwer vorstellbar, dass die Weltwirtschaft, ohne dass die Vorherrschaft des Finanzkapitals abgeschüttelt wird, ihre derzeitige langwierige Krise überwinden kann.

6 Entwicklungsperioden des Kapitalismus

1. S. B. Saul, *Studies in British Overseas Trade 1870–1914* (Liverpool: Liverpool University Press, 1960).
2. Joseph A. Schumpeter, *Business Cycles, 2 vols.* (New York: McGraw-Hill, 1939).
3. Alvin Hansen, *Full Recovery or Stagnation?* (London: Norton, 1938).
4. Paul A. Baran and Paul M. Sweezy, *Monopoly Capital* (New York: Monthly Review Press, 1966).
5. Charles Kindleberger, *The World in Depression*, 1929–1939 (Berkeley: University of California Press, 1973).
6. Harry Magdoff, „Militarism and Imperialism," Monthly Review 21, no. 9 (February 1970).
7. Wie Baran und Sweezy in ihrem Buch *Monopolkapital* darlegen, werden Staatsausgaben in anderen, nicht-militärischen Sektoren von den Kapitalisten unter anderem deshalb abgelehnt, weil sie eine Konkurrenz für die in diesen Sektoren bereits tätigen Kapitalisten darstellen.
8. Prabhat Patnaik, „On the Economic Crisis of World Capitalism," in *Lenin and Imperialism*, Prabhat Patnaik, ed. (Delhi: Orient Longmans, 1986).
9. „Has Capitalism Changed?" ist eigentlich der Titel eines internationalen Symposiums, dessen Ergebnisse von Shigeto Tsuru (1961) herausgegeben wurden. Es enthält Artikel von ihm selbst und von mehreren bekannten Autoren, darunter John Kenneth Galbraith und Paul M. Sweezy. Die vorherrschende Antwort war ja, der Kapitalismus habe sich verändert. Shigeto Tsuru, ed., Has Capitalism Changed? (Tokyo: Iwanami Shoten, 1961).
10. Michał Kalecki, *Selected Essays on the Dynamics of the Capitalist Economy 1933–1971* (Cambridge: Cambridge University Press, 1971).
11. Joseph A. Schumpeter, „John Maynard Keynes," in Joseph Schunpeter, *Ten Great Economists* (Chicago: University of Chicago Press, 1952).
12. Nicholas Kaldor, „Inflation and Recession in the World Economy, *„Economic Journal* 86, no. 344 (December 1976).
13. John Spraos, „The Statistical Debate on the Net Barter Terms of Trade Between Primary Products and Manufactures," *Economic Journal* 90, no. 357 (March 1980).
14. Kaldor, „Inflation and Recession in the World Economy."
15. Man könnte meinen, der Sachverhalt, dass man in der Peripherie keine Einkommensdeflation durchsetzen konnte, habe weinig mit dem Entstehen der Inflation zu tun, da ja der bedeutendste Ausbruch der Inflation mit der Lohnexplosion von 1968 begann (Kaldor, „Inflation and Recession in the World Economy"). Die Lohnexplosion selbst war jedoch eine Nachfolgeerscheinung. Davor hatte die Inflation die Reallöhne bereits seit einiger Zeit untergraben (siehe Patnaik, „On the Economic Crisis of World Capitalism").
16. Prabhat Patnaik, „Neo-liberalism and Democracy," Economic and Political Weekly 49, no. 15 (April 2014).
17. Joan Robinson, *Economic Philosophy* (London: Watts, 1962).
18. John Maynard Keynes, „National Self-Sufficiency," *Yale Review* 22, no. 4 (June 1933).
19. Paul Krugman, „Running Out of Planet to Exploit," *The New York Times*, April 21, 2008.
20. Die FAO-Zahl für die durchschnittliche Produktion des jeweiligen Dreijahresmesspunkts wird durch die Bevölkerung des mittleren Jahres des Dreijahresmesspunkts geteilt.
21. Wir danken Souvik Chakravarty dafür, dass er uns dieses Ergebnis zu Verfügung gestellt hat. Es beruht auf den Recherchen für seine Dissertation.
22. Joseph Stiglitz, „Inequality is Holding Back the Recovery," *New York Times*, January 13, 2013.

Kapitel 7

Der Mythos der Agrarrevolution

Fast jedes Buch über die industrielle Revolution im Britannien des achtzehnten Jahrhunderts enthält ein obligatorisches Kapitel mit dem Titel „Die landwirtschaftliche Revolution". Andere Kapitel sind mit „Die Transportrevolution", „Die kommerzielle Revolution" usw. überschrieben. Gemeinhin wird angenommen, eine landwirtschaftliche Revolution im 18. Jahrhundert sei eine Voraussetzung für den Übergang zur Fabrikproduktion im letzten Viertel des Jahrhunderts gewesen. Wir meinen dagegen, dass von einer solchen Revolution wohl kaum die Rede sein kann. Die Bedeutung, die der landwirtschaftlichen Revolution üblicherweise zugeschrieben wird, ist nicht nur eine grobe Übertreibung, sie verschleiert auch die Rolle, die der Kolonialismus beim Übergang zum Fabriksystem gespielt hat.

Die Anforderungen der kapitalistischen Industrie an die Landwirtschaft

Der Übergang zur kapitalistischen Produktion setzt die Herausbildung eines Proletariats voraus. Dazu müssen die Kleinproduzenten von ihren Produktionsmitteln getrennt werden. Diese Proletarisierung der Bauern und Kleinproduzenten schafft den „freien Arbeiter". Ein solcher Übergangsprozess erfordert zudem eine steigende Wachstumsrate in der landwirtschaftlichen Produktion. (Wir sehen vorübergehend von der Rolle ab, die der Kolonialismus im Übergangsprozess spielt.) Vor allem in der Getreideproduktion muss sich das Wachstum beschleunigen. Bliebe diese Wachstumsbeschleunigung aus, käme es zu unerwünschter Inflation, und der Lebensstandard der Bevölkerung würde sinken. Das hätte nicht nur schädliche soziale Folgen. Es würde sich auch negativ auf den Markt der kapitalistischen Industrie auswirken.

Es gibt mehrere Gründe dafür, weshalb die kapitalistische Industrie der landwirtschaftlichen Güter in besonderem Umfang bedarf. Erstens steigt mit der Abwanderung der Arbeitskräfte aus dem Primärsektor und der zunehmenden Beschäftigung in der verarbeitenden Industrie und ihren Nebentätigkeiten der Bedarf an warenförmig produzierten Subsistenzmitteln. Nur über als Waren kapitalistisch erzeugte Lohngüter kann diese Bevölkerungsgruppe ernährt werden. Zweitens steigt der Bedarf an Futtergetreide für die Viehzucht rapide an, da in der vor- und frühindustriellen Ära der größte Teil der Transport- und Schlepparbeiten über den Einsatz von Pferden und Ochsen erledigt wurde. Das Land muss also zum einen immer mehr Nahrungsmittel für die Menschen bereitstellen. Zum anderen aber muss es mit der Lieferung von Futtermitteln für die Tiere zur Energieversorgung beitragen. (Fossile Brennstoffe als Energiequelle gewannen erst nach der ersten Phase der industriellen Revolution an Bedeutung.) Drittens steigt mit zunehmendem Pro-Kopf-Einkommen auch die Nachfrage nach tierischen Produkten. Auch das erfordert eine höhere Produktion von Futtergetreide. Und schließlich, auch der Rohstoffbedarf des verarbeitenden Gewerbes muss aus dem Primärsektor gedeckt werden.

In der Regel sieht man als gesichert an, dass die Agrarrevolution in England zwischen 1750 und 1820 alle diese Anforderungen erfüllt hat. Man lässt bei dieser Auffassung jedoch einige grundlegende Fakten außer Betracht. Erstens wurde im Falle Englands die Rohbaumwolle – der wichtigste Rohstoff für den am schnellsten wachsenden Industriezweig der Industriellen Revolution – vollständig importiert. Er musste importiert werden, da Baumwolle in den kalten Gebieten der gemäßigten Zone nicht angebaut werden konnte. Zweitens hätte die Produktion der Grundnahrungsmittel Korn oder Weizen bestimmt nicht in dem Maße wachsen können, wie es für eine elastische Versorgung mit Brot erforderlich gewesen wäre. In der Tat war der Anstieg des Brotpreises der wichtigste Streitpunkt in den langanhaltenden Unruhen ab den 1790er Jahren. Nur wenige Themen in der Geschichte der politischen Ökonomie sind so oft diskutiert und dokumentiert worden wie die fünf Jahrzehnte andauernde Unruhe um den Brotpreis in England und die Forderung nach freien Importen billigeren Getreides vom Kontinent. Fälschlicherweise spricht man von einer Auseinandersetzung über den Freihandel. Diese Bezeichnung ist falsch. Es ging ja nicht um die Forderung nach einem allgemeinen Freihandel. Gefordert wurde nur die besondere Freiheit, billigeres Getreide und andere Lebensmittel sowie Rohstoffe vom Kontinent einzuführen, während im gleichen Zeitraum hohe Zölle auf asiatische Textilien erhoben wurden.

Viele Wirtschaftshistoriker sind jedoch nicht bis zu der offensichtlichen Schlussfolgerung gelangt, dass die „Agrarrevolution" wohl kaum eine Revolution gewesen sein kann, wenn sie nicht einmal die Grundvoraussetzung für den Übergang zum Fabriksystem erfüllen konnte. Man kann nicht, wie das üblicherweise geschieht, die Schuld an der Nahrungsmittelknappheit den Großgrundbesitzern zuschieben, während man gleichzeitig daran festhält, es habe tatsächlich eine landwirtschaftliche Revolution gegeben. Denn eine Agrarrevolution besteht ja gerade darin, über eine kapitalistische Umgestaltung der Landwirtschaft einen ausreichend starken Produktivitätsanstieg sicherzustellen. Ein ausreichend steigendes Pro-Kopf-Angebot an Reallohnwaren kann dann die steigende Nachfrage nach solchen Subsistenzmitteln decken. Und diese ausreichend hohe Produktivitätssteigerung sollen die Pachtbauern erreicht haben, *obwohl sie Pachtzahlungen an die Grundherren entrichten mussten.*

Aber dieser Produktivitätsanstieg fand in Wirklichkeit gar nicht statt. Stattdessen kam es zu einer raschen Inflation der Lebensmittelpreise, und zwar weil die *Pro-Kopf-Getreideproduktion (von der Jahrhundertmitte bis 1820) keineswegs anstieg, sondern sogar zurückging.* Weder die Boden- noch die Arbeitsproduktivität nahmen in England nennenswert zu, trotz aller Einhegungen, trotz des Übergangs zu größeren Betrieben, trotz des Übergangs zur kapitalistischen Pachtlandwirtschaft usw. Nicht einmal das auf der Grundlage der früheren agrarischen Produktionsverhältnisse des frühen 18. Jahrhunderts erreichte Niveau der Pro-Kopf-Getreideproduktion konnte gehalten werden. So kam es, dass das BIP und das Pro-Kopf-Einkommen zwar rasch stiegen, die Realeinkommen der arbeitenden Klassen jedoch aufgrund der hohen Inflationsrate der Lebensmittelpreise erodierten.

Die industrielle Revolution erstreckt sich über einen Zeitraum, in dem Großbritannien die meiste Zeit in die langen napoleonischen Kriege (1793 bis 1815) verwickelt war. Verwicklung in einen Krieg führt zu einer Umwidmung der Ressourcen auf die Kriegsindustrie (Schifffahrt, Rüstung). Es folgt dann ein kriegsbedingter Boom, der sich tendenziell in einer inflationären Verknappung von Nahrungsmitteln niederschlägt. Kann das Niveau der Pro-Kopf-Produktion nicht gehalten werden, ist die Inflation noch stärker. Der britische Fall bildete hier keine Ausnahme. Das Land hatte bereits in den 1770er

Jahren ein Nahrungsmitteldefizit, und die Getreideproduktion pro Kopf der Bevölkerung ging stetig zurück. Die Weizeneinfuhren waren per saldo zwar positiv, wurden aber durch die den Grundbesitzern dienlichen Korngesetze eingeschränkt. Dies hielt die Lebensmittelpreise noch höher, als sie es ohnehin gewesen wären. Der Kriegsboom führte dann, ausgehend von einem ohnehin hohen Niveau, ab 1793 zu einer raschen Inflation der Lebensmittelpreise. Über Inflation und schlechte Ernten in den 1790er Jahren gerieten die arbeitenden Armen in eine Hungersnot.[1]

Es ist nicht verwunderlich, dass der Schrei nach Brot und die Forderung nach freier Einfuhr billigerer Nahrungsmittel aus dem Ausland fünf Jahrzehnte lang, von den 1790er Jahren bis 1846, der wichtigste wirtschaftspolitische Streitpunkt war. Bis Mitte des neunzehnten Jahrhunderts leisteten die Grundherren hartnäckig Widerstand, aber schließlich mussten die Zölle dann doch fallen. Die Korngesetze wurden erst dreißig Jahre nach der Veröffentlichung von David Ricardos Buch *An Essay on the Influence of a Low Price of Corn on the Profits of Stock* schließlich aufgehoben.

Sehr lange hat dieses Thema die Gemüter bewegt. Das ist ein aufschlussreicher Indikator dafür, dass es – trotz aller Einhegungen und angeblicher Verbesserungen der Arbeitsabläufe im 18. Jahrhundert – der britischen Landwirtschaft nicht gelang, den industrialisierungsbedingten Zuwachs des Bedarfs an Subsistenzmitteln zu decken. Die aufstrebende Baumwolltextilindustrie, der Inbegriff des technischen Wandels und des Fabriksystems, verwendete ausschließlich importierte Rohstoffe. Großbritannien konnte weder Rohbaumwolle noch pflanzliche Farbstoffe wie etwa Indigo im eigenen Land produzieren. Setzt man die importierten, nach dem Import im Inland belassenen Rohstoffe ins Verhältnis zu den im Inland hergestellten Rohstoffen, kommt man im Jahr 1825 auf einen Wert von 65 Prozent. Bis 1855 erhöhte sich dieser Wert auf 104 Prozent. Mit anderen Worten, zu diesem Zeitpunkt importierte Britannien mehr Rohstoffe als es selbst produzierte.[2]

Es ist in der Tat auf den ersten Blick überraschend, dass ein Land, dessen Handelsdefizit im Nahrungsmittelsektor immer größer wurde und dessen Ressourcen zwei Jahrzehnte lang durch Kriegsausgaben ausgelaugt worden waren, ausgerechnet in dieser Zeit der Kriegsbelastung den Übergang zum Fabriksystem vollzogen haben soll. Es ist verwunderlich, dass Großbritannien unter diesen Bedingungen mit großer Geschwindigkeit eine neue Konsumgüterindustrie aufbauen konnte, wobei es vollständig auf importierte

Rohstoffe angewiesen war. Normalerweise leidet die Produktion von Konsumgütern in Kriegszeiten, während dies in Großbritannien die Branche war, die am schnellsten wuchs. Wie konnte Großbritannien die steigenden Importe von Nahrungsmitteln, Rohbaumwolle, Färbestoffen und anderen Rohstoffen bezahlen, einen Krieg führen (der erhöhte Importe von Materialen für den Schiffbau wie Eisenmaterial, Bauholz, Hanf, Pech und Teer erforderte) und trotzdem keine Ungleichgewichte in der Zahlungsbilanz einfahren?

Außerdem, bevor im diesem Zeitraum die Dampfkraft nutzbar gemacht werden konnte, war die Pferdekraft die Hauptenergiequelle für das expandierende Verkehrssystem. Dies führte zu einem erhöhten Verbrauch an Futtergetreide. Pferde wurden für das Treideln von Lastkähnen auf Kanälen, für das Schleppen und den Transport in Bergwerken, für den zivilen Verkehr usw. eingesetzt. Die britische Landwirtschaft war nicht in der Lage, den damit einhergehenden Anstieg der Nachfrage nach Futtergetreide zu decken, es sei denn um den Preis eines weiteren Rückgangs des Pro-Kopf-Verbrauchs an Nahrungsmittelgetreide, der um 1800 im Vergleich zu 1750 ohnehin um fast 20 Prozent niedriger lag.

Wachstum der Getreideproduktion im Vergleich zum Bevölkerungswachstum im achtzehnten Jahrhundert

Das Wachstum der Grundnahrungsmittelproduktion im Vergleich zum Bevölkerungswachstum ist der entscheidende Indikator für die Wohlstandsentwicklung und den Erfolg der Agrarrevolution. Die entsprechenden Angaben finden sich in Tabelle 7.1.[3] Der „A Index" in dieser Tabelle beruht auf der von Lee und Schofield revidierten Zeitreihe von Brownlee. Der „B Index" beruht auf Maddisons neueren Schätzungen der Bevölkerungszahl für einige Jahre zwischen 1700 und 1801. Auf Basis der Jahre mit gültigen Daten haben wir zunächst eine Wachstumsrate berechnet und dann die Werte für die dazwischenliegenden Jahre unter der Annahme konstanten Wachstums interpoliert.[4] Die zweite Zeitreihe unterscheidet sich von der ersten hauptsächlich über etwas höhere Bevölkerungszahlen in den früheren Berichtsjahren. Deshalb fällt für den „B Index" die Wachstumsrate etwas geringer aus. Unter „C-Index" findet sich die Maddison-Zeitreihe für die Bevölkerung in England, Wales und Schottland (E-W-S). Wir haben sie auf gleiche Weise gebildet wie den „B-Index".

Tabelle 7.1: Bevölkerung, Mio., England und Wales (E+W), Britannien (E+W+S) und Agrarproduktion in Mio. Pfund Sterling, 1701–1801

Jahr	E+W Lee & Schofield	A Index	E+W Maddison	B Index	E+W+S Maddison	C Index	BIP £ Mio.	Agrar-Output £ Mio
1695	5,18	97,9	5,604	99,5				
1701	5,29	100,0	5,632	100,0	6,673	100,0	50,0	20,0
1711	5,51	104,2	5,920	105,1	7,008	105,0	53,9	20,6
1721	5,66	107,0	6,222	110,5	7,361	110,3	57,5	24,1
1731	5,59	105,7	6,541	116,1	7,731	115,85	58,7	23,6
1741	5,94	112,3	6,875	122,1	8,12	121,7	64,1	26,1
1751	6,20	117,2	7,227	128,3	8,528	127,8	70,4	28,1
1761	6,62	125,1	7,596	134,9	8,957	134,2	81,9	28,9
1771	6,97	131,8	7,985	141,8	9,408	141,0	80,3	29,0
1781	7,06*	143,1	8,393	149,0	9,881	148,1	82,0	31,5
1791	8,21	155,2	8,822	156,6	10,378	155,5	104,1	33,4
1801	9,16	173,2	9,277	164,7	10,902	163,4	135,8	36,2

*[Korrigiert, 7,06 ersetzt 7075, MZ]

Anmerkung: Agraroutput und BIP in Mio. Pfund, Bevölkerung in Mio.
Quellen: W. A. Cole and Phyllis Deane, *British Economic Growth 1688–1959: Trends and Structure* (Cambridge: Cambridge University Press,1969); R.D. Lee and R. S. Schofield, „British Population in the Eighteenth Century," in R. Floud and D. McCloskey, eds., *The Economic History of Britain Since 1700* (Cambridge: Cambridge University Press, 1981); Angus Maddison, *The World Economy* (Paris: OECD Development Centre Studies, 2006).

Tabelle 7.2: Geschätzter Index der Getreideproduktion insgesamt, in Mengeneinheiten und Index-Zeitreihen A, B und C für Pro-Kopf-Getreideproduktion, 1701–1801, Britannien

		Pro-Kopf-Getreideproduktion		
Jahr	Getreide-Output	A	B	C
1701	100,0	100,0	100,0	100,0
1711	101,6	97,5	96,7	96,8
1721	110,9	103,6	100,4	100,5
1731	109,6	103,7	94,4	94,6
1741	116,2	103,5	95,2	95,5
1751	121,5	103,7	94,7	95,0
1761	123,7	98,9	91,7	92,2
1771	123,9	89,7	87,4	87,9
1781	130,6	91,3	87,7	88,2
1791	135,6	87,4	86,6	87,2
1801	143,4	82,6	86,8	87,5

Quellen: Vgl. Tabelle 7.1

Chambers und Mingay folgend leiten wir den Mengenanstieg der Getreideproduktion im 18. Jahrhundert ab. Nach ihren Angaben ist die Weizenanbaufläche um ein Viertel und die Erntemenge um etwa ein Zehntel gestiegen. Der Anstieg für die übrigen Getreidearten verlief etwas schneller.[5] Dieser allgemeine Eindruck wird durch spätere Forschungen bestätigt, wobei einige dieser Untersuchungen allerdings einen etwas höheren Anstieg finden .[6] Man kommt auf der Grundlage dieser Ergebnisse im Zeitraum 1700 bis 1800 auf einen Mengenanstieg von 37,5 Prozent für Weizen und von 43 Prozent für alle Getreidearten. Die Verteilung dieses Anstieges über die Dekaden des untersuchten Jahrhunderts folgt der Verteilung der gesamten landwirtschaftlichen Produktion nach Cole.[7] Dies ist ein besseres Verfahren als die Interpolation unter der Annahme einer konstanten Wachstumsrate. Verfährt man wie eben beschrieben, erhält man den Index der Pro-Kopf-Getreideerzeugung in der ersten Spalte von Tabelle 7.2.

Abb. 7.1: Index der Getreideproduktion insgesamt, in Mengeneinheiten und Index-Zeitreihen A und B für Pro-Kopf-Getreideproduktion, 1701–1801, Britannien

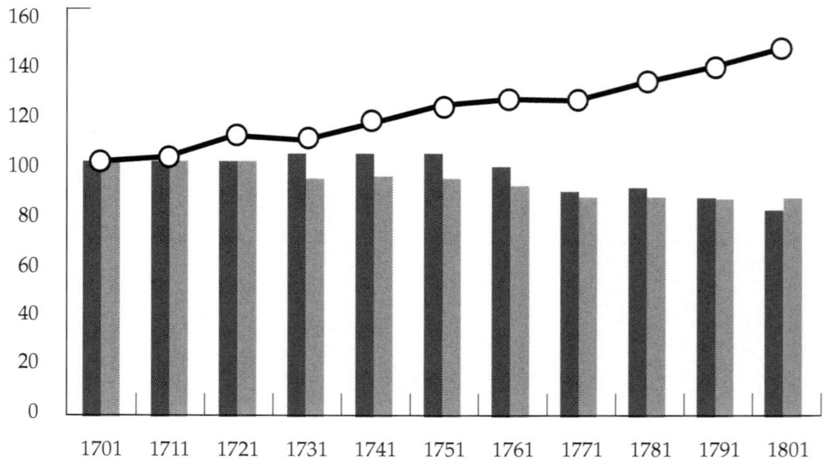

Quelle: Tabelle 7.1 und 7.2. Getreideproduktion insgesamt, Linie; A-Index: Pro-Kopf-Getreideproduktion, linker BalkenB-Index: Pro-Kopf-Getreideproduktion, rechter Balken

Für jeden der von uns verwendeten Indizes zeigt sich, dass die Pro-Kopf-Getreideproduktion zurückgegangen ist. Der Lee-Schofield-Index weist mit 17,4 Prozent den stärksten Rückgang aus, während wir nach den Maddison-Indizes einen Rückgang von etwa 13 Prozent finden. Lee und Schofield präsentieren die einzige vollständige Zeitreihe. Die Bevölkerungszahlen von Maddison beziehen sich dagegen nur auf einzelne Jahre zu Beginn und am Ende des Jahrhunderts, weshalb wir die übrigen Werte unter der Annahme einer konstanten Rate des Bevölkerungswachstums interpolieren mussten. Diese Annahme eines konstanten Bevölkerungswachstums entspricht jedoch nicht der Wirklichkeit. Die Pro-Kopf-Getreideerzeugung, Index A in Tabelle 7.2, erstellt auf Basis der Zeitreihe von Lee und Schofield, ist also als die bessere Annäherung an die tatsächlichen Trends anzusehen. Sie zeigt, dass die Pro-Kopf-Produktion bis zur Mitte des 18. Jahrhunderts langsam anstieg (das stimmt damit überein, dass es bis 1770 einen geringen Exportüberschuss für Getreide gab). Nach 1750 beginnt die Pro-Kopf-Getreideerzeugung jedoch zu sinken, und trotz einer leichten Erholung bis 1780 setzt sich der Rückgang in den letzten beiden Jahrzehnten fort – beides Jahrzehnte, in denen Kriege stattfanden, zunächst in Nordamerika und dann in Europa.

Ein Rückgang von 17,4 Prozent in der Pro-Kopf-Getreideerzeugung ist recht beachtlich, wenn man bedenkt, dass das Niveau der Getreideverfügbarkeit zu Beginn der Zeitreihe schon niedrig war. Diese Einschätzung wird bestätigt, wenn wir Weizen als das wichtigste Grundnahrungsmittel der Bevölkerung untersuchen. Wir stützen uns auf die absoluten Schätzungen von Turner, Beckett und Afton zur Weizenanbaufläche, zum Weizenertrag und zum Weizenproduktionsvolumen für den Zeitraum 1750 bis 1850 (wiedergegeben in Tabelle 7.3).[8] In diese Tabelle geht auch der von Chambers und Mingay für das gesamte Jahrhundert angegebene Anstieg der Weizenanbaufläche um 25 Prozent und der Anstieg des Ertrags um 10 Prozent ein. Chambers und Mingay haben auf dieser Basis das Weizenproduktionsvolumen für 1700 ermittelt. Dies erlaubt die Berechnung des Wachstums für den Zeitraum 1700 bis 1850. Es ergibt sich ein Gesamtanstieg der Weizenproduktion von 33,41 auf 45,95 Millionen Scheffel oder um 37,5 Prozent, während die Bevölkerung nach den Zahlen von Lee und Schofield um 73,2 Prozent und nach den Zahlen von Maddison um 64,7 Prozent zunahm.

Abb. 7.2: Index-Zeitreihen für Bevölkerung, Getreideproduktion, gesamt, Pro-Kopf-Getreideproduktion; 1700–1800

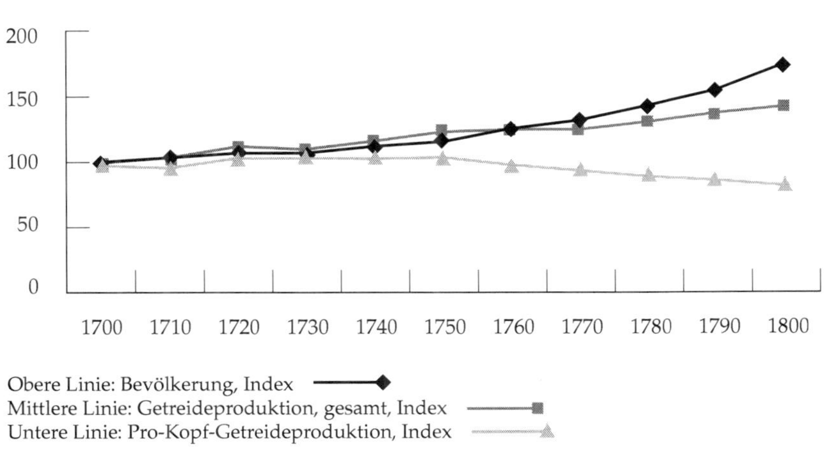

Was die Pro-Kopf-Produktion angeht, sind die Autoren alles andere als beunruhigt. Sie glauben tatsächlich, dass die englische Landwirtschaft im Großen und Ganzen weiterhin die größere Bevölkerung angemessen ernähren konnte und teilen Overtons Auffassung, im 18. Jahrhundert habe tatsächlich eine Agrarrevolution stattgefunden.[9] Das widerspricht jedoch Overtons eigener Aussage:

> Die Bevölkerung wuchs von 1700 bis 1750 im Durchschnitt um 0,26 Prozent pro Jahr, während alle Indizes der landwirtschaftlichen Produktion schneller wuchsen (zwischen 0,38 und 0,60 Prozent pro Jahr): *Von 1750 bis 1850 wuchs die Bevölkerung im Durchschnitt um 1,07 Prozent pro Jahr und die Schätzungen des Wachstums der landwirtschaftlichen Produktion lagen zwischen 0,77 und 0,82 Prozent pro Jahr.*[10]

Nach den revidierten Zeitreihen gingen zwischen 1750 und 1800 sowohl die landwirtschaftliche Pro-Kopf-Produktion als auch die Weizenproduktion zurück. Zwischen 1800 und 1820 stagnierten dann diese beiden Größen. Aus Overtons Feststellung geht zudem hervor, dass der anschließende Anstieg nicht ausreichte, den verlorenen Boden wieder gut zu machen, und dass die Pro-Kopf-Produktion im Jahr 1850 insgesamt niedriger blieb als ein Jahrhundert zuvor. Zu diesem Ergebnis kommen auch neuere detaillierte Unter-

Tabelle 7.3: Brutto- und Nettoproduktion von Weizen, England und Wales, 1700–1850

Jahr	Weizen, Fläche	Ertrag	Output Brutto Mio. Scheffel	Saatgut Mio. Scheffel	Output Netto Mio. Scheffel
1700	1,752	19,07	33,41	4,21	29,20
1750	1,70	22,42	38,11	4,08	34,03
1800	2,19	20,98	45,94	5,91	40,03
1820	2,55	23,60	60,18	6,89	53,29
1850	3,42	27,47	93,95	5,47	88,48

Quelle: Turner, Beckett, and Afton, Farm Production in England, 1700–1917, Kapitel 7.

suchungen auf der Grundlage von Zeitreihendaten, selbst wenn man eine beträchtliche Fehlermarge zulässt.[11] Besonders wichtig ist, dass sich dieser Rückgang auf die zweite Hälfte des Jahrhunderts und einige Folgejahre konzentriert, also genau auf jenen Zeitraum, in dem die größten „Verbesserungen" im Übergang zur kapitalistischen Landwirtschaft stattfanden.

Aus Tabelle 7.4 lässt sich eine durchschnittliche jährliche Wachstumsrate der Weizennettoproduktion während des gesamten 18. Jahrhunderts von 0,32 Prozent ermitteln. Für die erste Hälfte des Jahrhunderts liegt diese Rate bei 0,31 Prozent, für die zweite Hälfte bei 0,325 Prozent. Dieser Anstieg der Wachstumsrate der Nettoproduktion in der zweiten Hälfte des Jahrhunderts ist so gering, dass er mit dem beschleunigten Bevölkerungswachstum dieses Zeitraums nicht mithalten konnte. Die Weizennettoproduktion pro Kopf ging somit zurück.

Um den Vergleich mit dem heutigen Niveau in Entwicklungsländern zu erleichtern, haben wir in Tabelle 7.4 die in Scheffeln ausgedrückte jährliche Pro-Kopf-Produktion in Kilogramm umgerechnet. Das Ausgangsniveau von 140 kg pro Kopf im Jahr 1700 – das dann bis 1750 praktisch unverändert blieb – ist für sich genommen schon extrem niedrig. Nach zeitgenössischen Schriften und nach den historischen Forschungen zur damaligen Ernährungszusammensetzung waren mindestens drei Fünftel der Bevölkerung auf Weizenbrot angewiesen (die übrige Bevölkerung konsumierte andere

Tabelle 7.4: Jährliche Pro-Kopf-Weizenproduktion, England und Wales, in Scheffel und in Kilogramm[13]

Jahr	Netto-Output, Mio. Scheffel	Netto-Output, Mio. kg	Bevölkerung, Mio.	Output pro Kopf, kg
1700	29,20	743,530	5,29	140,55
1750	34,03	866,218	6,20	139,71
1800	40,03	1.019,200	9,16	111,27
1820	53,29	1.356,470	12,071	112,37
1850	88,48	2.252,220	17,603	127,95

Quelle: Netto-Output aus früherer Tabelle dividiert durch die Bevölkerungszahlen aus Lee and Schofield, British Population in the Eighteenth Century.

Getreidesorten). Stellt man dies in Rechnung, dann erhöht sich in der Mitte des 18. Jahrhunderts der Pro-Kopf-Wert für die vom Weizen abhängige Bevölkerung auf 233 kg. Dies ist immer noch recht niedrig und kann sich mit den heutigen Werten vieler asiatischer und nordafrikanischer Entwicklungsländer kaum vergleichen. So liegt zum Beispiel im Jahr 2007 für Indonesien der Verbrauch inländisch produzierten Getreides pro Kopf bei 250 kg, in Ägypten liegt er bei 358 kg.[12]

Um das Jahr 1800 war die Pro-Kopf-Produktion von Weizen auf einen erstaunlich niedrigen Wert von 112 kg gesunken. Aufgrund veränderter Anbaumuster und veränderter Ernährungsgewohnheiten waren schätzungsweise zwei Drittel der Bevölkerung von Weizenbrot abhängig geworden. Diese Schätzung scheint jedoch zu niedrig zu sein. Wahrscheinlich ist hierbei die irische Bevölkerung, die sich vorwiegend von Kartoffeln ernährte, einbezogen. Sie muss aber ausgeklammert werden, wenn wir die Getreideproduktion von England und Wales betrachten. Aber selbst wenn wir annehmen, diese Schätzung sei für England und Wales korrekt, hätte dort die Pro-Kopf-Verfügbarkeit aus einheimischer Produktion im Jahr 1800 höchstens 168 kg betragen, und sie läge auch im Jahr 1820 unverändert bei diesem Wert. Die Pro-Kopf-Verfügbarkeit für die weizenabhängige Bevölkerung geht also von 233 kg auf 168 kg, oder um 28 Prozent, zurück. Angesichts der ungleichen Einkommensverteilung wäre die Menge, die sich die arme arbeitende Bevölkerung leisten konnte, viel geringer gewesen; kein Wunder also, dass es im Schrei nach billigem Brot zu Aufruhr und Tumulten kam. Wie die Situation für die von Roggen, Hafer, Kartoffeln und ähnlichen Nahrungsmitteln abhängige Bevölkerung ausgesehen hätte, ist noch herauszuarbeiten.

Nettoeinfuhren von Getreide nach England

Die inländische Produktion kann durch Importe ergänzt werden, und die tatsächliche Verfügbarkeit ergibt sich aus der inländischen Produktion zuzüglich der Nettoimporte. Die Einfuhren aus Irland deckten bis 1800 fast ein Achtel des britischen Verbrauchs an Weizen und Weizenmehl.[14] Die Einfuhren aus Europa wurden jedoch durch die Korngesetze künstlich eingeschränkt, und die absoluten Einfuhrmengen wurden so niedrig gehalten, dass sie sich bis in die 1820er Jahre kaum auf die Verfügbarkeit auswirkten. Nach Tabelle 7.5 gab es in der ersten Hälfte des 18. Jahrhunderts einen Getreidenettoexport, aber Ende der 1760er Jahre wurde der Umfang der Nettoexporte vernachlässigbar und die Richtung der Import-Export-Bilanz kehrte sich um. Es setzten nun die Nettoeinfuhren von Getreide ein. Sie stiegen langsam, aber stetig ab Anfang der 1790er Jahre. Im Jahrzehnt 1810–19 verdoppelten sich die Einfuhren. Von 1830–39 verdoppeln sie sich erneut auf 1,3 Millionen Quarter bzw. 16.230 Tonnen. Nach Abbildung 7.3 [7.4, MZ] begannen mit dem Rückgang der inländischen Pro-Kopf-Produktion die Nettoeinfuhren zu steigen. Allerdings muss diese Grafik mit Vorsicht gelesen werden, da die Variablen auf verschiedenen Achsen aufgetragen sind und die absoluten Importzahlen sich in einer ziemlich geringen Pro-Kopf-Menge ausdrücken, die bis 1820 die Verfügbarkeit für die Weizen verbrauchende Bevölkerung um etwa ein Kilogramm pro Jahr erhöht hätte.

Die so genannte Agrarrevolution im 18. Jahrhundert hat es nicht vermocht, die Produktion von Nahrungsmitteln ausreichend zu steigern. Die Einfuhrbeschränkungen für Getreide haben diese Unterversorgung noch verstärkt. Als Folge kam es für den Großteil der Bevölkerung, die sich zum Konsumverzicht gezwungen sah, zu einer Periode akuter Belastung. Der damalige Anstieg der Grundrenten und der landwirtschaftlichen Gewinne war in erster Linie das Ergebnis einer Umverteilung der Einkommen, die aus der Inflation der Nahrungsmittelpreise resultierte. Diese Umverteilung ging zu Lasten der Nettokäufer und zugunsten der Getreideerzeuger und Getreideverkäufer, insbesondere zu den Grundherren, die einen größeren Überschuss abschöpften, sowie zu Unternehmern, die Menschen in landwirtschaftlicher Lohnarbeit beschäftigten. Alle diese Unternehmer erlebten eine Inflation ihrer Gewinne.

Tabelle 7.5: Jahresdurchschnitt der Netto-Importe von Weizen und Weizenmehl nach England, 1720–29 bis 1880–89

Jahr	Korn (M–X)
1720–29	–105.5
1730–39	–296.7
1740–49	–289.3
1750–59	–312.8
1760–69	–138.5
1770–79	–43.1
1780–89	–23.4
1790–99	324.5
1800–09	580.9
1810–19	662.9
1820–29	814.7
1830–39	1.298.4
1840–49	1.782.0
1850–59	3.240.0
1860–69	5844.0
1870–79	9.160.0
1880–89	11.372.0

Quellen: Mitchell and Deane (1962) und E.J. Hobsbawm (1972).

Abb. 7.3: Jahresdurchschnitt der Netto-Importe von Weizen und Weizenmehl nach England 1720 bis 1880* (in Tsd. Quarter)

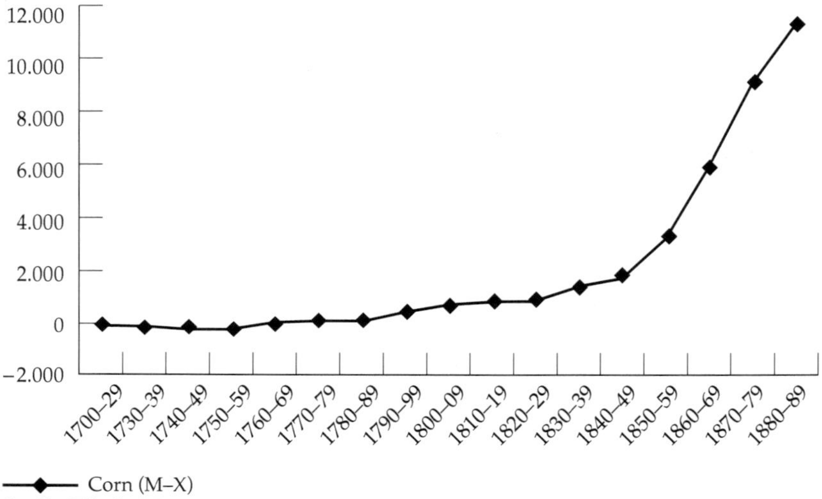

Quelle: Tabelle 7.5

Abb. 7.4: Jährliche Pro-Kopf-Weizenproduktion in kg. und Weizenimporte in 10.000 Quarter, 1700–1850

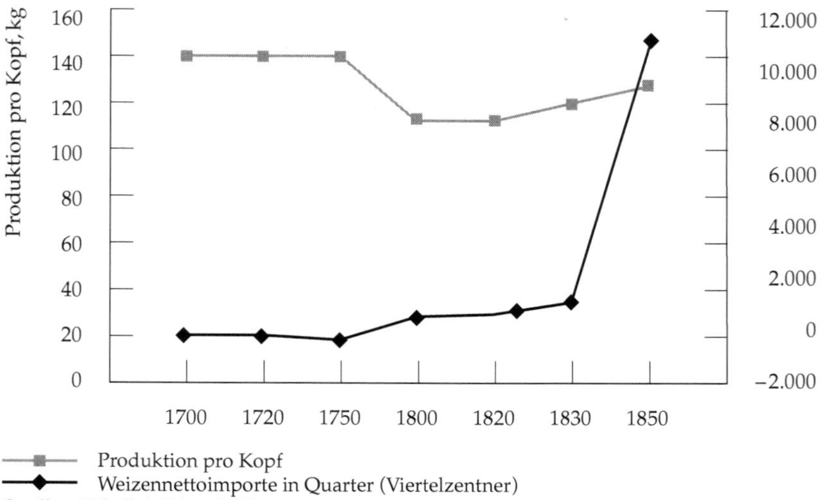

Quellen: Tabellen 7.4 und 7.5.

Erst in den 1830er Jahren begannen die Einfuhren deutlich schneller zu wachsen. Nach der Aufhebung der Korngesetze im Jahr 1846 nahmen sie dann besonders stark zu. Von weniger als 2 Millionen Quarter zum Zeitpunkt der Aufhebung vervielfachten sich die Einfuhren in den nächsten zwei Jahrzehnten und erreichten in den 1880er Jahren 12 Millionen Quarter.[15]

Abschließende Bemerkungen

Im England des 18. Jahrhunderts mag es zwar eine mit dem Prozess der Ursprünglichen Akkumulation verbundene Revolution der Produktionsverhältnisse gegeben haben – wesentlicher Ausdruck dieser Umwälzung war die Enclosure-Bewegung – doch die daraus resultierende kapitalistische Organisation der Agrarindustrie war der Herausforderung der Industrialisierung nicht gewachsen. Es gelang der kapitalistisch organisierten Landwirtschaft nicht, die Produktivität von Boden und Arbeit in dem erforderlichen Maße zu steigern. Nach 1750 gingen die Erträge trotz aller „Verbesserungen" sogar zurück. Folglich nahm die Nettoproduktion der wichtigsten Nahrungsmittelpflanze, des Weizens, kaum noch zu. Wenig überraschend, ging die Pro-Kopf-Erzeugung, bezogen auf die vom Weizen abhängige Bevölkerung, erheblich zurück. Die Nahrungsmittelknappheit war ein ernsthafter Engpass für das Wachstum des Fabriksystems, das sich nur um den Preis einer starken Senkung des Lebensstandards der arbeitenden Bevölkerung entfalten konnte. Politische Unruhen und anhaltender Streit für und gegen unbeschränkte Nahrungsmittelimporte waren die Folge.

Die Importabhängigkeit Großbritanniens bei Nahrungsmitteln und Rohstoffen nahm daraufhin zu. Aber das bremste die zweite Phase der industriellen Entwicklung nach 1815 keineswegs. Auch der weitere Anstieg der Abhängigkeit bis zu einem Punkt, an dem die Rohstoffeinfuhr sogar die einheimische Produktion überstieg, beeinträchtigte die britische Zahlungsbilanz nicht. Dies lag an den Beziehungen Großbritanniens zu seinen tropischen Eroberungskolonien. Der Handel, den Großbritannien mit diesen Kolonien betrieb, war von besonderer Art. Er bestand zu einem großen Teil aus dem unentgeltlichen Transfer von Kolonialwaren, die Britannien ohne jegliche Gegenleistung an sich zog – ein reiner „Abzug" eines Teils des wirtschaftlichen Überschusses der Kolonien. Britannien finanzierte mit diesem

Überschussabzug nicht nur seine Leistungsbilanzdefizite gegenüber dem Rest der Welt. Es bezahlte so sogar die Kapitalexporte in die von Europäern besiedelten Kolonien mit gemäßigtem Klima. Man erkennt die tiefe Bedeutung der Kolonialbeziehungen Britanniens nur, wenn man sich von der Vorstellung befreit, eine „landwirtschaftliche Revolution" habe der industriellen Revolution den Weg bereitet. Wir erörtern diese Kolonialbeziehungen im nächsten Kapitel.

7 Der Mythos der Agrarrevolution

1. J. D. Chambers and G. E. Mingay, *The Agricultural Revolution 1750–1880* (London: Batsford, 1966).
2. Ralph Davis, *The Industrial Revolution and British Overseas Trade* (Leicester: Leicester University Press, 1979), Table 31.
3. R. D. Lee and Roger S. Schofield, „British Population in the Eighteenth Century," in *The Economic History of Britain Since 1770*, vol. 1, Roderick Floud and David MacCloskey, eds. (Cambridge: Cambridge University Press, 1981).
4. Angus Maddison, *The World Economy* (Paris: OECD Development Centre Studies, 2006).
5. Chambers and Mingay, *The Agricultural Revolution 1750–1880.*
6. Mark Overton, „Re-establishing the English Agricultural Revolution," *Agricultural History Review* 44, no. 1 (1996); M. E. Turner, J. V. Beckett, and B. Afton, *Farm Production in England 1700–1914* (Oxford: Oxford University Press, 2001), aber Liam Brunt, „Estimating English Wheat Production in the Industrial Revolution," *University of Oxford Discussion Papers in Economic and Social History* no. 29 (June 1999), meint, der Anstieg sei etwas höher.
7. W. A. Cole, „Factors in Demand 1700–80," in *The Economic History of Britain Since 1770*, vol. 1, ed. Floud and MacCloskey.
8. Turner, Beckett and Afton, *Farm Production in England 1700–1914.*
9. Overton, „Re-establishing the English Agricultural Revolution"; Mark Overton, *The Agricultural Revolution in England* (Cambridge: Cambridge University Press, 1996).
10. Overton, „Re-establishing the English Agricultural Revolution." Hervorhebung hinzugefügt.
11. Vgl. Robert C. Allen, „Agricultural Output and Productivity in Europe 1300–1800," discussion paper no. 98, Department of Economics, University of British Columbia (1998), „Tracking the Agricultural Revolution in England," *Economic History Review* 52, no. 2 (May 1999); Gregory Clark, „The Agricultural Revolution and the Industrial Revolution: England 1500–1912," unpublished paper (2002), http://econ.ucdavis.edu.
12. Berechnet anhand von FAO-Daten. Siehe Food Balance Sheets/Supply Utilization Accounts (FBS/SUA); verfügbar unter faostat3.fao.org/faostat.gateway/go/to/ download/F/FO/E.
13. 1 Quarter = 28 Pfund, 1 Bushel = 2 Quarter Weizen (Mais) = 56 Pfund. Der Scheffel ist ein Volumenmaß, das Gewicht der verschiedenen Feldfrüchte pro Scheffel variiert, bei Weizen hängt es vom Feuchtigkeitsgehalt ab. Im Durchschnitt wiegt ein Scheffel (Imperial dry) Weizen mit Standardfeuchtigkeitsgehalt 56 Pfund bzw. 25,45 kg. Die obige Umrechnung von Scheffel in Kilogramm wurde auf dieser Grundlage vorgenommen, um einen Vergleich mit der heutigen Getreideproduktion und Getreideverfügbarkeit zu ermöglichen. Die Bevölkerung für 1701, 1801 usw. wird mit der Produktion für 1700, 1800 usw. verglichen.
14. E, L Jones, „Agriculture 1700–1780" in R. Floud and D.N. McCloskey, *The Economic History of Britain since 1700 Vol.1 1700 to 1860* (Cambridge: Cambridge University Press, 1981).
15. Jahreszeitreihen für Exporte und Importe in B. R. Mitchell and Phyllis Deane, *Abstract of British Historical Statistics* (Cambridge: Cambridge University Press, 1962), bis 1820–29 in tausend Quarter [Viertelzentner]; Fünfjahresdurchschnitte aus E. J. Hobsbawm, *Industry and Empire: From 1750 to the Present Day* (Harmondsworth: Penguin, 1972), von 1820–29 bis 1885–89. Einheiten von 10.000 cwt [Zentner] wurden in Einheiten von tausend Quarter [Viertelzentner] umgerechnet und zu Zehnjahresdurchschnitten zusammengefasst, um diese letzteren Zeitreihen mit der ersten Zeitreihe in Bezug setzen zu können; 1 Quarter = 28 lb. [Pfund], 4 Quarter = 1 cwt = 112 lb.

Kapitel 8

Kapitalismus und Kolonialismus

Als geschlossenes und sich selbst genügendes System stünde der Kapitalismus vor einer Reihe von Problemen. Zur Vermeidung dieser Probleme hat er sich mehrere Regime geschaffen, darunter das kolonialistische Regime. Der Kolonialismus ist aus kapitalistischer Sicht das ideale Regime. Unter dem Überbegriff „Kolonien“ muss man zwischen den Siedlerkolonien in den gemäßigten Zonen und den Eroberungskolonien in den tropischen und halbtropischen Zonen unterscheiden. Es ist richtig, auch die Siedlerkolonien entstanden nicht ohne Eroberungen. Die ursprünglichen Bewohner der Siedlungsgebiete wurden entweder ausgelöscht oder in „Reservate“ getrieben. Solche Eroberungen ermöglichten eine Massenauswanderung aus Europa in diese Siedlungsgebiete. Massenauswanderung spielt eine enorme Rolle bei der wirtschaftlichen und sozialen Stabilisierung des Metropolkapitalismus (die Arbeitsmärkte sind angespannter als es sonst der Fall wäre). Sie trägt außerdem in großem Ausmaß zur globalen Verbreitung des Kapitalismus bei. Wir verwenden den Begriff „Kolonialismus“ in diesem Buch jedoch nicht für die Siedlerkolonien in den gemäßigten Regionen, sondern für die Beziehungen zum *Kolonialbesitz,* zu den tropischen und halbtropischen Regionen, die durch Eroberung erworben und zu Anhängseln der Metropolwirtschaft gemacht wurden.

Kolonialbesitzungen dieser Art erfüllten mehrere Funktionen: Sie boten Absatzmärkte für Waren aus der kapitalistischen Metropole (der Wirtschaftshistoriker S. B. Saul spricht von „markets on tap“, wörtlich „Anzapfmärkte“) und schufen damit den exogenen Anreiz, ohne den Kapitalakkumulation nicht stattfinden kann; sie versorgten den Metropolkapitalismus mit Rohstoffen; sie lieferten diese Rohstoffe kostenlos, als Gegenstück zum wirtschaftlichen Überschuss der Kolonie, den sich die Metropolwirtschaft aneignete; und da die Abschöpfung des Überschusses die lokale Absorption der exportierbaren Güter einengte (das gilt auch für Güter, die auf der gleichen Landmasse wie die Exportgüter produziert werden können), wurde zudem das Problem eines steigenden Angebotspreises und die daraus resultierende Bedrohung des Metropolgeldwerts in Schach gehalten.

Zwei Instrumente

Die beiden wichtigsten Instrumente, die die imperialen Mächte in ihren Kolonien einsetzten, waren die Erschließung der kolonialen Märkte und die Aneignung eines Teils des Überschusses ohne jegliche Gegenleistung. Zur Erschließung der kolonialen Märkte war es häufig erforderlich, die herkömmliche Ökonomie oder die ehedem vorherrschende lokale Tauschwirtschaft durch die gewaltsame Einführung des Cash-Nexus zu zerschlagen, indem man beispielsweise darauf bestand, dass Leistungen der Grundbesitzer an den Kolonialstaat in Bargeld zu entrichten waren. Auf diese Weise wurde die frühere Tauschwirtschaft ersetzt durch eine bargeldvermittelte Warenwirtschaft. Die handwerklichen Produzenten, die die lokale Nachfrage nach Manufakturprodukten vordem deckten, wurden verdrängt. So wurde der Weg geebnet für die Einfuhr entsprechender Güter aus der kapitalistischen Metropole.

Die Aneignung kolonialer Überschüsse nahm unterschiedliche Formen an, je nachdem, wie das dortige Wirtschaftsleben zuvor ausgestaltet war. In vielen Kolonien, in denen von den Kolonisatoren neu eingeführte Plantagen mit Sklaven bewirtschaftet wurden, wurde der Surplus in der Form von Überschüssen aus der Sklavenarbeit (Sklavenrente) angeeignet. In anderen Kolonien, wie den bereits dicht besiedelten asiatischen Ländern, in denen eigene Reiche bestanden hatten und in denen frühere Herrscher bereits einen Überschussabzug eingerichtet hatten, übernahmen die kapitalistischen Metropolen als die neuen Herrscher einfach den bereits bestehenden Apparat, drückten ihm jedoch ihren eigenen Stempel auf. In Indien übernahmen die Briten das Recht auf Steuererhebung, das die Mogulkaiser innegehabt hatten, ersetzten dabei jedoch die zuvor bestehende Steuer auf *Erzeugnisse* durch eine Steuer auf *Grund und Boden*. Sie führten damit durchsetzbare Eigentumsrechte an Grund und Boden ein und schufen so einen Bodenmarkt.

Diese beiden Instrumente waren unabhängig voneinander, addierten sich aber in ihrer Wirkung. Sie waren unabhängig in dem Sinne, als der Überschussabzug durch die Kolonialherren der Erschließung von Märkten durch die Metropolen vorausging. Die Markterschließung setzte ernsthaft erst im frühen 19. Jahrhundert ein und folgte einem eigenen Entwicklungspfad. Das folgende hypothetische Beispiel soll verdeutlichen, in welchen Sinn sich die Wirkung der beiden Instrumente addierte.

Angenommen, in einer vorkolonialen Wirtschaft produzieren 100 Bauern 200 Einheiten landwirtschaftlicher Güter (in diesem Fall Lebensmittel), von denen sie 100 an den Kaiser abgeben. Der Kaiser, dessen eigene Nachfrage nach Nahrungsmitteln vernachlässigbar ist, verwendet diesen Überschuss, um 100 Handwerker für die Herstellung von Manufakturwaren für den kaiserlichen Haushalt einzustellen, wobei er jedem Handwerker 1 Einheit Nahrungsmittel als Lohn zahlt (wir abstrahieren der Einfachheit halber vom Rohstoffbedarf bei der Herstellung). Die Handwerker stellen Manufakturwaren nicht nur für den Kaiser, sondern auch für die Bauern her. Nehmen wir an, eine Einheit ihrer Produktion sei definiert als das Stück, das ein einzelner Handwerker herstellen kann. Dann sind die Nahrungsmittel und die Manufakturwaren gleich viel wert, da es weder in der bäuerlichen noch in der handwerklichen Produktion „Gewinne" gibt und die Bauern und die Handwerker annahmegemäß das gleiche Pro-Kopf-Einkommen (nach Steuern) haben (im Werte einer Nahrungsmitteleinheit). Wenn sowohl die Bauern als auch die Handwerker ihre Einkünfte im Verhältnis 1:1 für Nahrungsmittel und Manufakturwaren ausgeben, dann gibt es in der Wirtschaft 300 Handwerker, die 300 Manufakturwaren produzieren, von denen 100 an den Kaiser, 50 an die Bauern und 150 an die Handwerker selbst gehen, die sie zusammen mit 150 Nahrungsmitteleinheiten konsumieren, die ihnen von den Bauern (50) und dem Kaiser (100) zur Verfügung gestellt werden.

Wird nun die Position des Kaisers von einem Land der kapitalistischen Metropole eingenommen, dann werden die gesamten 100 Einnahmen nicht vor Ort ausgegeben, sondern in Form von Nahrungsmitteln aus dem Land abgezogen. Das würde 100 Handwerker verdrängen. Wenn die Bauern nun dazu übergehen, die 50 Einheiten Manufakturwaren nicht mehr bei den lokalen Handwerkern, sondern in der Metropolwirtschaft zu kaufen, werden alle 300 Handwerker (einschließlich derer, die für die Handwerker selbst produzieren) arbeitslos. Die Metropolwirtschaft hätte 50 Industriegütereinheiten auf dem kolonialen Markt verkauft und 150 Lebensmitteleinheiten entnommen, 100 Einheiten davon ohne Gegenleistung.

In diesem Beispiel sind drei Punkte zu beachten. Erstens: In der vorkolonialen Situation beträgt das *stoffliche* Bruttoinlandsprodukt der Wirtschaft 500 Einheiten, bestehend aus 200 Nahrungsmitteleinheiten und 300 Industriegütereinheiten. Nach der Kolonialisierung der Wirtschaft sinkt das BIP auf 200 Einheiten. Dieser Ablauf wird als Deindustrialisierung bezeichnet, da der Industriesektor um diesen Betrag geschrumpft ist. Das zeigt im Übrigen wie inhaltslos die Behauptung ist, „Freihandel" komme der Wirtschaft immer zugute. Diese Behauptung beruht u. a. auf der Annahme, dass in der Nach-Handel-Situation alle Produktionsfaktoren vollständig ausgelastet sind. Aber das trifft offenkundig nicht zu, da sich für die verdrängten Handwerker keine alternative Beschäftigungsmöglichkeit eröffnet: Ein Wechsel in die Nahrungsmittelproduktion ist ausgeschlossen, da es in der Wirtschaft unseres Beispiels keine noch unbebauten Flächen gibt, auf denen sie wirtschaften könnten. Es ist zu beachten, dass sich eine solche „Deindustrialisierung" nicht einfach auf einen Rückgang des Anteils der industriellen Arbeitskräfte bezieht. Der industrielle Anteil an der Beschäftigung geht auch aus einem anderen Grund zurück. Er sinkt, weil die Wirtschaft insgesamt schrumpft. „Deindustrialisierung" in einer Kolonie ist daher von „Deindustrialisierung" in einem fortgeschrittenen Land, zum Beispiel in Großbritannien, zu unterscheiden.[1]

Zweitens ist die Einfuhr von Industriegütern aus der Metropole in die Kolonie nicht die einzige Ursache kolonialistischer Deindustrialisierung. Solche Importe, denen gleichwertige Lebensmittelexporte gegenüberstehen, führen im obigen Beispiel nur zu einer Verringerung der Produktion und der Beschäftigung im lokalen Fertigungssektor um 100 Einheiten (50 Einheiten direkter Rückgang und 50 Einheiten eines über den „Multiplikator" vermittelten Rückgangs, d.h. eines Rückgangs, der eintritt, weil die Nachfrage der verdrängten Handwerker nach ihren eigenen Manufakturwaren entfällt). Es verbleibt noch ein Rückgang von 200 Einheiten. Er ist darauf zurückzuführen, dass der wirtschaftliche Überschuss von 100 Einheiten außer Landes geschafft wird (wodurch 100 Handwerker direkt und weitere 100 durch den Multiplikatoreffekt verdrängt werden). Die Abschöpfung des wirtschaftlichen Überschusses durch die Metropole hat also nicht nur den Effekt einer kostenlosen Aneignung von Kolonialwaren. Der Überschussabzug bewirkt zudem eine Deindustrialisierung der Wirtschaft, ausgelöst durch eine absolute Schrumpfung des Niveaus ihrer makroökonomischen Aktivität.

Drittens, wie dieses Beispiel deutlich zeigt, erzeugt der Abzug von 150 Nahrungsmitteleinheiten durch die Metropolwirtschaft *weder in der Kolonie noch irgendwo sonst auch nur den allerkleinsten Nachfrageüberhang.* Selbst wenn die Nahrungsmittelproduktion einem „steigenden Angebotspreis" unterliegt, selbst wenn die Nahrungsmittelproduktion nicht ausgedehnt werden kann, weil die Anbaufläche fest begrenzt und nicht erweiterbar ist, entsteht kein Inflationsdruck, obwohl die Metropolwirtschaft 150 Einheiten an Nahrungsmitteln an sich gezogen hat. Dies liegt daran, dass der kolonialen Wirtschaft eine Einkommensdeflation aufgezwungen wurde, und zwar durch den doppelten Prozess des Überschussabzugs und der Verdrängung der örtlichen Handwerker durch die Konkurrenz von Importwaren.

Unser Beispiel soll zeigen, wie die koloniale Beziehung Märkte für Metropolprodukte bereitstellte, wie sie erlaubte, Primärgüter (Nahrungsmittel oder andere Güter, die auf dem für die Nahrungsmittelproduktion genutzten Land angebaut werden können) für den Metropolbedarf abzuziehen, wie Primärgüter in erheblichem Umfang kostenlos, ohne Gegenleistung, angeeignet werden konnten und wie es dabei sogar gelang, jede Bedrohung des Metropolgeldwerts abzuwenden. Normalerweise hätte eine starre Nachfrage der Metropole nach Primärgütern zu einem steigenden Angebotspreis führen müssen. Der Geldwert in der Metropole wäre dann ernsthaft bedroht. Aber, wie das Beispiel zeigt, gelang es, diese Bedrohung abzuwenden.

Von den beiden besprochenen Instrumenten ist die Deindustrialisierung der Kolonie durch Importe aus der Metropole leichter zu verstehen, auch wenn sich die gängige Wirtschaftstheorie diesem Verständnis bis heute hartnäckig verschließt und stattdessen die Vorzüge des Freihandels verkündet. Dem Überschussabzug, dem „Drain of Surplus", wird dagegen weniger Beachtung geschenkt, und er ist schwieriger zu verstehen. Wir wollen ihn deshalb nun genauer untersuchen.

Der Überschussabzug

Der Überschussabzug ist deshalb nicht leicht zu verstehen, weil die Zahlungsbilanz immer ausgeglichen sein muss. Wenn also Waren aus einem Land entnommen werden, müssen im Gegenzug andere Waren oder Dienstleistungen in dieses Land importiert werden, oder, alternativ dazu, es müssen Schuldscheine (IOU) ausgestellt werden. Wie kann man dann von „Exporten ohne Gegenleistung" sprechen?

Die Antwort ist einfach. Es gab eine ganze Reihe von Posten, die zu Unrecht als Sollposten der Leistungsbilanz ausgewiesen wurden. Sie wurden entweder willkürlich auferlegt, wie z. B. Zahlungen der Kolonie für Eroberungskriege, die die Metropole in anderen Weltgegenden führte, oder Sollstellungen, die dadurch entstanden, dass die Kolonie von der Metropole verwaltet wurde. In obigen Beispiel, werden 100 Nahrungsmitteleinheiten, die ursprünglich an den Kaiser gingen, aus der Kolonie abgezogen. Die Nachfolgeherrschaft, also die kapitalistische Metropole, kann diesen Warenstrom in der Zahlungsbilanz durch den Nachweis ausgleichen, dass die Kolonie von der Metropole Dienstleistungen für ihre eigene Verwaltung importiert hat. Erfolgt dieser Nachweis, ist die Zahlungsbilanz der Kolonie ausgeglichen, obwohl ihr wirtschaftlicher Überschuss von der Metropole ohne Gegenleistung abgeschöpft wird.

Die herkömmliche volkswirtschaftliche Gesamtrechnung verschleiert den Überschussabzug aus zwei verschiedenen Gründen. Erstens kennt sie das Konzept eines wirtschaftlichen Überschusses nicht. Selbst für den vorkolonialen Fall des weiter oben eingeführten Beispiels würde man nach der herkömmlichen Rechnung sagen, des Kaisers Aneignung von 100 Einheiten sei das Gegenstück für die von ihm erbrachten Regierungsleistungen. In unserem Beispiel beträgt das Bruttoinlandsprodukt in der vorkolonialen Situation nach der herkömmlichen Berechnung 600 Einheiten (einschließlich der 100 vom Kaiser erbrachten Leistungen). Und je höher die Besteuerung durch den Kaiser, desto höher ist auch das BIP.

Zweitens kann die herkömmliche Gesamtrechnung nicht erfassen, dass der Zweck des Kolonialismus gerade darin besteht, diesen Überschuss zu extrahieren. Es ist daher eine Ironie sondergleichen, den extrahierten Überschuss mit dem Extraktionsaufwand zu verrechnen. Das ist so, als würde man das Vorliegen einer Schutzgelderpressung mit der Begründung leugnen, das Erpressungsgeld sei nur die Bezahlung für die Dienste der Schutzgeldeintreiber.

Wie dieser zweite Punkt nahelegt, besteht ein grundlegender Unterschied zwischen den Erfahrungen eines Landes nach der Kolonialisierung und allen vorangegangenen Erfahrungen. Im Kolonialsystem wird der Überschuss nicht wie früher für den Erwerb inländischer Güter ausgegeben. Das führt zu einem wirtschaftlichen Rückschritt in der kolonialen Wirtschaft im Sinne eines Rückgangs des gesamtwirtschaftlichen Aktivitätsniveaus. Nicht nur das. Es ist die eigentliche Daseinsberechtigung des kolonialen Regimes, ein Maximum an Überschuss abzuschöpfen. Es extrahiert nicht einfach eine bestimmte Menge an Überschüssen, sondern passt sein Forderungsvolumen an das Volumen des extrahierbaren Überschusses an. Wie wir in den folgenden Kapiteln anhand der indischen Erfahrungen erörtern, hat das Kolonialregime nicht einfach einen bestimmten Betrag in Form eines Exportüberschusses entnommen (wie man aufgrund unseres obigen Beispiels zunächst meinen könnte). Vielmehr folgte der entzogene Betrag dem Exportüberschuss der Kolonie, so dass sie selbst dann keinen Kredit erhielt, wenn ihre Exporte im Verhältnis zu den Importen in die Höhe schnellten.

Die Einführung des „Überschussabzugs" meint nicht nur den Ersatz einer alten Gruppe von Überschussextraktoren durch eine neue Extraktorengruppe, meint nicht nur den Ersatz des kaiserlichen Regimes durch das metropolkapitalistische Regime. Ersetzt wurde zudem der feudale Traditionalismus und das Herkömmlichkeitsdenken durch kapitalistische Raffgier (Rationalität). Die Kolonie erlebte nicht einfach eine Fortsetzung ihrer früheren Form der Überschussaneignung. Vielmehr wurde sie zu einem Anhängsel einer anderen Wirtschaft, der Metropolwirtschaft. Nie zuvor hatte es das gegeben. Es ist nicht verwunderlich, dass, wie wir später sehen werden, die moderne Massenarmut in den Volkswirtschaften der Dritten Welt erst auftrat, nachdem diese kolonisiert worden waren.

Das Dreiecksverhältnis

Die Rolle der kolonialen Märkte während des „Langen neunzehnten Jahrhunderts", das sich bis zum Ausbruch des Ersten Weltkriegs erstreckte, war komplexer, als man aufgrund des obigen einfachen Beispiels meinen könnte. Als führendes kapitalistisches Land erlaubte Großbritannien anderen Ländern, die sich damals rasch zu industrialisieren begannen, den freien Zutritt zum britischen Markt. Es erlaubte diesen Ländern, Leistungsbilanzüberschüsse gegenüber seiner eigenen Wirtschaft zu erzielen. Wollte man den Goldstandard aufrechterhalten, war dies unabdingbar. Andernfalls hätten sich diese aufstrebenden Länder in einer Situation befunden, die ihre nachholende Industrialisierung vereitelt hätte. Sie hätten sich aus dem Goldstandard zurückgezogen und damit das Arrangement untergraben, das dem langen viktorianischen und edwardianischen Boom als Grundlage diente. Aufgrund seiner kolonialen Besitztümer war Großbritannien jedoch in der Lage, diesen Ländern freien Marktzutritt zu gewähren und sogar Kapital in Länder wie die Vereinigten Staaten zu exportieren, mit denen es Bilanzdefizite einfuhr.

Großbritanniens Kolonien wie Indien erwirtschafteten beträchtliche Exportüberschüsse gegenüber Kontinentaleuropa und den Vereinigten Staaten. Großbritannien setzte diese Exportüberschüsse ein, um seine eigenen Leistungsbilanzdefizite gegenüber diesen Ländern auszugleichen. Es war sogar zu Kapitalexporten im Stande, die es durch den „Überschussabzug" aus diesen Kolonialländern und den Verkauf von Waren in diese kolonialen Märkte ausglich.

Hier sind zwei Diskussionsthemen zu unterscheiden: zum einen das Thema der britischen Zahlungsbilanz und zum anderen das Thema der Nachfrage nach britischen Waren. Wenden wir uns zunächst dem zweiten Thema zu. Es überrascht nicht, dass die neu in die Industrialisierung einsteigenden Länder zu niedrigeren Kosten produzierten und Großbritannien im späten neunzehnten Jahrhundert in den meisten Branchen überflügeln konnten. (Einige Wirtschaftshistoriker bezeichnen dieses Phänomen als die „Strafe des Frühstarts": Da Großbritannien früh mit der Industrialisierung begonnen hatte, verfügte es nun über relativ alte Anlagen. Die Arbeitsproduktivität, die diese relativ alten Anlagen ermöglichten, war vergleichsweise niedrig.) Für Großbritannien, das seinen Binnenmarkt allmählich an die aufholenden Industrieländer verlor, galt es, alternative Märkte zu finden, sollte die Gesamtnachfrage ohne Rückgriff auf protektionistische Instrumente aufrecht erhalten werden. Protektionistische Instrumente waren ausgeschlossen, denn sie hätten eine Flut von „Beggar-thy-neighbor"-Maßnahmen ausgelöst und den „langen Boom" untergraben. Britannien fand diese alternativen Märkte in den Kolonialwirtschaften. Hobsbawm beschreibt die britischen Exporte im späten neunzehnten Jahrhundert als eine „Flucht in die Kolonien". Tatsächlich nahmen Indien und China bis zum Ende des neunzehnten Jahrhunderts mehr als die Hälfte der gesamten britischen Textilexporte auf.[2]

Die kolonisierten (oder im Falle Chinas halbkolonisierten) Volkswirtschaften konnten sich nicht selbst schützen. Im Gegenteil: Als die indische Kolonialregierung Ende des Jahrhunderts aus reinen Einnahmeerwägungen einen Einfuhrzoll auf Baumwolltuch erhob, verhängte sie gleichzeitig eine entsprechende Verbrauchssteuer auf inländisch hergestellte Stoffe, um sicherzustellen, dass die einheimischen Produzenten keinen „ungebührlichen Vorteil" erhielten. Die kolonialen und halbkolonialen Märkte waren „Märkte auf Abruf". So suchten britische Waren, die sich auf anderen Märkten nicht behaupten konnten, zunehmend Zuflucht auf kolonialen und halbkolonialen Märkten.

Die Kolonien nahmen nicht nur britische Waren auf und glichen die britische Zahlungsbilanz aus, sie lieferten auch eine Auswahl von Waren, die Großbritannien seine Kapitalexporte ermöglichten. In den aufstrebenden Industrieländern waren Großbritanniens eigene Produkte im Unterschied zu Rohstoffen aus Ländern wie Indien nicht sehr gefragt. Es konnte aber die aus den Kolonien bezogenen Waren für seinen Kapitalexport in die aufstrebenden Industrieländer einsetzen. Britannien eignete sich diese Kolonialwaren entweder über den Überschussabzug an oder als Gegenleistung für Exporte in die völlig ungeschützten Kolonialmärkte. Oder anders ausgedrückt: Großbritannien eignete sich den Exportüberschuss an, den Länder wie Indien gegenüber den Vereinigten Staaten und Kontinentaleuropa erwirtschafteten, um seine Kapitalexporte in diese Regionen zu finanzieren. Indien, die größte britische Kolonie, spielte in diesem Dreiecksverhältnis, das wir in den folgenden Kapiteln untersuchen werden, eine Schlüsselrolle.

Die Dreiecksbeziehung, von der wir gesprochen haben, bezieht sich auf die Blütezeit des Industriekapitalismus. Aber es war nicht das erste Dreiecksverhältnis. Im späten achtzehnten und frühen neunzehnten Jahrhundert importierte Großbritannien eine Vielzahl von Waren aus China, und seine Handelsbilanz mit China war defizitär. Es hatte jedoch mit der Schlacht von Plassey Bengalen erobert und damit begonnen, Überschüsse aus dieser Provinz abzuziehen. Mit diesem Überschussabzug finanzierte es sein Handelsdefizit gegenüber China. Das ging nur, wenn China dazu gebracht werden konnte, gegenüber Indien ein Handelsdefizit einzugehen. Wie konnte man dies sicherstellen?

Opium war die Lösung. Indien wurde gedrängt, Opium zu produzieren, und China wurde gedrängt, Opium zu konsumieren. So konnte das doppelte Problem Großbritanniens zufriedenstellend gelöst werden, nämlich die Frage, über welchen Warenstrom der Überschuss aus Bengalen abgeführt werden konnte, und die Frage, wie man das Handelsdefizit mit China ausgleichen könnte. Als der chinesische Kaiser Einwände erhob, begann man die Opiumkriege mit dem Ziel, China für den Opiumhandel zu öffnen. Die koloniale Beziehung war also nicht einfach eine Zweierbeziehung zwischen der Metropole und der Kolonie. Sie war vielmehr auf komplexe Weise über Dreiecksbeziehungen vermittelt. Wir werden auf diese Fragen in einem späteren Kapitel zurückkommen.

Zwei gegensätzliche Entwicklungspfade

Aus dieser Dichotomie zwischen Siedlungskolonien einerseits und Eroberungskolonien andererseits lässt sich erklären, warum unter kapitalistischen Bedingungen einige Länder in Bezug auf Pro-Kopf-Einkommen und Lebensstandard einen Vorsprung hatten, während andere nicht nur zurückblieben, sondern sich sogar rückwärts entwickelten. Im „Langen neunzehnten Jahrhundert" gab es eine massive Auswanderung aus Europa in die Siedlerkolonien der gemäßigten Zone. Arthur Lewis nennt eine Zahl von 50 Millionen Migranten. Das mag etwas hoch gegriffen sein, aber es besteht kein Zweifel daran, dass das Ausmaß der Migration im Verhältnis zur Größe der europäischen Bevölkerung enorm war. Für Großbritannien entsprach die jährliche Auswanderung zwischen dem Ende der Napoleonischen Kriege und dem Ersten Weltkrieg schätzungsweise der Hälfte des Bevölkerungswachstums.[3]

Eine Auswanderung dieser Größenordnung sorgte in den abgebenden Ländern für eine Begrenzung der industriellen Reservearmee. Der Arbeitsmarkt blieb dort also vergleichsweise angespannt. Das ermöglichte einen Anstieg der Arbeitsproduktivität und der Reallöhne. Da die Auswanderer im Siedlungsgebiet zu Lasten der ursprünglichen Bewohner Land besetzten und sich als Landwirte mit einem relativ hohen Pro-Kopf-Einkommen etablierten, stieg der „Akzeptanzlohn" in Europa. Dies, und nicht die sogenannte Agrarrevolution, erklärt, warum es sich bei dieser Migration um eine „Hochlohnmigration" handelte (dazu später mehr).

Komplementär zur Auswanderung europäischer Arbeitskräfte wanderte auch Kapital aus Europa ab, vor allem aus England, dem größten Kapitalexporteur jener Zeit. Diese Kapitalexporte wurden jedoch größtenteils in der Form tropischer Produkte aus den tropischen Kolonien abgezogen.[4] Der Überschussabzug aus den tropischen und halbtropischen Kolonien wurde als

Kapital in die Siedlungskolonien investiert. So rückte der Kapitalismus in den neuen Siedlungsgebieten vor. Dies erklärt, warum sich die Erorberungskolonien (durch Deindustrialisierung) zurückentwickelten, während sich die neuen Siedlungen industrialisierten (hinter Zollmauern geschützt und über ein Investitionsvolumen, das über die eigenen Ersparnisse hinausging).[5]

Metropolkapital ging nur in beschränktem Umfang in die Erorberungskolonien. Investiert wurde nur was nötig war, um die kolonialistische internationale Arbeitsteilung zu stützen. Man investierte deshalb in Minen, Plantagen und Handelsunternehmen. Die oben angesprochene Dichotomie zwischen den beiden Segmenten der Welt wäre verschwunden, hätten alle Arbeitskräfte die Freiheit gehabt, in die Metropolen oder in die gemäßigten Regionen zu ziehen, ein Zuwanderungsziel, das aber nur den Arbeitskräften aus den Metropolen offenstand. Tatsächlich gab es im neunzehnten Jahrhundert einen weiteren großen Migrationsstrom, nämlich den der vertraglich Verknechteten Indiens und der chinesischen „Coolies" (wir sprechen hier von der Arbeitsmigration nach Abschaffung der Sklaverei).

Auch hier hatte laut Lewis[6] die Wanderung im „Langen neunzehnten Jahrhundert" einen Umfang von etwa 50 Millionen Menschen. Sie zogen allerdings nicht in die Metropolen, sondern in tropische oder subtropische Regionen. Die beiden Migrationsströme, der eine aus einer gemäßigten Region (Europa) in andere gemäßigte Regionen (Kanada, Vereinigte Staaten, Australien), der andere aus einer tropischen oder subtropischen Region (Indien, China) in andere tropische oder subtropische Regionen (Fidschi, Westindien), hielt man strikt voneinander getrennt. Tropische Arbeitskräfte aus den Tropen durften nicht ungehindert nach Europa oder in die gemäßigten Regionen einwandern. Interessanterweise ist dies immer noch der Fall, und die Bemühungen der Arbeitskräfte, die bestehenden Beschränkungen der Peripherie-Metropole-Migration zu durchbrechen, haben zu einer wahren Krise und Tragödie geführt, zur Flüchtlingskrise in Europa, bei der viele Migranten zu Tode kamen.

Der eine der beiden Migrationsströme war eine Hochlohnmigration, der andere eine Niedriglohnmigration. Lewis erkennt zwar an, dass sich die beiden Migrationsströme, weil strikt voneinander getrennt, im Lohnniveau unterschieden. Er führt den Lohnunterschied aber darauf zurück, dass in England eine Agrarrevolution stattgefunden hat, nicht aber in Indien oder anderswo in den Tropen. Deshalb sei das Pro-Kopf-Einkommen und damit der „Akzeptanzlohn" in England höher gewesen als in den Tropen.

Zunächst ist gegen Lewis festzuhalten, dass es in England einen Anstieg der Pro-Kopf-Produktion von Nahrungsmitteln oder von landwirtschaftlichen Erzeugnissen, der bedeutend genug gewesen wäre, den „Akzeptanzlohn" anzuheben, nicht gegeben hat. Noch wichtiger ist, dass Lewis' Vergleich zwischen den Tropen und den gemäßigten Regionen mit einem logischen Fehler behaftet ist. Wenn festgestellt werden soll, ob die Produktion pro Hektar in England höher war als in Indien, und ob dieser höhere Output der Grund für einen höheren englischen Akzeptanzlohn war, dann muss sich der Vergleich *auf einen vollständigen Produktionszeitraum* beziehen. Aber das Land des englischen Landwirts liegt während der langen Wintermonate brach, während der indische Landwirt das ganze Jahr über unterschiedliche Nahrungsmittelpflanzen anbauen kann. Es ist also nicht korrekt, zwischen Indien und England die Weizenproduktivität oder die Produktivität einer bestimmten Nahrungsmittelpflanze pro Flächeneinheit zu vergleichen. Zu vergleichen ist vielmehr das *ganzjährige* landwirtschaftliche Pro-Kopf-Einkommen Englands mit dem *ganzjährigen* Pro-Kopf-Einkommen Indiens .[7]

Lewis' Argument, der Akzeptanzlohn des englischen Auswanderers sei deshalb höher als der des indischen Auswanderers gewesen, weil der Weizenertrag pro Flächeneinheit eines englischen Landwirts höher war als der des indischen, ist daher logisch ungültig. Sobald das gesamte Jahr betrachtet wird, hat der indische Landwirt kein geringeres Einkommen aus einer bestimmten Landfläche erzielt als ein englischer Landwirt. Das Jahreseinkommen pro Fläche ist die relevante Vergleichsgröße, und auf der Grundlage dieses Vergleichs können die höheren Löhne der englischen Arbeiter nicht im Sinn von Lewis erklärt werden.

Der Grund für den Lohnunterschied zwischen den beiden Migrationsströmen liegt woanders. Bei der Migration innerhalb der gemäßigten Zone handelte es sich um eine Hochlohnmigration, weil der einheimischen Bevölkerung in den Zielregionen Land entrissen wurde, nicht weil die Einkommen in den Herkunftsregionen relativ hoch waren. Dagegen war die innertropische Migration eine Niedriglohnmigration, weil es in den tropischen Kolonien eine riesige, mittellose Reservearmee gab. Sie war entstanden im Zuge der gewaltsamen Deindustrialisierung dieser Kolonien, die ihrerseits über den Überschussabzug und durch die Verdrängung einheimischer Handwerker durch Importe industrieller Metropolgüter entstanden war.

Die Deindustrialisierung hatte Auswirkungen zweiter Ordnung auf die Einkommen der Agrarbevölkerung. Diese war bereits durch den Übergang vom präkolonialen zum kolonialen Steuersystem in Bedrängnis geraten. Im präkolonialen System wurden Agrarprodukte besteuert, im kolonialen System dagegen der Grund und Boden, auf dem die Produkte erzeugt wurden. In schlechten Erntejahren geriet die Agrarbevölkerung unter dem neuen Besteuerungssystem in die Hände von Geldverleihern, da die Steuer in Geld zu entrichten war. Aus den Geldverleihern wurden nach und nach Landbesitzer. Außerdem erhöhte die Deindustrialisierung im neunzehnten Jahrhundert den Bevölkerungsdruck, mit der Folge, dass die Pachtpreise anstiegen und die Reallöhne sanken.[8]

Seit dem neunzehnten Jahrhundert ist die Welt zweigeteilt, und die beiden Teile folgen unterschiedlichen Entwicklungspfaden. In ersten Teil breitet sich der Kapitalismus aus und die Löhne steigen im Zuge dieser Ausbreitung. Der andere Teil macht eine Deindustrialisierung durch. Dort ist die Produktion rückläufig und große Segmente der dortigen vorkapitalistischen Erwerbsbevölkerung verarmen. Diese unterschiedliche Entwicklung geht auf unterschiedliche Wirkungen zurück, die das Metropolkapital im neunzehnten Jahrhundert auf die Weltsegmente ausgeübt hat.

Die Wurzeln der modernen Massenarmut

Die moderne Massenarmut in der Dritten Welt geht auf die Auswirkungen des Metropolkapitalismus auf die tropischen und halbtropischen Kolonien und auf die abhängigen Territorien zurück. Es ist ein weit verbreiteter Irrglaube, die Dritte Welt sei aufgrund ihrer niedrigen Arbeitsproduktivität schon immer von Armut betroffen gewesen, und diese Armut halte bis heute an, weil die Dritte Welt im Unterschied zur fortgeschrittenen kapitalistischen Welt nicht von der industriellen Revolution profitiert habe. Nach dieser Auffassung hatten alle Länder mehr oder weniger gleiche Startbedingungen. Sie alle befanden sich damals in einer ähnlichen Situation wirtschaftlicher Rückständigkeit. Aber einige Länder der Metropolen haben sich aufgrund ihrer industriellen Revolution weiterentwickelt; andere Länder, Länder der Dritten Welt, haben keine industrielle Revolution durchlaufen und sind deshalb in der Ausgangslage stecken geblieben.

Diese Auffassung ist in dreierlei Hinsicht fehlerhaft. Der erste Einwand ist im Anschluss an Paul Barans bahnbrechendes Werk *Die politische Ökonomie des Wachstums*[9] viel diskutiert worden. Es trifft zwar zu, so der Einwand, dass der Westen zuerst den Kapitalismus entwickelt und dessen Entwicklung in einer industriellen Revolution beschleunigt hat. Aber Länder, die die Entwicklung des Kapitalismus zwar nicht eingeleitet haben, *hätten sich dennoch nach dem Vorbild des Westens kapitalistisch entwickeln und eine eigene industrielle Revolution einleiten können*. Japan hat das ja getan. Japan ist das einzige große asiatische Land, das den Fängen des Kolonialismus entkommen und einen „Kapitalismus von oben" entwickeln konnte. Was die rückständigen Volkswirtschaften daran hinderte, dem Beispiel Japans zu folgen und durch staatliche Initiativen ihren eigenen „Kapitalismus von oben" zu entwickeln, war der Kolonialismus selbst. Er erzwang ein Muster der internationalen Arbeitsteilung, in dem die Kolonien gezwungen waren, auf Dauer Produzenten von Subsistenzmitteln und von Rohstoffen zu bleiben, und er belastete die Volkswirtschaften der Kolonien mit einem massiven Überschussabzug.[10]

Zweitens sank unter kolonialistischen Bedingungen das Pro-Kopf-Einkommen in den kolonisierten Ländern und in den abhängigen Territorien. Dies war die unmittelbare Folge der Deindustrialisierung, von der alle diese Länder betroffen waren. Die Deindustrialisierung reichte von Indien über China bis Indonesien und andere Länder. Nach einer interessanten empirischen Schätzung von Shireen Moosvi ist das reale *Pro-Kopf-Einkommen in Indien zwischen 1576 und 1910 gesunken*. Moosvi verwendet die herkömmliche Definition des Nationaleinkommens, bei der sowohl die „Dienstleistungen" der Kolonialregierung als auch die „Dienstleistungen" des vorkolonialen Moguls Akbar als Teil des Nationaleinkommens gezählt werden.[11] Die Vorstellung, alle Länder seien von einer mehr oder weniger ähnlichen Startsituation ausgegangen, einige seien dann nach vorne gestürmt, andere seien dagegen in der Ausgangssituation hängen geblieben, ist daher falsch. Richtig ist vielmehr: diejenigen, die nach vorne stürmten, stießen die anderen zurück.

Drittens, es besteht ein grundlegender Unterschied zwischen der früheren, vorkapitalistischen Armut und der modernen Armut unter kapitalistischen Bedingungen. Moderne Armut ist nicht nur materielle Entbehrung, sie schließt auch die Unsicherheiten der Kommodifizierung und des Cash-Nexus mit ein. Persönliche Beziehungen lösen sich auf, Rechte auf Vermögenswerte, selbst Gewohnheitsrechte, gehen verloren. Vermögenswerte sind nun mit einem vermarktbaren Eigentumstitel verschmolzen und können somit in Geldgeschäfte übergehen. Angebunden an einen fernen und unbekannten Weltmarkt, wirken sich die Ereignisse in fernen Ländern auf die abgelegensten Dörfer in der Dritten Welt aus und stürzen die dortigen Produzenten ins Elend. Eine Reservearmee von Arbeitskräften baut sich auf und macht die Beschäftigung von einem Tag auf den andern prekär – all dies verleiht der Armut eine besondere Schärfe, die es unter vorkapitalistischen Bedingungen nicht gab. Diese moderne Massenarmut ist eine Hinterlassenschaft des Einflusses, den der Metropolkapitalismus auf die Dritte Welt ausgeübt hat.[12] Und wie wir später in diesem Buch argumentieren, wird diese moderne Massenarmut nicht verschwinden, solange die kapitalistische Produktionsweise vorherrschend bleibt, selbst wenn sich diese Produktionsweise nun auf die Dritte Welt ausbreitet und im Zuge dieser Ausbreitung eine ganze Reihe von Aktivitäten von den Metropolen in die Dritte Welt verlagert werden.

8 Kapitalismus und Kolonialismus

1. Vgl. z.B., R. E. Rowthorn and J. R. Wells, *De-industrialization and Foreign Trade* (Cambridge: Cambridge University Press, 1987).
2. E. J. Hobsbawm, *Industry and Empire: From 1750 to the Present Day* (Harmondsworth: Penguin, 1972).
3. Utsa Patnaik, „Capitalism and the Production of Poverty," T. G. Narayanan Memorial Lecture, *Social Scientist* (January–February 2012).
4. Amiya Kumar Bagchi, „Some International Foundations of Capitalist Growth and Underdevelopment," *Economic and Political Weekly* 7, nos. 31–33 (August 5, 1972).
5. Statistische Belege für einen solchen Rückschritt in Indien finden sich in Shireen Moosvi, *The Economy of the Mughal Empire c.1595: A Statistical Study* (Delhi: Oxford University Press, 2015). Die Autorin vergleicht das Pro-Kopf-Einkommen Indiens am Ende des 16. Jahrhunderts mit dem von 1910. Sie stellt fest, dass Indiens Pro-Kopf-Einkommen im Jahr 1910 etwas niedriger war.
6. W. Arthur Lewis, *Growth and Fluctuations 1870–1913* (London: Allen and Unwin, 1978).
7. Dieses Argument wird in Utsa Patnaik und Prabhat Patnaik, *A Theory of Imperialism* (2016), ausführlicher dargelegt.
8. Bipan Chandra, „Reinterpretation of Nineteenth Century Indian Economic History," *Indian Economic and Social History Review 5*, no. 1 (March 1968).
9. Paul A. Baran, *The Political Economy of Growth* (New York: Monthly Review Press, 1957).
10. Diese These wird, bezogen auf Asien, vertreten von Tapan Raychaudhuri, „Historical Roots of Mass Poverty in South Asia", *Economic and Political Weekly 20*, Nr. 18 (4. Mai 1985).
11. Wir werden auf dieses spezielle Argument von Baran in einem späteren Kapitel zurückkommen.
12. Shireen Moosvi, *The Economy of Mughal India c.1595: A Statistical Study* (Delhi: Oxford University Press, 2015).

Kapitel 9

Kolonialismus vor dem ersten Weltkrieg

Der Abzug wirtschaftlicher Überschüsse aus ihren Eroberungskolonien unterstützte die westeuropäischen Mächte in erheblichem Maß bei ihrem zu Beginn des 18. Jahrhunderts einsetzenden Übergang zum industrialisierten Kapitalismus. Überschussabzug war auch eine wesentliche Grundlage für die Ausbreitung des Kapitalismus in den von Europäern erschlossenen Siedlerkolonien. Die Literatur zum Wirtschaftswachstum ist sich jedoch *kaum bewusst, dass es solche Transfers überhaupt gab.* Schon gar nicht hat sie ein Auge für das Ausmaß solcher Transfers, oder für die spezifischen finanziellen Mechanismen, über die der Überschussabzug abgewickelt wurde. Auf diesem Gebiet ist noch viel Forschungsarbeit zu leisten. Im Falle Indiens gibt es jedoch seit mehr als einem Jahrhundert eine reiche Diskussion über Transfers, die unter der Wendung „Abzug von Reichtum" („Drain of Wealth") angesprochen werden. Initiiert wurde diese Diskussion von zwei herausragenden Forschern, von Dadabhai Naoroji und R. C. Dutt.[1] In diesem Kapitel diskutieren wir ausschließlich den Reichtumsabzug aus Indien.

Von wenigen Ausnahmen abgesehen, ignoriert die Literatur über den industriellen Übergang im 18. und 19. Jahrhundert in den Kernländern des Kapitalismus den Reichtumsabzug bzw. die Transfers aus den Kolonien.[2] Die gängige Interpretation geht von einer rein internen Dynamik der kapitalistischen Industrialisierung aus, und einige Autoren behaupten sogar, dass die Kolonien eine Last für die Metropolen waren. Ohne Kolonien, so diese Autoren, wäre die kapitalistische Metropole besser dagestanden.

Zum Begriff Reichtumsabzug (Drain of Wealth)

„Reichtumsabzug" bedeutet im Fall Indien, dass bis zu einem Drittel der gesamten Steuereinnahmen in Rupien nicht auf normale Weise ausgegeben wurde, sondern für den Erwerb von Waren, die in der Kolonie hergestellt wurden. Der Export dieser Waren brachte Gold und Devisen aus aller Welt ein – internationale Kaufkraft, die jedoch nie dem kolonisierten Land zukommen durfte. Sie wurden vielmehr von der Kolonialmacht angeeignet. Nach einer Studie von Folke Hilgerdt über die Struktur der globalen Handelsbilanz und nach einer detaillierten empirischen Untersuchung des regionalen Handels Großbritanniens von S. B. Saul waren die Gold- und Deviseneinnahmen, die von den tropischen Kolonien und vor allem von Indien als Exportüberschüsse erwirtschaftet (und von Großbritannien als eigene Einnahmen behandelt) wurden, ab dem letzten Viertel des neunzehnten Jahrhunderts stark angewachsen. Sie waren so groß geworden, dass sie als eine der Grundlagen für die rasche Verbreitung des Kapitalismus gelten können.[3] Großbritannien nutzte die Exportüberschüsse seiner Kolonien zur Finanzierung seiner groß angelegten Kapitalexporte in die von Europäern besiedelten Kolonien (Siedlerkolonien). Das beschleunigte die Industrialisierung nicht nur in Europa, sondern auch in den Siedlerkolonien. Die Kehrseite dieses Prozesses war die abnehmende Nahrungsmittelverfügbarkeit pro Kopf und die Verarmung der Massen in den Kolonien.

Dieser Reichtumsabzug (Drain) hatte zwei Dimensionen. Erstens, die *interne Dimension*, d. h. die Abschöpfung des von den örtlichen Produzenten erwirtschafteten Überschusses über Pacht und Steuern. In Indien war die Erhebung von Steuern als Barzahlung die wichtigste Methode der Abschöpfung. Die Grundsteuern machten dabei über weite Strecken des Untersuchungszeitraums den größten Teil der Steuern aus. Selbständige Produzenten zahlten die auf Grund und Boden erhobenen Steuern direkt an den Staat, während die Pachtbauern verpflichtet waren, die Pacht aus ihrem wirtschaftlichen Überschuss an die als Grundbesitzer ausgewiesene Person zu zahlen, die dann ihrerseits die Steuer an den Staat entrichtete. Weitere wichtige Einnahmequellen waren die staatlichen Opium- und Salzmonopole, deren Lasten die Bauern und Arbeiter zu tragen hatten. Die Besteuerung an sich führte jedoch nicht zu einem Reichtumsabzug. Dieser ergab sich erst aus der Kombination mit der *zweiten, externen Dimension*. Naoroji und Dutt haben diese zweite Dimension besonders hervorgehoben. Sie bestand darin, im Haushalt einen erheblichen Teil der Steuereinnahmen als „Ausgaben im Ausland" zu buchen. Dieser Teil des Haushalts wurde nicht, wie es normal gewesen wäre, im Inland eingesetzt. Er diente vielmehr als Rückerstattung des Exportüberschusses, den die Produzenten der Kolonie in ihrem Welthandel erzielten. Der Überschuss selbst war in London deponiert. Er brachte zuhauf Bares und Pfund Sterling ein, Mittel, die von der Kolonialmacht über manipulierte Buchhaltungsmechanismen vollständig für den Eigenbedarf abgeschöpft wurden. Wir werden dies später erörtern.

Der Staatshaushalt wurde also dafür eingesetzt, die Exportüberschüsse der örtlichen Produzenten über ihre eigenen Steuerbeiträge zu bezahlen. Gleichzeitig wurden die Erlöse aus den internationalen Exportüberschüssen nie dem kolonialisierten Land gutgeschrieben. In keinem souveränen Land kann der Staatshaushalt auf diese Weise eingesetzt werden. Diese Prozedur ist eine Besonderheit des kolonialen Systems. Alle Produzenten von Exportgütern wurden scheinbar bezahlt. Es ist richtig, ein Teil der kolonialen Exporte wurde durch den Import britischer Waren, vor allem Textilien, beglichen. Aber solche Importe waren unvermeidlich, wollte die Kolonialmacht mit der Kolonie in Freihandelsbeziehungen bleiben. Die Absorption dieser Importe verdrängte das örtliche Spinner- und Weberhandwerk, die Metropole aber schütze sich weit über ein Jahrhundert lang mit protektionistischen Maßnahmen gegen die kolonialen Manufakturen. Die nach Abzug dieser unvermeidlichen Importe verbleibenden Nettoexportüberschüsse wurden nicht auf normale Weise an die Erzeuger ausgezahlt, wurden sie doch mit den im Kolonialland erhobenen Steuereinnahmen beglichen, und der überwiegende Teil dieser Steuern wurde eben diesen Erzeugern über deren Pacht- und Grundsteuerzahlungen abgenommen. Hinzu kam die Belastung dieses Personenkreises durch indirekte Steuern, wie sie sich zum Beispiel aus dem Salzmonopol ergaben. Man eignete sich also die Waren der örtlichen Produzenten über Steuern an, auch wenn es so aussah, als würden sie bezahlt.

Betrachten wir zur Veranschaulichung dieser These einen indischen Bauern mit zusätzlichem Handwerksbetrieb in der Zeit der Herrschaft der Ostindien-Kompanie. Er entrichtet 100 Rupien als Steuer an den Staat und verkauft als Handwerker 10 Meter Stoff und als Bauer 2 Säcke Reis im Gesamtwert von 50 Rupien an einen örtlichen Händler. Dieser Verkauf wäre eine normale Markttransaktion und hätte nichts mit seiner Steuerzahlung zu tun. Der Händler würde im Normalfall einen Vorschuss aus seinen eigenen Mitteln leisten, in der Erwartung, über den Verkauf von Tuch und Reis seine Ausgaben zuzüglich Gewinn wieder hereinzuwirtschaften. Nehmen wir nun an, nicht ein lokaler Händler, sondern ein Vertreter der Ostindien-Kompanie erwerbe von dem Bauern/Handwerker zusätzlich 10 Meter Tuch und 2 Säcke Reis, um sie dann zu exportieren. Er zahlt 50 Rupien an den Bauern mit dessen eigenem Geld, entnommen aus der von ihm erhobenen Steuer von insgesamt 100 Rupien. Der Produzent wurde also überhaupt nicht bezahlt. Ihm hätten Zweifel kommen können, angesichts der Tatsache, dass der Vertreter der Ostindien-Kompanie ihn zuerst besteuert und dann mit diesem Steuergeld seine Waren kauft. Aber die beiden Transaktionen, Steuererhebung und Produktkauf, wurden nicht von ein und demselben Akteur abgewickelt. Sie waren auf zwei verschiedene Agenten aufgeteilt und erfolgten zu verschiedenen Zeitpunkten. Der örtliche Produzent konnte also die Transaktionen nicht zueinander in Beziehung setzen. Der Kauf durch den Agenten der Ostindien-Kompanie musste dem Produzenten als ein normaler Markttausch erscheinen, der sich in nichts vom Kauf durch einen inländischen Händler unterschied. Und doch war er qualitativ etwas ganz Anderes, da dem Produzenten als Gegenleistung für sein Tuch und seinen Reis ein Teil seiner eigenen Steuerzahlung zurückfloss – ohne dass er sich dessen bewusst war. Bei dieser Transaktion änderte sich die *Form* der Hälfte der von ihm gezahlten Gesamtsteuer. Aus 50 Rupien, entnommen aus dem Steuergeld von 100 Rupien, wurden in neuer Form 10 Meter Tuch und 2 Säcke Reis. Der Produzent übergab der Ostindien-Kompanie diese Exportwaren völlig kostenlos, als Warenäquivalent für die von ihm selbst geleisteten 50 Rupien Steuergeld im Wert von etwa 5 Pfund (beim damaligen Wechselkurs von 10 Rupien zu 1 Pfund). Das Tuch und der Reis wurden dann nach England exportiert und nach Abzug von Fracht, Versicherung und Handelsaufschlag für z. B. 7 Pfund verkauft. (Nur der Reis, nicht aber das Tuch, wurde zum Endverbrauch verkauft. Das Tuch wurde wieder ausgeführt, da in England seit 1700 der Endverbrauch asiatischer Textilien offiziell verboten war; dazu später mehr.)

Da die Bauern und Handwerker den größten Beitrag zum gesamten Steueraufkommen leisteten, lief dies darauf hinaus, dass sie nicht wirklich bezahlt wurden. Der entsprechende Teil ihrer Steuer änderte lediglich die Form; aus Bargeld wurden Exportwaren. Diese direkte Verknüpfung des Steuersystems mit dem Handelssystem ist das Wesen des Reichtumsabzugs aus den Kolonien, in denen die Produzenten keine Sklaven, sondern nominell freie Kleinproduzenten, also steuerzahlende Bauern und Handwerker, waren.

Der Transferprozess war in seiner Anfangszeit relativ transparent. Im Jahr 1600 gewährte das britische Parlament der East India Company das

Handelsmonopol. Zum Zorn der frühen Merkantilisten musste die Ostindien-Kompanie ihren Importüberschuss aus Asien mit Silber bezahlen. Im Jahr 1765 erwarb die Company dann die Rechte zur Erhebung von Steuereinnahmen in der Provinz Bengalen, und genau zu diesem Zeitpunkt begann in nennenswertem Umfang der Reichtumsabzug. Eine gewisse Form des Reichtumsabzugs hatte es bereits davor gegeben. Kleinproduzenten wurden damals gezwungen, ihre Waren zu ungünstigen Preisen zu verkaufen. Aber das war nichts im Vergleich zu der Bonanza nach 1765, als der freie Erwerb von Exportgütern mit lokalen Steuermitteln begann. Die Bevölkerung Bengalens war mit etwa 30 Millionen fast viermal so groß wie die Großbritanniens. Die Raffgier der Kompanie, die in den folgenden fünf Jahren eine Verdreifachung der Steuereinnahmen erzwang, dezimierte in der großen Hungersnot von 1770 diese Bevölkerung um ein Drittel. Bis 1792 hatte sich Bengalen noch nicht vollständig erholt, und dennoch überstiegen die Grundsteuereinnahmen in Bengalen, festgesetzt in der Regelung jenes Jahres, das Grundsteueraufkommen, das die britische Regierung in Großbritannien selbst eintrieb. In den folgenden achtzig Jahren verdreifachten sich die Steuereinnahmen, weil die Ostindien-Kompanie Bengalen als wirtschaftliche Basis zur Ausdehnung ihrer politische Kontrolle über mehrere andere indische Provinzen – Bombay Deccan, Madras, Punjab und Awadh – nutzte. Drei Kriege wurden von den Burmesen geführt; 1856 wurde das fruchtbare Niederburma und 1885 das gesamte Land besetzt. Unverzüglich wurden Systeme zur Erhebung von Grundsteuern eingeführt; bezeichnenderweise nannte man den britischen Bezirksverwalter „Collector". Großbritannien sah sich mit einem stetig wachsenden und völlig kostenfreien Zustrom steuerfinanzierter Waren versorgt. Textilien (bis in die 1840er Jahre), Reis, Salpeter, Indigo, Rohbaumwolle und Jute strömten in das Land und das in einem Umfang, der den inländischen britischen Bedarf bei weitem überstieg; dieser Überschuss wurde in andere Länder reexportiert.

Anders als dies beim Handel mit einem souveränen Land wie Frankreich der Fall war, *begründete das britische Handelsdefizit mit Indien für Großbritannien keine Zahlungsverpflichtungen*. Das ist es, was den britisch-indischen Transfer oder den Reichtumsabzug aus Indien ausmacht. Ein Defizit mit Frankreich musste Britannien auf die übliche Weise durch den Abfluss von Devisen, durch Kreditaufnahme oder durch eine Kombination aus beidem ausgleichen. Dies galt nicht nur für Defizite mit Frankreich, sondern für alle seine

Defizite, die Britannien mit anderen souveränen Regionen einfuhr. Bis 1765, als die lokale Steuererhebung begann, galt dies auch für seinen Handel mit Indien. Nach 1765 änderte sich jedoch die Situation. In der britischen Außenhandelsbilanz führten die Tuch- und Reiseinfuhren aus Indien nun zu einer Zahlungsverpflichtung von Null, da die indischen Erzeuger bereits aus ihren eigenen Steuerleistungen „bezahlt" worden waren, also in Wirklichkeit gar nicht mehr bezahlt wurden. Dieses System der kostenlosen Beschaffung von Waren als Gegenwert für den als Steuern abgezogenen Überschuss war das Wesen des Reichtumsabzugs bzw. des Transfers. Er kam zum einen der Kompanie als Handelsunternehmen zugute, deren Profitrate nun in schwindelerregende Höhen stieg, da ihre Ausgaben für den Kauf der Waren auf Null sanken. Zum anderen profitierte nicht nur die Ostindien-Kompanie, sondern auch Großbritannien als Volkswirtschaft. Der wachsende Importüberschuss an tropischen Waren zog keinerlei Zahlungsverpflichtung nach sich, und über die Wiederausfuhr dieser kostenlosen Waren finanzierte England auch den Kauf von Waren aus anderen souveränen Ländern wie zum Beispiel Frankreich. Das verringerte Britanniens Handelsdefizit mit diesen Ländern

In England wusste man sehr wohl, dass der scheinbar negative Sachverhalt eines Handelsdefizits gegenüber Indien für England in Wahrheit einen Nettozuwachs an Ressourcen darstellte, da die vor Ort erhobenen Steuereinnahmen dem Erwerb von Waren für den Import dienten. So heißt es in Englands *Export- und Importbericht* für das Jahr 1790:

> Der große Überschuss der Importe über die Exporte im Ostindienhandel scheint zunächst eine Bilanz zu unseren Ungunsten zu sein. *Da aber dieser Überschuss aus den territorialen Einkünften der Handelskompanie und aus den Überweisungen vor Ort erworbener privater Vermögenswerte besteht*, ist die Bilanz in Wirklichkeit nicht ungünstig.
> Der Importüberschuss stellt vielmehr in gleichem Umfang *zusätzlichen Reichtum* in unserem Volksvermögen dar.[4]

Anders wenn die Kolonie ein souveränes Land gewesen wäre. Ihre Deviseneinnahmen wären vollständig ihm selbst zugeflossen und hätten seine internationale Kaufkraft gestärkt. Die einheimischen Produzenten von Exportüberschüssen hätten den Gegenwert ihrer Einkünfte in Landeswährung erhalten, unabhängig davon, welcher Besteuerung sie unterworfen waren.

Die von ihnen aufgebrachten Steuerzahlungen wären vollständig unter den normalen Haushaltsposten gebucht worden.

Überschussabzug und der Überschusstransfer waren nur möglich, wenn die Kolonialmacht in irgendeiner Form Eigentumsrechte an der einheimischen Bevölkerung statuierte. In Indien war dies Britanniens souveränes Recht der Steuererhebung. Auf den Westindischen Inseln herrschte Plantagensklaverei. Die Entnahme von Überschüssen durch die britischen Eigentümer erfolgte hier hauptsächlich in Form von Sklaverei-Renten, d. h. in Form des Nettoüberschusses der Produktion über den bloßen Lebensunterhalt der versklavten Arbeiter. In Irland übernahmen englische Siedler das Land der einheimischen Bauernschaft, und der wirtschaftliche Überschuss wurde in Form von Grundrenten und Steuern abgezogen. (Der Begriff „Grundrente" wird hier nicht wie bei Ricardo, sondern in dem von Adam Smith und Karl Marx definierten Sinne als absolute Bodenrente verwendet.)[5] In allen diesen Fällen wurden Waren als Äquivalent des Überschussabzugs unentgeltlich erworben, unabhängig davon, in welcher spezifischen Form dieser Überschuss entnommen wurde, sei es als Sklavenrente, Grundrente, Steuern oder als eine Kombination aus all diesen Abzugsformen.

Der steuerfinanzierte Transfer durch die Ostindische Kompanie war direkt und transparent. Ein Viertel bis ein Drittel der jährlichen Nettosteuereinnahmen wurde für den Kauf von Exportgütern verwendet. Bis in die 1840er Jahre waren dies vor allem Baumwolltextilien. Auf diese Weise floss ein riesiger Warenstrom in die Metropole, der ihren Bedarf bei weitem überstieg; ein Teil davon blieb im Land, der Rest wurde im Austausch gegen inländisch benötigte Waren in andere Länder reexportiert. Die Einfuhr von Baumwolltextilien wurde vollständig reexportiert, da das englische Parlament im Jahr 1700 auf Drängen der schutzsuchenden britischen Wollindustrie ein Gesetz erlassen hatte, das den inländischen Verbrauch von importierten reinen Baumwollwaren aus Indien und Persien verbot. Dieses Verbot wurde 1721 verschärft. Wer dagegen verstieß, wurde mit hohen Geldstrafen belegt. Alle von der Ostindien-Kompanie aus Indien eingeführten Textilien wurden in englischen Häfen gelagert und hauptsächlich nach Europa und in die Karibik reexportiert. Es dauerte sieben Jahrzehnte, bis die Spinnmaschine Jenny und die Waterframe-Maschine perfektioniert waren. Nachdem Baumwollgarn in England maschinell gesponnen werden konnte, wurde ab 1774 das Verbot des inländischen Konsums importierter Baumwollwaren aufgehoben. Die Zugangsbeschränkung gegen asiatische Textilien blieb jedoch in der Form von Zöllen bestehen. Sie wurden zwischen 1775 und 1813 stark erhöht. Erst 1846 wurden die letzten Zölle aufgehoben.[6]

Die rigorose protektionistische Politik Großbritanniens gegenüber asiatischen Textilien wurde fast 150 Jahre lang aufrechterhalten. Aber sie wurde sowohl in der *Cambridge Economic History of India* [7] (1984) als auch in den weit verbreiteten historischen Arbeiten über die industrielle Revolution in Großbritannien und über den technischen Wandel in der Produktion von Baumwolltextilien völlig ignoriert. Auch neuere Autoren schreiben weiterhin im selben Duktus geschichtsvergessener Belanglosigkeit.[8] Wir müssen frühere Arbeiten von List, Dutt, Mantoux und Baran lesen, wenn wir ein wahres Bild von Großbritanniens merkantilistischer Politik der Diskriminierung von Erzeugnissen aus tropischen Regionen gewinnen wollen, eine Diskriminierung, die schon begann, bevor diese Regionen zu Kolonien wurden.[9] Der Wirtschaftshistoriker Paul Mantoux macht in seiner detaillierten Darstellung der Maschinerie zur Produktion von Baumwolltextilien – der treibenden Kraft der Industriellen Revolution in England – deutlich, dass die Verbannung asiatischer Textilien vom inländischen Verbrauch Innovationen und Importsubstitutionen anspornte. Nur so konnte der Nachholbedarf gedeckt werden. Friedrich Lists Kommentare zur Diskriminierung indischer Textilien legen ein Gleiches nahe. Mantoux sagt zum Verbot inländischen Verbrauchs von reiner Baumwolle: „Die Einfuhr reiner Baumwolle, gleich welcher Herkunft, blieb verboten. Kein Schutz konnte vollständiger sein, denn er gab den Herstellern ein regelrechtes Monopol auf dem heimischen Markt."[10]

Gemäß den Navigation Acts aus den 1650er Jahren mussten unabhängig von ihrem endgültigen Bestimmungsort alle wichtigen Kolonialwaren zunächst in britische Häfen gebracht und dann von dort aus wieder ausgeführt werden. Die Waren durften nur mit britischen Schiffen transportiert werden, die mit britischen Offizieren besetzt waren. Es besteht der Irrglaube, dass die wichtigsten Importe aus den Kolonien Rohstoffe waren. Das war keineswegs so. Vielmehr waren während des gesamten achtzehnten Jahrhunderts Lebensmittel die wichtigsten Importe. Das änderte sich nicht bis zur Mitte des neunzehnten Jahrhunderts, als die Rohbaumwollimporte rapide zunahmen.[11]

Phyllis Deane erörterte in *The First Industrial Revolution* (1965) ausführlich, dass Reexporte im 18. Jahrhundert sehr wichtig waren. Sie versetzten Großbritannien in die Lage, strategisches Schiffbaumaterial aus Europa zu kaufen (Stabeisen, Pech und Teer, Holz).[12] Diese Erörterung wurde dann in ihrem gemeinsam mit W. A. Cole verfassten Buch von 1969 gestrichen. Die Autoren berechneten nun eine Größe, von der sie glaubten, sie als „Volumen des britischen Handels" bezeichnen zu dürfen. Dazu entfernten sie die Reexporte *sowohl aus den Import- als auch aus den Exportzahlen*[13] und berechneten das britische Handelsvolumen nach dem *Konzept des „Spezialhandels"* als Summe aus den einbehaltenen Importen und der inländischen Exporte. In keinem makroökonomischen Lehrbuch ist dieses Konzept zu finden, noch wird es von internationalen Organisationen zur Präsentation von Handelsdaten verwandt (Vereinte Nationen, Weltbank, IWF). Dort wird das Handelsvolumen vielmehr immer als die *Summe der gesamten Importe und der gesamten Exporte, einschließlich der eventuell vorhandenen Re-Exporte*, berichtet. Dies ist das richtige Konzept, denn genauso wie die Exporte eines Landes finanzieren auch die Re-Exporte die Importe, seien es die Importe von Konsumgütern für den Endverbrauch oder Importe von Rohstoffen.

Wir haben auf Basis der Zeitreihen von Deane und Cole das Handelsvolumen nach dem anerkannten Konzept berechnet, also die Summe aus Gesamtimporten und Gesamtexporten gebildet. Wir kommen so zu dem Ergebnis, dass Großbritanniens Gesamthandel im Verhältnis zum BIP im Dreijahreszeitraum 1799 bis 1801 einen Wert von 58 Prozent erreicht hatte. Deane und Cole dagegen kamen unter Verwendung ihres Konzepts des Spezialhandels auf nur 36 Prozent.[14] Die Verwirrung wurde durch Simon Kuznets[15] noch verstärkt. Er reproduzierte nämlich eine frühere Version der Deane-Cole-Zahlen, ohne zu erwähnen, dass sie nicht mit den Handelszahlen der anderen von ihm vorgestellten Länder vergleichbar waren.[16] Eine Kritik an diesen Schätzungen des Handelsvolumens, die viele Entwicklungsökonomen in die Irre geführt haben, findet sich in einer Studie von Utsa Patnaik.[17]

Asymmetrie der Produktionskapazitäten zwischen dem Norden und dem Süden

Ein Land im kalten Teil der gemäßigten Zone Europas, das eine tropische Region beherrschte, saß in der Tat auf einer unerschöpflichen Goldmine. Diese Mine war sogar noch lukrativer als eine Goldmine, denn die Goldflöze könnten irgendwann versiegen, nicht aber die Kapazität zur Überschussproduktion und der Besteuerbarkeit der Bauern und Handwerker, solange man diese nicht durch Überausbeutung völlig dezimierte. Man konnte sie dazu anhalten, mehr tropische (und subtropische) Nutzpflanzen, wie Rohrzucker, Reis, Tapioka und Gewürze, mehr Genussmittel wie Kaffee, Tee, Kakao und Tabak, mehr pflanzliche Öle wie Erdnuss-, Lein- und Palmöl, mehr Drogen wie Opium und mehr Rohstoffe wie Indigo, Jute, Sisal und Baumwolle zu produzieren. Man konnte sie nötigen, mehr tropische Harthölzer (Teak, Mahagoni, Palisander, Ebenholz), sei es in Wäldern oder in Holzplantagen, zu schlagen. Bei all dem handelt es sich um Waren, die in den kalten Gebieten der gemäßigten Zonen niemals produziert werden könnten.

Die Bevölkerung in den kalten Ländern der europäischen gemäßigten Zone konnte weder damals noch kann sie heute diese Waren durch den Import von Substitutwaren ersetzen, und gerade deshalb schätzten sie sie, gerade deshalb erweckten diese Produkte einen wachsenden Appetit. Umgekehrt gab es kein besonderes Gut aus den gemäßigten Breiten, das die tropischen Länder in nennenswertem Umfang importieren wollten, konnten sie doch ihren gesamten traditionellen Bedarf selbst produzieren. Sie produzierten in mindestens zwei Fruchtfolgen pro Jahr, während in den kalten Ländern der gemäßigten Zonen nur eine einzige Ernte möglich war; dagegen konnten die größeren Länder des Südens in ihrem Winter alle Feldfrüchte der gemäßigten Zonen produzieren, zusätzlich zu den tropischen Feldfrüchten in der Monsunzeit. Der chinesische Kaiser Qianlong antwortete Georg III., der einen Gesandten geschickt hatte, um über Handelskonzessionen zu verhandeln, mit dem berühmten Satz: „Unser Himmlisches Reich besitzt alle Dinge in Hülle und Fülle, und nicht ein einziges Gut fehlt ihm innerhalb seiner eigenen Grenzen".[18]

Dieser objektive Sachverhalt *asymmetrischer Produktionskapazitäten* erklärt das historische Bestreben der europäischen Länder, tropische Gebiete zu unterjochen und sie mit Waffengewalt zum Handel zu zwingen. David Ricardo hat diese unumstößliche Tatsache nicht nur ignoriert, er hat sie sogar qua Annahme ausdrücklich aus der Betrachtung ausgeschlossen.

Ricardo ging in seinem Modell komparativer Kostenvorteile davon aus, dass „beide Länder beide Güter produzieren" – ja er nahm sogar an, dass „alle Länder alle Güter produzieren" – und zeigte dann, dass Spezialisierung der Produktion und Austausch der Produkte gemäß dem komparativen Kostenvorteil zu gegenseitigem Nutzen führen. Dabei wurde die entscheidende

Tatsache ignoriert, dass die Produktionsstückkosten für tropische Güter in den kalten Gebieten der gemäßigten Zone nicht definiert werden können, denn die Produktion solcher Güter ist hier gleich Null und sie wird für immer gleich Null sein. Somit können die absoluten Kosten nicht definiert werden. Erst recht ist es unmöglich, einen komparativen Kostenvorteil zu bestimmen. Für eine breite Palette von Gütern war das Angebot inländischen Ursprungs, und zwar zu jedem Güterpreis, gleich Null. Dies war nicht nur damals so, das ist auch heute noch der Fall. Ricardos Theorie enthielt einen einfachen fundamentalen Trugschluss, den „umgekehrten Trugschluss der Akzidenz". Es wird ein spezieller Fall angenommen (beide Länder produzieren beide Güter) und daraus eine Schlussfolgerung auf alle Fälle gezogen (der Handel ist für alle Seiten vorteilhaft), in denen die Ausgangsannahme nicht zutrifft.[19] Da schon Ricardos Grundannahme nicht zutrifft, ist auch der Schluss auf wechselseitigen Nutzen nicht gültig. Historische Belege zeigen im Gegenteil, dass das weniger mächtige Land, das gezwungen wird, sich auf Exportprodukte zu spezialisieren, infolge der Umwidmung von Anbauflächen einen Rückgang der inländischen Produktion von Nahrungsmittelgetreide hinnehmen muss. (Es sei denn, die Anbauflächen für Nahrungsmittelpflanzen werden vergrößert. Aber das würde staatliche Investitionen erfordern, die in der Regel ausbleiben.) Ein Weiteres kommt hinzu. Wird das unterworfene Land gewaltsam für die Einfuhr von Industrieerzeugnissen geöffnet, geht die inländische gewerbliche Produktion zurück und die Arbeitslosigkeit wächst, denn es ist nicht genügend Land verfügbar, das die arbeitslos gewordenen Menschen für sich nutzen könnten.[20]

Die Bevölkerung des globalen Nordens fragte tropische Güter in größerem Umfang nach als Waren, die in Großbritannien selbst hergestellt wurden, war es doch für immer ausgeschlossen, dass im Norden tropische Güter hergestellt werden konnten. Außerdem war die Nachfrage einkommenselastischer. Die Wiederausfuhr eines beträchtlichen Teils der Gesamteinfuhren steigerte die Kaufkraft der britischen Inlandsexporte im Zeitraum von 1765 bis 1821 um 55 Prozent.[21] Vier Fünftel der von Großbritannien reexportierten Waren stammten aus tropischen Regionen. Diese Reexporte gingen hauptsächlich nach Kontinentaleuropa. In den Niederlanden waren im 18. Jahrhundert die Wiederausfuhren sogar höher als die Exporte inländisch produzierter Waren.[22] Der „Drain" (der Reichtumsabzug) brachte also den Kolonialmächten einen doppelten Nutzen: Zum einen konnte sich die Metropole tropische

Waren für den eigenen Verbrauch beschaffen. Zum anderen versorgte sie sich kostenlos mit Tropenwaren, die sie gegen dringend benötigte Produkte aus den gemäßigten Breiten tauschen konnte.

Die Importe aus Asien, Westindien und Irland zusammengenommen machten die Hälfte aller britischen Importe im Zeitraum 1784 bis 1826 aus. Der Gesamttransfer, gemessen als Importüberschuss aus den tropischen Kolonien in Asien und den Westindischen Inseln, umfasste Steuern und Sklavereirenten, die keinerlei Auslandsverbindlichkeiten nach sich zogen. Er lag in den Jahren 1801 bis 1821 zwischen 5,3 und 6,1 Prozent des britischen BIP.[23] Auch nach Davis[24] lag das Defizit Großbritanniens gegenüber diesen Kolonien für die meisten Dreijahreswerte des Zeitraums 1784-86 bis 1824-26 zwischen 4 bis 6 Prozent des BIP.[25]

Wir können für den Zeitraum 1765 bis 1836 den Reichtumsabzug aus Indien unter Verwendung der Handelsdaten für Großbritannien grob schätzen. Die Zeitreihen von Mitchell und Deane und die Preisindizes in Imlah[26] wurden zuvor verwendet, um den Importüberschuss aus Asien nach Großbritannien als Maß für den Reichtumsabzug für den Zeitraum von 1765 bis 1822 zu ermitteln. Mit den Daten von Davis können wir nun, nach Abzug des Handelsvolumens mit China, die Schätzung bis zum Jahr 1836 ausdehnen. [27]

Der damalige laufende Wert des Importüberschusses für die Jahre 1765 bis 1836 macht 270,254 Millionen Pfund aus.[28] Wir könnten den gegenwärtigen Wert des Reichtumsabzugs berechnen, indem wir den geschätzten Reichtumsabzug eines jeden einzelnen Jahres des Zeitraums 1765 bis 1836 bis zu einem gegenwärtigen Zeitpunkt nach einem bestimmten Zinssatz aktualisieren und danach die einzelnen Jahreswerte aufaddieren. Wir wählen jedoch ein etwas anderes, kürzeres Verfahren. Wir halten zuerst *das mittlere Jahr der Periode* fest. Das ist das Jahr 1800. Von da an, das Jahr 1800 eingeschlossen, setzen wir einen Zinssatz von 5 Prozent fest. Wir betrachten den Zeitraum a) bis zum Jahr der Unabhängigkeit und den Zeitraum b) bis zum Jahr 2020. *Mit einem Zinssatz von bloß 5 Prozent kommen wir auf einen Reichtumsabzug von a) 369,65 Milliarden Pfund bis zur Unabhängigkeit und von b) 12.400 Milliarden Pfund für die Zeit danach bis zum Jahr 2020.* Wir werden auf diese Zahlen im letzten Abschnitt zurückkommen. Dieses vereinfachte Verfahren, das vom mittleren Jahr der Untersuchungsperiode ausgeht, *unterschätzt* den Reichtumsabzug im Vergleich zu der ausführlicheren Methode, in der die laufenden Werte für jedes einzelne Untersuchungsjahr zunächst aktualisiert und dann aufsummiert werden.

Montgomery Martin, ein scharfer Beobachter, beklagte in seinem Buch von 1838 und bei seiner Aussage im Jahr 1840 vor einem Sonderausschuss, dem Select Committee, den Reichtumsabzug aus Indien. Er nahm die jährlichen Home Charges in Höhe von 3 Millionen Pfund als Messgröße für den Drain, wandte den üblichen Zinssatz von 12 Prozent an und kam so für den Zeitraum von drei Jahrzehnten bis 1833 auf einen Gesamtwert von 724 Millionen Pfund.[30] Der jährliche Drain, so Montgomery Martin, habe in den vorangegangenen fünfzig Jahren etwas mehr als 2 Millionen Pfund betragen. Bei Anwendung desselben Zinssatzes komme man auf „die enorme Summe" von 8.400 Millionen Pfund. „Ein so konstanter und sich kumulierender Reichtumsabzug würde selbst England bald verarmen lassen; wie schwerwiegend müssen dann die Auswirkungen auf Indien sein, wo der Lohn eines Arbeiters zwischen zwei und drei Pence pro Tag liegt".[31]

Die Aneignung der globalen Deviseneinnahmen der Kolonien

Im Jahr 1833 verlor die Ostindien-Kompanie ihr Monopol auf den indischen und chinesischen Handel aufgrund der Forderungen englischer Hersteller. Sie forderten freien Zugang zum indischen Markt, nachdem sie indische Textilien von den europäischen Märkten verdrängt hatten. Die Company behielt jedoch bis zum Großen Aufstand von 1857–59 ihre beherrschende Stellung. Indiens Exporte nach Großbritannien gingen zurück, die Einfuhren von Garn und Stoffen aus Großbritannien stiegen im Zuge der Deindustrialisierung Indiens schnell an, und Ende der 1840er Jahre verzeichnete der indische Handel speziell mit Großbritannien ein Defizit. Insgesamt stiegen jedoch die globalen indischen Exporte weiter an und übertrafen das neue Defizit mit Großbritannien bei weitem, so dass alles in allem dauerhaft ein steigender Warenexportüberschuss erwirtschaftet werden konnte (siehe Tabelle 9.1[32] und Abbildung 9.1). Selbst nach Abzug der Einfuhren von Gold als Rohstoff blieb die Bilanz weit im positiven Bereich.

Mit Irfan Habib gesprochen, ergab sich daraus das Problem der „Realisierung des Tributs". Eine erste Lösung bestand in der Steigerung der Exporte in jene Länder, mit denen Großbritannien Handelsdefizite hatte.[33] Großbritannien etablierte Handelsdreiecke. Auf staatlicher Ebene war der Opiumhandel mit China verboten. In den Opiumkriegen wurden die chinesischen Häfen gewaltsam geöffnet, unter anderem mit dem Ziel, die Opiumexporte nach China auszuweiten. Im Rahmen der Förderung handelspolitischer Dreiecksbeziehungen wurden die Bauern unter dem staatlichen Opiummonopol gezwungen, Opium zu einem sehr niedrigen Preis anzubauen. Die Erlöse aus den Opiumexporten, denominiert in chinesischen Silber *tael*, gingen dann über private Versender an die Company nach China und dienten als Ausgleich der Defizite Großbritanniens gegenüber China.

Tabelle 9.1: Indiens weltweiter Warenexportüberschuss, 1833–1940, Laufende Preise, in Rs. Crore (1 Crore = 10 Mio.)

Periode	X–M	Periode	X–M
1833–35	3,35	1887–89	29,14
1836–38	6,82	1890–92	35,77
1839–41	5,37	1893–95	35,42
1842–44	6,74	1896–98	30,85
1845–47	6,37	1899–01	32,24
1848–50	7,12	1902–04	52,60
1851–53	8,73	1905–07	50,00
1854–56	8,81	1908–10	55,34
1857–59	8,00	1911–13	73,74
1860–62	16,23	1914–16	61,90
1863–65	38,08	1917–19	87,21
1866–68	15,41	1920–22	–14,62
1869–71	23,84	1923–25	141,23
1872–74	21,56	1926–28	71,58
1875–77	22,18	1929–31	51,09
1878–80	23,55	1932–34	18,57
1881–83	32,38	1935–37	39,77
1884–86	27,49	1938–40	35,62

Quelle: K. N. Chaudhuri, „Foreign Trade and Balance of Payments 1757–1947," in D. Kumar, ed. (mit editorischer Unterstützung von Meghnad Desai), The Cambridge Economic History of India, Volume II c.1757–c.1970 (Delhi: Orient Longman, in association with Cambridge University Press, 1984).

Die Bruttoeinnahmen hatten sich im Vergleich zu den 1800er Jahren in den 1820er Jahren verdreifacht. Deccan und Madras waren nun einer Vereinbarung über Grundrenteneinkünfte unterworfen, und die Salz- und Opiummonopole brachten mehr Einnahmen. Der Reichtumsabzug erhöhte sich, aber dieser Drain erfolgte nun auf eine umständlichere Art und Weise als der frühere direkte Weg der britischen Aneignung des Warenexportüberschusses. Der Reichtumsabzug musste nun über Umwege laufen, da Chinas Bilanz mit Großbritannien defizitär geworden war.

Abb. 9.1: Indiens Warenexportüberschuss, 1833–1919 in Rs. Crore (1 Crore=10 Mio.)

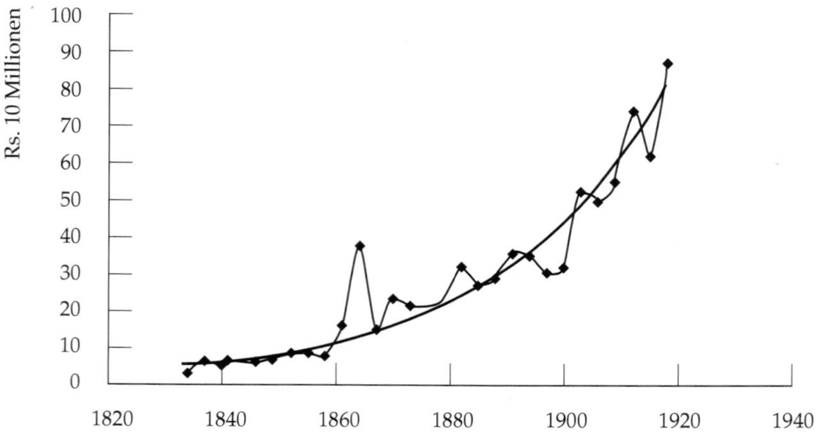

Quelle: Tabelle 9.1.

Es musste eine allgemeinere Lösung für das Problem der „Realisierung des Tributs" gefunden werden. Die Lösung trat 1861 in Kraft, nachdem die Verwaltung Indiens an die Krone übergegangen war. Sie war einfach und effektiv: Ein Minister der britischen Regierung mit Sitz in London (der Secretary of State for India in Council) forderte ausländische Importeure indischer Waren auf, bei ihm Gold, Pfund Sterling und ihre eigene Währung als Bezahlung für ihre Importe aus Indien zu hinterlegen, und zwar gegen die Ausstellung eines offiziellen Wechsels mit einem entsprechenden Rupienwert, der in Indien eingelöst werden konnte. Der Wechselkurs (Rupie im Verhältnis zum Pfund Sterling, wobei letzterer im Verhältnis zum Gold festgesetzt wurde), zu dem diese Council Bills verkauft wurden, wurde regelmäßig sorgfältig auf den Bruchteil eines Farthing angepasst, so dass es für ausländische Importeure niemals billiger war, Gold als Zahlung direkt an indische Exporteure zu schicken, als den Weg über den Londoner Council Bill zu nehmen. Selbst wenn man die Transportkosten für Gold aus Ländern wie Ägypten oder Australien in Rechnung stellte, war das Wechselkursregime so ausgestaltet, dass für ausländische Importeure indischer Waren eine direkte bilaterale Bezahlung in Gold immer ungünstiger blieb als eine Abwicklung über Council Bills. Der Wechselkurs wurde in einem Korridor zwischen zwei „Goldpunkten" gehalten. Diese Punkte wurden immer so angepasst, dass die Einfuhr von Gold als Finanzierungsmittel nach Indien verhindert werden konnte (auch die Ausfuhr von Gold wurde verhindert, es sei denn, das Gold wurde von der Metropole benötigt). Ausländische Importeure indischer Waren neigten dazu, Council Bills jeder anderen privaten Überweisungsart vorzuziehen, da sie sicher sein konnten, dass die Rechnungen immer eingelöst würden. Ausgestellt von einem Minister der britischen Regierung waren die Council Bills eine staatliche Garantie gegen Zahlungsausfall.

Die Wechsel (Council Bills) konnten nur in Rupien eingelöst werden. Das geschah wie folgt. Die Exporteure in Indien reichten diese Wechsel, die sie per Post oder telegrafisch von ausländischen Importeuren erhielten, bei Wechselbanken ein. Das indische Schatzamt stellte eigens für die Zahlung im Ausland entstandener Ausgaben Haushaltsmittel zurück. Mit diesen Haushaltsmitteln wurden die Wechsel der Importeure, deponiert bei Wechselbanken, dann eingelöst.[34] Die Exporteure wiederum bezahlten mit diesen Mitteln die Produzenten vor Ort, von denen sie ihre Waren bezogen. Damit konnte das entscheidende Merkmal der früheren Methode des Reichtumsabzugs beibehalten werden – die Hersteller vor Ort wurden scheinbar, aber nicht tatsächlich für ihren Exportüberschuss bezahlt. Die Bezahlung war nur scheinbar, da sie aus Steuermitteln stammte, die zum größten Teil von eben diesen Produzenten erhoben wurden. Der Exportüberschuss war weiterhin nur die Warenform der Steuereinnahmen.

Die Reichweite dieses offiziellen, staatlichen Mechanismus war jedoch größer als die der privaten Company. Britannien eignete sich über diesen Weg nun alle Exportüberschüsse an, die Britisch-Indien im Handel mit der übrigen Welt insgesamt erwirtschaftete. Im Rahmen dieses Transfermechanismus kam es zudem zu einer internen Umverteilung der Einkommen, weg von den produzierenden Klassen, hin zu den Handel treibenden Klassen. Die Exporteure behielten nämlich einen ziemlich großen Anteil des Erzeugerpreises ein. Der Druck, den ein bestimmtes Drain-Niveau auf die Einkommen der Erzeuger ausübte, wurde dadurch noch größer.

Im Zeitraum 1871 bis 1901 war der Gesamtbetrag (428,58 Mio. £) der Einnahmen aus dem Exportüberschuss identisch mit den aus den indischen Steuereinnahmen gespeisten Gesamtausgaben in England (428,93 Mio. £, vgl. Tabelle 9.2). Wohlgemerkt, dieser durch die Council Bills gedeckte Überschuss bezieht sich nicht nur auf den Warenhandel. In den Saldo gehen zusätzlich die Ströme für Gold als Rohstoff ein. Neben den Handelsströmen für Gold als Rohstoff gab es auch Ströme für Gold als Finanzierungsmittel. Auch diese müssen in die Kapitalbilanz einbezogen werden. In Abbildung 9.2 sind diese beiden Zeitreihen, der Exportüberschuss Indiens und die korrespondierenden Ausgaben in England, dargestellt. Man sieht, dass die indischen Exportüberschusseinnahmen je nach internen Faktoren und Weltmarktbedingungen stark um einen ansteigenden Trend schwankten. Die Ausgaben aus diesem Überschuss, die England in der Währung Sterling tätigte, stiegen dagegen mit weit geringeren Schwankungen. Dies liegt daran, dass zum Ausgleich von Handelsschwankungen eine Art Währungspuffer angelegt wurde, und zwar in Sterling in England und in Form von Rupien in Indien. Wenn die Nettoauslandseinnahmen Indiens in einem bestimmten Jahr stark wuchsen und die von England geforderten Ausgaben überstiegen, wurden die vom Außenministerium unterhaltenen Sterling-Guthaben aufgestockt. Wenn in anderen Jahren die gegenteilige Situation herrschte, griff man auf dieses Guthaben zurück. Im Fall eines starken Anstiegs der Auslandseinnahmen wurde auf indischer Seite ein ungewöhnlich hoher Wert an Council Bills ausgeschrieben, womit eine übermäßige Nachfrage nach Rupien entstand. Der Großteil der Wechsel wurde mit den eingeplanten Haushaltsmitteln eingelöst. In Jahren eines besonders starken Anstiegs der Netto-Auslandseinnahmen griff man außerdem auf die Papierwährungsreserve (seltener auch auf die Goldstandardreserve) zurück. In Jahren eines besonders starken Rückgangs der indischen Netto-Auslandseinnahmen und somit einer nachlassenden Nachfrage nach Rupien füllte man umgekehrt diese Reserven wieder auf.

Tabelle 9.2: Indiens Warenexportüberschuss (Wert der Council Bills) und Ausgaben in England, 1871–1901, in Mio. Pfund

Periode	Wert der Council Bills	Ausgaben in England	Periode	Wert der Council Bills	Ausgaben in England
1871–72	10,310	9,851	1887–88	15,357	15,299
1872–73	13,939	10,548	1888–89	14,263	14,911
1873–74	13,286	10,266	1889–90	15,475	14,790
1874–75	10,842	10,605	1890–91	15,969	15,492
1875–76	12,390	9,899	1891–92	16,094	15,943
1876–77	12,696	13,468	1892–93	16,532	16,242
1877–78	10,134	14,008	1893–94	9,530	15,776
1878–79	13,949	13,820	1894–95	16,905	15,707
1879–80	15,262	14,572	1895–96	17,664	15,560
1880–81	15,240	14,451	1896–97	15,527	15,740
1881–82	18,412	14,376	1897–98	8,837	16,142
1882–83	15,121	14,086	1898–99	18,692	16,325
1883–84	17,600	15,003	1899–00	19,067	16,393
1884–85	13,759	14,104	1900–01	13,300	17,201
1885–86	10,293	13,973			
1886–87	12,136	14,376	**GESAMT**	**428,581**	**428,927**

Quellen: Statistical Abstracts for British India, various years (Department of Commercial Intelligence and Statistics, India); R. C. Dutt, Economic History of India, Vol. II.

Die neue, indirekt über Umwege laufende Regelung von 1861 behielt somit den Grundzug des vorausgegangenen direkten Company-Systems bei: *Der Exportüberschuss wurde weiterhin aus Steuermitteln bezahlt, die bei den kolonisierten Produzenten selbst eingetrieben worden waren. Er wurde also in Wahrheit gar nicht bezahlt.* Die Metropole bekam ihn weiterhin kostenlos und hielt ihn, als Gold und Deviseneinnahmen, bei sich.

Abb. 9.2: Indiens Warenexportüberschuss (Wert der Council Bills) und Ausgaben in England (EXP in England), 1871–1901

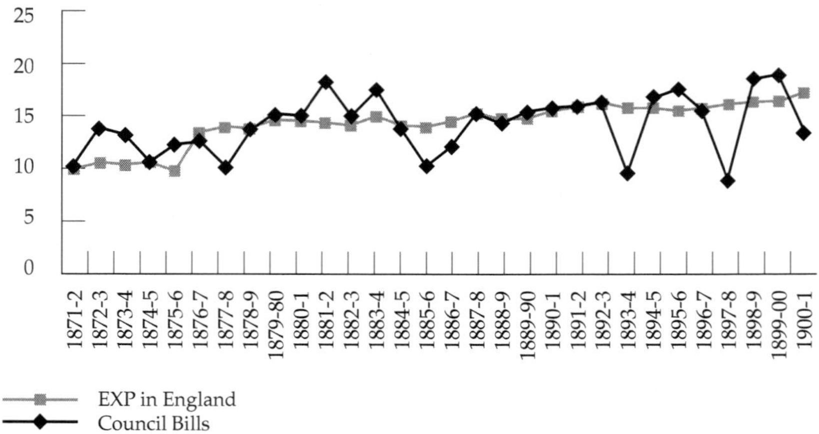

Quelle: Zeitreihen in Tabelle 9.2.

Ein kleiner Teil des Goldes als Zahlungsmittel, das von Ausländern als Bezahlung für indische Exporte verwendet wurde, könnte sich diesem System der wirtschaftlichen Kontrolle entzogen haben und nach Indien gelangt sein, vielleicht über die Häfen der indischen Fürstenstaaten. Diese der Kontrolle entzogenen Menge lässt sich nur schwer abschätzen, dürfte jedoch vernachlässigbar sein. Der weit überwiegende Teil der Zahlungen der übrigen Welt für Indiens Warenexportüberschüsse wurde von den Metropolen erfolgreich abgefangen und vereinnahmt. Er gelangte nie zu den kolonisierten Produzenten, die diese Überschüsse erwirtschaftet hatten, weder als physisches Gold als Zahlungsmittel (im Gegensatz zu Gold als Ware, die wie jede andere Ware importiert wurde), noch als ein Nettokredit Indiens in Devisen. Der Kolonialregierung Indiens wurde nicht einmal ein Teil der Auslandseinnahmen gutgeschrieben, gegen den sie Rupien hätte ausgeben können. In einem souveränen Land wäre das möglich gewesen. Vielmehr hatte der Außenminister in London einen offiziellen Anspruch auf den Teil des indischen Haushalts, der als „Ausgaben in England" oder manchmal als „Ausgaben im Ausland" bezeichnet wurde. Die Ausgaben waren in Rupien denominiert. Das minderte den Wert dieses Haushaltstitels und führte zu einer strengen Geldpolitik, zu mangelnder Liquidität und damit zu dauerhaft hohen Zinssätzen.

In der Zahlungsbilanz wurde Indiens großer und steigender Rohstoffexportüberschuss vollständig durch die staatlich gesetzten Unsichtbaren Belastungen (den Tribut) ausgeglichen. Die Invisibles (unsichtbare Haushaltsposten) enthielten alle in Rupien denominierten Drain-Posten des Haushalts, die nun in der Außenbilanz in Pfund Sterling ausgedrückt wurden. Aber die administrativ gesetzten, manipulierten Sollposten beschränkten sich nicht unbedingt nur auf die wiederkehrenden Posten des Reichtumsabzugs.

Für den Zeitraum 1837–38 bis 1900–01 schätzen wir den Reichtumsabzug auf 596,757 Millionen Pfund. Wir ziehen dazu die Zeitreihe der „Ausgaben im Ausland" im indischen Haushalt heran, die dort als Zahlungen ausgewiesen sind; ab 1861 geschah dies gegen Council Bills, die im Wert des indischen Rohstoffexportüberschusses ausgeschrieben wurden. Diese Datenreihe ist sowohl in Pfund als auch in Rupien in den *Statistical Abstracts for British India* verfügbar. Der Mittelpunkt dieses Zeitraums ist das Jahr 1868; kumuliert man, wie weiter oben beschrieben, mit einem Zinssatz von 5 Prozent für die neunundsiebzig Jahre bis 1947 und für die 152 Jahre bis 2020, erhält man den Gesamtwert des Drains bis zum Zeitpunkt 1946 in Höhe von 28,17 Mrd. Pfund, bzw. in Höhe von 992,14 Mrd. Pfund zum Zeitpunkt 2022. Addiert man diese Schätzungen zu unserer Schätzung für den früheren Zeitraum 1765 bis 1836 hinzu, erhält man die Zahlen in Tabelle 9.3.

Damit man sich eine Vorstellung von der relativen Bedeutung des Reichtumsabzugs verschaffen kann, geben wir auch das Bruttoinlandsprodukt des Vereinigten Königreichs in laufenden Preisen für die Jahre 1836, 1900 und 1947 an. Der Wert des Drains zwischen 1765 und 1900, kumuliert bis 1947, liegt bei 397,8 Milliarden Pfund. Das ist fast das Achtunddreißigfache des BIP des Vereinigten Königreichs im Jahr 1947. Dieser Berechnung liegen nominale, nicht um Preisänderungen bereinigte Werte, zugrunde. Würden wir stattdessen in konstanten Preisen des Jahres 1900 rechnen, wäre der Wert des Reichtumsabzugs bis 1900 nicht nur das Achtunddreißigfache, sondern ein viel höheres Vielfaches des BIP des Vereinigten Königreichs von 1947. Kumuliert bis zum Jahr 2020 beläuft sich der Reichtumsabzug auf 13,39 *Billionen* Pfund, mehr als das Vierfache des geschätzten BIP des Vereinigten Königreichs für dieses Jahr.

Fast durchgängig lag der Wechselkurs des US-Dollars gegenüber dem britischen Pfund im untersuchten Zeitraum bestenfalls bei 1 £ = 4,84 $. Somit beläuft sich der Drain von 1765 bis 1900, kumuliert bis 1947, auf 1,925 Billionen

Dollar und kumuliert bis 2020 auf 64,82 Billionen Dollar. Die erste Summe von 1,925 Billionen Dollar ist größer als das gemeinsame BIP-1947 für das Vereinigte Königreich, die Vereinigten Staaten und Kanada zusammengenommen. Die letztgenannte Summe von 64,82 Billionen Dollar ist ebenfalls viel höher als das gemeinsame BIP dieser Länder im Jahr 2020.

Aufnötigung einer Sterling-Verschuldung

Bei unseren Berechnungen des Drains handelt es sich um Minimalschätzungen. Die tatsächlichen Summen, die als Reichtumsabzug aus Indien nach Großbritannien flossen, waren weit größer. Über Jahre hinweg waren die Unsichtbaren Forderungen (die „Invisibles") immer höher als die Fähigkeit Indiens, sie durch Deviseneinnahmen zu decken, egal wie schnell diese Einnahmen auch wachsen mochten. So erzwang man Indiens Verschuldung gegenüber Großbritannien. Indiens riesige Auslandseinnahmen verschwanden nicht nur auf magische Weise im gähnenden Schlund des Kontos des Außenministers in London. Man sorgte auch dafür, dass das Land ein ständiges Defizit hatte. Wären Indien die eigenen Gold- und Deviseneinnahmen aus seinen Exportüberschüssen auch nur teilweise gutgeschrieben worden, wäre es nicht gezwungen gewesen, Kredite aufzunehmen. Viel früher als dies Japan nach seiner Meiji-Revolution von 1868 tat, hätte Indien angesichts des großen Umfangs dieser Auslandseinnahmen Technologie zum Aufbau einer modernen Industriestruktur importieren oder selbst Kapital exportieren können. Mit den außergewöhnlich hohen Außenhandelseinnahmen Indiens während des Rohbaumwollbooms in den 1860er und 1870er Jahren hätte Indien sein Eisenbahnsystem gleich mehrmals aufbauen können (siehe Tabelle 9.1 und Abbildung 9.1). Zwischen 1860 und 1876 beliefen sich die Überschusseinnahmen aus dem Rohstoffexport auf 135 Millionen Pfund, die Investitionen in Eisenbahnen und Bewässerungsanlagen aber lagen bei nur 26 Millionen Pfund. Da sich Großbritannien jedoch die gesamten Gold- und Deviseneinnahmen Indiens nach der oben beschriebenen Methode aneignete, wurden Indien auf dem Londoner Geldmarkt Kredite für den Bau von Eisenbahnen aufgezwungen. Der Zinssatz zur Bedienung dieser Kredite wurde den ausländischen privaten Kreditgebern von der Kolonialregierung garantiert, unabhängig von der tatsächlichen Rentabilität der Eisenbahnen.

Tabelle 9.3: Schätzung des Reichtumsabzugs (Drain) aus Indien, 1765–1900

		Kumuliert zu einem Zinssatz von 5 Prozent	
Periode	Absoluter Wert (Mio. Pfund)	Bis 1947 (Mrd. Pfund)	Bis 2020 (Mrd. Pfund)
1765–1836	270,2537	369,6476	12.399,900
1837–1900	596,7570	28,1677	992,135
1765–1900	867,0110	397,8153	13.392,035

BIP	UK in Mio. Pfund
1836	592
1900	1.963
1947	10.544

Die gesamten Auslandseinnahmen Indiens gingen direkt auf das Konto des Außenministers in London. Verbucht wurden sie allerdings in einer großen Zahl willkürlich von der Verwaltung festgelegter „unsichtbarer" Verbindlichkeiten Indiens (Invisibles). Dazu gehörten alle jährlichen Drain-Posten. Im indischen Haushalt wurden sie unter „Ausgaben in England" verbucht, denominiert sowohl in Pfund Sterling als auch in Rupien. Sie waren auch als „Home Charges" bekannt und enthielten als Hauptbestandteile Militärausgaben und Schuldzinsen. Es besteht das Missverständnis, die „Home Charges" hätten der Aufwandsentschädigung, ausgedrückt in Pfund Sterling, für die ausländische Verwaltung gedient, es handle sich überwiegend um Mittel für Pensionen und Urlaubsgelder ausländischer Verwalter und Ähnliches. Berechnet nach den Haushaltsdaten von 1861 bis 1934 machten alle diese Verwaltungskosten zusammengenommen jedoch im Durchschnitt nur 12,7 Prozent der Home Charges aus.

Die Zinszahlungen in Pfund Sterling machten den größten Posten aus, nämlich mehr als die Hälfte der „Home Charges", und zwar nicht, weil es einen großen Investitionszufluss gab (der gesamte Subkontinent hatte bis 1913 kaum ein Zehntel der gesamten britischen Auslandsinvestitionen erhalten), sondern weil praktisch alle großen externen Ausgaben ganz oder teilweise als Belastung der indischen Einnahmen behandelt wurden. Überstiegen die indischen externen Ausgaben die indischen Exportüberschüsse, wurde dies als Anstieg der indischen Sterling-Verschuldung verbucht. In diesen zusätzlichen externen Ausgaben waren die Kosten für die vielen imperialen Eroberungskriege Großbritanniens außerhalb der indischen Grenzen enthalten. Eingeschlossen waren auch die Kosten, berechnet in Pfund Sterling, für die Niederschlagung des Großen Aufstands von 1857 in Indien. Die Home Charges enthielten des weiteren die Entschädigung der East India Company, die fällig wurden, als die Verwaltungshoheit an die Krone überging; sie enthielten die Gewährleistung einer Rendite für die Aktionäre der Company aus dem indischen Haushalt; in die Home Charges gingen die Kosten für Telegrafenlinien ein – die Linie über das Rote Meer und die Linie von Mauritius nach Kapstadt; die Home Charges enthielten die Kosten für den Unterhalt britischer Gesandtschaften in einer Reihe von Ländern; sie enthielten die Kosten für die Einfuhr von Währungsgold in den 1890er Jahren, die erforderlich war, um den Reserveanforderungen im Goldstandardregime Genüge zu tun, wobei der größte Teil dieses Goldes später von Großbritannien gegen die Ausgabe von Wertpapieren absorbiert wurde. Diese Aufzählung der Home-Charges-Posten ist keineswegs vollständig.

Diese Kosten, die stets über die rasch steigenden Auslandseinnahmen Indiens hinausgingen, wurden als kumulierte Schulden Indiens ausgewiesen. Allein zwischen 1856 und 1861 stiegen die Schulden in Pfund Sterling in einem Quantensprung um das Neunfache, nämlich von 4 Mio. Pfund auf 35 Mio. Pfund. Man deckte damit die Kosten für die Niederschlagung des Großen Aufstandes. Die Sterling-Schulden stiegen in den 1870er Jahren erneut an, verdoppelten sich auf 70 Millionen Pfund und übertrafen Mitte der 1880er Jahre die Rupien-Schulden. Diese verzeichneten ab 1891, als die Regierung Währungsgold als Reserve einführte, erneut einen Quantensprung. Im Jahr 1901 betrug die Gesamtverschuldung in Pfund Sterling 135 Millionen Pfund, mehr als ein Fünftel des BIP von Britisch-Indien und das Achtfache des jährlichen Exportüberschusses.

Beginnend mit der Jahrhundertwende wurden nach Änderung der Bestimmungen über die Mindestreserveanforderungen vier Fünftel des Währungsgoldes, das zuvor mit großem Aufwand zur Deckung der indischen Währung importiert worden war, gegen die Ausgabe britischer Staatspapie-

Abb. 9.3: Indiens Schulden in Pfund Sterling, 1837–38 bis 1901–02

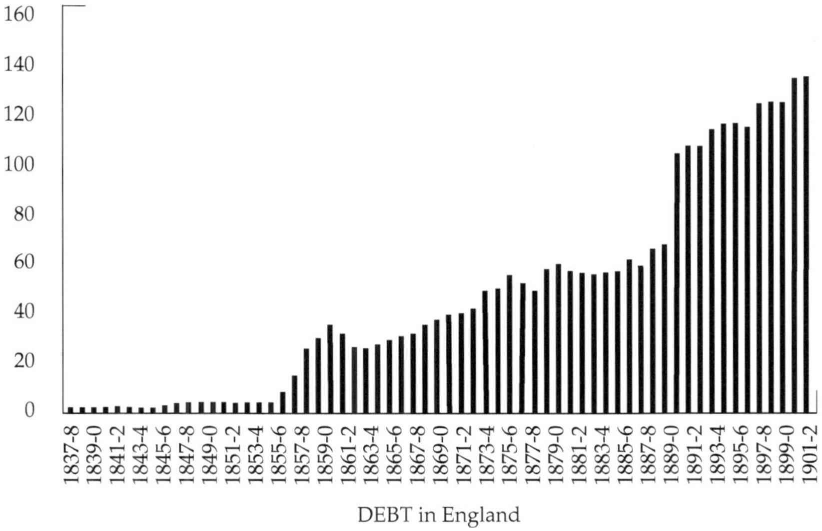

Quelle: Statistical Abstracts for British India, verschiedene Jahre (Department of Commercial Intelligence and Statistics, India).

re physisch nach London verlagert. Über mehrere Jahre hinweg floss dieses „indische Gold" nach London. Private Investmentfirmen in London warteten dort sehnsüchtig auf diese Zuflüsse. Auf ihrer Grundlage konnten zu einem niedrigen Zinssatz Kredite an diese Firmen vergeben werden. Billige Liquidität strömte so in den Londoner Geldmarkt.[35] Indien zahlte unterdessen weiterhin Zinsen für die Schulden, die es für den Import des Goldes aufgenommen hatte. Abbildung 9.3 zeigt die Entwicklung der Sterling-Schulden von 1837 bis 1902.

Da die britische Regierung die Kontrolle hatte über die Art und Höhe der Invisibles (der Unsichtbaren Verbindlichkeiten), die sie Indien aufzubürden gedachte, konnte sie diese Belastungen an die jährlichen, durch die Regierung nicht kontrollierbaren, Schwankungen der Exportüberschusseinnahmen anpassen; und zweitens beschränkte die britische Regierung die Gesamtverbindlichkeiten Indiens nicht auf die tatsächliche Summe der Auslandseinnahmen, sondern steigerte die indische Schuldenlast, wann immer

Britannien zusätzliche Mittel benötigte. Die Anpassung erfolgte stets auf unsymmetrische Weise.

Sobald die indischen Exportüberschüsse ein ungewöhnliches Ausmaß annahmen, wurden zur Abschöpfung dieser Exzesseinnahmen umgehend zusätzliche Forderungen zu den normalen Drain-Posten hinzugefügt. Im Jahr 1919 erreichten die Exportüberschüsse einen Spitzenwert von 114 Millionen Pfund. Aus Indien importiertes Kriegsmaterial im Wert von 67 Millionen Pfund wurde von Großbritannien nicht bezahlt. Das stellte einen Zwangsbeitrag dar.[36] Darüber hinaus machten sich die Briten selbst großzügige „Geschenke". So wurden beispielsweise während des Ersten Weltkriegs zusätzlich 100 Millionen Pfund (eine sehr hohe Summe, die den gesamten Jahreshaushalt Indiens überstieg und 3 Prozent des damaligen britischen Nationaleinkommens ausmachte) als „Geschenk" von Indien an Großbritannien überwiesen – ein Geschenk, von dem kein gewöhnlicher Inder wusste – gefolgt von einem weiteren „Geschenk" in Höhe von 45 Millionen Pfund im darauf folgenden Jahr. Beide „Geschenke" erhöhten die Schuldenlast Indiens.[37] Andererseits, wenn z. B. aufgrund einer weltweiten Rezession die indischen Exporteinnahmen zurückgingen, wurde die als Tribut geforderte Summe nie gesenkt. Stattdessen wurde jede Lücke zwischen Tribut und tatsächlichen Auslandseinnahmen durch eine (erzwungene) Kreditaufnahme Indiens geschlossen. Selbst in den Jahren der Großen Depression, als die indischen Exporterlöse drastisch zurückgingen, wurde der Tribut nicht gesenkt. Zusätzlich zur erzwungenen Verschuldung wurde Indien vorgeschrieben, im Rahmen der währungspolitischen Notmaßnahmen den Abfluss von Finanzgold zuzulassen.

Eine solche Manipulation der Unsichtbaren Verbindlichkeiten durch die Regierung sorgte dafür, dass Indiens Leistungsbilanz in einem bestimmten Zeitraum immer im Defizit blieb, unabhängig davon, wie groß Indiens Exportüberschuss auch sein mochte. Eine Ausnahme bildeten die beiden Jahre des Importanstiegs nach dem Ersten Weltkrieg, in denen ein Defizit im Warenhandel auftrat. (Bei den Goldabflüssen während der Depressionsjahre handelte es sich nicht um Gold als Rohstoff, sondern um Gold als Finanzgold. Im nächsten Kapitel werden wir das erläutern.)

Sowohl Naoroji als auch Dutt waren sich völlig darüber im Klaren, dass die den indischen Erzeugern abgenommenen Geldmittel einen erheblichen Druck auf die Einkommen der örtlichen Erzeuger ausübten, wenn sie nicht im Rahmen der normalen Haushaltspläne in vollem Umfang wieder innerhalb des Landes ausgegeben wurden. Dutt zitierte zustimmend George Wingate, einen einflussreichen Verwaltungsfachmann, der in den 1830er Jahren schrieb: „Der an Großbritannien gezahlte Tribut ist bei weitem das verwerflichste Merkmal unserer derzeitigen Politik. Steuern, die in dem Land ausgegeben werden, aus dem sie stammen, haben völlig andere Auswirkungen als Steuern, die in dem einen Land erhoben und in einem anderen Land ausgegeben werden. Was die Auswirkungen auf die nationale Produktion betrifft, so könnte man den gesamten Betrag ebenso gut ins Meer werfen, statt ihn in ein anderes Land zu überweisen."[38]

Naoroji und Dutt hatten Recht, denn die Überschusshaushalte wurden in einer Art und Weise geführt, die die Massenkaufkraft in einem unvorstellbaren Ausmaß restringierte. (Die Haushalte waren nur dem Schein nach ausgeglichen. Der Schein eines Ausgleichs entstand darüber, dass man die Drain-Posten auf der Ausgabenseite führte.) Diese Einkommensdeflation war ein wirtschaftlicher Mechanismus des Imperialismus, der zur Einrichtung von Exportkulturen unentbehrlich war, da außer in den Anfangsjahren des Indigo- und Opiumanbaus die Exportorientierung nicht mit offener Gewalt erzwungen wurde. Die Einkommensdeflation verringerte den Verbrauch der Erzeuger von Grundnahrungsmitteln und bewirkte sowohl die Umwidmung von Anbauflächen für Nicht-Getreide-Exportkulturen als auch den Export von Nahrungsmitteln. Der stetige Rückgang der Pro-Kopf-Aufnahme von Nahrungsmittelgetreide in Britisch-Indien war Ausdruck dieser Einkommensdeflation.[39] Den Ausführungen von Wingate ist hinzuzufügen, dass aus Sicht der Kolonialherren die Steuereinnahmen im indischen Haushalt, explizit ausgewiesen unter „Ausgaben in England", keineswegs „ins Meer geworfen" waren. Sie verkörperten sich vielmehr in einer riesigen Menge für Großbritannien völlig kostenloser Güter. Großbritannien importierte solche Güter weit über seinen Inlandsbedarf hinaus und reexportierte den nicht in seinem Inland absorbierten Rest in andere Länder.

Die vor-britischen Herrscher, einschließlich der Invasoren, hatten zwar die Steuern erhöht, waren aber zu einem festen Bestandteil der ansässigen Bevölkerung geworden und gaben alle öffentlichen Mittel innerhalb des Landes aus. Es gab keinen steuerfinanzierten Antrieb für eine Exportproduktion, die zu einem Drain geführt hätte. Somit gab es auch keine einkommensmindernden Auswirkungen auf die Produzenten wie dies unter britischer Herrschaft der Fall war. Nach Naoroji und Dutt war die große Zahl spezifischer Haushaltsposten für Ausgaben *außerhalb des Landes,* also die Posten für den Drain, darauf zurückzuführen, dass Indien eine Kolonie war, die ausschließlich zum Nutzen der Metropole betrieben wurde. Bei den „Home Charges“ handelte es sich nicht um die Kosten für die Verwaltung Indiens, denn die regulären Gehälter des britischen Zivil- und Militärpersonals, das in Indien Dienst tat, wurden aus den „Inlandsausgaben“ des Haushalts bezahlt. Die Sterling-Auflagen waren für Urlaubs- und Pensionszulagen bestimmt und machten zwischen 1861 und 1934 im Durchschnitt nur 12,7 Prozent der Home Charges aus. Der größte Teil, über 77 Prozent des Titels „Inlandskosten“, bestand aus Zinszahlungen für Schulden, die hauptsächlich durch Militärausgaben im Ausland und laufende Militärausgaben entstanden, während 10 Prozent der „Inlandskosten“ den Einkauf der Geschäftsstellen der Regierung finanzierten. Die Kosten der kolonialen Eroberungskriege außerhalb Indiens wurden teilweise oder überwiegend den indischen Einnahmen gegengerechnet.[40] Dieses parasitäre Muster sollte sich in den Jahren 1941 bis 1946 auf katastrophale Weise wiederholen. Damals wurde die enorme Last der Finanzierung der alliierten Kriegsausgaben in Südasien Indien als eine Zwangsanleihe aufgebürdet, die durch eine rasante Profitinflation aufgebracht wurde. Drei Millionen Zivilisten mussten deshalb verhungern – ein Thema, das wir in einem späteren Kapitel behandeln.

Wir haben davon gesprochen, dass sich die Metropolwirtschaft einen Teil des Überschusses der Kolonie kostenlos aneigne, und dass dieser Teil den Drain ausmache. Da aber ein Teil, wenn auch nur ein kleiner, dieser Drain-Posten der Entschädigung für besondere Dienstleistungen der Metropole, diente, stellt sich die Frage: Kann man legitimerweise davon sprechen, dass die Metropole der Kolonie einen „Drain“ entzieht?

Diese Frage kann auf zwei Ebenen beantwortet werden. Erstens ist die Art und Weise, wie die Einnahmen aus dem Reichtumsabzug verteilt werden, für die Feststellung, ob überhaupt ein solcher Drain vorliegt, unerheblich. Um einen analogen Fall anzuführen: Die Art und Weise, wie die Einnahmen einer Erpressung verteilt und die verschiedenen beteiligten Akteure für ihre Dienste entschädigt werden, ist für die Feststellung, ob Erpressung überhaupt vorliegt, irrelevant. Der Reichtumsabzug aus der Kolonie, der Drain, ist mit Erpressung vergleichbar, und die Behauptung der Metropolwirtschaft, sie biete administrative Dienstleistungen, entspricht der Behauptung des Erpressers, er biete „Schutz“.

Zweitens: Selbst wenn man die lokalen Verwaltungsfunktionen vollständig in indische Hände gegeben hätte, hätte dies, wenn auch ein in sich wünschenswerter Schritt, den Drain nicht um ein Jota verringert. Solange Großbritannien die politische Kontrolle behielt und den internen Haushalt Indiens weiterhin mit dessen externen Auslandseinnahmen verknüpfen durfte, konnte indischer Reichtum weiterhin in gleichem Umfang außer Landes gezogen werden. Wie wir gesehen haben, wurde die Gesamtheit der indischen Auslandseinnahmen in London abgefangen und von Großbritannien angeeignet. Der in Rupien denominierte Gegenwert ging an die indischen Produzenten, die den Exportüberschuss erwirtschaftet hatten, und dieser Gegenwert wurde exakt aus jenen Steuern „bezahlt“, die von eben diesen Produzenten erhoben wurden. Was auch immer zur Rechtfertigung dieser Aneignung als Unsichtbare Verbindlichkeiten (Invisibles) auf der Sollseite des Haushalts angegeben wurde, es beeinflusste weder die tatsächliche Existenz dieses Drains noch seine Größe. Angenommen, die Urlaubs- und Erholungsbeihilfen oder die Pensionen für britische Verwaltungsangestellte und Soldaten wären nicht mehr zu Lasten der Auslandseinnahmen Indiens verbucht worden (diese machten ohnehin nur ein Achtel der „Home Charges“ aus). Der Einfallsreichtun der Kolonialherren wäre gewiss groß genug gewesen, diese entfallenen Belastungen durch andere, neu zu schaffende Posten zu ersetzen, z. B. durch die Kosten für den Unterhalt einiger der vielen Paläste der Königin-Kaiserin in Großbritannien – mit dem Argument, sie biete Indien eine Regierung.

9 Kolonialismus vor dem Ersten Weltkrieg

1. Dadabhai Naoroji, *Poverty and Un-British Rule in India,* (London: Swan Sonnenschwein & Co. 1901), wiederabgedruckt als Publications Division, Government of India, 1969; Romesh Chunder Dutt, *Economic History of India Volume 1: Under Early British Rule 1757–1837* (London: Kegan Paul,1903), und *Volume II: In the Victorian Age 1837–1900* (London: Kegan Paul, 1905), reprinted by Publications Division, Government of India, 1970. The literature discussing the drain, whether directly or tangentially, includes A. K. Bagchi, „Some International Foundations of Capitalist Growth and Underdevelopment," *Economic and Political Weekly* 7, nos. 31–33 (August 5, 1972), *The Presidency Banks and the Indian Economy, 1876–1914* (Delhi: Oxford University Press, 1989), und *Perilous Passage: Mankind and the Global Ascendancy of Capital* (Delhi: Oxford University Press, 2005); A. K. Banerjee, India's Balance of Payments: Estimates of Current and Capital Accounts 1921–22 to 1938–39 (Bombay: Asia Publishing House 1963), und Aspects of Indo-British Economic Relations (Bombay: Oxford University Press, 1982); D. Banerjee, Colonialism in Action (Delhi: Orient Longman, 1999); S. Bhattacharya, The Financial Foundations of the British Raj (Delhi: Orient Longman, 1971, reprint 2005); K. N. Chaudhuri, „Foreign Trade and Balance of Payments 1757–1947" in D. Kumar, ed. (with the editorial assistance of Meghnad Desai), The Cambridge Economic History of India, Volume II c.1757-c.1970 (Delhi: Orient Longman, in association with Cambridge University Press, 1984); B. N. Ganguli, Dadabhai Naoroji and the Drain Theory (New York: Asia Publishing House, 1965); S. Habib „Colonial Exploitation and Capital Formation in England in the Early Stages of the Industrial Revolution," Proceedings of the Indian History Congress, Aligarh (1975); J. M. Keynes, „Review of T. Morrison's The Economic Transition in India," The Economic Journal, Volume 22 (1911); Angus Maddison, The World Economy (Paris: OECD Development Centre Studies, 2006); T. Morison, The Economic Transition in India (London: Murray, 1911); A. Mukherjee „The Return of the Colonial in Indian Economic History: The Last Phase of Colonialism in India," Social Scientist, Volume 36, No. 3-4 (March-April 2008) and „Empire: How Colonialism Made Modern Britain," Economic and Political Weekly, Vol. XLV, No.50, December 11, 2010; Y. S. Pandit, India's Balance of Indebtedness (London: Allen and Unwin, 1937); Utsa Patnaik, „Tribute Transfer and the Balance of Payments" in The Cambridge Economic History of India Volume II, Social Scientist, Vol. 12, No.12 (December 1984), and „The Free Lunch: Transfers from the Tropical Colonies and Their Role in Capital Formation in Britain during the Industrial Revolution," in K. S. Jomo, ed., Globalization Under Hegemony: The Changing World Economy (Delhi: Oxford University Press, 2006); Sunanda Sen, Colonies and the Empire: India 1890–1914 (Delhi: Orient Longman1992).
2. Zu diesen Ausnahmen: Paul A. Baran, The Political Economy of Growth (New York: Monthly Review Press, 1957); Maddison, The World Economy; H. Heller, The Birth of Capitalism (London: Pluto Press, 2011); and Branco Milanovic „Ethical Case and Economic Feasibility of Global Transfers" (2007), verfügbar unter: mpra.ub.uni-muenchen.de/2587/1/MPRA-paper-2587.pdf.
3. Vgl. Folke Hilgerdt, „The Case for Multilateral Trade," American Economic Review, Vol. 33, No.1, Part 2 (March 1943), and S. B. Saul, Studies in British Overseas Trade 1870–1914 (Liverpool: Liverpool University Press, 1960).
4. Zitiert von: B.N. Ganguli, Dadabhai Naoroji and the Drain Theory, 9. (Hervorhebung hinzugefügt)
5. Sowohl Adam Smith als auch Karl Marx hatten betont, dass die Grundrente aus dem Besitz von Grund und Boden in wenigen Händen resultiert. Dies gestatte es dem Grundeigentümer, sogar ohne jegliche Auslagen für eigene Produktionsanstrengungen dem eigentlichen Produzenten einen Überschuss zu entziehen. Bei Ricardo stellt sich dieser Sachverhalt umgekehrt dar. Nach Ricardo besteht die Grundrente im Profitüberschuss, den der Eigentümer über den durchschnittlichen Produktionsgewinn hinaus erzielt. Zu Marx' Kritik an Ricardos Konzept der Rente siehe Karl Marx, Theories of Surplus Value,

Part II (Moskau: Progress Publishers, 1968), und Utsa Patnaik „Introduction" to U. Patnaik, ed., The Agrarian Question in Marx and His Successors (Delhi: Leftword Books, 2007).

6. Paul Mantoux, The Industrial Revolution in the Eighteenth Century [1928], übersetzt von Marjorie Vernon (London: Methuen, 1970); R. C. Dutt Economic History of India, Vol. II (1905).
7. D. Kumar, ed., The Cambridge Economic History of India, Vol. II.
8. Vgl. E. J. Hobsbawm, Industry and Empire: From 1750 to the Present Day (Harmondsworth: Penguin, 1972); David Landes, The Unbound Prometheus: Technological Change and Industrial Development in Western Europe from 1850 to the Present (Cambridge: Cambridge University Press, 1969); P. Deane and W. A. Cole, British Economic Growth 1688–1959: Trends and Structure (Cambridge: Cambridge University Press,1969); and B. R. Tomlinson, The New Cambridge Economic History of India: The Economy of Modern India 1860–1970 (Cambridge: Cambridge University Press, 1993).
9. Vgl. Friedrich List, The National System of Political Economy, übersetzt von G. A. Matile (Philadelphia: Lippincott & Co., 1856); R. C. Dutt, The Economic History of India, Vol. I (Delhi: South Asia Books, 1990); Mantoux, The Industrial Revolution; and Baran, The Political Economy of Growth.
10. Mantoux, The Industrial Revolution, p. 256.
11. Ralph Davis, The Industrial Revolution and British Overseas Trade (Leicester: Leicester University Press, 1979); Utsa Patnaik, „India's Global Trade and Britain's International Dominance," in S. Sen and M. C. Marcuzzo, eds., The Changing Face of Imperialism (Delhi: Routledge, 2018).
12. Phyllis Deane, The First Industrial Revolution (Cambridge: Cambridge University Press, 1965).
13. Deane and Cole, British Economic Growth.
14. Vgl. Tabelle B.2 in U. Patnaik, „New Estimates of Eighteenth Century British Trade and Their Relation to Transfers from Tropical Colonies," in K. N. Panikkar, T. J. Byres, and U. Patnaik, eds., The Making of History: Essays Presented to Irfan Habib (Delhi: Tulika Press, 2000).
15. Simon Kuznets, „Foreign Trade: Long-term Trends," Economic Development and Cultural Change, Vol. 15, No. 2, Part 2 (January1967).
16. Er stellte den Zahlen von Deane and Cole seine Daten zum „Spezialhandel" gegenüber, ohne zu erklären, was darunter zu verstehen sei.
17. U. Patnaik, „Misleading Trade Estimates in Historical and Economic Writings," in P. Patnaik, ed., Excursus in History: Essays on Some Ideas of Irfan Habib (Delhi: Tulika Books,2011).
18. E. Backhouse and J. O. P. Bland, Annals and Memoirs of the Court of Peking (Boston: Houghton Mifflin, 1914), 322–331.
19. Ricardos Theorie hat eine sehr nützliche apologetische Funktion für die fortgeschrittenen Länder. Sie verschleiert den Sachverhalt, dass die weniger entwickelten Länder, die aus außerökonomischen Gründen zum Handel gezwungen sind, Wohlfahrtseinbußen erleiden können. I. Kravis hat in „Availability and Other Influences on the Commodities Composition of Trade", Journal of Political Economy Vol. LXIV (April 1956), eine alternative Theorie zu den komparativen Vorteilen vorgelegt, aber seine Kritik an Ricardos Theorie ist unzutreffend.
20. Samuelsons „Lineare Programmierungs"-Interpretation von Ricardo, wonach bei freiem Handel der Vektor der Weltproduktion (d. h. für alle Handelsländer zusammen) ansteigt, gilt natürlich nicht für eine Situation, in der (bei nur zwei Ländern) ein Land ein bestimmtes Gut überhaupt nicht produzieren kann. Wenn die Produktion dieses Gutes in dem anderen Land dadurch eingeschränkt ist, dass bei ausgeschöpfter Landnutzung eine weitere Intensivierung der Nutzung nicht mehr möglich ist, dann bleibt die gesamte „Welt"-Produktion dieses Gutes nach dem Handel unverändert, während die des anderen Landes schrumpft; genau dies war beim Kolonialhandel der Fall. Paul A. Samuelson, „A Modern Treatment of the Ricardian Economy: I. The Pricing of Goods and of Labor

and Land Services", The Quarterly Journal of Economics, 73/1 (Februar 1959), 1-35. Zur Kritik vgl. U. Patnaik, „Ricardo's Fallacy", in K. S. Jomo, Hrsg., The Pioneers of Development Economics (Delhi: Tulika Books, 2005).

21. Schätzung von U. Patnaik in „The Free Lunch," unter Verwendung der Daten in B. R. Mitchell and Phyllis Deane, Abstract of British Historical Statistics (Cambridge: Cambridge University Press, 1962).
22. Maddison, The World Economy.
23. Vgl. Utsa Patnaik, „The Free Lunch."
24. Davis, The Industrial Revolution and British Overseas Trade, 1979.
25. Berechnet auf Grundlage von Davis, The Industrial Revolution and British Overseas Trade, Statistical Appendix. Vgl. Utsa Patnaik, „India's Global Trade and Britain's International Dominance," in Sunanda Sen and Maria Cristina Marcuzzo, eds., The Changing Face of Imperialism (Delhi: Routledge, 2018).
26. A. H. Imlah, Economic Elements in the Pax Britannica: Studies in British Foreign Trade in the Nineteenth Century (Cambridge: Harvard University Press, 1958).
27. Vgl. Utsa Patnaik, „The Free Lunch."
28. Die Einfuhren werden hier zum FOB-Wert (Free on Board), d. h. zum Wert im Ursprungshafen, angesetzt. Fracht, Versicherung und Provisionen gelten also als Einnahmen von Großbritannien. Diese Zahl ist daher niedriger als die in einer früheren Schätzung.
29. Die ideale Vorgehensweise zur Berechnung des gegenwärtigen Werts des Drain, D, für einen Zeitraum von beispielweise 5 Jahren, lautet:
$D=[d_1(l+r)^{T-1}+ d_2(l+r)^{T-2}.... D_5(l+r)^{T-5}]$, wobei T für das Datum steht, für das die Summe berechnet wird
Statt dieser idealen Vorgehensweise verwenden wir die Abkürzung:
$D=[d_1+ d_2+ \dots d_5)](l+r)^{T-3}]$, $^{T-3}$ da 3 der Mittelpunkt der Periode ist.
30. Zitiert in R. C. Dutt, Economic History of India, Vol.1, 285. Setzte man wie Martin einen Zinssatz von 12 Prozent, beliefe sich allein schon der Drain von 1765 bis 1836, Stand 1947 auf ungefähr 5200 Billionen [MZ: ?] Pfund (im Vergleich dazu: 1947 BIP in UK £10,5 Milliarden).
31. Zitiert in R. C. Dutt, Economic History of India, Vol.1, 285.
32. Bis 1874 lag der Wechselkurs bei 1 Pfund = 10 Rupien, so dass die Zahlen in der ersten Spalte in Rs.crores den Wert in Millionen Pfund wiedergeben. In der zweiten Spalte gibt 1 £= Rs.15 eine ungefähre Vorstellung vom Gegenwert in Pfund Sterling.
33. Irfan Habib, Essays in Indian History (Delhi: Tulika Books,1995).
34. Reverse Councils waren Wechsel, die in Pfund Sterling gegen Rupien zahlbar waren, die in Indien für Importe angeboten wurden. Da Indien mit Ausnahme von zwei Jahren nach dem Ersten Weltkrieg immer Exportüberschüsse verzeichnete, bestand der Nettofluss aus Council Bills.
35. M. de Cecco, The International Gold Standard: Money and Empire (New York: St. Martin's Press, 1984).
36. S. Panandikar, Some Economic Consequences of the War for India (Bombay, 1921), 203.
37. A. I. Levkovsky, Capitalism in India: Basic Trends in Its Development (Delhi: People's Publishing House,1966), pp. 96–97, zitiert S. Panandikar, Some Economic Consequences of the War for India.
38. Dutt, Economic History of India Vol.II, 154–155.
39. Einige Autoren haben die makroökonomischen Besonderheiten einer kolonisierten Wirtschaft, die einem solchen Drain ausgesetzt ist, ignoriert und sich daher dazu verleiten lassen, Standardargumente anzuwenden. K. N. Chaudhury, „Foreign Trade and the Balance of Payments 1757-1947" in D. Kumar (Hrsg.), Cambridge Economic History of India, sagt zum Beispiel, Indiens Exportüberschuss hätte zu Multiplikatoreffekten im Außenhandel führen müssen. Dem Exportüberschuss wurde jedoch ein Haushaltsüberschuss gegenübergestellt (wobei die Drain-Posten in beiden Fällen die Bilanz ausglichen), und der bei weitem überwiegende Teil der Steuerlast entfiel auf die arbeitende Bevölkerung, insbesondere auf die Bauernschaft, deren Sparneigung vernachlässigbar war. Unter diesen Bedingungen wird die Gesamtnachfrage in der Kolonie selbst nach keynesianischer

Logik nicht mit dem Umfang des Drains ansteigen. Es handelt sich bei den Exporten um Produkte, die auf der nicht erweiterbaren tropischen Landmasse angebaut werden. In diesem Fall ist es nicht die gesamtwirtschaftliche Nachfrage, die das Beschäftigungs- und Produktionsvolumen bestimmt. Vielmehr bestimmt das Produktionsvolumen der speziell tropischen Produkte das gesamtwirtschaftliche Beschäftigungs- und Produktionsvolumen. Ein Exportüberschuss hat unter diesen Voraussetzungen eine deflationäre Wirkung. Zur Kritik an Chaudhury, vgl. P. Patnaik, „On the Macroeconomics of a Colonial Economy", in P. Patnaik, Hrsg., Excursus in History (Delhi: Tulika Books, 2011).

40. Bhattacharya, The Financial Foundations of the British Raj.

Kapitel 10

Weitere Ausführungen über Transfers aus den Kolonien und ihre Implikationen

J.K. Galbraith hatte in seiner Besprechung der gesammelten Schriften von Keynes wenig Geduld: „[Keynes beschäftigte sich] mit den trivialen Feinheiten der Währung und des Bankwesens in Indien. Darüber schrieb er eine Monografie, *Indian Currency and Finance*. Jeder halbwegs fähige Gelehrte hätte alles Nützliche zu diesem Thema in etwa drei, vielleicht sogar in weniger als drei, Monaten, lernen können".[1]

Galbraith hätte sich nicht gründlicher irren können. Vor dem ersten Weltkrieg hat sich Großbritannien für seine imperialen Zwecke Jahr für Jahr mindestens 40-50 Millionen Pfund an Gold- und Deviseneinnahmen aus Indien (und kleineren Kolonien) angeeignet. Das war alles andere als eine „triviale" Angelegenheit. Das reibungslose Funktionieren des internationalen Goldstandards hing davon ab. Nur so konnte Großbritannien seine Rolle als weltweit führende kapitalistische Macht wahrnehmen, in einer Weltordnung, in der das Pfund Sterling als „so gut wie Gold" galt und der Dollar noch keine Rolle spielte. Vom imperialistischen Standpunkt aus stellte sich die Frage, wie man ein Währungs- und Wechselkurssystem entwickeln könnte, das sich mit höchster Effizienz dazu eignet, sich in größtmöglichem Umfang die Auslandseinnahmen Indiens anzueignen. Diese Frage beschäftigte einige der besten englischen Denker der damaligen Zeit. Keynes untersuchte nicht nur das indische Finanzsystem, das er als „kompliziert und höchst künstlich"[2] empfand. Er hielt zu diesem Thema auch über mehrere Jahre Vorlesungen für Studenten in Cambridge. Darüber hinaus arbeitete er als Sachverständiger für Kommissionen oder gehörte zu einer Reihe offizieller Kommissionen, die sich mit den indischen Finanzen und der indischen Währung befassten (Chamberlain-Kommission, die Babington-Smith-Kommission, die Hilton-Young-Kommission, zeitweise die indische Fiskalkommission).

Tabelle 10.1: Abwertung der Rupie gegenüber dem Pfund Sterling, 1871–1901

Periode	Rs. pro Pfund	Periode	Rs. pro Pfund
1871–72	10,378	1886–87	13,793
1872–73	10,549	1887–88	14,286
1873–74	10,738	1888–89	14,724
1874–75	10,726	1889–90	14,545
1875–76	11,098	1890–91	13,333
1876–77	11,707	1891–92	14,371
1877–78	11,566	1892–93	16,107
1878–79	12,152	1893–94	16,552
1879–80	12,000	1894–95	18,321
1880–81	12,000	1895–96	17,647
1881–82	12,075	1896–97	16,667
1882–83	12,308	1897–98	15,686
1883–84	12,308	1898–99	15,000
1884–85	12,427	1899–00	15,000
1885–86	13,187	1900–01	15,000

Quelle: Statistical Abstracts and R. C. Dutt, *Economic History of India.*

In kurzen Abständen aufeinander folgend gab es auffallend viele Kommissionen zu indischen Finanzangelegenheiten. Das hatte folgenden Grund: Während des Vierteljahrhunderts nach 1871 verfiel der Silberpreis im Verhältnis zum Goldpreis. Da die Rupie eine Silberwährung war, kam es zur Abwertung der Rupie. Das machte es schwierig, die Transfers nach Großbritannien aufrechtzuerhalten. Später führte die starke Aufwertung der indischen Rupie während des Ersten Weltkriegs zu umgekehrten Problemen bei der Aneignung indischer Auslandseinnahmen. Der starke Verfall des Silberpreises, insbesondere ab den 1880er Jahren, machte indische Waren in Ländern mit Goldstandard billiger, und die Exporte stiegen beträchtlich an. Japan hatte ebenfalls eine Silberwährung. Auch dort kam es zu einem Anstieg der Exporte. Im Gegensatz zu Japan aber war Indien dem Drain unterworfen. Das brachte eine starre, nach unten unflexible Nachfrage nach den Deviseneinnahmen mit sich. Als die Rupie abwertete, konnte diese Sterling-Nachfrage nur befriedigt werden, indem man den indischen Produzenten höhere, in Rupien zu entrichtende Steuern abverlangte.

Nehmen wir an, Großbritannien habe sich in einem bestimmten Jahr der 1870er Jahre wie üblich den gesamten indischen Rohstoffexportüberschuss in Höhe von 15 Millionen Pfund angeeignet, und es seien Council Bills entsprechenden Werts, denominiert in Rupien, ausgegeben und den indischen Einnahmen zugerechnet worden. Bei einem anfänglichen Wechselkurs von 1 £=10 Rupien mussten also 150 Millionen Rupien unter dem Haushaltstitel „Expenditures in England" (Ausgaben in England) zurückgestellt werden, die gegen die in Indien ausgestellten Council Bills auszuzahlen waren. Wenn die Rupie von 1 £=10 auf 1 £=18 Rupien abwertete, mussten für die gleichen 15 Mio. £ nun 270 Mio. Rupien aus dem Haushalt gezahlt werden. Es fehlten also Einnahmen von 120 Mio. Rupien. Die Idee, die Sterling-Nachfrage in Abhängigkeit von den Einnahmen zu verringern, hat man auf Seiten der Kolonialmacht nie in Erwägung gezogen. Im Gegenteil, die in Sterling denominierten Forderungen stiegen im Laufe der drei Jahrzehnte um ein Drittel an. Es gab zwei Möglichkeiten, diesen Anstieg der Sterling-Forderungen bei einer sich abwertenden Rupie zu finanzieren. Entweder man erzwang in Indien weit höhere Steuereinnahmen, und das, obwohl die Bevölkerung bereits übermäßig besteuert wurde, oder ein größerer Anteil des Gesamthaushalts musste als Drain unter dem Titel „Expenditures in England" verbucht werden, mit der Folge, dass andere normale Ausgaben entsprechend eingeschränkt werden mussten. Tabelle 10.1 zeigt die Abwertung der Rupie. In den 1870er Jahren verlief sie zunächst langsam, beschleunigte sich aber dann ab Mitte der 1880er Jahre. Davor hatte der Wechselkurs zwischen Rupie und Sterling ein ganzes Jahrhundert lang konstant bei etwa 10 Rupien zu 1 Pfund Sterling gelegen.

Die rapide Abwertung der Rupie war so beispiellos, dass sie in der englischen Literatur jener Zeit ein Echo fand. In Oscar Wildes Komödie *The Importance of Being Earnest*, uraufgeführt im Jahr 1895, meint Cecilys Tutor, der rapide Fall der Rupie sei kein Thema für Cecilys empfindsame Ohren. Für die indischen Steuerzahler war die Angelegenheit jedoch alles andere als ein Scherz. Tabelle 10.2 zeigt die zusätzliche Steuerlast, die sich aus der Kombination einer Abwertung der Rupie und höheren Sterling-Forderungen ergab. Die Tabelle vergleicht die tatsächlichen Rupien-Zahlungen für Council Bills mit den hypothetischen Zahlungen, die bei einem konstanten Wechselkurs, Niveau 1871–72, angefallen wären. Diese zusätzliche Steuerlast belief sich auf 141 Milliarden Rupien, das sind mehr als 100 Millionen Pfund. Die indische Öffentlichkeit scheint sich immer für das falsche Ziel eingesetzt zu haben, nämlich für eine Abwertung der Rupie und eine Steigerung der Exporte. Sie war sich offensichtlich nicht bewusst, dass der Nutzen für England umso größer war, je höher die indischen Exporteinnahmen, je größer also die Steuerlast für die arbeitenden Massen Indiens, mittels derer diese höheren Einnahmen im Haushalt gedeckt wurden. Die örtlichen Produzenten hätten aber von einer höher bewerteten Rupie profitiert, und die Steigerung der Steuerbelastung hätte sich zum Teil vermeiden lassen. Die Herschell-Kommission empfahl, die Münzanstalten für die freie Prägung von Silber zu schließen. Die Umsetzung dieser Empfehlung führte zu einer Verbesserung des Wechselkurses von seinem Tiefpunkt von 18 Rupien auf 15 Rupien, was immer noch weit unter dem ursprünglichen Kurs von 10,4 zu 1 £ lag (siehe Tabelle 10.1).

Tabelle 10.2: Zahlungen bei aktuellem Wechselkurs gegen Council Bills und geschätzte Zahlungen bei konstantem Wechselkurs 1871-2[3]

				Summe über 3 Jahre	
Periode	Council Bills konstant Rs. Crore	Council Bills aktuell Rs. Crore	Periode	Council Bills konstant Rs. Crore	Council Bills aktuell Rs. Crore
1871–72 bis 1875–76	76,139	79,913	1871–73	38,953	39,671
1876–77 bis 1880–81	69,724	80,137	1874–76	37,186	40,242
Über Dekade	132,787	145,187	1877–79	40,832	46,986
Differenz		12,400	1880–82	50,626	59,131
1881–82 bis 1885–86	78,036	93,176	1883–85	43,226	52,333
1886–87 bis 1890–91	75,967	103,478	1886-88	43,334	59,679
Über Dekade	154,003	196,654	1889–91	49,335	66,928
Differenz		42,651	1892–94	44,591	73,374
1891–92 bis 1895–96	79,625	127,675	1895–97	43,617	70,913
1896–97 bis 1900–01	78,275	116,330	1898–00	52,990	76,589
Über Dekade	157,900	244,005			
Differenz		86,105			
Gesamt	444,69	585,846	Gesamt	444,690	585,846
Differenz		141,156	Differenz		141,156

Quelle: Statistical Abstracts and R. C. Dutt, *Economic History of India*.

Die Steuereinahmen der Zentralregierung stiegen steil an. Sie verdoppelten sich von 158 Rs. Crore im Jahr 1871 auf 317 Rs. Crore drei Jahrzehnte später [1 Rs. Crore = 1 Million Rupien, MZ]. Die Steuereinnahmen aus dem Grundbesitz stiegen um ein Drittel. Der Großteil der steuerlichen Mehreinnahmen stammte jedoch aus der Erhöhung indirekter Steuern auf lebensnotwendige Güter. Neu eingeführt wurde eine Steuer auf Salz, obwohl der Preis für Salz aufgrund des staatlichen Monopols bereits mindestens siebenmal höher war als er ohne das staatliche Salzmonopol ausgefallen wäre. Die Verdoppelung des gesamten Steueraufkommens war mehr als ausreichend, um die zusätzliche Forderung, die Großbritannien in Höhe von 141 Crore zum Kurs der abwertenden Rupie geltend machte, zu decken (Tabelle 10.2). Angesichts dieser zunehmenden Steuereintreibungen verschärfte sich in den 1890er Jahren die landwirtschaftliche Notlage und es kam zu einer ungewöhnlich hohen Zahl von Hungersnöten.

Die Zwischenhändler des Export-Import-Handels, die *dalals,* waren die einzigen, die von einer Steigerung der Exporte profitierten. Sie konnten einen großen Teil der an die Bauern und Handwerker ausgezahlten Beträge als Provision oder Gewinn einstreichen. Viele indische Geschäftshäuser waren im berüchtigten Opiumhandel mit China als Handelsagenturen der Ostindien-Kompanie entstanden. Sie tendierten dazu, den Wechselkurs vom Dalal-Standpunkt aus zu betrachten und die Interessen der bäuerlichen Produzenten zu ignorieren. Die führenden Geschäftsleute, die indischen gleichermaßen wie die britischen, auch viele Fachleute, sprachen sich lautstark gegen jede Einkommenssteuer aus, war sie doch ihren eigenen Interessen zuwider. Dagegen befürworteten sie weitere indirekte Steuern auf lebensnotwendige Güter wie Salz, Steuern, die sich nachteilig auf die Armen auswirkten. Dadabhai Naoroji hatte in seiner ihm eigenen tiefgehenden Einsicht diese klassenspezifische Ungleichbehandlung bemerkt und bedauert. Der Historiker S. Bhattacharya charakterisierte sie wie folgt: „Die Mitglieder der British Indian Association forderten die Regierung auf, die Salzsteuer zu erhöhen und die Einkommenssteuer zu senken oder ganz abzuschaffen. Auch die bengalische Handelskammer vertrat die Ansicht, dass sich die Einkommenssteuer durch eine Erhöhung der Salzsteuer erübrigen könnte."[4]

Reichtumsabzug (Drain) in makroökonomischer Sicht

Das Wesen des Internal-External-Drains („internal-cum-external drain") besteht in der Konzeptualisierung von Naoroji und Dutt in einer Abwandlung der Gleichung, die die Haushaltsbilanz, die Handelsbilanz und den Spar-Investitions-Saldo sowohl für die Kolonie als auch für die Metropole zueinander in Beziehung setzt. Wir haben das weiter oben schon sowohl für die Metropole als auch für die Kolonie gezeigt; hier rekapitulieren wir kurz den Teil, der sich mit der Kolonie befasst.[5] Der Reichtumsabzug kann auf zweierlei Weise erfasst werden. Entweder man betrachtet im Budget der Kolonie die Mittel, die, in Rupien-Währung ausgedrückt, für Auslandsausgaben reserviert waren. Oder man betrachtet den Rohstoffexportüberschuss, der ebenfalls als Drain-Maß gelten kann, da die Einnahmen aus dem Exportüberschuss als Deckung für die Auslandsausgaben galten (unter der Annahme, dass die Auslandsverschuldung Indiens niemals anstieg). Über beide Messmethoden kann man den Mindestumfang des tatsächlichen Drains abschätzen.

In einem souveränen Land gilt die folgende allseits bekannte Identität:

$$(S - I) = (G - T) + NX \quad (1)$$

wobei *S* die privaten Ersparnisse und *I* die privaten Investitionen bezeichnet. *G* steht für die Staatsausgaben, *T* bezeichnet die Steuern und sonstigen staatlichen Einnahmen. Der Ausdruck (G–T) bezeichnet somit das Haushaltsdefizit. *NX* ist der Überschuss in der Zahlungsbilanz. Besteht in einer souveränen Volkswirtschaft ein Gleichgewicht zwischen privaten Ersparnissen und privaten Investitionen, schlägt sich ein Haushaltsüberschuss in einem Leistungsbilanzüberschuss nieder und ein Leistungsbilanzdefizit geht mit einem Haushaltsdefizit einher. Bei ausgeglichenem Haushalt stellt sich ein Leistungsbilanzdefizit in einem Überschuss der privaten Investitionen über die Ersparnisse dar. Bei defizitärem Haushalt und einer ausgeglichenen Leistungsbilanz tritt ein Überschuss der privaten Ersparnisse gegenüber den privaten Investitionen auf.

In einer Kolonie ist der Haushalt im Rahmen der Politik der „gesunden Finanzen" scheinbar ausgeglichen, also gilt: (G–T)=0. Tatsächlich aber wurde darauf geachtet, dass der Haushalt jedes Jahr einen großen Überschuss aufwies, denn nur ein Teil der Steuereinnahmen wurde in der üblichen Weise ausgegeben. Das hatte eine stark deflationäre Wirkung. Die gesamten öffentlichen Ausgaben *G* wurden von der Regierung selbst in zwei Teile aufgeteilt, die wir als *GD*, den im Inland ausgegebenen Teil, und als *GA*, den im Ausland ausgegebenen Teil, bezeichnen können. *GA* stellt die Summe der Drain-Posten dar. Diese waren administrativ auferlegt, ebenso wie der Großteil der „Home Charges", die zu 87 Prozent aus Militärausgaben und aus Zinsbelastungen für in Sterling geführte Schulden bestanden; über die Höhe beider Posten entschied die britische Regierung. Obwohl der Haushalt scheinbar ausgeglichen war, lag er in Wahrheit ständig im Plus, wie sich zeigt, wenn man auf der Ausgabenseite nur die normalen internen Ausgaben, also die Ausgaben abzüglich der Drain-Posten (*GA*), betrachtet.

$$\begin{gathered} \mathrm{T} = \mathrm{G} = (\mathrm{GD} + \mathrm{GA}) \\ (\mathrm{T} - \mathrm{GD}) > 0 \end{gathered} \tag{2}$$

Diese Aufteilung des Haushalts spiegelte sich in einer entsprechenden Aufteilung der Nettoexporte *NX* in zwei Teile wider: Wir definieren den einen Teil, *NX*1, als die Einnahmen der Kolonie aus der gesamten übrigen Welt, einschließlich Großbritannien, die sie aufgrund ihres Exportüberschusses im Handel mit Waren, mit Gold als Ware und den normalen Unsichtbaren Handelsgütern, wie Fracht, Versicherung und Handelsprovisionen, verbuchen konnte. Es handelt sich hier um einen großen positiven Betrag. Der zweite Teil, *NX*2, ist der Saldo der Unsichtbaren Posten (Invisibles), die der Kolonie in Rechnung gestellt werden und sich aus ihrem Kolonialstatus ergeben. Es handelt sich um einen großen negativen Betrag, der alle Drain-Posten, *GA*, des internen Haushalts umfasst, jetzt aber in Pfund Sterling ausgedrückt. (Für viele Berichtsjahre müssten wir unter -*NX*2 über die üblichen Drain-Posten hinaus noch weitere Posten aufführen. Wir wollen uns im Moment aber auf diese einfachere Darstellung beschränken.) Da alle weltweit erzielten Exportüberschüsse der Kolonie, *NX*1, durch die Auferlegung eines Gegenwerts an Unsichtbaren Verbindlichkeiten (Invisibles), *NX*2, abgeschöpft werden, ergibt sich folgendes:

$$\begin{gathered} \mathrm{NX} = (\mathrm{NX1} + \mathrm{NX2}) = 0 \\ \textit{da}\ \mathrm{NX1} = -\mathrm{NX2} - \mathrm{NX2} = \mathrm{GA} \end{gathered} \tag{3}$$

Begünstigt durch die Abwertung des Silbers gegenüber dem Gold wuchs der Rohstoffexportüberschuss mit Beginn der 1890er Jahre besonders schnell. Der GA-Bedarf, ausgedrückt in Rupien, stieg deshalb stark an. Bei Aufrechterhaltung des überkommenen Niveaus der Sterling-Nachfrage – einer starren, nach unten unflexiblen Nachfrage – lief dies auf eine höhere Besteuerung der örtlichen Produzenten hinaus (*T*). War die Grenze der Besteuerbarkeit erreicht (oder wenn Währungsgold in großem Umfang importiert wurde), passte man die gestiegene Nachfrage der Metropolen darüber an, dass man Indien zwang, Kredite aufzunehmen. Nach einer solchen erzwungenen Kreditaufnahme wurde der Ausdruck *NX* negativ und –NX2 = GA wurde größer als (T–GD).

Im Rahmen der obigen Terminologie zeigt sich, dass die Ausländer ihren Importüberschuss aus Indien, nämlich *NX*1, in voller Höhe bezahlten. Die Metropolen forderten jedoch mindestens den gleichen Betrag, nämlich –*NX*2, ein, so dass Indiens Leistungsbilanz *NX* im Durchschnitt defizitär war. Ein Blick auf die UN-Daten zum Handelsüberschuss (vgl. dazu den nächsten Abschnitt) und auf die Schätzungen der Zahlungsbilanz[6] zeigt: Wie schnell auch immer der Warenhandelsüberschuss wuchs, die von den Metropolen Indien auferlegten Unsichtbaren Forderungen (Invisibles) wuchsen durchgängig noch schneller. Dazu sei angemerkt, dass Indien jahrzehntelang den zweitgrößten, stets steigenden *Waren*exportüberschuss der Welt erwirtschaftete, so dass selbst nach Abzug des Nettoimports von *Gold als Ware* der Warenhandelsüberschuss schnell anstieg. Die Leistungsbilanz aber wurde defizitär gehalten, und Indien sah sich gezwungen, Kredite aufzunehmen. Eine höhere Zinslast war die Folge.

Die Zahlungen von Ausländern erfolgten in Form von offiziellen Wechseln (Council Bills einschließlich telegrafischer Überweisungen). Diese Summe muss identisch sein mit dem Exportüberschuss Indiens gegenüber der übrigen Welt (Warenbilanz plus Goldbilanz, Gold als Ware) zuzüglich normaler handelsbezogener Unsichtbarer Posten (Invisibles) wie Fracht, Versicherung und Provision. Wir verwenden den Term *NX*1 für diese Summe und definieren sie als FOB-Exporte minus CIF-Importe. Die Produzenten des Exportüberschusses wurden aus Steuermitteln minus GD bezahlt; wenn die Verschuldung nicht steigt, ist *NX*1 gleich–*NX*2, das seinerseits gleich GA ist. Ist aber die Summe der Unsichtbaren Forderungen an Indien, –*NX*2, höher als *NX*1, dann entspricht diese Differenz einer zusätzlichen Kreditaufnahme in der Größenordnung von –*NX*2 –*NX*1.

Wenn wir die Kreditaufnahme zunächst außer Acht lassen, können wir das Mindestniveau des Drains auf zweierlei Weise abschätzen. Entweder wir ziehen die Gesamtheit jener Haushaltsausgaben heran, die für Ausgaben im Ausland vorgesehen sind; in diesem Fall gilt uns der Term *GA* als die Minimalgröße des Drain. Oder, als gleichwertigen Weg, wir greifen auf *NX*1, die tatsächlichen Deviseneinnahmen zurück, die den Erwerb der *GA*-Posten ermöglichen. Nehmen wir nun die Kreditaufnahme in unserer Betrachtung auf. Wir können die Größe des Drain mit größerer Genauigkeit annähern, wenn wir die Summe aus *NX*1 und den zusätzlichen langfristigen Krediten bilden. Nun ist –*NX*2, also die tatsächliche Summe aller Indien auferlegten Unsichtbaren Verbindlichkeiten, unsere Schätzung des Drain. Diese Größe überstieg stets die Überschusseinnahmen aus dem Warenexport, ganz gleich, wie hoch letztere auch sein mochten. Auf diese Weise wurde ein ganzes Volk in ständiger Verschuldung gegenüber Großbritannien gehalten, ganz so wie ein Schuldknecht gegenüber seinem kreditgebenden Grundherrn.

Bei all dem spielen die Goldbewegungen eine wichtige problematische Rolle. Indien war in der Zeit vor der Großen Depression ein großer Nettoimporteur von Gold. Es ist gängige Praxis vieler Autoren, in allen Nettogoldströmen Gold als Warengold zu behandeln und sie zusammen mit anderen Waren in die Handelsbilanz aufzunehmen. Dies ist jedoch kein korrektes Verfahren, da es sich bei den Goldströmen nicht ausschließlich um Gold als Warengold gehandelt haben kann. Im Rahmen des Goldstandards lief der Ausgleich von Ungleichgewichten im internationalen Zahlungsverkehr über Goldströme, die heute im Unterschied zu Warengold als Währungsgold bezeichnet werden. Darüber hinaus wurde von der Kolonialregierung Gold für die Reserveanforderungen des indischen Goldstandards importiert, und dies stellte eindeutig Währungsgold dar, eine Untergruppe des Finanzgolds. Der indische Warenexportüberschuss wird in der Literatur tendenziell erheblich unterschätzt, wenn man alle Finanzgoldzuflüsse wie Warenimporte behandelt, und umgekehrt wird das Leistungsbilanzdefizit während der Depressionsjahre stark unterschätzt, wenn man die Finanzgoldabflüsse in Währungskrisen als Warengoldausfuhren behandelt.[7] Die damals erhobenen amtlichen Handelsstatistiken hätten zwar zwischen Warengold und Nicht-Warengold unterscheiden können, taten dies aber nicht ausdrücklich. Als Faustregel gilt, dass es sich bei staatlich importiertem oder exportiertem Gold immer um Finanzgold und nicht um Warengold handelt.

Die Kapitalexporte Britanniens und die Ausbreitung des Kapitalismus

Die wenig zutreffenden Bemerkungen von Galbraith über die „triviale“ Natur der indischen Finanzen lassen darauf schließen, dass er mit den Arbeiten von Hilgerdt oder Saul über die internationalen Handels- und Zahlungsmuster nicht vertraut war.[8] Leider war er in dieser Hinsicht keine Ausnahme. Bis heute wird in der Literatur kaum anerkannt, dass die umfangreichen Kapitalexporte aus Großbritannien entscheidend von der Fähigkeit Großbritanniens abhingen, die Gold- und Deviseneinnahmen Indiens wie auch die Einnahmen anderer kleinerer Kolonien abzuschöpfen. Britische Kapitalexporte, finanziert aus diesen Abschöpfungen, beschleunigten in den letzten drei Jahrzehnten des neunzehnten Jahrhunderts den Bau von Straßen, Eisenbahnen und Industrieanlagen in Kontinentaleuropa, in den USA und in Kanada. Diese Abschöpfungen glichen nicht nur die britischen Leistungsbilanzdefizite mit diesen Regionen aus. Sie wurden auch dazu herangezogen, zusätzliche Defizite auszugleichen, die durch britische Kapitalexporte in diese Regionen entstanden waren.

Saul sprach in seiner wertvollen Studie nicht explizit von „Drain“ aus Indien. Er scheint nur wenig über die steuerfinanzierte Natur des Exportüberschusses gewusst zu haben.[9] In erster Linie wollte er für den Zeitraum der 1880er Jahre bis zum Ersten Weltkrieg Großbritanniens Zahlungsbilanz mit den verschiedenen Regionen der Welt nachzeichnen. Das Bild, das er zeichnete, war erstaunlich. Großbritannien hatte sich mit großen und steigenden Leistungsbilanzdefiziten gegenüber dem europäischen Kontinent, Nordamerika und den neu von Europäern besiedelten Regionen belastet. Nur gegenüber seinen tropischen Kolonien, vor allem gegenüber Indien, erzielte es einen riesigen und steigenden Leistungsbilanzüberschuss. Darüber hinaus exportierte Großbritannien in großem Umfang Kapital in genau jene Siedlerkolonien, mit denen es Leistungsbilanzdefizite einfuhr. Das führte zu Kapitalbilanzdefiziten. Die beiden Defizite summierten sich zu wachsenden Zahlungsbilanzdefiziten gegenüber diesen Regionen.

Nach Saul belief sich Großbritanniens Defizit gegenüber den Vereinigten Staaten und Kontinentaleuropa im Jahr 1880 auf über 70 Millionen Pfund. Der Kredit von 25 Millionen Pfund, den Großbritannien gegenüber Indien auswies, entsprach, so Saul, Indiens gesamtem Rohstoffexportüberschuss in diesem Jahr. Das bedeutete, dass „Großbritannien mehr als ein Drittel seiner Defizite gegenüber Europa und den USA über Indien ausglich“.[10] Im Jahr

1910 hatte das Zahlungsbilanzdefizit Großbritanniens gegenüber Europa, den Vereinigten Staaten und Kanada zusammengenommen 120 Millionen Pfund erreicht. In jenem Jahr betrug Indiens globaler Warenexportüberschuss gewaltige 57,8 Millionen Pfund, aber eine etwas höhere Summe, nämlich 60 Millionen Pfund, wies Großbritannien als Schulden gegenüber Indien aus.[11]

Saul stellt fest: „Der Schlüssel zu Großbritanniens gesamtem Zahlungsverhalten lag in Indien, das wahrscheinlich mehr als zwei Fünftel des gesamten britischen Defizits finanzierte".[12] Das Defizit bestand aus einem arrangierten Handelsüberschuss von 19 Millionen Pfund in diesem Jahr, plus 41 Millionen Pfund Unsichtbarer Verbindlichkeiten, die von Großbritannien politisch auferlegt und im Jahr 1910 als sein Gesamtkredit an Indien ausgewiesen wurden. Dieses Defizit lag insgesamt bei 60 Millionen Pfund. Es war somit etwas höher angesetzt als die 57,8 Millionen Pfund, die Indien als Exportüberschuss im Handel mit der übrigen Welt erwirtschaftete. Den Restbetrag von 2,2 Millionen Pfund entnahm man entweder dem Budget des Außenministers, oder man verbuchte ihn als zusätzliche Schulden Indiens gegenüber Großbritannien, oder man kombinierte die beiden Verfahren.

Indiens Warenhandel wuchs zwischen 1901 und 1913 bemerkenswert schnell: Der Handel insgesamt verdoppelte sich bei einer jährlichen Wachstumsrate von über 6 Prozent von 148 Millionen Pfund auf 300 Millionen Pfund. Der durchschnittliche jährliche Überschuss bei den Warenexporten betrug 25,7 Millionen Pfund, 60 Prozent mehr als im vorangegangenen Jahrzehnt. Die Industrieländer erhöhten ihre Nachfrage nach Nahrungsmitteln und Rohstoffen aus den tropischen Regionen. Wie üblich wurden diese schnell steigenden Einnahmen von Großbritannien durch einen entsprechenden Anstieg der jährlichen Ausgabe von Council Bills vereinnahmt.[13] In den ersten beiden Kriegsjahren war Indiens Handel durch mangelnde Transportkapazitäten eingeschränkt, wuchs dann aber zwischen 1914 und 1919 sogar noch schneller, wobei sich der Gesamtwert des Handels in diesen fünf Jahren fast verdoppelte (siehe Abbildung 10.1).

In den Kriegsjahren wertete die Rupie gegenüber dem Pfund Sterling von 15 Rupien auf 9,5 Rupien pro 1 Pfund rasch auf. Mangende Transportkapazitäten führten zu einer Reduzierung des Importvolumens, während die kriegführenden Mächte zur Produktion von Sandsäcken, die in den Schützengräben eingesetzt wurden, indische Jute importierten. Man begann damit, Silberrupien einzuschmelzen, da ihr in Gold ausgedrückter

Marktwert bald den offiziellen Wechselkurs überstieg. Die Überschusseinnahmen aus dem Warenexport beliefen sich im Zeitraum 1915–19 auf durchschnittlich 63 Millionen Pfund. Selbst nach Abzug der Warengoldeinfuhren erreichten sie im Jahr 1919 einen noch nie dagewesenen Wert von 114 Millionen Pfund (siehe Abbildung 10.2). Diese Einnahmen überstiegen bei weitem die jährlichen Ausgaben, die Indien im Rahmen der üblichen Drain-Posten in Rechnung gestellt wurden. Es wäre der Bevölkerung zugute gekommen, hätte man zumindest einen Teil der Indien politisch zugebuchten Sterling-Schulden aus den Rekorderlösen zurückbezahlt. Die Zinslast Indiens wäre dann geringer geworden. Aber gleichgültig wie hoch die Auslandseinnahmen auch waren, immer wurden sie in vollem Umfang von der Kolonialmacht angeeignet, und die Verschuldung der gesamten unterworfenen Bevölkerung wurde auf Dauer gestellt.

Sauls Studie dokumentiert die wichtige „bilanzausgleichende Rolle", die Indien im multilateralen Handelssystem, mit Großbritannien als dessen Zentrum, während der Zeit des Goldstandards spielte. Aber er scheint sich des Zusammenhangs zwischen Handel und Steuern, der die Drain-Abschöpfungen ermöglichte, nicht bewusst gewesen zu sein. Eine bilanzausgleichende Rolle,

Abb. 10.1: Indiens Warenhandel, Gesamt, 1900–1920

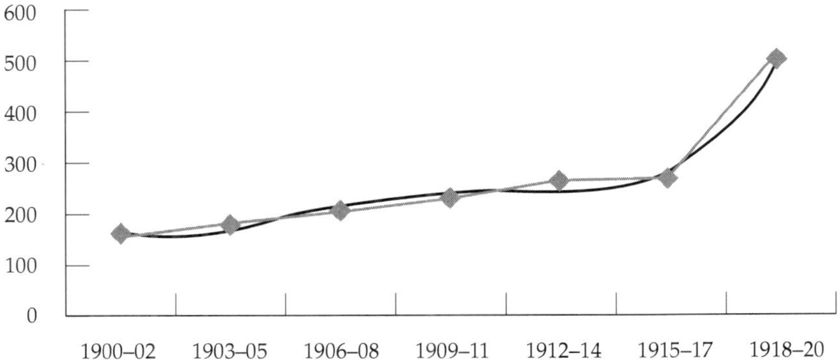

Quelle: United Nations Historical Data (1962). Die Handelsdaten auf Rupien-Basis für die Jahre 1914 bis 1919 stammen aus den Statistical Abstracts. Sie wurden in Sterling umgerechnet, nach Wechselkursen entnommen aus U.S. Financial Statistics. Der letzte Datenpunkt ist ein Zweijahresdurchschnitt.

bei der ein Land seine überschüssigen Außenhandelseinnahmen aus der einen Region verwendet, um seine Defizite gegenüber anderen Regionen auszugleichen, ist normal und legitim, vorausgesetzt, diese Einnahmen werden unter normalen Handelsbedingungen korrekt erwirtschaftet. Großbritannien hatte jedoch keine korrekt erwirtschafteten Überschüsse mit Indien. Nur aufgrund seiner direkten politischen Kontrolle konnte es Steuereinnahmen und im Handel erzielte Auslandseinnahmen miteinander verknüpfen. Nur über eine solche Kontrolle konnte sich Großbritannien die gesamten Nettoauslandseinnahmen Indiens aneignen, um damit seine eigenen Defizite auszugleichen. Dies war nur möglich, indem es politisch zurechtdefinierte Unsichtbare Posten in Indiens Außenhandelsbilanz einführte und den indischen Haushalt damit belastete. Die detaillierte Handelsdatenmatrix der Vereinten Nationen (1962) zeigt, dass Saul mit seiner Auffassung recht hatte. In der Zeit vor dem Ersten Weltkrieg hätten die indischen Auslandseinkünfte zwei Fünftel der britischen Defizite abgedeckt. Saul wusste sehr wohl, dass Großbritannien die indischen Exporteinnahmen wie seine eigenen behandelte. Man bemerkt dies an seinem Hinweis

Abb. 10.2: Indiens Exportüberschuss im Warenhandel, 1901–1919

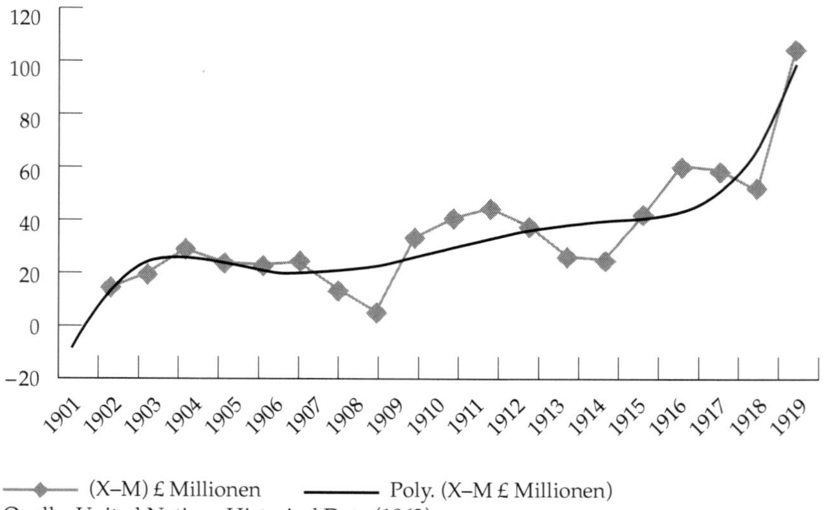

Quelle: United Nations Historical Data (1962).

darauf, dass Großbritannien die indischen Waren, die auf dem Kontinent und in Nordamerika weitgehend zollfrei waren, dazu nutzte, die Zollschranken zu umgehen, mit denen seine eigenen Exportgüter konfrontiert waren.

Die Rolle, die Indien zu spielen hatte, bestand jedoch nicht nur darin, Großbritanniens Leistungsbilanzdefizite auszugleichen. „Aber das war bei weitem nicht alles, denn es war vor allem Indien, das der britischen Zahlungsbilanz die Flexibilität verlieh, die für ein großes kapitalexportierendes Land unerlässlich ist".[14] Saul fuhr fort: „Die Bedeutung des indischen Handels für die Struktur der Welthandelsbilanz kann kaum übertrieben werden".[15.]

Tatsächlich wäre Großbritannien gar kein Kapitalexportland gewesen, schon gar kein großes, nicht einmal ein unbedeutendes, hätte es nicht die vollständige Kontrolle über die kolonialen Deviseneinnahmen gehabt. Es wies gegenüber der übrigen Welt Leistungsbilanzdefizite in einer solchen Größenordnung auf, dass es Kapital hätte leihen müssen. Die gegenwärtig weltweit führende kapitalistische Wirtschaft, die Vereinigten Staaten, hat ebenfalls große Leistungsbilanzdefizite gegenüber der übrigen Welt, kann aber nicht, wie ehedem Großbritannien, auf koloniale Transferleistungen der alten Form zurückgreifen. So überrascht es nicht, dass die Vereinigten Staaten alles andere sind als eine kapitalexportierende Wirtschaft. Sie sind die höchtsverschuldete Volkswirtschaft der Welt.

Die Zwischenkriegszeit: Änderungen in der Größenordnung des Drain

Folke Hilgerdt erstellte im Jahr 1928 für den Völkerbund eine Studie über die Warenexporte und Warenimporte der wichtigsten Handelsländer und Handelsregionen der Welt.[16] Abbildung 10.3 zeigt die damaligen Ströme zwischen den wichtigsten Regionen und Ländern des multilateralen Handels im Welthandelsnetz. Einige Länder sind nicht in die Grafik aufgenommen. Die Daten für Indien werden nicht separat aufgeführt, sondern sind in der umfassenden Region „Tropen" enthalten. In Hilgerdts Grafik gilt folgende Konvention: Pfeile, die auf ein Land (oder eine Region) *zulaufen*, weisen in Richtung Defizitland (Defizitregion). Und umgekehrt, Pfeile, die von einem Land (oder einer Region) *wegführen*, weisen in Richtung Überschussland (Überschussregion). Saul wählte für seine ähnliche Darstellung des Netzwerks des Jahres

1913 die umgekehrte Konvention. In seiner Darstellung weisen die Pfeile in Richtung der Länder mit Handelsüberschuss.[17]

Tabelle 10.3 berichtet die Werte zum Hilgerdt-Diagramm (10.3) in Millionen US-Dollar.[18] (Man beachte, dass der Überschuss von Land A gegenüber B sich nicht mit dem Defizit von B gegenüber A deckt, da, für die gleichen Waren, der FOB-Export von Land A nach B ein kleinerer Wert ist als der CIF-Import durch B aus A). Nur zwei Regionen verzeichneten insgesamt einen Warenhandelsüberschuss mit der übrigen Welt, nämlich die Vereinigten Staaten im Umfang von 880 Mio. Dollar und die Tropen im Umfang von 690 Mio. Dollar. Bemerkenswert ist, dass mit einer einzigen Ausnahme alle Großbritannien betreffenden Pfeile in Richtung des Vereinigten Königreichs zeigen, also dessen Handelsdefizite nachzeichnen. Das britische Handelsdefizit, das größte der Welt für ein einzelnes Land, liegt bei 1680 Mio. Dollar insgesamt. Dagegen zeigt nur ein einziger britischer Pfeil von Großbritannien weg, und zwar in Richtung der Tropen. Das Vereinigte Königreich erzielte in dieser Handelsbeziehung einen Überschuss von 210 Mio. Dollar.

Außer mit den Tropen verzeichnete das Vereinigte Königreich mit allen Regionen der übrigen Welt Handelsdefizite. Die größten Defizite fuhr es mit Kontinentaleuropa und den Vereinigten Staaten ein. Das Vorkriegsmuster setzte sich also fort. Europa, mit Ausnahme Deutschlands und des Vereinigten Königreichs, wies insgesamt große Warenhandelsdefizite auf. Der Handel der von Europäern besiedelten Regionen gemäßigten Klimas war ausgeglichen. Die Überschüsse, die diese Siedlergebiete gegenüber Europa erzielten, entsprachen in ihrer Größenordnung in etwa den Defiziten gegenüber den Tropen und den Vereinigten Staaten.

Eine spätere Untersuchung der Vereinten Nationen (1962) der Handelszeitreihen verschiedener Länder für den Zeitraum 1900 bis 1960 liefert für ausgewählte Länder Daten über die Ursprungsgebiete und Bestimmungsgebiete der Importe und Exporte. Deren Größe wird dort in laufenden Dollar angegeben.[19] Wir haben diese Zeitreihen unserseits untersucht. Wir können auf Basis dieser Daten Indiens Handel mit dem Vereinigten Königreich und Indiens Handel mit der übrigen Welt getrennt voneinander darstellen (Tabelle 10.4). Vergleicht man das Jahr 1928 mit 1900 zeigt sich ein starker Anstieg der Warenhandelsbilanz des indischen Subkontinents mit der übrigen Welt (das Vereinigte Königreich ist hier ausgeschlossen) von 151 Millionen Dollar auf 497 Millionen Dollar. Nach Abzug des negativen Saldos mit dem Vereinig-

Tabelle 10.3: Warenhandelsbilanzen der wichtigsten Regionen und Länder im Jahr 1928 (USD Mio.)

	Handelsbilanz mit →								
Handelsbilanz von	USA	Tropen	UK	Deutschland	Übriges Europa	Neu besiedelte Regionen	Positive Bilanz	Negative Bilanz	Gesamte Bilanz
USA	0	–950	610	190	430	600	1,830	–950	880
Tropen	640	0	–350	180	190	30	1,040	–350	690
UK	-670	210	0	–100	–810	–100	210	–1.680	–1.470
Deutschland	-280	–280	80	0	390	–330	470	–890	–420
Übriges Europa	–620	–330	480	–550	0	–660	480	–2.160	–1.680
Neu besiedelte Regionen mit gemäßigtem Klima	690	–130	80	250	460	0	790	–800	–10

Abb. 10.3 Das multilaterale Handelsnetzwerk im Jahr 1928

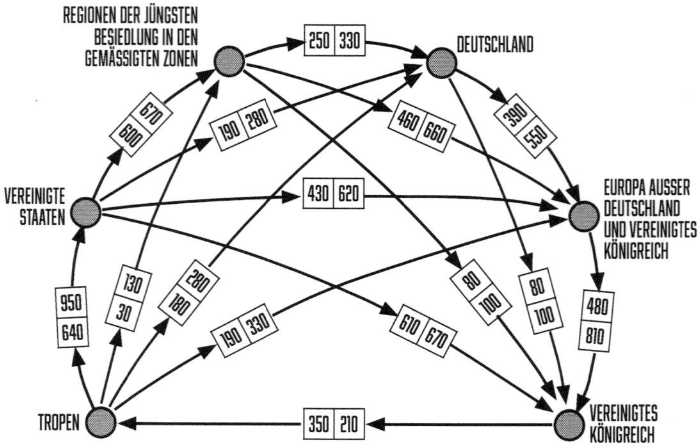

Im Urzeigersinn: Deutschland; Europa außer Deutschland und Vereinigtes Königreich; Vereinigtes Königreich; Tropen; USA; Neubesiedelte Regionen gemäßigten Klimas.

ten Königreich hat sich Indiens Gesamtwarenhandelsbilanz von 114 Mio. Dollar auf 392 Mio. Dollar mehr als verdreifacht. Diese steigenden Einnahmen, die Bilanz im Handel mit Warengold eingeschlossen, hat sich das Vereinigte Königreich angeeignet. Die Abkürzung „Indischer SK" in Tabelle 10.4 bezieht sich auf den indischen Subkontinent, der das heutige Indien, Pakistan, Bangladesch und Sri Lanka umfasst.

Anstieg und Rückgang des indischen Handels in der Zwischenkriegszeit

Wie andere Rohstoffe exportierende Gebiete auch, zeigte der indische Handel eine Achterbahnfahrt mit schnellem Wachstum bis 1928, gefolgt von einem Einbruch bis 1933 und einer langsamen Erholung danach. Betrachtet man auf Landesebene die Jahresdaten verschiedener Länder zu Exporten und Importen, zeigt sich für Indien im Zeitraum von 1900 bis 1928 der zweithöchste

Warenexportüberschuss. Damit blieb es allerdings weit hinter den Vereinigten Staaten zurück, und Argentinien war fast gleichauf mit Indien. Die indischen Exporteinnahmen aus der übrigen Welt erreichten 1925 mit 1,4 Mrd. Dollar (oder 282,86 Mio. Pfund) ihren höchsten Stand in der Zeit nach dem Ersten Weltkrieg. Sein Exportüberschuss belief sich auf 450 Mio. Dollar oder 92,57 Mio. Pfund.

Zwar wuchs der Handel schnell, aber er wurde in den beiden Jahrzehnten nach 1914 auch volatiler. Der Secretary of State (der Außenminister Großbritanniens) ergänzte nun die Council Bills um den direkten Verkauf oder Ankauf von Pfund Sterling gegen Rupien. In einigen Jahren wurden die Council Bills sogar vollständig auf diese Weise ersetzt. Der sprunghafte Anstieg des indischen Warenexportüberschusses, der sich 1918/1919 auf insgesamt 158 Millionen Pfund belief, und die Beschränkung privater Goldeinfuhren führten unter anderem dazu, dass der Rupienwert des Warenexportüberschusses zum offiziellen Wechselkurs die gesamten Steuereinnahmen der Zentralregierung überstieg. Selbst zum aufgewerteten Wechselkurs machte der Überschuss mehr als drei Viertel der Steuereinnahmen aus. Unter diesen Umständen reichten Council Bills als alleiniges Mittel für die Bezahlung der örtlichen Produzenten nicht länger aus. Ein Teil der indischen Exporte strategischen Kriegsmaterials nahm Großbritannien ohne jegliche Zahlung an sich, etwas mehr als ein Drittel des Exportüberschusses wurde über Council Bills aus dem Haushalt bezahlt, und der Rupien-Gegenwert des Restes wurde durch den Verkauf von Sterling an private Käufer aufgebracht.

Zur Berechnung des Warenexportüberschusses als Schätzgröße für den Reichtumsabzug (Drain) verwenden wir hauptsächlich Daten aus den *Statistical Abstracts for British India*. Für den Zeitraum 1900 bis 1921 kommen wir auf Basis dieser Daten auf einen Wert von 479 Millionen Pfund. Der tatsächliche Umfang des Drain wird so allerdings unterschätzt, da die finanztechnischen Kunstgriffe Großbritanniens, mit denen es seine fälligen Zahlungen an die indischen Produzenten ganz vermeiden oder auf unbestimmte Zeit verschieben konnte, nicht berücksichtigt werden konnten. Es stellt sich die Frage: Wenn die Steuereinnahmen in Rupien zur Auszahlung der Exportüberschüsse nicht mehr ausreichten, warum steigerte die Regierung dann nicht die Steuerlast, wie sie es in der Vergangenheit so oft getan hatte? Die Antwort lautet wie folgt: Die Steuern waren bereits von 1914 bis 1918 um mehr als die Hälfte angehoben worden. Darüber hinaus hatte man bereits eine neue Salzsteuer eingeführt, eine seit jeher besonders beliebte Methode, die Belastung mit Steuern zu steigern. Schließlich wütete seit Ende 1918 in Indien die Grippepandemie.

Mit der Rückkehr demobilisierter Soldaten von den Kriegsschauplätzen in Europa und Mesopotamien nach Indien verbreitete sich dort die Pandemie rasch. In den Jahren 1918-19 forderte sie in Indien zwischen 13 und 15 Millionen Todesopfer. Das entspricht etwa einem Viertel der geschätzten weltweiten 50 bis 60 Millionen Todesopfer. Kein anderes Land musste eine höhere Zahl an Pandemietoten hinnehmen. Der gesamte Bevölkerungszuwachs seit der Volkszählung von 1911 wurde zunichte gemacht, und Britisch-Indien (Afghanistan und Birma sind nicht in die Berechnung eingeschlossen) verzeichnete bei der Volkszählung von 1921 im Vergleich zu 1911 sogar einen absoluten Bevölkerungsrückgang. Doch selbst unter diesen katastrophalen Bedingungen wurde die Bevölkerung nicht geschont. Die Kolonialregierung beschloss, Großbritannien zur Deckung des Kriegsbedarfs 100 Millionen Pfund zu „schenken". Dazu erhöhte sie die indischen Sterlingschulden im entsprechenden Umfang. Im darauf folgenden Jahr überreichte die Kolonialregierung Großbritannien ein weiteres „Geschenk" in Höhe von 45 Millionen Pfund.[20]

Tabelle 10.4: Handelsbilanz des indischen Subkontinents (ISK) mit UK und der übrigen Welt (ÜW), in Mio. US-Dollar

	ISK-Exporte nach ÜW (UK ausgeschl.)	ISK-Importe aus ÜW (UK ausgeschl.)	ISK-Handelsbilanz mit ÜW (UK ausgeschl.)	Handelsbilanz mit UK	Verfügbar zur Finanzierung der UK-Defizite mit der übrigen Welt
1900	256	105	**151**	–37	114
1913	662	248	**414**	–138	276
1928	1.057	560	**497**	–105	392

Anmerkung: Indischer Subkontinent (ISK) bezieht sich auf Indien, Pakistan, Bangladesch und Sri Lanka. ÜW steht für „übrige Welt" (UK ausgeschlossen).

Während des Kriegs herrschten Einfuhrbeschränkungen. In der Nachkriegszeit kam es dann zu einem Anstieg der Importe, und in den Jahren 1920/1921 verzeichnete Indien sogar ein Handelsdefizit, in der damaligen Zeit eine

Seltenheit für Indien. Zum Ausgleich des Defizits verkaufte der Secretary of State Rupien und erwarb auf dem öffentlichen Markt den Gegenwert in Pfund Sterling. Im nächsten Triennium, 1922 bis 1924, stieg der indische Warenexportüberschuss jedoch wieder auf Rs. crore 141 oder 89 Millionen Pfund im Jahresdurchschnitt und erreichte im Jahr 1925 mit 125 Millionen Pfund seinen höchsten Stand. Die Preise für Primärerzeugnisse begannen ab diesem Jahr zu sinken, aber der Preisrückgang konnte bis 1928 durch Mengensteigerungen bis zu einem gewissen Grad ausgeglichen werden. Der Verfall der Preise für Primärerzeugnisse senkte dann ab 1929 den Exportüberschuss bis 1932 auf weniger als Rs.11 crore bzw. £8 Millionen. Es kam zu einer akuten Notlage in der Landwirtschaft. Die Schulden der Landwirte stiegen schnell, und mit Hypotheken belastete Vermögenswerte, einschließlich Land, gingen verloren. Das führte rasch zu einer Verarmung der Landbevölkerung. Das Beschäftigungsproblem wurde dadurch verschärft, dass die Kolonialregierung alle produktiven Ausgaben im inländischen Teil des Haushalts strich. Damit wurde die dogmatische deflationäre Politik des ausgeglichenen Haushalts umgesetzt, zu der das britische Finanzministerium zur Sicherung des Systems fester Wechselkurse geraten hatte. (Welche Implikationen diese Politik für die Weltwirtschaftskrise hatte, wird später behandelt.)

Nur zwei Jahre nach Beginn der Großen Depression wurde bei der Volkszählung von 1931 festgestellt, dass 38 Prozent der arbeitenden Landbevölkerung hauptsächlich vom Lohn abhängig seien, gegenüber 26 Prozent im Jahr 1921. Millionen von Kleinproduzenten liquidierten das Wenige was sie an Vermögen besaßen, um im Kampf ums Überleben bestehen zu können, und von 1932 bis 1938 kam es jedes Jahr zur einer dramatischen Goldflucht aus Indien nach Großbritannien. Um mit dem Rückgang des Handels und der Arbeitslosigkeit im eigenen Land fertig zu werden, verschärfte Großbritannien seine Unsichtbaren Tributforderungen (Invisibles) an Indien, und zwar selbst dann noch, als dessen Überschusseinnahmen aus dem Rohstoffexport drastisch zurückgingen.

In unserer Schätzung der Zahlungsbilanz greifen wir auf die Arbeiten von Banerjee zurück. Wir modifizieren jedoch dessen Schätzmethode. Anders als Banerjee unterscheiden wir auf der Grundlage der *Statistical Abstract for India (1920 bis 1940)* Finanzgold von Rohstoffgold. Nach unserer Schätzung belief sich der gesamte Rohstoffexportüberschuss im Zeitraum 1922 bis 1938 auf 827 Millionen Pfund. Die Unsichtbaren Verbindlichkeiten (Invisibles) Indiens machten insgesamt 1209 Millionen Pfund aus, was zu einem außergewöhnlich hohen Leistungsbilanzdefizit von 382 Millionen Pfund führte. In der Kapitalbilanz wurde dieses Defizit durch den Abfluss von Finanzgold in Höhe von 260 Mio. Pfund und durch die Aufstockung der Schulden um 122 Mio. Pfund ausgeglichen. In diesem Zeitraum stammten fast zwei Fünftel der Goldströme, die nach Großbritannien flossen, aus Indien.

Nach Kindleberger[21], der seinerseits auf Triantis[22] verweist, verzeichneten sechs Länder, vor allem in Lateinamerika, den stärksten Rückgang ihrer Deviseneinnahmen. Indien falle, so Triantis und Kindleberger, in die Gruppe der Länder mit einem nur mäßigen Rückgang der Außenhandelseinnahmen (Rückgang von 60 bis 75 Prozent). Unsere Daten zeigen jedoch, dass Indien zwischen dem Höchststand im Jahr 1925 und dem Tiefpunkt im Jahr 1932 einen Rückgang des Warenexportüberschusses um 94 Prozent hinnehmen musste. Selbst im Vergleich 1932 zu 1929 lag der Rückgang bei über 85 Prozent. Aus all diesen Ländern floss in großem Umfang Finanzgold ab. Aber während andere Länder ihre Währungen abwerteten, blieb die indische Rupie an das Pfund Sterling gebunden. Die Rupie wurde erst abgewertet, als das Pfund Sterling selbst abgewertet wurde.

In den Zahlungsbilanzschätzungen für Indien wurde der große krisenbedingte Goldabfluss in der Leistungsbilanz fälschlicherweise als Export eingestuft und somit als Warengold behandelt. Das suggerierte für die 1930er Jahre ein rosiges und völlig unrealistisches Bild. Spiegelbildlich dazu wurden in britischen Studien dieselben finanziellen Goldzuflüsse aus Indien und anderen Kolonien in der Leistungsbilanz Großbritanniens fälschlicherweise als Importe verbucht, so zum Beispiel bei Mitchell und Deane[23]. Viele Autoren verfielen deshalb dem Irrtum, dass im Umfang dieser Goldzuflüsse die Leistungsbilanz ein viel größeres Defizit aufwies, als dies der Fall war. Tatsächlich glichen die Zuflüsse von Finanzgold aus den Kolonien in vielen Jahren das tatsächliche Leistungsbilanzdefizit Großbritanniens vollständig aus und trugen dazu bei, dass sich Großbritannien im Vergleich zu anderen Industrieländern schneller erholte.

Wir können nun unsere Schätzung des Drain zusammenfassen. Sie erstreckt sich innerhalb des umfassenden Zeitraums 1765 bis 1938 über vier Teilperioden (siehe Tabelle 10.5. Den Zeitraum von 1765 bis 1900 haben wir bereits in Kapitel 9 behandelt). Der Zinssatz, den wir zur Aufzinsung des Drain-Werts verwenden, beträgt weiterhin 5 Prozent. Wir führen die Berechnung für zwei unterschiedlich Endtermine durch – die erste Berechnung reicht bis zur Unabhängigkeit im Jahr 1947, die zweite erstreckt sich bis zum Jahr 2020. Zu Vergleichszwecken geben wir für ausgewählte Jahre im unteren Teil der Tabelle 10.5 das BIP Indiens und des Vereinigten Königreichs an. Im Jahr 1947 belief sich der Wert des Reichtumsabzugs auf das 38-fache des BIP des Vereinigten Königreichs und auf das 78-fache des indischen BIP. Der Wechselkurs gegenüber dem Dollar beträgt für den gesamten Zeitraum ungefähr 1 £ = 4,84 $. In Dollar ausgedrückt, machte der absolute Wert des Reichtumsabzugs (des Drain) von 1765 bis 1938 10,5 Milliarden Dollar aus. Der aufgezinste Wert beläuft sich bis 1947 auf 1,95 Billionen Dollar und bis 2020 auf 65,64 Billionen Dollar, dem Dreifachen des BIP der Vereinigten Staaten des Jahres 2020. In Tabelle 10.5 sind die BIP-Zahlen in laufenden Preisen angegeben. Das gilt auch für die Zeitreihen, auf die wir bei der Berechnung des Drain zurückgreifen.

Tabelle 10.5: Geschätzter Reichtumsabzug (Drain) aus Indien, 1765–1938

Periode	absoluter Wert Pfund, Mio.	Aufgezinster Wert, Zinssatz 5 Prozent bis 1947 Pfund, Milliarden	bis 2020 Pfund, Milliarden
1765–1836	270,254	369,648	12.399,9
1837–1900	596,757	28,168	992,4
1765–1900	**867,011**	**397,816**	**13.392,3**
1901–1921	270,254	3,06	102,58
1922–1938	596,757	1,25	42,00
1765–1938	**867,011**	**402,126**	**13.536,88**

BIP in Milliarden, Pfund Sterling

	UK	**INDIEN**
1836	0,592	nicht verfügbar
1900	1,963	0,645
1947	10,544	5,186
2020	3.071	3.157

Quelle: Berechnungen der Autorin und des Autors aus weiter oben angeführten Daten und Quellen.

Abb. 10.4: BIP pro Kopf für Britisch-Indien 1900–1946 in Rupien, konstante Preise 1949 (Dreijahresdurchschnitte)

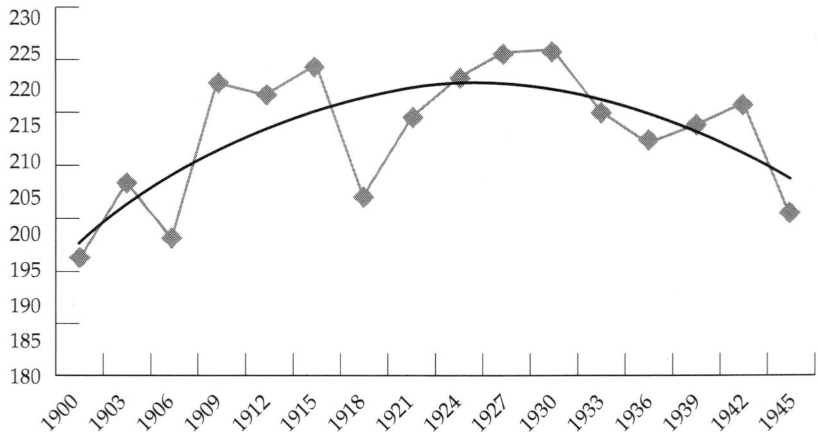

Quelle: S. Sivasubramonian, National Income of India (Delhi: Oxford University Press, 2000).

Diese beständige Abschöpfung aller externen Nettoeinnahmen führte in Verbindung mit dem Anwachsen der Reservearmee, ihrerseits verursacht durch die Verdrängung der überkommenen inländischen Produktion, zu einer Stagnation des Pro-Kopf-Einkommens. Die Schätzung des indischen Nationaleinkommens durch S. Sivasubramonian bezieht sich auf Indien insgesamt. Die Werte für Britisch-Indien erhalten wir, indem wir den Bevölkerungsanteil Britisch-Indiens an der Gesamtbevölkerung Indiens ansetzen. Die Bevölkerungsdaten liegen uns nur in Zehnjahresabständen vor. Um das jährliche Pro-Kopf-Einkommen berechnen zu können, benötigen wir jedoch Jahresdaten. Sie werden über Interpolation aus den Zehnjahresdaten ermittelt. Im Zeitraum 1900-05 bis 1927-31 stieg das reale Pro-Kopf-Einkommen um 12 Prozent. Danach ging es zurück. Nimmt man die Jahre 1942–47 als Endphase der Berechnung, dann betrug der Nettozuwachs über fast ein halbes Jahrhundert hinweg weniger als 5 Prozent (siehe Abbildung 10.4).[24] Die jährliche Pro-Kopf-Absorption von Nahrungsmittelgetreide ist ein wichtiger Index für die interne Massennachfrage. Sie ging im gleichen Zeitraum stark zurück.

10 Weitere Ausführungen über Transfers aus den Kolonien und ihre Implikationen

1. John Kenneth Galbraith, A View from the Stands: Of People, Politics, Military Power, and the Arts (New York: Houghton Mifflin, 1986), 315–16.
2. Zitiert in A. Chandavarkar, Keynes and India (London: Palgrave Macmillan, 1989), p. 57.
3. Man beachte, dass der Wert der Council Bills die Warenhandelsbilanz Indiens repräsentierte. Sie umfasste die (positive) Handelsbilanz, plus die (negative) Bilanz für Warengold. Finanzgoldströme fielen in die Kapitalbilanz.
4. S.Bhattacharya, The Financial Foundations of the British Raj, 260–61, 303–20).
5. Utsa Patnaik, „The Free Lunch," Appendix.
6. From Pandit, India's Balance of Indebtedness; and, A. K. Banerjee, India's Balance of Payments.
7. See Pandit, India's Balance of Indebtedness, und A. K. Banerjee, India's Balance of Payments.
8. Folke Hilgerdt, „The Case for Multilateral Trade"; S. B. Saul, Studies in British Overseas Trade 1870–1914.
9. S. B. Saul, Studies in British Overseas Trade 1870–1914.
10. Saul, Studies in British Overseas Trade 1870–1914, 56.
11. Saul, Studies in British Overseas Trade 1870–1914, 58, Table XX .
12. Saul, Studies in British Overseas Trade 1870–1914, 62.
13. Die Regulierung der Council Bills musste geändert werden. Es sollte nun ermöglicht werden, die Bills in einem Umfang auszugeben, der über die jährlichen Ausgaben Britanniens hinausging. Unter dem normalen Titel laufender Ausgaben konnten nämlich derart rasch ansteigende Ausgabevolumina nicht länger absorbiert werden. Diese Absorption könnte als Verschiebung der Goldhandelseinahmen Indiens in die Reserven Großbritanniens erfolgt sein. Das bedarf einer eigenen Untersuchung.
14. Saul, Studies in British Overseas Trade 1870–1914, 62.
15. Saul, Studies in British Overseas Trade 1870–1914, 203.
16. Hilgerdt, „The Case for Multilateral Trade."
17. Saul, Studies in British Overseas Trade 1870–1914.
18. Salden in Millionen Dollar (Einfuhren bewertet nach CIF, Ausfuhren bewertet nach FOB). Es werden sowohl Einfuhr- als auch Ausfuhrsalden ausgewiesen. Die kleinere der beiden Zahlen in jedem eingerahmten Rechteck stellt die Ausfuhrbilanz jener Ländergruppe dar, von der die Pfeile ausgehen. Die größere Zahl innerhalb des Rechtecks bezieht sich auf die Einfuhrbilanz der Ländergruppe, auf die die Pfeile hinzeigen. Der Unterschied zwischen den betreffenden zwei Beträgen innerhalb des eingerahmten Rechtecks ist weitgehend darauf zurückzuführen, dass in den Importen die Transportkosten, die zwischen den Grenzen der Ausfuhr- und Einfuhrländer auftreten, enthalten sind.
    Für den Einfuhrsaldo der „Regions of Recent Settlement in the Temperate Belts" aus den Vereinigten Staaten müsste 690 stehen und nicht 670, wie in der Abbildung irrtümlich angegeben.
    Das Vereinigte Königreich, die Vereinigten Staaten und Deutschland sind separat ausgewiesen; die anderen Länder wurden in drei Kategorien zusammengefasst: die Tropen (einschließlich Zentralafrika, die tropischen Agrar- und Mineralien produzierenden Länder Lateinamerikas und das tropische Asien), die „Regions of recent settlement in the temperate belts" (einschließlich der britischen Dominions Südafrika, Kanada, Ozeanien sowie Argentinien, Uruguay und Paraguay) und „Europa" mit Ausnahme des Vereinigten Königreichs und Deutschlands. Siehe Völkerbund (1942), Tabelle 20-23, Tabelle 44 und Anhang III für Einzelheiten zur Klassifizierung und zu den Länderdaten.
19. United Nations, International Trade Statistics 1900–1960 on International Merchandise Trade Statistics,1962; www. / unsd / trade / imts / Historical data 1900-1960:pdf.

20. A. I. Levkovsky, Capitalism in India: Basic Trends in its Development (Delhi: Peoples Publishing House, 1972).
21 Charles Kindleberger, The World in Depression 1928–1938 (Harmonds- worth: Pelican, 1987).
22. S. G. Triantis, Cyclical Changes in the Trade Balances of Countries Exporting Primary Products 1927–1933 (Toronto: University of Toronto Press, 1967).
23. B. R.Mitchell and Phyllis Deane, Abstract of British Historical Statistics.
24. S. Sivasubramonian, The National Income of India.

TEIL 3

Kapitel 11

Die Auflösung des kolonialen Arrangements

Mit dem Begriff „koloniales Arrangement" sprechen wir das gesamte Beziehungsgeflecht an, wie es in der zweiten Hälfte des neunzehnten Jahrhunderts vorherrschte. Zu diesem Netzwerk gehörten Großbritannien; die sich nachholend industrialisierenden Länder Kontinentaleuropas; die von Europäern besiedelten Regionen gemäßigten Klimas (Siedlerkolonien); schließlich die Eroberungskolonien, die sich hauptsächlich in den tropischen und halbtropischen Regionen befanden.

„Koloniales Arrangement" bedeutet kurz gesagt, dass Großbritannien seinen eigenen Markt für die neu emporkommenden Industrienationen offen hielt, während es in den kolonialen Volkswirtschaften (und auch in China) auf Kosten der dortigen Handwerker einen Absatzmarkt für seine eigenen Waren erschloss. Es hat die wirtschaftlichen Überschüsse dieser Kolonien in erheblichem Umfang „abgeschöpft" und diese Mittel dazu genutzt, seine Leistungsbilanzdefizite mit den sich nachholend industrialisierenden Ländern auszugleichen und Kapital in diese Staaten zu exportieren. Diese Kapitalexporte erfolgten in Form jener Waren, die aus den Kolonien nach Großbritannien exportiert wurden. Die Kolonien spielten also eine dreifache Rolle: erstens die Bereitstellung eines Absatzmarktes für die Waren der führenden kapitalistischen Wirtschaft und, indirekt, für die Waren der sonstigen kapitalistischen Metropolen; zweitens die Bereitstellung des Überschusses für den Kapitalexport und die geographische Ausdehnung des Kapitalismus; und drittens die Bereitstellung einer geeigneten Warenform, die all dies ermöglichte.

Dieses koloniale Arrangement löste sich nach dem Ersten Weltkrieg auf. Zwar haben die Kolonien nicht alle diese Funktionen gleichzeitig verloren. So blieb insbesondere die Rolle der tropischen Kolonien als Quelle der Überschussextraktion erhalten. Ihre Bedeutung nahm keineswegs ab, auch wenn es nach der Weltagrarkrise schwierig war, die geeignete Form des Überschussabzugs zu finden. In der Weltagrarkrise brachen die Agrarpreise zusammen und die Überschussextraktion lief während einiger Jahre über den Abstrom von Gold. Tatsächlich nahm die Rolle der Überschussextraktion während des Zweiten Weltkriegs sogar noch zu, da koloniale Überschüsse zur Kriegsfinanzierung benötigt wurden. Die in den Kriegsjahren abgezogenen Überschüsse waren sehr groß, so groß, dass in der Hungersnot in Bengalen der Jahre 1943–44 drei Millionen Menschen starben. Eine der drei kolonialen Rollen hat jedoch an Bedeutung verloren: die Rolle der Kolonien als Absatzmarkt für britische Waren. Ihre Bedeutung nahm nach den Ersten Weltkrieg ab.

Dafür gab es mehrere Gründe. Ein offensichtlicher Grund ist die inhärente Begrenztheit kolonialer Märkte. Kehren wir, um diese Begrenztheit zu verstehen, zu dem einfachen Beispiel in Kapitel 8 zurück. Der Prozess der Deindustrialisierung in der Kolonie vollzieht sich auf zwei Wegen, zum einen durch den „Abzug (Drain)" des Überschusses selbst. Dieser erfolgt zum einen in der Form von Waren als Abstrom von Rohstoffen; und zum anderen durch die Substitution der von einheimischen Handwerkern hergestellten Produkte durch importierte Produkte aus der kapitalistischen Metropole. Der Überschussabzug schafft in der Kolonie keinerlei Nachfrage nach Metropolprodukten. Vielmehr zerstört er die Nachfrage nach den Produkten der einheimischen Handwerker. In vorkolonialer Zeit ist die heimische handwerkliche Produktion emporgekommen, weil der Kaiser, der Adel und die Steuereintreiber, also die Klasse der Grundbesitzer, den Überschuss nicht im Ausland, sondern im Inland ausgegeben haben. *Ein Markt für Metropolprodukte entsteht nur in dem Maße, in dem die Einkommen der Rohstoffproduzenten in der Kolonie bei den Produzenten selbst verbleiben (oder bei denjenigen, die von ihnen leben, wie z. B. Kaufleute und bestimmte Grundbesitzer), und eben nicht „abgezogen" werden.*

Es besteht also ein inhärenter Widerspruch zwischen der Rolle der Kolonien als „Quelle des Überschussabzugs" und ihrer Rolle „Bereitstellung eines Absatzmarkts". Je größer der aus der Kolonie abgezogene Überschuss, desto geringer ihre Rolle als Markt für Metropolgüter.

Man kann den Widerspruch zwischen diesen beiden Rollen der Kolonie zwar in Rechnung stellen, aber ihn als eine bloß temporäre Erscheinung betrachten. Man sagt dann, es gibt zwar diesen Widerspruch, aber nur vorübergehend. Nehmen wir an, eine koloniale Wirtschaft wachse pro Jahr um 5 Prozent. Wenn ein größerer Teil der Produktion als Drain außer Landes gezogen wird, dann ist der Markt für Industriegüter aus der Metropole entsprechend kleiner. Nichtsdestotrotz wächst der Markt für Metropolgüter immer noch um mehr als 5 Prozent pro Jahr, solange die lokale handwerkliche Produktion nicht vollständig eliminiert ist. Er wächst um genau 5 Prozent pro Jahr, wenn die lokale handwerkliche Produktion ganz und gar eliminiert ist. Man könnte also meinen, dass der Überschussabzug den Markt für Metropolgüter in der Kolonie zwar einschränkt, dass dieser Markt aber dennoch im Laufe der Zeit weiter wachsen kann und somit weiterhin einen Anreiz für die Kapitalakkumulation in der Metropole bietet.[1]

Der Reichtumsabzug wirkt sich auf die Größe des Marktes für industrielle Metropolgüter jedoch nicht nur in einer bestimmten Zeitstrecke aus. Er wirkt auch auf die Wachstumsrate der kolonialen Wirtschaft und damit auf die Rate, in der der Markt für Metropolgüter wächst. Da der Großteil des wirtschaftlichen Überschusses – abgesehen von den Ausgaben für die Kolonialverwaltung vor Ort und dem Restbetrag, der der lokalen Grundbesitzerklasse verblieb – außer Landes gezogen und nicht in die Ausweitung der produktiven Basis der kolonialen Wirtschaft investiert wurde, lag die Wachstumsrate dieser Wirtschaft nahe Null, wenn nicht sogar im negativen Bereich. Sie könnte in der Tat negativ sein, da neben der Deindustrialisierung ein weiterer wachstumshemmender Faktor zu berücksichtigen ist: für die Instandhaltung von Bewässerungsanlagen und anderer, aus früherer Zeit übernommenen Anlagen ist nicht immer der erforderliche Aufwand getrieben worden.

In Indien mussten alle öffentlichen Investitionsprojekte ein enges „Renditekriterium" erfüllen. Da der Umfang der der Kolonialverwaltung zustehenden Steuereinnahmen in weiten Teilen des Landes, insbesondere in Bengalen, dauerhaft fixiert war, war die Rendite eines jeden Investitionsprojekts für den Kolonialstaat gleich Null. In solchen Gebieten wurden keine Investitionen zur Intensivierung der Bodennutzung getätigt. Sogar in jenen Gebieten, in denen die Steuereinnahmen nicht dauerhaft festgesetzt, sondern in regelmäßigen Abständen, etwa alle dreißig Jahre, neu festgesetzt wurden, schloss die Verpflichtung auf Rendite jede produktive Investition in die Landwirtschaft aus. Da die Landwirtschaft der Eckpfeiler der Wirtschaft war, kam dies einer allgemeinen wirtschaftlichen Stagnation gleich. Welcher Stellenwert der Landwirtschaft in der Gesamtwirtschaft zukam, sieht man daran, dass selbst als in der Zwischenkriegszeit in einigen wenigen Branchen Indiens ein „besonderer Schutz" für einheimische Produkte eingeführt wurde, die Investitionen in diesen Branchen nach einem anfänglichen Aufschwung tendenziell versiegten.[2] Die Größe des heimischen Markts war durch den Umfang der landwirtschaftlichen Produktion bestimmt. Die heimische Wirtschaft insgesamt stagnierte, sobald die Landwirtschaft stagnierte. Der „besondere Schutz" verschaffte den lokalen Erzeugern keinen größeren Markt, sondern nur einen größeren Anteil an einem stagnierenden Markt. Während der gesamten Zeit der Kolonialherrschaft in Indien wurden außer in den „Kanalkolonien" des Punjab keine größeren Investitionsprojekte durchgeführt. Und selbst die Investitionen in die Eisenbahn, für die die Regierung eine Rendite von 5 Prozent garantierte, brachten keine Anbindung der einheimischen Industrie. Sie dienten hauptsächlich dem Abbau von Rohstoffen in der Kolonie. Ihre wachstumsfördernde Rolle war deshalb zu vernachlässigen.[3]

Der Überschussabzug aus den kolonialen Volkswirtschaften wirkte sich daher nicht nur negativ auf die Größe des Absatzmarktes für Metropolprodukte aus. Der Drain drückte die Kolonien sogar in eine anhaltende Stagnation. Sobald dieser Markt erschöpft war, konnte er seine Funktion, die Kapitalakkumulation zu stimulieren, nicht mehr erfüllen. Zwar konnte der Anreiz zur Akkumulation über die Ausdehnung der Kolonisierung in neue Gebiete verlängert werden. Aber sobald diese räumliche Expansion abgeschlossen war, musste er sich erschöpfen. Etwas in dieser Art scheint sich nach dem Ersten Weltkrieg ereignet zu haben.

Für die Auflösung des kolonialen Arrangements gab es einen weiteren wichtigen Grund, und zwar Japans Aufstieg als eine neue kapitalistische Macht in Asien. Mit unerbittlichem Willen tat Japan alles, die asiatischen Märkte Großbritanniens zu erobern. Japan war das einzige asiatische Land, das sich nicht gezwungen sah, sich in die Reihe der Kolonien und Halbkolonien der Großmächte einzureihen. Zwar hatten die Großmächte Japan in Verträge gezwungen, die zu seinem Nachteil gereichten. Aber der japanische Staat verfügte nach der Meiji-Restauration sowohl über genügend Entschlusskraft als auch über genügend Handlungsspielraum, um ein Programm der kapitalistischen Industrialisierung durchzusetzen und eine aggressive Kampagne zur Erschließung von Exportmärkten in die Wege zu leiten. (Viele haben die Behauptung bestritten, dass die japanische Industrialisierung exportgetrieben war, aber das ist ein Thema, das uns hier nicht weiter beschäftigen muss.)

Man hat das Beispiel Japans häufig als Beleg dafür angeführt – besonders erwähnt sei hier die Argumentation von Paul Baran –, dass sich Länder der

Peripherie nach dem Vorbild der Metropolen hätten industrialisieren können, vorausgesetzt, sie waren nicht Opfer imperialistischer Annexion und die Transformation wurde aktiv von ihrem Staat vorangetrieben.[4] Dieses Argument ist gültig, aber nur in dem Kontext, in dem es vorgebracht wurde. Man sollte nämlich nicht vergessen, dass die kapitalistische Industrialisierung, wenn sie transformativ und nicht bloß die Einrichtung einer „Enklave" sein soll, notwendigerweise entweder imperialistische Annexionen erfordert, oder verlangt, dass sich das betreffende Land in eine Welt imperialistischer Annexionen einfügt. Ein Beispiel für letztere Alternative war Japan. (Inwieweit aktuelle Beispiele wie Südkorea und China diese Verallgemeinerung widerlegen, wird später erörtert.) Die Vorstellung, die gesamte Dritte Welt, wäre sie nicht kolonisiert worden, hätte eine kapitalistische Industrialisierung nach japanischem Vorbild durchlaufen können, hält daher einer genaueren Überprüfung nicht Stand.

Großbritannien versuchte, Japans hartnäckigen Bestrebungen, in seine, Britanniens, asiatischen Märkte vorzudringen, entgegenzuwirken. Dazu sicherte es sich die Unterstützung der lokalen Bourgeoisien, die sich in den Hohlräumen des Kolonialismus entwickelt hatten, deren Ambitionen aber durch die Strukturen des Kolonialismus selbst in Schach gehalten worden waren. Ein Beispiel für ein solches Bündnis, das Britannien mit den bourgeoisen Eliten vor Ort geschmiedet hat, ist die oben erwähnte Einführung des „besonderen Schutzes" („discriminating protection") in Indien. Dieser Sonderschutz gestattete einen begrenzten Bruch mit dem kolonialen Muster der internationalen Arbeitsteilung. Er wurde legitimiert mit dem Argument, es gehe um den Schutz der „jungen Industrien", die noch in ihren Kinderschuhen steckten. Die „Buy Empire"-Kampagne, die damals in den Kolonien ablief, ist ein weiteres Beispiel. Man richtete ein System „kaiserlicher Präferenzen" in Zollangelegenheiten ein, das „Außenseiter" wie Japan von den asiatischen Kolonialmärkten Großbritanniens fernhalten sollte. Diese Maßnahmen, zu denen später auch quantitative Handelsbeschränkungen gegen japanische Importe in diese Märkte gehörten – beispielsweise die Beschränkungen durch das so genannte indisch-japanische Protokoll der 1930er Jahre – trugen zwar wenig dazu bei, Großbritanniens schwindende Aussichten auf den asiatischen Kolonialmärkten wieder zu beleben. Sie stärkten aber Japans Entschlossenheit, seinerseits den imperialistischen Weg einzuschlagen. Großbritanniens konzertierte Bemühungen, Japan von den Märkten des britischen Reiches fernzuhalten, trugen wenig Früchte. Aber sie überzeugten noch größere Teile der japanischen herrschenden Klasse davon, dass Japan selbst ein eigenes größeres Reich aufbauen sollte.

Die Rückkehr zum Goldstandard

Der Verlust der kolonialen Märkte erklärt auch die problematische Lage, in welche die britische Zahlungsbilanz in der Zwischenkriegszeit geriet. Das wichtigste Ereignis in dieser Zeit war natürlich die Rückkehr Großbritanniens im Jahr 1925 zum Goldstandard mit Vorkriegsparität. Aber selbst bei der Erörterung dieses Ereignisses hat niemand darauf Bezug genommen, dass Großbritannien seine kolonialen Märkte verloren hatte. Niemand verwies darauf, dass Großbritanniens Rückkehr zum Goldstandard zur Vorkriegsparität gerade deshalb nicht tragfähig war, weil das koloniale Arrangement in der Zwischenkriegszeit nicht länger funktionierte.

Dies ist kaum überraschend.[5] In der Tat wird in den Diskussionen darüber, ob sich ein Goldstandard zu den Paritäten der Vorkriegszeit behaupten könne, das koloniale Arrangement nicht einmal erwähnt. Auf Grundlage der Arbeiten von S. Saul haben wir weiter oben ausführlich erörtert, wie wichtig dieses Arrangement für die Aufrechterhaltung des Goldstandards war. Dem Zusammenbruch dieses Arrangements muss deshalb bei jeder Erklärung der britischen Zahlungsbilanzprobleme in der Zwischenkriegszeit eine zentrale Bedeutung beigemessen werden.

Die Diskussion darüber, ob bei der Rückkehr Großbritanniens zum Goldstandard die Vorkriegsparität aufrechterhalten werden könne und solle, konzentrierte sich hauptsächlich auf das relative Preisniveau in den Vereinigten Staaten und Großbritannien. Da die Vereinigten Staaten ihre Vorkriegsparität auf dem Goldstandard beibehalten hatten und die britischen Preise zur Vorkriegsparität fast 6 Prozent höher waren als die entsprechenden Preise in den Vereinigten Staaten, hätte die Rückkehr zur Vorkriegsparität eine Überbewertung des Pfund Sterling zur Folge gehabt. (Einige Autoren, die sich gegen eine Rückkehr zur Vorkriegsparität aussprachen, behaupteten, die britischen Preise zur Vorkriegsparität wären um 10 Prozent höher als die Preise in den USA. Andere Autoren, die sich zugunsten einer Rückkehr zur Vorkriegsparität aussprachen, meinten dagegen, die britischen Preise seien um 2,5 Prozent höher als die der USA.) Keynes, der sich gegen eine Rückkehr zum Goldstandard aussprach, wollte den freien Wechselkurs beibehalten.

Die britischen Kolonialmärkte waren erschöpft und Japan war zunehmend in die britischen Kolonialmärkte eingedrungen. Das hat sich daran erwiesen, dass es nicht möglich war, im wieder eingeführten Goldstandardregime die Vorkriegsparität zu behaupten. Aber, so unser Argument, die Erschöpfung der britischen Märkte und deren teilweiser Verlust an Japan *wäre ohnehin offenkundig geworden, ganz gleich, welche Politik Großbritannien zur Verbesserung seiner Zahlungsbilanz verfolgt hätte.*

Eine Freigabe des Wechselkurses hätte die Schwierigkeiten Großbritanniens nicht behoben. Der Verlust von Märkten an Japan hätte auf diese Weise nicht ausgeglichen werden können, da die Japaner über ihre eigene Wechselkurspolitik Vergeltung geübt hätten. Und wenn Großbritannien das, was es an Japan verloren hätte, über die Eroberung von Märkten anderer Wettbewerber kompensiert hätte, hätten auch diese Konkurrenten Vergeltung geübt. *Es gab also keinen Gleichgewichtswechselkurs für das Pfund Sterling, bei dem sich die britische Zahlungsbilanz hätte stabilisieren können.* Grundsätzlich hätte man die Leistungsbilanz durch eine Abwertung des Wechselkurses verbessern können, *vorausgesetzt, es käme nicht zu Vergeltungsmaßnahmen.* Aber die Konkurrenten hätten es nur in Grenzen zugelassen, dass Großbritannien in ihre Märkte vordringt.

Wenn A. C. Pigou befürchtete, in einem System freier Wechselkurse käme es zu einer kontinuierlichen Abwertung dieses Kurses oder zu einer „Herabstufung der Währung“ und damit zur Schädigung der finanziellen Gesundheit der britischen Wirtschaft, dann war das eine implizite Anerkennung dieser Tatsache. Aus dieser Befürchtung heraus forderte Pigou die Rückkehr zum Goldstandard. Das Mindeste, was so erreicht würde, so Pigou, wäre eine Fixierung des Wechselkurses. Aber selbst ein fester Wechselkurs, welches auch immer seine Parität, hätte kaum weitergeholfen.

Betrachten wir kurz, was ein fester Wechselkurs, sichergestellt durch Rückkehr zum Goldstandard bei offener Parität, bedeutet hätte. Bei gegebenen Geldlöhnen und Preisen hätte eine solche Fixierung zwangsläufig einen angemessenen Kapitalzufluss erfordert, und zwar sofort. Nur durch einen solchen Kapitalzufluss hätte man die Zahlungsbilanz in Ordnung bringen können, und dieser Zufluss hätte sich nur durch eine Erhöhung des Zinssatzes auslösen lassen.

Wenn aber die Zahlungsbilanz durch die Leistungsbilanz und nicht durch Kapitalzuflüsse gesichert werden sollte, musste die Leistungsbilanz selbst verbessert werden. Wäre die Parität, zu der Großbritannien zum Goldstandard zurückkehrte, niedrig genug gewesen, die Leistungsbilanz ohne eine Senkung des inländischen Preisniveaus zu verbessern, hätte man die Nominallöhne und damit die Reallöhne senken müssen. Denn der höhere Pfundwert der zum neuen Wechselkurs importierten Inputs hätte bei gegebenem Preisniveau nur durch eine Senkung der Nominallöhne (und damit der Reallöhne) aufgefangen werden können. Außerdem, wenn sich die britische Leistungsbilanz tatsächlich verbessert hätte, dann hätten die Konkurrenten, namentlich Japan, als Gegenmaßnahme den Goldstandard aufgegeben und ihre eigene Währung abgewertet. Genau das ist später auch geschehen.

Als Großbritannien zum Goldstandard zurückkehrte, war die Parität hoch. In dieser Situation müsste das inländische Preisniveau gesenkt werden, was wiederum voraussetzt, dass die Nominallöhne sinken. In der Folge sinken dann auch die Reallöhne.[6] Oder, wenn es Großbritannien gelingt, die Leistungsbilanz zu verbessern, wird das zu Vergeltungsmaßnahmen seitens seiner Konkurrenten führen. Mit anderen Worten: Was auch immer Großbritannien zur Behebung seiner Zahlungsbilanzprobleme tut, ob es Keynes folgend einen variablen Kurs einführt, oder ob es sich, Pigou folgend, für einen festen Kurs entscheidet, immer kommt es unausweichlich, vermittelt über sinkende Nominallöhne und ein fallendes Preisniveau, zu einer Senkung der Reallöhne. Diese Alternative wäre obendrein ineffektiv gewesen, da Großbritanniens Konkurrenten Vergeltungsmaßnahmen ergriffen hätten, sobald es Anzeichen dafür gegeben hätte, dass dieser Weg zu einer Verbesserung der britischen Leistungsbilanz führt.

Tatsächlich wollten sowohl die Befürworter als auch die Gegner einer Rückkehr zum Goldstandard eine Senkung des in Dollar ausgedrückten britischen Lohnsatzes. Das lief im Endeffekt auf eine Senkung des Reallohnsatzes hinaus. Die Befürworter wollten dies durch eine Senkung des Nominallohnsatzes erreichen (sie glaubten, dass nur eine geringfügige Senkung erforderlich wäre). Die Gegner der Rückkehr zum Goldstandard setzten eher auf eine Senkung des britischen Wechselkurses. Ein Grund dafür könnte ihre Auffassung sein, die arbeitende Bevölkerung sei in der Keynes'schen „Geldillusion" befangen. Befangen in dieser Illusion, wehrt sich die arbeitende Bevölkerung heftig gegen die Senkung der Nominallöhne. Empirisch war das tatsächlich der Fall. Sinken die Reallöhne dagegen aufgrund einer Wechselkursabwertung, könnte diese Senkung eher akzeptiert werden. Aber das kann man nur vermuten, und es gibt keine Methode zu entscheiden, wie die arbeitende Bevölkerung auf eine Senkung der Reallöhne über Wechselkursänderungen reagiert hätte.

Kurz gesagt, man debattierte darüber, wie die Reallöhne gesenkt werden könnten, aber nicht darüber, ob sie überhaupt gesenkt werden sollten. Keine der beiden Seiten war gegen eine Reallohnsenkung. Diese Senkung war notwendig geworden, weil es nicht mehr möglich war, die Zahlungsbilanz nachhaltig auszugleichen, und dies wiederum war die Folge davon, dass Großbritannien koloniale Märkte verloren hatte.

Welchen Weg Großbritannien auch beschritten hätte, ob es zum Goldstandard bei Vorkriegsparität zurückgekehrt wäre, ob es den Goldstandard zwar wieder eingeführt, aber die Parität geändert hätte, oder ob es, wie von Keynes vorgeschlagen, seine Politik eines frei schwankenden Wechselkurses fortgesetzt hätte, in all diesen Fällen hätte seine Zahlungsbilanz nicht stabilisiert werden können. Denn jede Verbesserung der Leistungsbilanz Großbritanniens hätte sich in einer Verschlechterung der Leistungsbilanz eines Konkurrenten niedergeschlagen. Die Leistungsbilanz eines oder mehrerer Konkurrenten hätte sich selbst dann verschlechtert, wenn Großbritannien seine eigene Leistungsbilanz durch eine Verringerung des inländischen Aktivitätsniveaus, vermittelt über rückläufige Reallöhne, verbessert hätte. Eine solche Verschlechterung der Leistungsbilanz der Konkurrenten hätte zwangsläufig einen Rückgang des Aktivitätsniveaus ihrer Wirtschaft zur Folge gehabt. Zwar kann man über Staatsausgaben eine Stabilisierung des Aktivitätsniveaus erreichen. Aber in der damaligen Zeit war eine solche Intervention noch kein bekanntes und akzeptiertes Instrument. Auf eine Verbesserung der britischen Leistungsbilanz hätten die Konkurrenten mit Gegenmaßnahmen reagiert. Konkurrierende Volkswirtschaften, die früher freie Wechselkurse hatten, hätten ihren Wechselkurs gesenkt. Volkswirtschaften, die früher unter dem Goldstandard standen, hätten ihren Wechselkurs freigegeben. Für Kolonien standen diese Optionen nicht offen.

Großbritanniens Verfügung über koloniale Märkte hatte den entscheidenden Vorteil, dass die Kolonien keine Gegenmaßnahmen ergreifen konnten. Die Kolonien boten einen Zufluchtsort, in den Großbritannien zur Vermeidung von Zahlungsbilanzschwierigkeiten so viel exportieren konnte, wie es wollte. Das wiederum half der gesamten kapitalistischen Welt, gegenüber Großbritannien Bilanzüberschüsse zu erzielen. Nachdem Großbritannien koloniale Märkte als Zufluchtsorte verloren hatte, musste es zwangsläufig in Schwierigkeiten geraten, ganz gleich, für welches Wechselkurssystem es sich entschied, und ganz gleich, welche Parität es im Falle der Rückkehr zum Goldstandard einführen würde.

Man sollte also die strukturellen Probleme, mit denen sich Großbritannien nach dem Zusammenbruch des kolonialen Arrangements konfrontiert sah, nicht auf die Frage reduzieren, welche Gold-Pfund-Parität die angemessene wäre. Gleichgültig für welche Parität man sich entschied, Großbritannien stand in jedem Fall vor einem Problem.

Weil die Vorkriegsparität nicht mehr zu halten war, versuchte man den Wechselkurs über Lohndeflation stabil zu halten. Das wiederum führte zu dem Generalstreik von 1926. Die Londoner City wollte London als das Finanzzentrum der kapitalistischen Welt erhalten. Sie forderte deshalb die Rückkehr zum Goldstandard bei Vorkriegsparität. Für dieses Anliegen der City musste sichergestellt sein, dass das Pfund Sterling „so gut wie Gold" war, d.h. dass Anleger, die auf das Pfund Sterling setzten, ihre Entscheidung niemals zu bereuen hätten, weil das Pfund Sterling gegenüber Gold (oder anderen Währungen mit Goldstandardvereinbarungen) niemals an Wert verlieren würde. Dass die Vorkriegsparität aufgrund der Auflösung des Kolonialen Arrangements nicht zu halten war, und dass sich deswegen der Konflikt zwischen dem britischen Finanzkapital und der britischen Arbeiterklasse verschärfte, darf uns jedoch nicht zu der Annahme verleiten, eine andere Parität wäre tragfähig gewesen.

Der Goldstandard war nicht mehr zu halten, weil es nach der Erschöpfung der kolonialen und halbkolonialen Märkte „außerhalb" keinen Raum mehr gab, in den sich die britischen Waren hätten zurückziehen können. Nun waren die verschiedenen kapitalistischen Mächte in einem Nullsummenspiel gefangen, bei dem keine von ihnen ihre Leistungsbilanz verbessern konnte, ohne dass sich die Leistungsbilanz einer anderen verschlechtert hätte.

Wie es sich auswirkt, wenn die kapitalistischen Mächte in einem Nullsummenspiel gefangen sind, hat Keynes in der *Allgemeinen Theorie* am Rande erwähnt. Unter Bezugnahme auf die „wirtschaftlichen Ursachen des Krieges", nämlich den Bevölkerungsdruck und den „Wettstreit um Märkte", schreibt er[7]:

> Es ist wohl der zweite Faktor, welcher im 19. Jahrhundert eine entscheidende Rolle gespielt hat und sie auch in Zukunft wieder spielen könnte, der für diese Debatte besonders relevant ist.
> … stand in einem von inländischem Laissez-faire und einem internationalen Goldstandard geprägten System wie es im 19. Jahrhundert die Regel war, den Regierungen kein anderes Mittel zur Linderung wirtschaftlicher Not im eigenen Land zur Verfügung als der Kampf um Märkte. Denn alle zur Bekämpfung eines Zustands chronischer oder periodischer Unterbeschäftigung geeigneten Maßnahmen waren ausgeschlossen mit Ausnahme auf der Einnahmeseite durch eine Verbesserung der Handelsbilanz. [Keynes, 2017: 315]

Was Keynes hier sagte, entspricht nicht den Fakten. Zwischen dem Krimkrieg und dem Ersten Weltkrieg gab es in Europa keine größeren Kriege, abgesehen von den Kriegen um die deutsche und italienische Einigung, und das war genau deshalb so, weil es keine Konkurrenzkämpfe um Märkte gab. Und Wettstreit um Märkte gab es nicht, weil die kolonialen und halbkolonialen Märkte „auf Abruf" zur Verfügung standen. Aber nachdem die kolonialen und halbkolonialen Märkte erschöpft sind, kommen wir in die von Keynes beschriebene Situation, und ein Konkurrenzkampf um Märkte tritt auf die Tagesordnung. Großbritannien war in der Zwischenkriegszeit in diesen Kampf verwickelt, und ganz gleich welche Instrumente es eingesetzt hätte, es wäre mit Gegenmaßnahmen konfrontiert worden und hätte seine Zahlungsbilanzschwierigkeiten nicht überwinden können.[8]

Die Auflösung des Kolonialen Arrangements und die daraus resultierende Verschärfung des Gegensatzes zwischen dem britischen Finanzkapital und der britischen Arbeiterklasse haben wichtige theoretische Implikationen. Der Kolonialismus, oder allgemeiner der Imperialismus, galt weithin als ein Mittel, die Intensität des Klassenkonflikts in den fortgeschrittenen kapitalistischen Ländern abzuschwächen. Man erklärte dies in Anlehnung an Lenin stets damit, dass die vom Monopolkapital erwirtschafteten Superprofite zur „Bestechung" einer „Arbeiteraristokratie", einer dünnen Oberschicht der Arbeiterklasse (zu der auch die Gewerkschaftsführer gehören), eingesetzt werden.

Die Verteilungstheorie von Michal Kalecki ermöglichte eine Ausweitung der Diskussion, die sich davor auf die monopolistischen Superprofite eines bestimmten Segments der Kapitalistenklasse konzentriert hatte. Kalecki rückte die umfassendere Frage der Terms of Trade im Handel zwischen der verarbeitenden Industrie in der Metropole und den Produzenten von Rohstoffen in der Peripherie in den Blick. Da die Preisbildung des verarbeitenden Gewerbes insgesamt nach dem Prinzip der Aufschläge auf die Herstellungskosten erfolgt, kann ein Anstieg der Nominallöhne „weitergegeben" werden, ohne dass sich die Gewinnspannen der Kapitalisten verringerten. Der Anstieg der Nominallöhne kann danach zu einem Anstieg der Reallöhne führen, wenn sich die Terms of Trade zwischen verarbeitendem Gewerbe und Rohstoffproduzenten zu Ungunsten der Letzteren verschieben. Kurz gesagt, das Preissystem funktionierte so, dass der Anteil der arbeitenden Bevölkerung am Bruttoproduktionswert in der Metropole steigen konnte, ohne dass die Kapitalisten einen Rückgang ihres Anteils hinnehmen mussten, und das gelang, indem man den Anteil, der den Rohstoffproduzenten zufiel, entsprechend hinabdrückte. Es ist nicht irgendeine Kategorie von „Superprofiten", sondern der *Modus Operandi* des Systems selbst, der die arbeitende Bevölkerung in der Metropole auf Kosten der Primärproduzenten begünstigt, und unter Imperialismus ist das gesamte Arrangement zu verstehen, das eben dies ermöglicht.

Aber ob wir nun die leninistische Vorstellung einer aus „Superprofiten" finanzierten „Bestechung" der „Arbeiteraristokratie" betrachten, oder ob wir die von Kaleckis Theorie abgeleitete Vorstellung in den Blick nehmen, ein Anstieg der Nominallöhne führe zu einem höheren Lohnanteil am Volkseinkommen – und zwar weil sich die Terms of Trade zu Lasten der Rohstoffproduzenten verschieben – in beiden Fällen wird die imperialistische Begünstigung der arbeitenden Bevölkerung in der Metropole ausschließlich unter dem Gesichtspunkt der *Verteilungsfolgen* gesehen. Aber wie unsere Diskussion des kolonialen Arrangements zeigt, darf die imperialistische Stabilisierung des Systems durch eine Beschwichtigung der Arbeiterklasse in der Metropole nicht nur unter Verteilungsgesichtspunkten gesehen werden. Die Analyse muss umfassender sein. Gesichtspunkte wie die Auswirkungen imperialistischer Arbeiterbeschwichtigung auf die Beschäftigung, auf das Wachstum, auf den Wechselkurs, auf das Vertrauen in die Leitwährung und so weiter, müssen in die Betrachtung einbezogen werden. Die Rückkehr zum Goldstandard der Vorkriegsparität bedeutete nicht per se eine Erhöhung des Anteils der Kapitalisten oder der Primärproduzenten; sie führte jedoch zu einem Versuch, den

Anteil zu verringern, der auf die arbeitende Bevölkerung entfiel. Das koloniale Arrangement insgesamt trägt dazu bei, den Widerstand der Arbeiterklasse gegen diese Umverteilung abzuschwächen.

Die Agrarkrise

Neben dem Verlust der britischen Märkte in Asien unterminierte ein weiterer Faktor das koloniale Arrangement, nämlich die Agrarkrise. Die Krise setzte in den 1920er Jahren ein. Die Kriegsjahre davor hatten die Agrarpreise in die Höhe getrieben. In der Nachkriegszeit fielen sie dann beständig ab. Zwar ist es schwierig, aus dieser Entwicklung ein genaues Datum für den Beginn der Agrarkrise festzulegen. Aber auch wenn wir den Beginn der Agrarkrise nicht jahresgenau datieren können, so können wir doch feststellen, dass die Agrarkrise die britischen Handelsbilanzprobleme verschärft hat.

Wie wir gesehen haben, hatte Großbritannien den Ausgleich seiner Zahlungsbilanz mit Hilfe des Exportüberschusses der Kolonien herbeigeführt, indem es sich den Überschuss kostenlos gegen willkürlich auferlegte Ausgabenposten aneignete. Diese Posten tauchten sowohl im Haushalt der Kolonialregierung auf als auch auf der Sollseite der Leistungsbilanz der Kolonie (in der Leistungsbilanz traten sie auf, da sie im Ausland ausgegeben werden mussten). Bei den Exportgütern der Kolonien, die diesen Überschuss erbrachten, handelte es sich jedoch hauptsächlich um Primärgüter, insbesondere um landwirtschaftliche Erzeugnisse. Mit dem Rückgang der Agrarpreise sank auch der Exportüberschuss der Kolonien, der nun nicht mehr ausreichte, den britischen Zahlungsbilanzanforderungen zu genügen.

Dies hieß zwar, dass die Kolonien mehr Kredite aufnehmen mussten, um ihre Drain-bedingten Ausgaben zu bestreiten, was wiederum ihre künftigen Zahlungsverpflichtungen erhöhte. Für die britische Zahlungsbilanz war dies jedoch wenig hilfreich. Nehmen wir an, Indien muss im Rahmen des Überschussabzugs 100 Pfund an Großbritannien zahlen, hat aber keinen Exportüberschuss, der diese Zahlung ermöglichte. Indien leiht sich deshalb 100 Pfund, mit denen es Großbritannien bezahlt. Wenn Großbritannien aber sein Defizit mit den Vereinigten Staaten begleichen muss, dann tut es das am besten entweder in Dollar oder Gold. Hat es keines von beidem, kommt es zu einem Überangebot an Pfund und einer Übernachfrage nach Gold oder

Dollar, mit der Folge, dass der Wechselkurs des Pfund Sterling in Gefahr gerät. Da Großbritannien dem Goldstandard unterliegt, muss seine Währung in Gold konvertierbar sein. Um den Wechselkurs des Pfunds zu halten, muss Großbritannien unter diesen Bedingungen eine rezessive Binnenpolitik betreiben.

Sowohl der Verlust der kolonialen Märkte als auch die weltweite Agrarkrise machten das frühere koloniale Arrangement unhaltbar. Großbritannien konnte seine gewohnte Rolle als Führungsmacht des Weltkapitalismus nicht mehr spielen. Angesichts der wachsenden Zahlungsbilanzschwierigkeiten konnte es sein Aktivitätsniveau nicht länger aufrechterhalten. Und dies wiederum wirkte sich auf die gesamte kapitalistische Welt aus. Die Große Depression der 1930er Jahre hatte ihre Wurzeln in dieser Auflösung des kolonialen Arrangements.

Wie wir gerade gesehen haben, konnten als Folge der Agrarkrise die Kolonien ihre Drain-bedingten Ausgaben nicht mehr bestreiten und mussten sich deshalb verschulden. Bald jedoch verlangte Großbritannien, sie sollten ihre Schulden in Gold begleichen. Kolonien, namentlich Indien, mussten deshalb Gold nach Großbritannien liefern. Anders ausgedrückt, die Form des Überschussabzugs änderte sich. Der Drain erfolgte nicht mehr in der Form landwirtschaftlicher Güter, die ehedem in Länder nachholender Industrialisierung mit dem Ziel exportiert worden waren, die Defizite Großbritanniens gegenüber diesem Teil der Welt zu begleichen. Die Preise für diese Güter waren nun in Verfall, und der Drain nahm die Form von Goldlieferungen an. Dies mag die britische Zahlungsbilanz etwas entlastet haben, aber die Auswirkungen der Weltwirtschaftskrise auf die Kolonialwirtschaften verschärften sich darüber noch mehr.

Die Deckung der mit dem Drain verbundenen Ausgaben verlangte, wie oben ausgeführt, einen Haushaltsüberschuss, der in seiner Größe dem Exportüberschuss in der Zahlungsbilanz der Kolonie entsprach. Während der Weltwirtschaftskrise war die Gesamtnachfrage sehr schwach und musste mit Defizitmitteln angekurbelt werden. Die Kolonien konnten aber keine Haushaltsdefizite eingehen. Sie mussten ihre Kredite zurückzahlen und hatten deshalb, ausgerechnet in dieser Situation, einen Haushaltsüberschuss zu erwirtschaften. Auf die von der Weltwirtschaftskrise gebeutelte Kolonialwirtschaft hatte dies einen kontraktiven Effekt, also das genaue Gegenteil dessen, was erforderlich gewesen wäre.

Dieser Effekt kam zu den Auswirkungen des Preisverfalls bei landwirtschaftlichen Erzeugnissen hinzu. Da die Drain-Ausgaben in Pfund Sterling festgelegt wurden, standen sie bei einem bestimmten Wechselkurs als Nominalbetrag auch in Landeswährung fest. Um diese Ausgaben zu decken, mussten angemessene Steuereinnahmen erzielt werden. Bei rückläufigen Agrarpreisen erforderte dies eine höhere effektive Steuerbelastung der Bauern. Die hohe Verschuldung der Bauernschaft in der gesamten Dritten Welt während der Depressionsjahre war nicht nur auf die Verschiebung der Terms of Trade zwischen verarbeitendem Gewerbe und Primärerzeugnissen zugunsten der ersteren zurückzuführen. Sie entstand auch daraus, dass die Barzahlungsverpflichtungen der Bauernschaft, einschließlich der Steuerzahlungen, unverändert blieben, obwohl ihre Geldeinkommen wegen fallender Agrarpreise sanken. Hinzu kam die Rückzahlung von Krediten durch den Staat.

Die Auflösung des Kolonialen Arrangements hatte, kurz gesagt, eine destabilisierende Wirkung auf den Kapitalismus der gesamten Welt. Sie beendete nicht nur den langen viktorianischen und edwardianischen Boom, sie stürzte darüber hinaus die Weltwirtschaft in die Große Depression. Wir werden dies im nächsten Kapitel erörtern.

11 Die Auflösung des kolonialen Arrangements

1. Nicholas Kaldor hat ein Modell der Weltwirtschaft entwickelt, in dem die Wachstumsrate eines Teils der Welt, des so genannten „verarbeitenden Sektors", an die Wachstumsrate des anderen Teils, des so genannten „primär produzierenden Sektors", gekoppelt ist. Nicholas Kaldor, „What Is Wrong with Economic Theory?" in Nicholas Kaldor, Further Essays in Economic Theory (Cambridge: Cambridge University Press, 1978).
2. Amiya Kumar Bagchi, *Private Investment in India 1900–1939* (Cambridge: Cambridge University Press, 1972).
3. W. J. Macpherson, „Investment in Indian Railways 1845–1875," *Economic History Review* 8, no. 2 (1955).
4. Paul A. Baran, *The Political Economy of Growth* (New York: Monthly Review Press, 1957).
5. Es gibt eine umfangreiche Literatur über die Rückkehr Großbritanniens zum Goldstandard. Sehr hilfreich hierzu: D. E. Moggridge, The Return to Gold, 1925 (Cambridge: Cambridge University Press, 1969)
6. Die Begründung fallender Reallöhne kann wie folgt formuliert werden. Das Preisniveau p ist gegeben durch

$$p=(ame + w.l)(1+\pi), \text{ oder } 1= (ame/p) +wl/p) (1+\pi)$$

wobei a die physische Menge des importierten Inputs pro Produktionseinheit ist, m ist sein Dollarpreis und e der Wechselkurs (Pfund Sterling pro Dollar); w ist der Geldlohnsatz; l ist der Arbeitskoeffizient und π bezeichnet die Handelsspanne. Nehmen wir an, dass bei dem ursprünglichen Wechselkurs ein Zahlungsbilanzdefizit für das Vereinigte Königreich besteht und dass eine Senkung von p, in Dollar ausgedrückt, um 5 % zu einem Zahlungsgleichgewicht führt, *vorausgesetzt, die Konkurrenten ergreifen keine Vergeltungsmaßnahmen*. Da das Pfund Sterling bei floatenden Wechselkursen abwerten muss, muss e/p steigen, wofür bei gegebenem π der Term w/p fallen muss. Bei festen Wechselkursen würde das Gleiche für jedes e gelten, das größer ist als der Anfangskurs, d.h. bei jeder Parität mit einem niedrigeren Wert des Pfund Sterling als dem Anfangskurs. Bei einer festen Parität mit einem überbewerteten Pfund, d.h. mit einem e, das z.B. 5% niedriger ist als der Ausgangskurs, muss p, wenn es, in Dollar ausgedrückt, um 5 % sinken soll, in Pfund ausgedrückt um 10 % gesenkt werden. Da der erste Term (ame) aufgrund der Überbewertung nur um 5 % gesenkt wurde, muss w um mehr als 10 % fallen, d.h. w/p muss fallen. Die Reallöhne müssten also unabhängig von der verfolgten Politik sinken. Aber selbst wenn sie sinken, würden Vergeltungsmaßnahmen diese Politik unwirksam machen.
7. John Maynard Keynes, *The General Theory of Employment, Interest and Money* (London: Macmillan, 1936), 381–82.
8. Großbritannien war damals in einer anderen Situation als heute die Vereinigten Staaten, die andere Länder dazu verpflichten können, Dollars zu halten. Großbritannien war zwar die führende kapitalistische *Wirtschaft* jener Zeit, aber nicht die *militärische* Führungsmacht der kapitalistischen Welt. Im Gegenteil, es war in eine intensive inter-imperialistische Rivalität mit anderen kapitalistischen Mächten verwickelt.

Kapitel 12

Die Weltwirtschaftskrise in theoretischer Perspektive

Für die Weltwirtschaftskrise der 1930er Jahre gibt es verschiedene Erklärungen. Merkwürdigerweise wird jedoch bei diesen Erklärungen die Rolle des Zusammenbruchs des kolonialen Arrangements, das dem langen Boom des „Langen neunzehnten Jahrhunderts" zugrunde lag, nicht einmal erwähnt. Dies ist eine Lücke, die wir im vorliegenden Kapitel zu schließen versuchen.

Alternative Erklärungen der Weltwirtschaftskrise

Für die Weltwirtschaftskrise ist eine große Zahl an Erklärungen vorgebracht worden. Das liegt zum einen an der großen Bedeutung dieses Ereignisses in der Geschichte des Kapitalismus, zum anderen verweist das auf den Reichtum an theoretischen Versuchen, die Dynamik dieser Krise zu erfassen. Joseph Schumpeter hat die Große Depression damit erklärt, dass damals die Talsohlen dreier Typen des ökonomischen Zyklus zeitlich zusammenfielen, nämlich die Talsohlen des Kondratieff-, des Juglar- und des Kitchens-Zyklus. Alvin Hansen, ein prominenter Wirtschaftswissenschaftler in der keynesianischen Tradition, erklärte die Krise daraus, dass in Nordamerika die Westverschiebung der Besiedelungsgrenze abgeschlossen war. Nicholas Kaldor, wie Hansen von Keynes beeinflusst und Autor einer Theorie technologischen Fortschritts, begriff die Krise als Folge einer Verschiebung der „technischen Fortschrittsfunktion", d.h. eines Versiegens der Innovationsquellen. Baran und Sweezy führten die Große Depression auf das Aufkommen des Monopolkapitalismus zurück, dem eine Tendenz zur Stagnation anhafte. Und Charles Kindleberger sah in der Krise eine Übergangszeit, in der Großbritannien die Führungsrolle in der kapitalistischen Welt nicht länger ausfüllen konnte, die Vereinigten Staaten aber noch nicht bereit waren, Großbritannien als Führungsmacht abzulösen.

Darüber hinaus gibt es die monetaristische Erklärung von Milton Friedman, die Veränderungen im Angebot der Geldmenge als Ursache der Großen Depression ansieht. Wie bereits Kindlebergers Kritik gezeigt hat, basiert Friedmans Erklärung, wie alle monetaristischen Ansätze, auf einer fehlerhaften ökonomischen Theorie. Bei Milton Friedmann kommt noch ein besonderer Mangel hinzu. Seine ökonomische Theorie beruht auf einer fehlerhaften Erkenntnistheorie. Daher werden wir uns im Folgenden nicht mit ihr befassen.

Was die anderen, nicht-monetaristischen Erklärungen anbelangt, so sind zweifellos in den meisten von ihnen Elemente der Wahrheit enthalten. Ein Ereignis wie die Weltwirtschaftskrise kommt dem Zusammenbruch einer ganzen Ordnung gleich. Wenn mehrere miteinander verbundene Teile dieser Ordnung gleichzeitig aufhören zu funktionieren, ist es naheliegend, einen dieser Teile als Ursache für den Zusammenbruch des Ganzen zu identifizieren. Es geht hier nicht um die Frage, welche dieser Erklärungen der Krise die bessere ist, sondern darum, ob sie allesamt ein Schlüsselelement übersehen haben. Betrachten wir also zumindest die wichtigsten dieser Erklärungen unter diesem Gesichtspunkt.

Selbst wenn man Schumpeters Zugang als geeignet erachtet, die Tiefe der Krise zu erklären, bleibt die Frage offen, ob er auch erklären kann, warum sie so lange dauerte. Bekanntlich kam die liberale kapitalistische Welt – im Gegensatz zu den faschistischen Ländern – erst mit den Kriegsvorbereitungen in den späten 1930er Jahren aus der Krise heraus.[1] Die faschistischen Länder waren schon früher aus der Krise herausgekommen, weil sie zur Vorbereitung des Kriegs schon früher aufgerüstet hatten. Auf die Frage, warum die Große Depression so lange anhielt, gab Schumpeter die politische Antwort, es sei in den 30er Jahren vor allem in den USA eine Feindseligkeit gegenüber der Wirtschaft aufgekommen. Schon vor vielen Jahren hat Arthur Smithies Schumpeters Erklärung in Frage gestellt. Wir brauchen seine Argumente hier nicht zu wiederholen.[2]

Schumpeters Erklärung enthält jedoch ein theoretisches Problem. In seiner Zeitreihenanalyse wird ein „Wirtschaftskreislauf" konzipiert, der umgeben ist von zyklischen Schwankungen. Dieser Kreislauf selbst ist gefasst als ein walrasianisches Gleichgewicht mit Vollbeschäftigung. Die um den Kreislauf schwankenden Zyklen sind in erster Linie Preiszyklen, und nicht, wie erforderlich, Beschäftigungszyklen. Oskar Lange hat dies vor langer Zeit in einer Rezension des Schumpeterschen Werks hervorgehoben.[3] Kurz gesagt, aus Schumpeters Sicht kann ein systemischer gesamtwirtschaftlicher Nachfragemangel überhaupt nicht auftreten. Das herausragende Merkmal der Großen Depression ist die Massenarbeitslosigkeit, aber genau hierfür bietet Schumpeters Analyse keine Erklärung. Zu diesem Versagen, ein empirisches Problem zu lösen, kommt ein theoretisches hinzu. Die theoretische Prämisse seiner gesamten Argumentation (walrasianisches Gleichgewicht mit Vollbeschäftigung) ist fehlerhaft, wie die kaleckianisch-keynesianische Revolution in der Makroökonomie gezeigt hat. Nach dieser Tradition ist der Kapitalismus ein System, in dem die gesamtwirtschaftliche Nachfrage generell eingeschränkt ist.

Innerhalb der keynesianischen Tradition ist Alvin Hansens Erklärung der Weltwirtschaftskrise als Folge des Auslaufens gebietserweiternder Grenzverschiebungen („closing of the frontier") die bemerkenswerteste. Das Ende dieser territorialen Expansion, so Hansen, habe den Investitionsdrang, der lange Zeit den kapitalistischen Aufschwung getragen hatte, gedämpft. Unsere eigene, oben vorgetragene Argumentation, Britanniens Verlust seiner kolonialen Märkte habe eine entscheidende Rolle bei der Auslösung der Krise gespielt, ist durchaus vereinbar mit dem Argument Hansens, die Krise verdanke sich dem „Ende der Grenzverschiebung".

Ein Teilprozess des kolonialen Arrangements war die Verschiebung der Grenzen infolge der Auswanderung von Arbeitskräften aus Europa in die Siedlungsgebiete der gemäßigten Zonen, verbunden mit dem ergänzenden Kapitalexport aus Europa, seinerseits finanziert über den Reichtumsabzug aus den tropischen Kolonien. Wir haben bereits erörtert, wie zwei Faktoren zur Auflösung des kolonialen Arrangements beitrugen, erstens, der Verlust kolonialer Märkte und zweitens, die Weltagrarkrise, die zu einem Preisverfall bei Agrargütern führte. Nun reichte der Reichtumsabzug aus den Kolonien nicht mehr dazu aus, die britische Zahlungsbilanz auszugleichen. Hansens „Ende der territorialen Grenzverschiebung" kann als ein dritter Auflösungsfaktor des kolonialen Arrangements verstanden werden.

Aber der Ansatz, der das „Ende der Grenzverschiebung" zur Erklärung der Weltwirtschaftskrise anführt, geht in der Regel nicht auf die Rolle der Kolonien ein. Deshalb sind dazu ein paar weitere Worte angebracht. Da Europa Kapital in die neuen, von Europäern besiedelten Gebiete exportierte und zu diesem Zweck sogar die Überschüsse aus den Kolonien einsetzte, könnte man meinen, dass die in diesen Siedlungsgebieten neu eröffneten Investitionsmöglichkeiten das System am Laufen hielten. Ein Wachstumsimpuls sei also durchaus da, solange nur die territoriale Expansion sich fortsetzen ließe. Die Kolonien wären also zur Wachstumsstimulierung ziemlich unwichtig. Die territoriale Expansion durch Grenzverschiebung, so könnte man argumentieren, bot ja diesen Stimulus.

Diese Argumentation ist jedoch fehlerhaft. Die von den neuen Siedlungsgebieten nachgefragten Waren gehörten gar nicht in die Auswahl, die Großbritannien, die führende Kapitalexportnation, herstellte. Der Anreiz für Investitionen in Großbritannien kam also nicht von der Nachfrage aus den Siedlungsgebieten, denn der Bedarf an britischen Waren war in den neuen Regionen eher gering. In den neu besiedelten Gebieten gab es aber eine Nachfrage nach tropischen Produkten, und die Kapitalexporte Großbritanniens liefen lediglich darauf hinaus, den Kredit für die exportierten tropischen Waren zu übernehmen. Es kann unter diesen Voraussetzungen also nicht behauptet werden, Großbritannien habe sich dank der territorialen Expansion in den neuen Siedlungsgebieten einen neuen Markt für britische Waren erschlossen. Ebensowenig kann man behaupten, Großbritannien habe allein dank der territorialen Ausweitung in den neuen Siedlungsgebieten seinen eigenen Aufschwung sichergestellt, und an diesem Aufschwung hätte dann die gesamte, den britischen Markt zunehmend durchdringende kapitalistische Welt partizipiert. Man muss also, wenn man den Boom der britischen Wirtschaft erklären will, die Rolle der Kolonien in die Betrachtung einbeziehen.

Großbritannien war imstande, nach Belieben Güter in tropische Kolonien wie Indien und in Halbkolonien wie China zu exportieren. Es war diese Fähigkeit, nicht die territoriale Expansion in den Siedlerkolonien, die ihm neue Märkte und damit neue Investitionsmöglichkeiten eröffnete. Und da Großbritannien seinerseits den anderen kapitalistischen Ländern einen Markt bot, waren auch für sie, die mit ihren Industriegütern in den britischen Markt drängten, stets genügend Investitionsanreize vorhanden. Die Investitionsanreize dieser Länder stammten also indirekt vom Übergriff auf die tropischen Kolonien. Es geht also an der Sache vorbei, wenn man das Ende der territorialen Expansion zur Ursache der Weltwirtschaftskrise macht. Das gilt zumindest für Großbritannien und jene Länder, denen der britische Markt zur Verfügung stand. Der entscheidende Wachstumsstimulus stammte aus dem Kolonialismus. Wie die in Kapitel 10 zitierten Schätzungen von Hilkgerdt zeigen, hatten die Vereinigten Staaten im Jahr 1928 gegenüber Großbritannien einen Warenhandelsüberschuss von 610 Millionen Dollar, und gegenüber Europa betrug der Überschuss der USA 560 Millionen Dollar. Jede Schrumpfung des britischen Marktes hätte daher eine rezessive Wirkung auf die gesamte kapitalistische Welt gehabt. Der Verlust kolonialer Märkte setzte also für Großbritannien einen Prozess in Gang, der über seine Sekundäreffekte auf andere Länder zur Großen Depression führte.

Aber natürlich könnte der „Abschluss der Grenzverschiebung", also das Ende der Westverschiebung der Besiedelungsgrenze, eine wichtige Rolle dabei gespielt haben, die Krise in der US-Wirtschaft zu beschleunigen. Auch dies hätte wiederum Auswirkungen auf andere Länder, einschließlich Großbritannien selbst, gehabt. Wir haben es also mit einem komplexen Bild zu tun, in dem alle drei Elemente, die dem Zusammenbruch des kolonialen Arrangements zugrunde lagen, eine Rolle spielten. Es genügt einfach nicht, den „Abschluss der Grenzverschiebung" als alleinige Ursache der Krise hervorzuheben, ohne das gesamte koloniale Arrangement und dessen Auflösung nach dem Ersten Weltkrieg in Betracht zu ziehen.

Die Theorie des Monopolkapitalismus

Baran und Sweezy sahen im Übergang des kapitalistischen Systems zum Monopolkapitalismus den tieferen Grund der Weltwirtschaftskrise. Das ist ein theoretischer Ansatz mit hoher Erklärungskraft, der verdient, ausführlich behandelt zu werden. Der Ansatz gehört in die Kalecki'sche Tradition, die schon in Josef Steindls Arbeiten von großer Bedeutung war. Baran und Sweezy knüpften dann ihrerseits an Steindls grundlegende Arbeiten an.

In der keynesianischen und Kalecki'schen Tradition werden Innovationen stets als investitionsfördernd angesehen. Aus den Arbeiten von Steindl leiten Baran und Sweezy dagegen ihr Hauptargument ab, dass im Monopolkapitalismus Innovationen an investitionsfördernder Wirkung verlieren. Nehmen wir beispielsweise an, ein oligopolistisches Unternehmen führe einen neuen Fertigungsprozess ein. *Dazu investiert es mehr als dem erwarteten*

Marktwachstum ohnehin entsprochen hätte. Es muss sich nun für die zusätzlichen Produkte, die aus dieser außerordentlich hohen Investition entstehen, Platz auf dem Markt schaffen, und zwar auf Kosten seiner Konkurrenten. *Aber selbst wenn die Konkurrenten ihrerseits keine neuen Verfahren einführen,* ist es unter oligopolistischen Bedingungen alles andere als einfach, Konkurrenten Marktanteile abzunehmen. Senkt das innovierende Unternehmen zur Absatzsteigerung seine Preise, werden das seine Konkurrenten in der Regel ebenfalls tun. Das könnte dann zu einem Preiskrieg führen, der allen Beteiligten zum Schaden gereicht. Dass ein Unternehmen seinen Marktanteil über eine außergewöhnliche Steigerung des Verkaufs erhöht, gelingt, wenn überhaupt, dann nur nach einem längeren Zeitraum. Unter oligopolistischen Bedingungen verändern Innovationen also nur die *Form,* aber nicht den *Umfang* der Investitionen.

Das ist die eine Auswirkung des Übergangs zum Monopolkapitalismus. Die andere, ebenso tiefgreifende Auswirkung besteht in der Verschiebung der Einkommensverteilung, weg von den abhängig Beschäftigten, den Kleinproduzenten und den kleinen Kapitalisten (die von den großen oligopolistischen Unternehmen verdrängt werden), hin zu diesen oligopolistischen Unternehmen. Da die marginale Konsumneigung (um einen keynesianischen Begriff zu verwenden) bei den Verlierern dieser Einkommensverschiebung größer ist als bei den Gewinnern, schrumpft, *ceteris paribus,* tendenziell die Nachfrage, und es entsteht eine Tendenz zur Überproduktion. Diese Tendenz ist zwar ein Ex-ante-Phänomen und sie kann unter Kontrolle gebracht werden, wenn das Niveau der Investitionen oder der autonomen Nachfrage im Allgemeinen aus einem anderen monopolkapitalistisch bedingten Grund steigt. Aber wie wir soeben erörtert haben, geschieht durch diesen Übergang zum Monopolkapitalismus genau das Gegenteil. Die Wirkung von Innovationen auf das Ausmaß der Investitionen geht mit dem Übergang zum Monopolkapitalismus zurück.

Der Übergang zum Monopolkapitalismus ist also mit einer Tendenz zur Überproduktion und damit zur Stagnation verbunden. Es handelt sich dabei nicht bloß um eine einmalige, auf die Entstehungszeit des Monopolkapitalismus beschränkte Verschiebung der Einkommensverteilung. Diese Verschiebung zugunsten der Oligopolisten ist vielmehr fortlaufend und verschafft ihnen einen stets „wachsenden Anteil am wirtschaftlichen Überschuss". Die Tendenz zur Stagnation wird also ständig verstärkt.

Vor allem „epochale Innovationen" können verhindern, dass die Ex-ante-Tendenz zur Überproduktion zu einer tatsächlichen Ex-post-Überproduktion wird (neben epochalen Innovationen können staatliche Ausgabenprogramme und Absatzsteigerungen einer Ex-ante-Tendenz zur Überproduktion entgegenwirken). Anders als die üblichen Innovationen lösen epochale Innovationen, so Baran und Sweezy, zusätzliche Investitionen aus. Die aus diesen epochalen Investitionen entspringenden Produkte müssen nicht *durch Preissenkungen* auf Kosten der Konkurrenten abgesetzt werden, eben weil sie „epochemachend" sind.

Eine solche „epochale" Innovation stellte zu Beginn des zwanzigsten Jahrhunderts die Erfindung des Automobils dar. Sie hielt die Gesamtnachfrage trotz des einsetzenden Monopolkapitalismus hoch. Mit anderen Worten: Die Einführung und Verbreitung des Automobils führte zu einem Anstieg der Gesamtnachfrage und hielt so die stagnative Tendenz des Monopolkapitalismus in Schach. Doch mit dem Ende des Automobilbooms und in Ermangelung neuer Anreize, wie sie die Staatsausgaben nach dem Zweiten Weltkrieg liefern sollten, setzte sich diese stagnative Tendenz samt ihrer Sekundärwirkungen in der Großen Depression dann dennoch durch.

Zwar wurden die nichtmilitärischen Staatsausgaben während des New Deal erhöht, und die Vereinigten Staaten wurden das erste Land, das eine Intervention unternahm, die man als eine vom Militarismus unabhängige „keynesianische Politik" bezeichnen kann. Doch der Widerstand des Großkapitals gegen die staatlichen Aktivitäten zur „Nachfragesteuerung" brachte die Roosevelt-Administration sehr schnell dazu, ihre aktivistische Haltung aufzugeben. Der New-Deal-Aufschwung war dementsprechend nur von kurzer Dauer. Weil die fiskalischen Anreize zurückgenommen wurden, stürzten die Vereinigten Staaten im Jahr 1937 dann erneut in eine Rezession. Eine endgültige Erholung sollte erst eintreten, als sich das Land als Reaktion auf die faschistische Bedrohung auf den Zweiten Weltkrieg vorbereitete.

Nach Baran und Sweezy bieten die kolonialen Märkte keinen nennenswerten exogenen Wachstumsstimulus. Innovationen und Staatsausgaben sind für sie die einzig möglichen Wege zur Überwindung der Ex-ante-Überproduktion. Zwar sind sie sich der historischen Bedeutung der Kolonien sehr wohl bewusst. Aber sie schließen aus theoretischen Gründen aus, dass die Kolonien einen externen Stimulus darstellen könnten. In ihrer Argumentation sind sie einer These Kaleckis verpflichtet, dessen theoretischer Hintergrund allerdings eine wichtige Tatsache des Kolonialismus außer Acht lässt. Kaleckis These lässt sich wie folgt fassen.

Betrachten wir die makroökonomische Gleichung $Y=C+I+G+X-M$. Es sei $C=C(Y)$; G sei eine gegebene Größe und $I_t=D_{t-1}$, wobei sich *D* auf Investitionsentscheidungen bezieht. Investitionsentscheidungen, die in der vorangegangenen Periode getroffen wurden, verursachen Investitionsausgaben in der laufenden Periode, so dass die Investitionsausgaben in der laufenden Periode als eine gegebene Summe betrachtet werden können. Die einzige Möglichkeit, in diesem Fall die Gesamtnachfrage zu erhöhen (außer durch höhere Staatsausgaben), besteht darin, *einen höheren Exportüberschuss zu erzielen. Eine Erhöhung der Exporte, die nicht zu einem Exportüberschuss führt, kann dagegen die Gesamtnachfrage nicht steigern.*

Nach dieser Theorie hätten die kolonialen Märkte nur dann zur Steigerung der Gesamtnachfrage in der kapitalistischen Metropole beitragen können, wenn die Metropole Exportüberschüsse gegenüber den kolonialen Märkten erzielt hätte, eine These, die Kalecki ausdrücklich vertritt.[4] Aber solche Exportüberschüsse der Metropole gegenüber den Kolonien gab es historisch gar nicht. Die Richtung des Exportüberschusses war ja, wie wir gesehen haben, genau umgekehrt. Also konnte den Kolonialmärkten, so diese Argumentation, keine große Bedeutung zukommen.

Die Rolle der Kolonialmärkte bestand jedoch nicht in der Ankurbelung der Gesamtnachfrage in diesem allgemeinen Sinne. Sie sorgten vielmehr für einen exogenen Investitionsanreiz. Die Investitionsausgaben hingen also nicht nur von der Profitrate oder der Kapazitätsauslastung etc. der vorangegangenen Periode ab (wir sprechen von der „vorangegangenen Periode", weil nach Kalecki eine Verzögerung zwischen Investitionsentscheidungen und Investitionsausgaben besteht). Sie wurden auch direkt durch die Verfügbarkeit des kolonialen Marktes stimuliert, der jederzeit auf Abruf verfügbar war, d. h. *der Absatz war jederzeit mehr oder weniger garantiert*. Kalecki hatte argumentiert, eine kapitalistische Wirtschaft müsse im Zustand einfacher Reproduktion verharren, wenn nicht Staatsausgaben oder Innovationen das Wachstum anreizen. Aber eine Metropolwirtschaft, die Zugang zu Kolonialmärkten hatte, konnte niemals in einen Zustand der einfachen Reproduktion verfallen.

Sobald wir den Tatbestand in Rechnung stellen, dass die Kolonialmärkte den Staatsausgaben in ihrer Funktion als exogener Stimulus gleichgestellt sind (die Rolle der Innovationen als exogener Stimulus ist unseres Erachtens nicht allzu überzeugend begründet), erkennen wir auch, dass eine stagnative Tendenz im Prinzip durch Rückgriffe auf den Kolonialmarkt überwunden werden kann. In der Zwischenkriegszeit hat es einen solchen Rückgriff mit stimulierender Auswirkung aber nicht gegeben, und so kam es zur Großen Depression. Es konnte damals aber, so unser Argument, den wachstumsstimulierenden Rückgriff auf Kolonialmärkte gar nicht mehr geben, weil das koloniale Arrangement in Auflösung begriffen war. Ganz gewiss, dem Baran-Sweezy-Argument kommt eine große Bedeutung zu. Aber, und das ist entscheidend, es muss in die grundlegende Beziehung zwischen Metropole und Kolonie eingeordnet werden.

Die Rolle der Führungsmacht in der kapitalistischen Weltwirtschaft

Charles Kindlebergers *The World in Depression* (Die Weltwirtschaftskrise 1929–1939) ist eine beeindruckende Spezialstudie, in der er die Idee vertritt, der Kapitalismus könne nur stabil funktionieren, wenn es eine weltweit dominierende kapitalistische Führungsmacht gibt. Die Große Depression habe in einer Periode stattgefunden, die einer derartigen Führungsmacht entbehrte.[5] Die Krise war Ausdruck der Tatsache, dass die im Niedergang begriffene Macht, Großbritannien, die Rolle der führenden Wirtschaftsmacht nicht übernehmen konnte und dass die emporkommende Macht, die Vereinigten Staaten, die Führungsrolle nicht übernehmen wollte. Wie er es ausdrückte[6]:

> „… komme ich zu dem Schluss, dass die Depression nach 1929 so breit, so tief und so lang war, weil das internationale Finanzsystem durch die britische Unfähigkeit und den amerikanischen Unwillen, die Verantwortung für die Stabilisierung zu übernehmen, instabil war. [Kindleberger 2019: 335]
>
> …
>
> 1929 konnte Großbritannien die Rolle des Stabilisators nicht übernehmen, und die Vereinigten Staaten wollten es nicht. Als jedes Land sich auf die Wahrnehmung seiner nationalen Privatinteressen beschränkte, ging das Gemeinwohl der Staatengemeinschaft in die Binsen und mit ihm die nationalen Belange aller. [Kindleberger 2019: 337]

Man kann Kindlebergers Beobachtungen jede für sich genommen kaum bestreiten, aber als Erklärung der Krise sind sie unvollständig. Wie kann eine wirtschaftliche Führungsmacht seine eigenen Märkte für andere offen halten, ohne für einen Mechanismus zu sorgen, der verhindert, dass der Import aus anderen Ländern zu einem Anstieg der Arbeitslosigkeit im eigenen Land führt? Und wenn es anderen Ländern, um deren Notlage zu mildern, Zugang zu seinem eigenen Markt gewährt, dann ist es unumgänglich, dass seine eigene Verschuldung steigt. Wie aber kann es sich eine Führungsmacht leisten, immer tiefer in eine Schuldenfalle zu geraten? Kurzum, ein Land führt die Führungsrolle in der kapitalistischen Welt nicht deshalb aus, weil es wohlwollend oder voll guten Willens ist – so könnte man Kindlebergers Äußerungen missverstehen – sondern weil es die *Macht* dazu hat. Und diese Macht muss mindestens zwei Komponenten haben: erstens die Fähigkeit, außerhalb der eigenen kapitalistischen Binnenwirtschaft einen „exogenen" Markt für seine eigenen Waren zu schaffen. Nur so kann dieses Land verhindern, dass sein Bemühen, die Bilanznot anderer Volkswirtschaften zu lindern, nicht zu einer noch tieferen Rezession in der eigenen Wirtschaft führt. Als zweite Machtkomponente muss es über die Fähigkeit verfügen, ohne Verschuldungsprobleme die Waren anderer Länder absorbieren zu können. Es muss in der Lage sein, entweder eine zusätzliche Verschuldung zu vermeiden oder es muss, sollte es sich doch zusätzlich verschulden müssen, über eine ausreichende Schuldentragfähigkeit verfügen.

Ob ein Land eine Führungsrolle in der Weltwirtschaft einnehmen kann, hängt davon ab, wie es innerhalb der Weltwirtschaft und im Kräfteverhältnis der Klassen innerhalb der Weltwirtschaft positioniert ist. Zu jener Zeit, als Großbritannien die Führungsrolle ausübte, war es dazu in der Lage, weil es über Kolonien verfügte. Es besaß damit die nötige Macht in beiden oben behandelten Dimensionen. Dank seiner Verfügung über koloniale Anzapfmärkte, die jederzeit auf Abruf bereitstanden, konnte Großbritannien seinen eigenen Markt für Waren aus anderen kapitalistischen Metropolen offen halten, ohne dass die Gesamtnachfrage nach seinen eigenen Waren per Saldo darunter gelitten hätte. Auch konnte es die Kaufkraft der sich nachholend industrialisierenden Länder durch Kapitalexporte vergrößern, weil es die Überschüsse der Kolonien zur Finanzierung solcher Kapitalexporte abschöpfte. Großbritannien konnte die Führungsrolle also spielen, weil ihm sein Kolonialbesitz dazu die Macht gab. Und als diese Kolonialmärkte erschöpft oder von anderen in Beschlag genommen waren, etwa von der aufstrebenden Macht Japan, oder von der aufstrebenden einheimischen Bourgeoisie in den Kolonien selbst, war Großbritannien nicht mehr in der Lage, die Führungsrolle zu spielen.

Die Vereinigten Staaten waren nicht bereit, die Rolle der Führungsmacht zu übernehmen, zum einen, weil sie nicht über ausreichend große koloniale Anzapfmärkte verfügten, zum anderen, weil der andere mögliche externe Wachstumsimpuls (extern im Sinn „außerhalb" des eigentlichen kapitalistischen Sektors), nämlich der Einsatz von Staatsausgabenprogrammen, nicht genutzt werden konnte. Die „mangelnde Führungsbereitschaft" der Vereinigten Staaten bedeutete also in Wahrheit, dass der US-Staat nicht in der Lage war, den Widerstand des US-Finanzkapitals gegen umfängliche staatsinterventionistische Nachfragestimulierung zu überwinden.

Genau aus diesem Grund war die Intervention des New Deal nur von kurzer Dauer. Nachdem sich die Wirtschaft im Rahmen des New Deal etwas erholt hatte, wurde dem Grundsatz „fiskalischer Disziplin" wieder zur Geltung verholfen, mit der Folge, dass die Wirtschaft im Jahr 1937 erneut in eine Rezession stürzte. Unmittelbar vor der Wiederaufrüstung für den Krieg waren die Kapazitäten im US-Konsumgütersektor mehr oder weniger ausgelastet. Der Investitionsgütersektor litt jedoch immer noch unter einem massiven Auslastungsdefizit.

Was auf den ersten Blick als vorläufig gescheiterte Übergabe der Führungsrolle Großbritanniens an die Vereinigten Staaten erscheint, entpuppt sich bei näherer Betrachtung als Unfähigkeit des kapitalistischen Weltsystems, vom vorherrschenden, aber sich erschöpfenden Stabilisierungsmechanismus zu einem Nachfolgemechanismus externer Stimulierung überzugehen; d. h., *es gelang nicht, die über Kolonialmärkte gestützte externe Stimulation durch den Einsatz nachfragestimulierender Staatsausgaben zu ersetzen.* Natürlich ändern sich mit jedem Wechsel des Stimulierungsmechanismus auch die Charakteristika des Weltsystems. Das gilt auch für die Frage, welche Volkswirtschaft die Führungsrolle im kapitalistischen Weltsystem übernimmt. Aber es ist irreführend, in der Analyse der Weltwirtschaftskrise nur darauf zu verweisen, dass das Weltsystem damals einer eindeutig herausgehobenen Führungsmacht entbehrte. In Wirklichkeit bestand das Problem darin, dass für die kolonialistische externe Wachstumsstimulierung noch kein funktionaler Ersatz verfügbar war.

Finanzkapital und Staatsintervention

Wie oben angesprochen, stellte sich das US-Finanzkapital gegen staatliche Nachfragestimulierung. Aber mit dieser Gegnerschaft ist das Finanzkapital der USA nicht alleine. Das Finanzkapital stellt sich überall gegen eine staatliche Steuerung der gesamtwirtschaftlichen Nachfrage. So lehnte das britische Finanzministerium unter dem Einfluß der Londoner City einen auf Lloyd George rekurrierenden Vorschlag von Keynes ab, in dem zur Linderung der britischen Arbeitslosigkeit des Jahres 1929 defizitfinanzierte „öffentliche Arbeiten" vorgesehen waren. Es war Lloyd George, der Führer der liberalen Partei, der diesen Vorschlag ausgearbeitet hatte. Aber auch nachdem Keynes seine eigene *Allgemeine Theorie* geschrieben hatte, hielt der Widerstand der britischen Finanzinteressen gegen die dort entwickelten Positionen an. Aus diesem Grund war Keynes' großes Werk in seinem Heimatland, sogar in dessen akademischen Kreisen, weniger einflussreich als in den Vereinigten Staaten.

Es stellt sich die spannende Frage, warum sich das Finanzkapital so systematisch gegen staatliche Nachfragesteuerung wehrt. Aber bevor wir diesen Punkt untersuchen, sollten wir einen vorgeordneten Punkt klären. Werden höhere Staatsausgaben mit den Steuern der arbeitenden Bevölkerung finanziert, ist das für sich genommen nichts, wogegen sich das Finanzkapital wehren würde. Aber massensteuerfinanzierte staatliche Ausgabensteigerungen führen offensichtlich nicht zu einer nennenswerten Nettoausweitung der Gesamtnachfrage, da die arbeitende Bevölkerung einen erheblichen Teil ihres Einkommens verbraucht. Massensteuerfinanzierte Ausgabensteigerung läuft also auf eine bloße Substitution der staatlichen Nachfrage durch die Nachfrage der arbeitenden Bevölkerung hinaus. Der Nettoanstieg der Gesamtnachfrage ist in diesem Fall gering. Anders, wenn die höheren Staatsausgaben durch Besteuerung der Reichen (deren Sparneigung hoch ist) oder durch ein Haushaltsdefizit, also ohne zusätzliche Besteuerung, finanziert werden. In diesem Fall führen staatliche Ausgabensteigerungen tatsächlich zu einem Nettoanstieg der gesamtwirtschaftlichen Nachfrage.

Werden Reiche zur Finanzierung größerer Staatsausgaben besteuert, sind sie dadurch nicht schlechter gestellt als vor der Einführung eines solchen Programms. Betrachten wir konkret die Gewinnsteuer und nehmen wir der Einfachheit halber an, dass die Löhne in vollem Umfang und die Nachsteuergewinne zur Hälfte konsumiert werden, außerdem seien die Anteile von Löhnen und Gewinnen am Volkseinkommen halb und halb. Dann erhöht eine gewinnsteuerfinanzierte Staatsausgabe von 100 Dollar das Gesamteinkommen um 200 Dollar: die Lohnsumme steigt um 100 Dollar, und die Vorsteuergewinne steigen um 100 Dollar. Da dieser Anstieg der Vorsteuergewinne jedoch wegbesteuert wird, *bleiben die Nachsteuergewinne und das Vermögen der Kapitalisten genau auf dem früheren Stand.* Zwar bezahlen die Kapitalisten mehr Steuern als vor der Intervention. Aber Beschäftigungs- und Produktionsvolumen nehmen zu, ohne dass die Kapitalisten schlechter gestellt wären als zuvor.

Es mag verständlich sein, dass das Finanzkapital eine höhere Besteuerung der Kapitalisten, oder allgemeiner, eine höhere Besteuerung aller Reichen zu verhindern trachtet, selbst dann noch, wenn die Reichen durch diese Besteuerung nicht schlechter gestellt werden. Aber warum sollte es sich gegen ein höheres Haushaltsdefizit wenden, das niemanden mit einer Steuererhöhung belastet, das im Gegenteil sogar die Nachsteuergewinne und den Reichtum der Kapitalisten erhöht? Im obigen Beispiel erhöhen 100 Dollar zusätzliche defizitfinanzierte Staatsausgaben das Volkseinkommen um 400 und die Gewinne um 200 Dollar. Der Konsum der Kapitalisten steigt um 100 Dollar, und das Vermögen (durch höhere Ersparnisse, gehalten als Forderungen an den Staat) steigt um 100 Dollar. Was also hat das Finanzkapital gegen defizitfinanzierte Steigerungen der Staatsausgaben einzuwenden?

Das Finanzkapital sei sich der tatsächlichen Auswirkungen eines Haushaltsdefizits nicht bewusst, so die Antwort von Keynes, eine Antwort, die bis zum heutigen Tag in den Schriften vieler Ökonomen widerhallt. Der Widerstand des Finanzkapitals beruhe auf einem falschen theoretischen Zugang, wie er etwa im „Treasury View" zum Ausdruck kam. Im Jahr 1929 sind dort Einwände gegen defizitfinanzierte öffentliche Arbeiten vorgebracht worden. Richard Kahns Entwurf einer Multiplikatortheorie kann als früher Versuch verstanden werden, den Mangel hinter der Argumentation des „Treasury View" herauszuarbeiten. Kahn, ein Schüler von Keynes, hatte seine Gegenargumentation sogar noch vor dem Erscheinen von Keynes' *Allgemeiner Theorie* vorgelegt.[7]

Die Ablehnung defizitfinanzierter Steigerungen der Staatsausgaben stützte sich auf das Argument, die staatliche Kreditaufnahme verdränge private Investitionen, da es in einer Wirtschaft – sieht man von ausländischen Anleihen und Krediten ab – einen fixen Umfang an Ersparnissen gibt. Sowohl private wie auch öffentliche Investitionen speisen sich aus diesem Vorrat. Wenn nun der Staat mehr aus dem fixen Sparvolumen entnimmt, verbleibt für die privaten Investitionen entsprechend weniger. Zwar steigern unter diesen Bedingungen öffentliche Arbeiten die Beschäftigung. Aber diesem Beschäftigungszuwachs steht ein Beschäftigungsrückgang gegenüber, seinerseits verursacht durch den Rückgang privater Investitionen. So kommt es nur zu einem geringen Netto-Beschäftigungszuwachs.

Aber, und dies ist der Mangel dieser Argumentation, Ersparnisse stellen keineswegs einen „festen Pool" dar. Sie nehmen vielmehr mit einem Anstieg des Einkommens und der Beschäftigung zu. Welchen Zinssatz auch immer wir ansetzen, in einer geschlossenen Wirtschaft finanziert sich ein Haushaltsdefizit durch den Anstieg von Einkommen und Beschäftigung selbst. Das Defizit erzeugt immer exakt den Betrag, um den die privaten Ersparnisse die privaten Investitionen übersteigen, ohne dass dabei Verdrängungseffekte aufträten. Diese Aussage ist nur ein Folgesatz zu: In einer geschlossenen Wirtschaft und bei jedem Zinssatz erzeugt ein bestimmtes Investitionsvolumen immer Ersparnisse des gleichen Volumens, denn die Einkommen steigen investitionsbedingt genau in dem Maße, dass sich die beiden Volumina decken.

Keynes' Erwartung hat sich jedoch als falsch erwiesen. Der Widerstand des Finanzkapitals gegen Haushaltsdefizite hält unvermindert an, selbst inmitten von Krisen, und das obwohl ein Haushaltsdefizit in Krisenzeiten nicht nur Einkommen und Beschäftigung, sondern auch die Gewinne erhöht. Die fortdauernde Gegnerschaft des Finanzkapitals gegen Haushaltsdefizite liegt offen zu Tage. Mit Ausnahme der Vereinigten Staaten haben Regierungen überall auf der Welt Gesetze zur „verantwortungsvollen Haushaltspolitik" verabschiedet. Deren Ziel besteht darin, die Höhe des Haushaltsdefizits auf 3 Prozent des BIP zu begrenzen, eine Begrenzung, die an den früheren Grundsatz des „ausgeglichenen Haushalts" erinnert. Keynes hat also mit seiner richtigen Theorie die Feindseligkeit der Finanzwelt gegenüber Haushaltsdefiziten nicht überwunden; im Gegenteil, die defizitfeindliche Haltung des Finanzkapitals hat sich gegen die richtige Theorie durchgesetzt, indem sie dem vorkeynesianischen Konzept des „Verdrängungseffekts", des Crowding-Out-Effekts, wieder zum Leben verhilft.

Schon näher als Keynes kommt Michal Kalecki dem Kern der Sache. Der Widerstand des Finanzsektors gegen fiskalische Defizite, oder allgemeiner, gegen jede direkte fiskalische Stimulation der Wirtschaft, beruhe auf der Befürchtung, eine solche Intervention untergrabe die gesellschaftliche Machtposition des Kapitals. Für ein Segment des Kapitals, den Finanzsektor, treffe dies besonders zu. Dieses Segment wird, um es mit Keynes zu sagen, von „funktionslosen Investoren" kontrolliert.[8] Defizitfinanzierte Intervention macht das Aktivitätsniveau in der Wirtschaft unabhängig vom „Stand des Vertrauens" (Keynes) der Kapitalisten und rührt damit an der Grundlage der gesellschaftlichen Macht des Kapitals.

Es kann deshalb die Frage aufkommen: Wenn der Staat die Investitionen direkt steigern kann, wozu brauchen wir dann noch Kapitalisten? Und wenn der Staat tatsächlich die Investition steigert, dann kann die nachfolgende Regierung die staatliche Intervention im Übergriff auf die Domäne der Kapitalisten noch weiter ausweiten. Diese Angst der Kapitalisten vor staatlichen Eingriffen tritt im Faschismus jedoch nicht auf, weil sie im Faschismus die direkte Kontrolle über die Staatsmacht innehaben. Im Faschismus gibt es, wie Kalecki es ausdrückte, „keine nachfolgende Regierung".

Man kann die Sache auch etwas anders formulieren. Nehmen wir ein Sklavensystem. Wenn wir das System von innen betrachten, dann liegt es offensichtlich im Interesse der Sklaven, die Erwartungen des Sklavenhalters zu erfüllen, da sie andernfalls wahrscheinlich ausgepeitscht würden. Betrachtet man das System jedoch von „außen", dann besteht das Interesse der Sklaven darin, das System zu stürzen. Diese beiden Positionen kann man als „epistemische Binnenperspektive (Interiorität)" oder „epistemische Außenperspektive (Exteriorität)" bezeichnen. Soll das Sklavensystem fortbestehen, muss die epistemische Exteriorität verhindert werden, das heißt, es muss eine „epistemische Schließung" geben, die einen Wechsel zur Außenperspektive ausschließt. In der Tat benötigen alle Systeme, die auf einem Klassenantagonismus beruhen, also auch der Kapitalismus, für ihr dauerhaftes Überleben eine epistemische Schließung in diesem Sinne.

Staatliche Interventionen zur Steigerung der Beschäftigung durchbrechen diese „epistemische Schließung" unmittelbar. Die Kapitalisten, vor allem die Akteure des Finanzkapitals, spüren dies sofort, und das ist der Grund, weshalb sie sich solchen Staatseingriffen widersetzen. Das ist auch der Grund dafür, dass sie sich gegen staatliche Eingriffe über die Geldpolitik weniger sträuben. Greift der Staat über Geldpolitik in den Wirtschaftsprozess ein, ist sein Eingriff nur indirekt. Sein Eingriff ist in diesem Fall vermittelt über die Investitionsentscheidungen der Kapitalisten. In der Regel lehnt das Finanzkapital direkte staatliche Eingriffe zur Nachfragesteuerung mit aller Heftigkeit ab, ausgenommen in Zeiten, in denen seine gesellschaftliche Machtposition erheblich geschwächt ist, in denen seine Hegemonie in Frage gestellt wird und es sich deshalb genötigt sieht, Kompromisse zu machen.

Abschließende Bemerkungen

Die Große Depression lässt sich bestimmen als eine Periode, in der der Weltkapitalismus zwischen zwei Varianten extern gestützter Wachstumsstimulierung schwankte, der Stützung durch Rückgriff auf Kolonien und der Stützung durch aktive staatlicher Nachfragesteuerung. Die erste Variante der Stützung ging mit der Auflösung des kolonialen Arrangements verloren. Nicht dass der Kolonialismus insgesamt obsolet geworden wäre. Aber nur im Rahmen des kolonialen Arrangements war er zu einer externen Stimulierung geeignet, die sich in ihrer Wirkung mit direkter staatlicher Nachfragesteuerung hätte vergleichen können.

In der Tat sind Kolonialismus und aktive staatliche Nachfragesteuerung die einzigen möglichen externen Stützen, die zur Stabilisierung des Kapitalismus genutzt werden können. Schumpeter schreibt Keynes' Schrift *Die wirtschaftlichen Folgen des Friedensvertrages (The Economic Consequences of the Peace)* genau eine solche Erkenntnis zu (obwohl natürlich weder Keynes noch Schumpeter den Kolonialismus erwähnten): Die gedeihlichen Bedingungen, die vor dem Ersten Weltkrieg den Kapitalismus hatten florieren lassen, gehörten der Vergangenheit an. Zur Auslösung eines Booms bedurfte es nun einer neuen Grundlage, die nur der Staat schaffen konnte. Nach Schumpeter kündigte sich in Keynes Schrift *Die wirtschaftlichen Folgen des Friedensvertrages* bereits die wissenschaftliche Agenda an, die in der *Allgemeinen Theorie* dann zu Ende geführt werden sollte. Es ist im gegenwärtigen Zusammenhang unerheblich, ob Schumpeter Keynes Schrift *Die wirtschaftlichen Folgen des Friedensvertrages* korrekt zusammenfasst. Die Tatsache aber, dass dem Kapitalismus in der Zwischenkriegszeit die wachstumssichernden Mechanismen externer Stimulierung ausgegangen waren, ist unbestreitbar.

Nach Kindleberger erklärt sich die Weltwirtschaftskrise aus dem Umstand, dass sich eine auf Großbritannien folgende Führungsmacht noch nicht geltend gemacht hatte. Das kapitalistische Weltsystem war führungslos. Aber das war nur die oberflächliche Erscheinung der grundlegenderen Tatsache, dass kein Mechanismus externer Stimulierung zur Verfügung stand, der die obsolete kolonialistische Stimulierung hätte ersetzen können. Genau hieraus erklären sich Tiefe und Dauer der Weltwirtschaftskrise.

12 Die Weltwirtschaftskrise in theoretischer Perspektive

1. J. A. Schumpeter, *Business Cycles*, 2 vols. (New York: McGraw-Hill, 1939).
2. Vgl. Paul A. Baran and Paul M. Sweezy, *Monopoly Capital* (New York: Monthly Review Press, 1966), wo sie auf diesen Austausch verweisen.
3. Oskar Lange, Review of *Business Cycles*, by J. A. Schumpeter, *Review of Economic Statistics* 23, no. 9 (1941).
4. Michał Kalecki, *Selected Essays on the Dynamics of the Capitalist Economy 1933–1971* (Cambridge: Cambridge University Press, 1971).
5. Charles Kindleberger, *The World in Depression, 1929–1939* (Berkeley: University of California Press, 1973).
6. Kindleberger, pp. 289–91.
7. F. Kahn, „The Relation of Home Investment to Unemployment," *Economic Journal* 41, no. 162 (June 1931).
8. Kalecki, „Political Aspects of Full Employment" (1943), in Michal Kalecki, *Selected Essays on the Dynamics of the Capitalist Economy 1933–1971*.

Kapitel 13

Öffentliche Politik und die Große Bengalische Hungersnot, 1943–44

Wie wir gesehen haben, lief der Drain-Mechanismus bis zur Weltwirtschaftskrise wie folgt ab. Großbritannien eignete sich jedes Jahr Indiens gesamte, aus dem Rohstoffexportüberschuss stammende und in Gold und Pfund Sterling denominierte Auslandseinnahmen an. Die in Rupien erzielten Haushaltseinnahmen verwandte es dazu, die heimischen Produzenten für ihre Nettoexporte zu entschädigen. Die Aneignung des Exportüberschusses erfolgte in Form administrativ auferlegter „unsichtbare Forderungen" („Invisibles") an Indien. In Indiens Zahlungsbilanz waren diese Invisibles in Pfund Sterling verbucht, im indischen Haushalt wurden sie in Rupien unter dem Titel „Ausgaben im Ausland" geführt. Die Gesamtsumme dieser Unsichtbaren Forderungen enthielt jedoch auch einmalige Posten. Dank dieser irregulären Posten konnten die Unsichtbaren Forderungen, über mehrere Jahre betrachtet, immer so angesetzt werden, dass sie höher ausfielen als die indischen Auslandseinnahmen, gleichgültig, wie schnell diese Einnahmen stiegen. So blieb die indische Leistungsbilanz im Defizit. Als Indiens Auslandseinnahmen während der Weltwirtschaftskrise dann stark zurückgingen, gingen Großbritanniens Unsichtbare Forderungen keineswegs ebenfalls zurück. Im Gegenteil, sie stiegen weiter an. Großbritannien versuchte so, seine eigene Krise auf Kosten der Kolonien zu mildern. Dies führte von 1925–26 bis 1938–39 zu außergewöhnlich hohen indischen Leistungsbilanzdefiziten. Indien musste deshalb einen beispiellos hohen Abfluss von Finanzgold nach Großbritannien hinnehmen und sich zu dessen Finanzierung neu verschulden.

In den Kriegsjahren stieg der Abzug indischer Ressourcen auf ein zunehmend höheres Niveau. Der Abzugsmechanismus war nun allerdings ein völlig anderer. Er lief nun über „Gewinninflation", deren theoretische und praktische Bedeutung wir in diesem Kapitel untersuchen. Wie während der gesamten Kolonialzeit ging es Großbritannien auch in den Kriegsjahren darum, sich die weltweit erzielten Deviseneinnahmen Indiens anzueignen. Doch führten nun zwei Faktoren zu einer veränderten Situation. Erstens waren diese Einnahmen zurückgegangen und es bestand keine Aussicht, dass sie in einer veränderten Welt, die sich nur langsam von der Weltwirtschaftskrise erholte, wieder auf das frühere Niveau steigen würden. Zweitens strömten mit dem Ausbruch des Krieges alliierte Truppen und Luftstreitkräfte nach Ostindien. Die immens gestiegenen Kriegsausgaben, die für ihre Operationen erforderlich waren, wurden nun direkt dem indischen Haushalt angelastet – gegen das Versprechen einer Rückzahlung nach Kriegsende, wann auch immer das sein würde. Ohne Konsultation der indischen Bevölkerung hat man Indien zu einer kriegsteilnehmenden Nation erklärt. Im Grunde genommen wurde Indien eine Zwangsanleihe auferlegt. Die indische Bevölkerung wurde auch nicht konsultiert, als es um die Frage ging, ob die Kriegsausgaben der Alliierten dem indischen Haushalt aufzubürden seien.

Die Entscheidung, der indischen Bevölkerung die Hauptlast der Kriegsfinanzierung aufzubürden, hat mehrere, nicht allgemein bekannte Aspekte. Der erste ist das erstaunliche Ausmaß des Finanzaufwands im Verhältnis zum Umfang des normalen Haushalts – im Zeitraum von 1939 bis 1943 haben sich die Haushaltsausgaben fast verachtfacht. Der zweite Aspekt bezieht sich auf den Mechanismus dieser Aufwandssteigerung. Drei Viertel der Expansion liefen über Defizitfinanzierung und Monetarisierung des Defizits. Die Inflation in Indien entwickelte sich deshalb weit schneller als anderswo. Der Großhandelspreisindex stieg in Großbritannien während des Krieges um 70 Prozent, dagegen erhöhte er sich in Indien insgesamt um 300 Prozent, und in Ostindien lag der Anstieg sogar noch darüber. Die große Hungersnot von 1943–44, bei der in Bengalen drei Millionen Zivilisten aus den ärmsten ländlichen Schichten verhungerten, war eine Folge dieser außergewöhnlich schnellen Inflation der Lebensmittelpreise. Der dritte Aspekt bezieht sich auf die Politik der „Gewinninflation". Die Maßnahmen, die zu einer rasanten Inflation führten, hat man keineswegs nur beiläufig ergriffen. Sie waren wohl durchdacht und entsprachen einer Politik der „Gewinninflation", die der Deckung der außergewöhnlichen Ausgaben in Kriegszeiten dienen sollte. Auf theoretischer Ebene von John Maynard Keynes vorgeschlagen, sollte „Gewinninflation" in Indien in die Praxis umgesetzt werden. Auch für Großbritannien hat Keynes eine Politik der Gewinninflation vorgeschlagen. Sie wurde dort aber wegen des starken Widerstands der Gewerkschaften nicht umgesetzt. Stattdessen verstärkte man die progressive Besteuerung. In Anbetracht seines Fachwissens über Indien wurde Keynes' Aufgabengebiet ausgeweitet. Im Jahr 1940 wurde er (zusammen mit Lord Catto) mit der besonderen Verantwortung für indische Währungsangelegenheiten zum Berater des britischen Schatzkanzlers ernannt.

Mittelbeschaffung über Gewinninflation

Mit der Politik der *Gewinninflation* verfolgten die britischen und kolonialen Regierungen einen ganz bestimmten Zweck: der indischen Bevölkerung sollten durch Einschränkung des Massenkonsums Mittel entzogen werden, um so indirekt den Krieg der Alliierten in Asien gegen Japan zu finanzieren. Die keynesianische Politik der Nachfragesteuerung wird gewöhnlich mit der Förderung von Beschäftigung und Einkommen in Verbindung gebracht, aber Keynes diskutierte auch das genaue Gegenteil, nämlich Maßnahmen zur Einschränkung des Masseneinkommens. Sowohl in *A Treatise on Money* (in Bezug auf den Ersten Weltkrieg), als auch in *How to Pay for the War* (in Bezug auf den Zweiten Weltkrieg) sprach er sich für Einschränkungen des Masseneinkommens zum Zweck der Kriegsfinanzierung aus.[1]

Schon früh in seinem Leben war Keynes eng mit indischen Angelegenheiten in Berührung gekommen. Er diente zwei Jahre lang im India Office in London. Im Alter von 25 Jahren schied er dann dort aus. Die Erfahrungen, die er im India Office gemacht hatte, konnte er für seine fünf Jahre später erschienene Schrift *Indian Currency and Finance* nutzbar machen.[2] Er war Sachverständiger oder Mitglied mehrerer Kommissionen, die sich mit den indischen Finanzen und der Währung befassten: der Chamberlain-, der Babington-Smith- und der Hilton-Young-Kommission, sowie eine Zeit lang auch der Indian Fiscal Commission. Er schrieb Artikel über Indien und rezensierte Bücher über die indische Wirtschaft für das von ihm herausgegebene *Economic Journal* (z.B. T. Morisons *The Economic Transition in India,* in dem es um den Reichtumsabzug ging). Keynes hielt auch viele Jahre lang Vorlesungen in Cambridge über indische Geld- und Währungsangelegenheiten.

Angesichts der ungewöhnlichen kriegsbedingten Finanzlage ernannte die britische Regierung 1940 zwei Wirtschaftsberater für den Schatzkanzler, einen ehemaligen Bankier, Lord Catto, und J. M. Keynes, wobei Keynes *aufgrund seines Fachwissens auf diesem Gebiet speziell mit indischen Währungsfragen* betraut wurde. Keynes war die einflussreichste Persönlichkeit auf der Konferenz von Bretton Woods im Jahr 1944. Er besprach dort mit der indischen Delegation das Problem der Rückzahlung der britischen Pfundschulden an Indien. Die Biographen haben Keynes' vier Jahrzehnte währende Verbindung zu Indien, sein Interesse am indischen Währungssystem und seine Rolle in der indischen Politik während des Zweiten Weltkriegs vernachlässigt. Sie hatten wohl wenig Interesse an den finanziellen und monetären Mechanismen, die der Kolonialherrschaft zugrunde lagen. Keynes dagegen nahm sich dieser Fragen an.

Mit „Gewinninflation" beschreibt Keynes eine Situation, in der die Güterpreise schneller steigen als die Nominallöhne, weil die Nachfrage das unelastische Angebot übersteigt. Die Gewinninflation führt zu einer Umverteilung der Einkommen, weg von den Löhnen, hin zu den Gewinnen und sorgt so für eine erhebliche Verringerung des Verbrauchs der lohnempfangenden Bevölkerung. „Gewinninflation" kann auch auf eine Situation angewandt werden, in der neben den Lohnempfängern ein großer Teil der Erwerbsbevölkerung aus selbständigen Kleinproduzenten wie Handwerkern, Fischern und Kleinbauern besteht, die deshalb Grundnahrungsmittel auf dem Markt kaufen müssen, weil sie entweder gar keine oder nicht genug Lebensmittel für ihren Eigenbedarf herstellen können.

Gewinninflation war in Indien eine bewusst betriebene politische Maßnahme der Kriegsfinanzierung. Ohne eine bewusste Politik der Einschränkung des Massenkonsums wäre es nicht möglich gewesen, der indischen Bevölkerung während des Krieges zusätzliche Mittel in Höhe von über 1,6 Milliarden Pfund abzuverlangen. Ein Großteil dieser Last fiel auf die Bevölkerung Bengalens. In dieser Provinz waren die alliierten Streitkräfte stationiert und von dort aus operierten sie. Die Politik des Staates bestand darin, über eine rasche Gewinninflation die Einkommen umzuverteilen, zu Lasten der arbeitenden Bevölkerung, zugunsten der Kapitalisten und Unternehmen. Man griff zu einer extremen Variante der Gewinninflation, man druckte Geld. In jedem Kriegsjahr nach 1941 gab der Kolonialstaat ein Vielfaches seiner normalen Einnahmen aus.

In *A Treatise on Money: The Applied Theory of Money* (Vom Gelde) schrieb Keynes unter Bezugnahme auf den Ersten Weltkrieg:

> Der Krieg brachte unvermeidlich für alle Länder eine gewaltige Bindung von Mitteln für solche Produktionsformen, die, da sie das Volumen der seitens der Einkommensempfänger beziehbaren und konsumierbaren liquiden Konsumgüter nicht erhöhten, genau die gleiche Wirkung hatten, wie sie eine erhöhte Investition von fixem Kapital in gewöhnlichen Zeiten haben würde. Die für diesen Zweck benötigte Investition nahm besonders nach der Anfangszeit solchen Umfang an, daß sie die günstigstenfalls zu erwartenden freiwilligen Ersparnisse überschritt, selbst wenn man berücksichtigt, daß fast alle anderen Arten von Investition, einschließlich der normalen Erneuerung, aufhörten. *Somit war die erzwungene Übertragung von Kaufkraft in der einen oder anderen Form eine notwendige Voraussetzung für die Investition von Kriegsmaterial in dem erwünschten Umfang. Es galt also das Problem zu lösen, auf welchem Weg diese Übertragung mit einem Minimum an sozialen Reibungen und Störungen zu bewerkstelligen war.* [Keynes *Vom Gelde* 1983: 435-36].[3]

Anschließend erörterte er die drei verschiedenen Methoden, mit denen ein derartiger „erzwungener Kaufkrafttransfer" erreicht werden könnte: erstens, durch Senkung der Nominallöhne bei gleichbleibenden Preisen; zweitens, indem man die Preise stärker steigen lässt als die Nominallöhne, um so die Reallöhne zu senken; und drittens durch Besteuerung der Einkommen. Zum dritten Weg schreibt er, dass die Anzahl der Reichen zu niedrig sei, und dass deshalb die Besteuerung direkt auf die Schlechtergestellten abzielen müsse. Angesichts seiner quantitativen Bedeutung ist es deren Konsum, der auf die eine oder andere Weise reduziert werden müsse.[4] Aber die zusätzliche Besteuerung der Lohnempfänger müsste relativ hoch sein, würde also auf den Widerstand der Gewerkschaften stoßen, und die Regierung täte sich sehr schwer, sie durchzusetzen.

> Es blieb also die Wahl zwischen den verbleibenden Möglichkeiten einer Senkung der Nominallöhne und einer Preissteigerung. [Keynes Vom Gelde 1983: 436]

> Bei der Wahl zwischen einer Politik der Nominallohnsenkung oder der Preissteigerung wäre es natürlich – und vernünftig – gewesen, das letzte vorzuziehen. [Keynes Vom Gelde 1983: 437]

Keynes argumentierte, dass es ebenso schwierig wäre, die geforderte 25-prozentige Senkung der Nominallöhne durchzusetzen, wie höhere Steuern zu erheben.

> *Ich schließe deshalb, daß es in Kriegszeiten sowohl unvermeidlich als auch klug ist, durch Gewinninflation eine Preissteigerung zuzulassen.* [Keynes Vom Gelde 1983: 437, Hervorhebung durch Patnaik und Patnaik[6]]

Keynes ging von einer Geldillusion auf Seiten der Arbeitnehmer aus; sie würden sich bei gegebenen Preisen direkten Nominallohnsenkungen widersetzen, aber sie würden sich nicht in gleichem Maße gegen eine Inflation ohne eine entsprechende Reallohnerhöhung wehren, selbst wenn der zweite Weg ihre Reallöhne in genau demselben Maße senkt wie der erste. Eine Gewinninflation, die die Reallöhne senkt und die Gewinne erhöht, würde als alleinige Maßnahme jedoch nicht dazu ausreichen, die Kriegsausgaben in vollem Umfang zu finanzieren. Blieben alle Gewinne bei den Kapitalisten, wären die über Gewinninflation beschafften Mittel nicht ausreichend. Eine Besteuerung der Gewinne sei also unerlässlich:

> Es ist nützlich, sich der Unternehmer als Gehilfen zu bedienen. Aber sie sollen Gehilfen sein und nicht Meister. Nachdem wir aus guten Gründen eine Politik gewählt haben, die die Beute den Unternehmern ausliefert, wollen wir uns dessen versichern, daß sie sie in Form von Steuern wieder abliefern und daß sie nicht in den Stand gesetzt werden, einen Anspruch auf das künftige Einkommen des Gemeinwesens dadurch zu erlangen, daß man sie dem Staate das „leihen" läßt, was ihnen auf diese Weise zugefallen ist. *Die Preise im Verhältnis zu den Erträgen steigen lassen und dann die Unternehmer bis zur äußersten Grenze besteuern, ist der richtige Weg einer „tugendhaften" Kriegsfinanzierung.* Denn eine hohe Besteuerung der Gewinne und der Einkommen, die über der Freigrenze liegen, ist nicht ein Surrogat der Gewinninflation, sondern die Ergänzung einer solchen. [Keynes *Vom Gelde* 1983: 438] [7]

Keynes' Argument ist klar. Der reale Verbrauch der breiten Masse der Bevölkerung müsste erheblich sinken. Dies könnte am besten durch Gewinninflation erreicht werden. Anders als bei zusätzlicher Besteuerung müsse hier nicht mit dem politischen Widerstand der Arbeiterklasse gerechnet werden. Es gelte, die Güterpreise anzuheben, die Lohneinkommen aber sollten entweder stagnieren oder müssten langsamer steigen als die Güterpreise. Dies führe dann zu einer Umverteilung, weg von den Löhnen, hin zu den Gewinnen. Die Gewinne wären dann zu besteuern.

In Zeitungsartikeln der Jahre 1939 und 1940 und in seiner Schrift *How to Pay for the War* stellte Keynes seine Ansichten zur Kriegsfinanzierung in Großbritannien umfassender dar. Er betonte die Notwendigkeit, den Massenkonsum durch eine eigens in die Wege geleitete Inflation zu beschränken und erörterte die Methoden der Besteuerung und des Zahlungsaufschubs.[8] Als einflussreicher Berater sowohl des britischen Schatzkanzlers als auch des Premierministers hatte Keynes angesichts seiner langjährigen Beschäftigung mit indischen Finanzangelegenheiten eine besondere Autorität auf diesem Gebiet.[9] Das versetzte ihn in die Lage, sein Konzept einer Gewinninflation als Mittel zur Beschaffung von Finanzmitteln praktisch umzusetzen und auf diesem Weg die in Indien anfallenden Militärausgaben der Alliierten zu finanzieren.

Kriegsfinanzierung durch Gewinninflation, der Fall Indien

Die Exporterlöse Indiens erholten sich ab Mitte der 1930er Jahre langsam, da die hochentwickelten Länder, insbesondere die Vereinigten Staaten, sich einer expansiven Politik zuwandten. Von 1937–38 bis 1939–40 lagen die gesamten Haushaltsausgaben insgesamt im Durchschnitt bei 888 Millionen Rupien. Das durchschnittliche jährliche Defizit betrug dagegen nur 13,3 Millionen Rupien. (Bei einem durchschnittlichen Wechselkurs von 13,5 Rupien zu 1 Pfund machte das ursprüngliche Haushaltsvolumen etwa 66 Millionen Pfund aus.) In den Jahren 1939–40 wurde Gold im Wert von 347 Millionen Rupien von Indien nach London transferiert, der Reserve Bank of India (RBI) wurde der Gegenwert in gesperrten Pfund Sterling gutgeschrieben. Das kam faktisch einer Zwangsanleihe gleich.

Als die Vereinigten Staaten im Dezember 1941 in den Krieg gegen Japan eintraten, strömten alliierte Streitkräfte nach Bengalen. In der Folge stiegen die Kriegsausgaben in gewaltigen Sprüngen an. Im Rahmen eines von der Kolonialregierung mit Großbritannien unterzeichneten Abkommens hatte man die Kategorie „erstattungsfähige Ausgaben" geschaffen. Das Abkommen legte festgelegt, dass die Hauptkosten für die Versorgung und den Betrieb der in Indien stationierten alliierten Streitkräfte bis zum Ende des Krieges aus indischen Mitteln bestritten werden sollten. Es handelte sich um ein Zwangsdarlehen Indiens an Großbritannien in unbestimmter Höhe. Der Gegenwert der von der Regierung ausgegebenen Rupien sollte Indien auf einem eingefrorenen Konto der Reserve Bank of India in Pfund Sterling gutgeschrieben werden. Pfund Sterling für laufende Ausgaben durften nicht entnommen werden. Das Konto sollte erst bei Kriegsende aktivierbar sein, wann auch immer der Krieg enden würde. Die restlichen, nicht über das Konto gedeckten Kriegsausgaben hätte Indien zu tragen. Es waren diese „erstattungsfähigen Kriegsausgaben", die für drei Millionen Menschen in Bengalen zum Todesurteil wurden.

Die Verlegung der alliierten Land- und Luftstreitkräfte nach Ostindien nahm ab Anfang 1942 rasch zu; der Bau von Landebahnen, Kasernen und kriegswichtigen Industrien wurde fieberhaft vorangetrieben. Die privaten Investitionen und der Ausstoß bei der Produktion von Munition, Chemikalien, Uniformen, Verbandsmaterial und ähnlichem wuchsen in raschem Tempo. Die Streitkräfte und das Hilfspersonal mussten auf öffentliche Kosten ernährt, gekleidet und transportiert werden. Dies führte zu einem Kriegsboom ungeahnten Ausmaßes. Die Gesamtausgaben der Zentralregierung explodierten. Bis zum Haushaltsjahr 1942–43 erreichten sie eine Höhe von 667 Rs. Crore. *Das entspricht einem 7,5-fachen Anstieg gegenüber dem Dreijahresdurchschnitt 1937–40, der 88,8 Rs. Crore betragen hatte* (vgl. Tabelle 13.1). Steuererhöhungen hatten die Einnahmen bis 1942–43 nur verdoppelt, und das von der Regierung zu verantwortende Defizit war von nahezu Null auf 112, 2 Rs. Crore im Jahr 1942–3 angestiegen. Im gleichen Zeitraum wurde jedoch jedes Jahr ein um mehr als das Vierfache höherer Betrag an „erstattungsfähigen Ausgaben" für die alliierten Streitkräfte ausgegeben. Das stellte eine zusätzliche Defizitfinanzierung dar, die sich auf das 2,2-fache des normalen Jahreshaushalts von 1940–41 belief. Das Gesamtdefizit, kumuliert über die drei Jahre 1940–41 bis 1942–43, machte 704 Rs. Crore aus. Im Jahresdurchschnitt entsprach das einem Betrag von 235 Rs. Crore (vgl. Tabelle 13.1). Einundachtzig Prozent des Gesamtdefizits entfielen auf die

Tabelle 13.1: Gesamtausgaben der Zentralregierung, Einnahmen und Defizite 1937–1946 in Rupien Crore (1 Crore = 10 Mio.)

	[1]	[2]	[3]	[4]	[5]	[6]	[7]	[8]
Jahr	Gesamtausgaben der Zentralregierung	Prozent [3] zu [1]	Einnahmen	Ausgaben	Haushaltsdefizit [3] minus [4]	Erstattungsfähige Ausgaben	Gesamtes Defizit [5] plus [6]	Überschuss im Warenhandel
1937–38	86,61	100	86,61	86,61	0	0	0	43,0
1938-39	85,15	99,3	84,52	85,16	–0,63	0	–0,63	78,0
1939–40	98,57	95,9	94,57	94,57	0	–4,00	-4,00	80,0
1940–41	167,18	64,4	107,65	114,18	–6,53	–53,00	–59,53	53,6
1941–42	341,26	39,4	134,57	147,26	–12,69	–194,00	–206,69	80,1
1942–43	667,04	26,5	176,88	289,05	–112,17	–325,48	–437,65	86,7
1943–44	857,17	29,4	252,00	441,85	–189,78	–377,87	–567,65	96,3
1944–45	970,38	34,6	335,57	496,71	–161,14	–410,84	–571,98	28,0
1945–46	894,20	40,3	360,67	484,57	–123,90	–374,54	–498,44	27,0
GESAMT	4167,56	39,2	1633,04	2239,96	–606,84	1739,73	–2346,60	572,70

Quelle: *Report on Currency and Finance 1946–47,* (Bombay: Reserve Bank of India, 1947), Table 15.[10]

„erstattungsfähigen Kriegsausgaben" für die alliierten Streitkräfte. Die restlichen neunzehn Prozent beiogen sich auf das von der Zentralregierung für indische Angelegenheiten eingegangene Defizit.

Finanziert wurde dieses explodierende Defizit ausschließlich darüber, dass man Geld druckte. Zur Deckung erklärte man die bei der Reserve Bank of India auf Sterling lautenden Buchungen Großbritanniens zu Aktivposten. Dass dies nicht nur eine fadenscheinige, sondern auch eine unaufrichtige Argumentation war, ist klar genug. Vermögenswerte oder „Reserven" sollten, wie schon die Bezeichnung sagt, bei Bedarf tatsächlich abrufbar sein. Die Sterling-Reserven aber waren nichts anderes als eine papierne Fiktion; als Reserven existierten sie nicht wirklich, da kein einziger Penny abgerufen werden konnte. Es war auch nicht sicher, dass sie, wie versprochen, nach Kriegsende ausgezahlt würden. Die in Wahrheit gar nicht vorhandenen so genannten Reserven waren nichts anderes als ein buchhalterischer Kunstgriff, der dazu diente, der indischen Bevölkerung in großem Umfang Ressourcen zu entziehen.

In den Jahren der Weltwirtschaftskrise folgte die indische Verwaltung den klassischen Maximen solider Finanzen und ausgeglichener Haushalte. Im Geiste dieser Maximen kürzte sie deshalb die Inlandsausgaben in dem Maße, wie die Einnahmen sanken und verstärkte damit die negativen Auswirkungen der Großen Depression. Der entgegengesetzte Weg, nämlich jedes Jahr massive Defizite in Höhe eines Vielfachen des gesamten normalen Haushalts einzugehen, kam für die konservative indische Beamtenschaft nicht in Frage. Die indische Geldpolitik wurde nun ausschließlich von London aus gelenkt. Um den Interessen der kapitalistischen Metropole auf Kosten des indischen Volkes zu dienen, schlug man alle Vorsicht in den Wind. Die 1935 gegründete Reserve Bank of India setzte als willfähriges Werkzeug die Fiktion um, die bloße Buchung von Sterlingbeträgen entspräche echten Reserven. Entsprechend dem plötzlichen Anstieg der Kriegstätigkeit vergrößerte sie das Geldmengenangebot fast um das Siebenfache (Tabelle 13.2).

Die rücksichtslose Defizitfinanzierung der Aufwendungen für die Alliierten stieg am schnellsten zwischen der Haushaltsjahren 1940–41 und 1942–43. Schon im Haushaltsjahr 1940-41 waren die Gesamtausgaben um 69 Prozent höher als im Vorjahr; im darauffolgenden Jahr hatten sie sich mehr als verdoppelt, im Jahr darauf noch einmal fast verdoppelt, und Ende 1943 waren sie auf einem Niveau, das 35 Prozent des ursprünglichen Nationaleinkommens von

Abb. 13.1: Gesamtausgaben der Zentralregierung, Einnahmen und Defizite 1937–1946 in Rupien Crore (1 Crore = 10 Mio.)

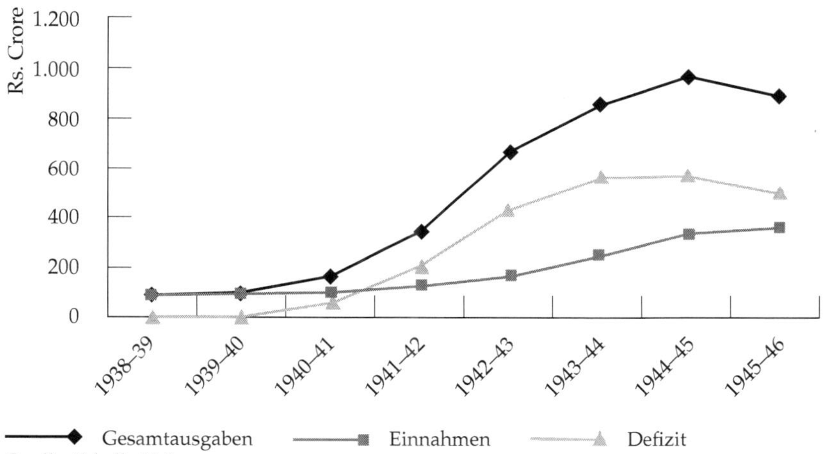

Quelle: Tabelle 13.1.

Britisch-Indien (1939–40) entsprach. Zum Jahresende 1944 waren die Gesamtausgaben der Regierung mit 970 Millionen Rupien auf ihren Höchststand. Das sind 51 Prozent des britischen Nationaleinkommens.[11] Keynes warnte vor übermäßigen Ausgaben, aber nur, weil er die britische Nachkriegsverschuldung begrenzen wollte. Wie sehr die defizitfinanzierten Ausgaben die indische Bevölkerung belasteten, interessierte ihn nicht – schließlich ging es ja um nichts Anderes als darum, deren Konsum zu reduzieren.

In Verbindung mit dem privaten Investitionsboom erzeugte die beispiellose Explosion der öffentlichen Ausgaben über Multiplikatoreffekte eine plötzlich aufkommende und drastisch steigende Nachfrage nach Nahrungsmitteln, Kleidung und anderen lebensnotwendigen Gütern. Der Anstieg der Nachfrage ging aus von der steigenden Zahl der Beschäftigten in der Kriegsindustrie und dem zusätzlichen Bedarf des alliierten Personals. Zwar führen nachfragesteigernde Multiplikatoreffekte zu einer Steigerung der Produktion. Aber der größte Teil der Nachfrage richtete sich auf Primärerzeugnisse und weitete sich sehr schnell innerhalb nur weniger Monate aus. In einem solchen Fall führt die Ausgabenexplosion eher zu einem Anstieg der Güterpreise, weniger zu einer Steigerung der Produktion. Die landwirtschaftliche Produktion konnte unmöglich in der entsprechenden Geschwindigkeit wachsen. In Bengalen war das absolute Niveau der Reisproduktion seit drei Jahrzehnten rückläufig. Man hatte ja die Anbauflächen für den Anbau von Exportpflanzen umgewidmet. Nirgendwo auf der Welt wurde während des Krieges eine dermaßen unverantwortliche Geldpolitik betrieben wie in Indien, und wohl nirgendwo sonst entwickelte sich die Inflation dermaßen schnell.

Die für die Produktion von lebenswichtigen Materialien und Kriegsgütern benötigten Arbeitskräfte wurden durch ein von der Regierung rasch eingeführtes System der Lebensmittelbeschaffung und -rationierung weitgehend vor Preissteigerungen geschützt.[12] Die städtische Bevölkerung hatte zwar irgendwie Zugang zu Lebensmitteln, musste aber beim realen Konsum erhebliche Abstriche machen. Die Last der Finanzierung der turmhoch angestiegenen öffentlichen Mehrausgaben wurde auf die schutzlose Masse der Landbevölkerung abgewälzt. Sie war hart davon getroffen, im Unterschied zu einer kleinen Minderheit von Grundbesitzern und Geldverleihern. Sie profitierten von der Zwangsvollstreckung der Hypotheken der ums Überleben kämpfenden Mehrheit.

Der größte Teil der staatlichen Versorgung für die Truppen, für das Hilfspersonal und für das neue städtische Verteilungssystem kam aus dem Hinterland der bengalischen Städte. Die Preise für alle lebensnotwendigen Güter begannen zu steigen: Der Preis für Reis pro Maund (ein Maund entsprach 82 Pfund) vervierfachte sich in Kalkutta von 6 Rupien im Januar 1942 auf 24 Rupien im April 1943. Er verdoppelte sich bis Oktober desselben Jahres noch einmal fast auf 40 Rupien. In Kleinstädten stieg der Preis pro Maund auf 60 bis 100 Rupien.[13] Zum Vergleich: 1940 betrug das Pro-Kopf-Einkommen 5,33 Rupien pro Monat. In Indien insgesamt verdreifachten sich die Preise bis 1943 (siehe Tabelle 13.2). In Bengalen wurde der Großteil der zusätzlichen Haushaltsmittel ausgegeben, und vor allem dort fand auch der Abzug von Lebensmitteln aus ländlichen Gebieten statt. In Bengalen war die Inflation denn auch wesentlich heftiger und auf einen kürzeren Zeitraum konzentriert als in Indien insgesamt.

Kein einziges Pfund Sterling, das Indien im Rahmen erstattungsfähiger Kriegsausgaben zustand, wurde für Nahrungsmittelimporte zur Verfügung gestellt. Erneut hatte Indien einen Überschuss im Warenexport erzielt. Wäre Indien ein freies Land gewesen, hätte es darüber seine Nahrungsmittelimporte finanzieren können. Doch Großbritannien hat sich diese Einnahmen, wie es dies schon zuvor zu tun pflegte, in vollem Umfang angeeignet: Von 1939–40 bis 1943–44 belief sich der indische Warenexportüberschuss auf insgesamt 397 Rs. Crore oder etwa 290 Millionen Pfund (Tabelle 13.1). Die indische Zentralbank RBI hatte indes eine „Schuldenrückzahlung" an Großbritannien zu leisten, die noch höher war als der Warenexportüberschuss.[14].

Als sich die Reispreise zunächst verdoppelten, dann vervierfachten und schließlich versechsfachten, wussten die Arbeiter, Handwerker, Fischer und armen Bauern in Bengalen nicht, wie ihnen geschah. Lebensmittel waren im wörtlichen Sinne nicht mehr zu sehen. Die Regierung hatte nämlich die verfügbaren Vorräte über Vertragspartner aufgekauft, um sie in den Städten zu verteilen, und die Händler hielten in Erwartung weiterer Preissteigerungen ihre Vorräte zurück. Für viele Tausende von Familien auf dem Land, die ohnehin schon am Rande des Existenzminimums lebten, bedeutete dies zuerst Entbehrung, dann Hunger und schließlich Verhungern und Tod. Viele, die überlebten und auf der Suche nach Nahrung in die Städte zogen, fielen, geschwächt wie sie waren, Krankheiten zum Opfer. Amartya K. Sen hat nach einer Überprüfung der damals vorliegenden empirischen Befunde die endgültige Zahl der Todesopfer in den Jahren 1943-44 vorsichtig auf 2,7 bis 3,1 Millionen geschätzt.[15] Andere Autoren kamen damals mit 3,5 Millionen auf eine noch höhere Zahl an Todesopfern. Ihre Schätzung lag höher, weil sie die sekundären Auswirkungen der erhöhten Morbidität berücksichtigten. Nach einer von Mahalanobis, Mukherjee und Ghosh (Statistisches Institut Indiens) durchgeführten Stichprobenerhebung über die Folgen der Hungersnot war von den Überlebenden eine halbe Million Familien völlig verarmt.[16]

Die britische Herrschaft in Indien begann mit der großen Hungersnot in Bengalen des Jahres 1770. Zehn Millionen Menschen, ein Drittel der Bevölkerung der Provinz, fielen ihr zum Opfer. Einer der Hauptgründe für die hohen Tribute war die Raffgier der Ostindien-Kompanie. Innerhalb von fünf Jahren hatte sie die Steuerlast verdreifacht. Die britische Herrschaft in Indien begann mit einer großen Hungersnot in Bengalen, und sie endetet mit einer großen Hungersnot, wiederum in Bengalen. Es ist Bengalen, das die Hauptlast der Extraktion von Kriegsressourcen zu tragen hatte.

Amartya K. Sen kam in *Poverty and Famines* zu Recht zu dem Schluss: „Die Hungersnot von 1943 kann in der Tat als eine ‚Boom-Hungersnot' beschrieben werden. Sie hängt mit dem starken Inflationsdruck zusammen, der durch die Ausweitung der öffentlichen Ausgaben ausgelöst wurde", und er hat im Rahmen seiner FED-Armutstheorie (Food-Entitlement-Decline) das Versagen der Entitlement-Transaktionen, also des Austauschs von Ansprüchen auf Lebensmittel, auf diesen Inflationsdruck zurückgeführt.[17] Utsa Patnaik hat die Hungersnot schon früher als das Ergebnis einer künstlich herbeigeführten Gewinninflation bestimmt, wie sie von Keynes in seinem *Treatise on Money (Vom Gelde)* beschrieben wird, wusste aber damals nicht, dass Keynes ab 1940 persönlich mit der Beratung in indischen Währungsangelegenheiten betraut war. Diese Information wurde erst über A. Chandavarkars Veröffentlichung *Keynes and India* verfügbar.[18] Die Digitalisierung der Aufzeichnungen der indischen Zentralbank RBI (Reserve Bank of India) hat den Zugang zu den in Tabelle 13.1 präsentierten detaillierten Daten erleichtert.[19] Eine abschließende Studie über das indische Nationaleinkommen hat es uns ermöglicht, die Defizitfinanzierung in ihrem Verhältnis zum BIP darzustellen.[20]

Tabelle 13.2: Index der Geldmenge, Großhandelspreisindex und Gesamtdefizit, 1940–1946

Jahr	Index der Geldmenge	Großhandelspreisindex	Gesamtdefizit
1940	100,0	100	4,00
1941	126,5	141	59,53
1942	215,1	187	206,69
1943	357,7	311	437,65
1944	486,5	302	567,65
1945	607,3	292	571,98
1946	686,8	328	498,44

Quelle: *Report on Currency and Finance 1946–47 und 1947–48* (Bombay: Reserve Bank of India, 1948).

Obwohl sich die Defizitfinanzierung bis 1946 auf hohem Niveau fortsetzte, stiegen die Preise nach 1943 nicht mehr an (siehe Tabelle 13.2). Dies war auf die starke Komprimierung der Massennachfrage im ganzen Land und auf die hungerbedingte Übersterblichkeit im Umfang von drei Millionen Toten zurückzuführen. Zwar gab es eine anhaltend steigende Nachfrage seitens organisierter

Arbeitskräfte, die in kriegsbezogenen Tätigkeitsfeldern beschäftigt und deren Löhne, wenn auch unzureichend, über Indexierung an die Inflationsentwicklung gekoppelt waren. Aber alles in allem überwog die Komprimierung der Massenkaufkraft auf gesamtwirtschaftlicher Ebene die Nachfragesteigerung in den kriegsbezogenen Aktivitäten. In einem fortgeschrittenen Land mit flächendeckend gewerkschaftlich organisierten Arbeitskräften und gesamtwirtschaftlicher Lohnindexierung wäre es zu einer Lohn-Preis-Spirale gekommen, und die Inflation hätte sich möglicherweise beschleunigt. Aber in Indien war der Organisationsgrad selbst auf dem Höhepunkt der Inflation sehr gering, und die Masse der nicht organisierten Arbeitskräfte sowie die Kleinproduzenten waren absoluter Verelendung preisgegeben.

Die Anfänge der Profitinflation liegen in der Zeit, als sich die Kolonialregierung bereit erklärte, die Kriegsausgaben der Alliierten in unbegrenzter Höhe aus dem indischen Haushalt zu finanzieren. In jedem der Kriegsjahre ging sie dazu Defizite in einer Größenordnung ein, die ein Vielfaches des gesamten Vorkriegshaushalts ausmachte. Zur Monetarisierung des Defizits griff man zur Notenpresse und hielt praktisch die Fiktion aufrecht, die bloße Buchung der Sterling-Beträge, die Großbritannien Indien schuldete, sei mit echten Reserven gleich zu stellen. Der daraus resultierende inflationäre Kriegsboom führte dazu, dass der enorme Überschuss des Staatsdefizits und der privaten Investitionen über die freiwilligen Ersparnisse durch die inflationsbedingten *Zwangsersparnisse* ausgeglichen wurde. Der Rückgang der Realeinkommen traf zuvörderst die ärmsten und besonders schutzbedürftigen Bevölkerungsschichten. Die Inflation entwickelte sich so schnell, dass Millionen von Menschen wegen Hungers Leib und Leben verloren.

Utsa Patnaik schrieb vor über einem Vierteljahrhundert: „Eine derart brutale und schnelle Einschränkung des Realeinkommens und des Konsums der schwächsten Bevölkerungsgruppen als direkte Folge der Finanzierung von Staatsausgaben in einer Größenordnung, die die freiwilligen Ersparnisse bei weitem übersteigt, findet in der modernen Welt kaum Parallelen".[21] Die Bevölkerung Bengalens war dieser Entwicklung besonders ausgeliefert, weil dort die Pro-Kopf-Aufnahme von Nahrungsmitteln in der Zwischenkriegszeit am stärksten zurückgegangen war, nämlich um 38 Prozent, verglichen mit durchschnittlich 29 Prozent in Britisch-Indien[22] . In diesem Zeitraum ging die Reisproduktion in Bengalen absolut zurück, dagegen nahm die Ausfuhr der eigens für den Export produzierten Nahrungsmittelpflanzen weiterhin zu.

Während der zweijährigen Hungersnot in Bengalen waren allein die zivilen Sterbefälle mehr als sechsmal so hoch wie die Gesamtzahl der kriegsbedingten Todesfälle bei Militär und Zivilbevölkerung in Großbritannien über die gesamte Kriegszeit hinweg. Diese Summe kriegsbedingter Todesfälle wird auf weniger als eine halbe Million geschätzt. Siebenunddreißig Prozent der indischen Gesamtbevölkerung waren Kinder, also Personen im Alter von 14 Jahren und darunter. Selbst wenn man annimmt, dass der Anteil der Kinder an den hungerbedingten Todesfällen geringer war als ihr Anteil an der Gesamtbevölkerung, war die Zahl der Kinder, die während dieser zwei Jahre wegen Hungers zu Tode kamen, mindestens doppelt so hoch wie die Zahl der kriegsbedingten Todesfälle in Großbritannien während des gesamten Krieges.

Tabelle 13.3: Gesamtsteueraufkommen und Einkommensteuer (in Rupien Crore) und prozentualer Anteil der Einkommensteuer an den Gesamtsteuern, 1938-1945 (1 Crore = 10 Millionen)

	[A]	[B]	[A] / [B]		
Periode	Gesamtsteueraufkommen	Einkommensteuer	Einkommensteuer/Gesamtsteuer-Aufkommen (%)	Index Gesamtsteueraufkommen	Index Einkommensteuer
1938–39	73,8	17,3	23,4	100	100
1939–40	81,9	19,4	23,7	111	112
1940–41	79,7	25,9	32,5	108	150
1941–42	103,3	44,1	42,7	140	255
1942–43	134,5	85,8	63,8	182	496
1943–44	199,2	138,0	69,3	270	798
1944–45	261,1	182,6	69,9	354	1.055
(Budget) Gesamt	933,5	513,1	55,0		

Quelle: P. S. Lokanathan (1946), 38.

Unseres Wissens hat niemand vor uns Keynes direkt mit der Großen bengalischen Hungersnot in Verbindung gebracht. Nimmt man jedoch alle von uns angeführten Fakten zusammen, besteht kein Zweifel: Keynes, als Berater der britischen Regierung in Fragen der indischen Geld- und Währungspolitik, war sich der fiskalischen und monetären Entwicklungen in Indien während des Krieges voll bewusst. Und er war direkt daran beteiligt. Die Profitinflation führte zu einem Rückgang des Verbrauchs und damit zu einem erzwungenem Sparvolumen von so drastischem Ausmaß, dass drei Millionen Menschen verhungerten. In England stiegen die Großhandelspreise zwischen 1935 und 1944 um 70 Prozent, der Anstieg in Indien insgesamt betrug dagegen über 300 Prozent. In Bengalen war er sogar noch höher.[23] Keynes' Ratschlag, die Kapitalisten sollten besteuert werden, nachdem man ihnen zuvor die „Beute" in den Schoß gelegt hatte, wurde ebenfalls getreulich umgesetzt. Die direkten Steuern in Indien, einschließlich der Körperschaftssteuer, stiegen um mehr als das Zehnfache, und ihr Anteil an den gesamten Steuereinnahmen stieg von weniger als einem Viertel auf sieben Zehntel (siehe Tabelle 13.3). Aber das trug nur relativ wenig zur Finanzierung der Sonderausgaben bei. Der über direkte Steuern aufgebrachte Betrag lag bei weniger als sieben Prozent. Im Großen und Ganzen wurden die Sonderausgaben über ein massives Defizit finanziert.

Gegenüberstellung der keynesianischen Politik in Indien und in Großbritannien während des Kriegs

In britischen Zeitungen (1939) und in seiner Schrift *How to Pay for the War* wiederholte Keynes seine früheren Begründungen, warum es absolut notwendig sei, den Massenkonsum in Großbritannien einzuschränken. Seine anfänglichen Vorschläge, die zur Kriegsfinanzierung erforderlichen Mittel über Gewinninflation und Zwangssparen zu beschaffen, wurden jedoch von den Gewerkschaften, so der Keynes-Biograf Robert Skidelsky, „frostig" aufgenommen. Die Gewerkschaftsführer, insbesondere Aneurin Bevan, litten keineswegs unter der Keynes'schen „Geldillusion" und lehnten die Inflation als Mittel zur Kriegsfinanzierung entschieden ab. Angesichts des starken Widerstands der Gewerkschaften sah sich Keynes gezwungen, den Vorschlag einer Gewinninflation aufzugeben und sich stattdessen – als Instrument einer

Ex-ante-Nachfragesteuerung – für zusätzliche Steuern einzusetzen. Selbst in Kriegszeiten kam für Keynes eine Rationierung lebensnotwendiger Güter nicht in Frage. Hier deckten sich seine Ansichten mit denen des rechtsgerichteten Ökonomen F. von Hayek, der sich anerkennend zugunsten der Keynes'schen Position aussprach. Die klügeren Ratschläge anderer Regierungsmitglieder setzten sich jedoch durch, und es kam zur Rationierung aller lebenswichtigen Güter. Um sich die Unterstützung der Arbeiterklasse zu sichern, verzichtete Keynes darauf, die sozial spaltende und höchst regressive Inflationierung ausdrücklich als Methode der Kriegsfinanzierung zu benennen. Er sprach nun nicht mehr von „Zwangssparen", sondern von „aufgeschobenen Einkommen", gewiss eine besser klingende Bezeichnung. Zusätzliche Steuern in Höhe von 250 Millionen Pfund wurden im Haushalt 1941 als ausreichend dafür angesehen, die Inflationslücke zu schließen.[24]

Keynes erstellte eine vorläufige Schätzung des Nationaleinkommens Großbritanniens und verfasste einen detaillierten Plan, wie die vorgeschlagene Steuererhöhung gerecht auf die Bevölkerung verteilt werden könnte. Nach seiner Schätzung lag das Nettonationaleinkommen Großbritanniens im Jahr 1940 bei 6.229 Millionen Pfund, berechnet zu Marktpreisen.[25] Familien mit einem Einkommen von weniger als 5 Pfund pro Woche sollten von der Steuer befreit werden, höhere Einkommensgruppen einer gestaffelten Besteuerung unterliegen. Bei einer Gesamtbevölkerung von 47,5 Millionen und einem Nettonationaleinkommen von 6.229 Millionen Pfund ergibt sich für Großbritannien ein jährliches Pro-Kopf-Einkommen von 131,14 Pfund. In Indien lag das Pro-Kopf-Einkommen im Jahr 1940 bei 4,27 Pfund (64 Rupien).[26] Das Durchschnittseinkommen eines Briten war 31-mal so hoch wie das eines Inders. Die zusätzlichen Steuern im britischen Haushalt des Jahres 1941 beliefen sich auf 5,26 Pfund pro Kopf oder 4 Prozent des Durchschnittseinkommens. In Britisch-Indien dagegen betrug die Pro-Kopf-Finanzierung des Defizits zum Zeitpunkt 1942–43 zwanzig Prozent des indischen Pro-Kopf-Einkommens.

Keynes' Konzept des *aufgeschobenen Einkommens* war eine konsequente Folgerung aus dem Abkommen, das die britischen Regierung und der Kolonialstaat unterzeichnet hatten. Indien wurde darin verpflichtet, die Bürde der Kriegskosten zu tragen, während sich Großbritannien nur darauf festlegte, die von Indien übernommenen Kriegskosten nach Kriegsende zurückzuzahlen. In einigen Punkten wich Keynes' Konzept jedoch vom britisch-indischen Abkommen ab. Das „aufgeschobene Einkommen", also der vorläufige Einkommensverzicht, sollte sich auf das gesamte Volk beziehen, also nicht nur auf jene Klassen, die sich die Zahlung leisten konnten. Der Betrag dieser Zahlung war im Verhältnis zur Zahlungskapazität sehr hoch. Als Methode, diese Belastung einzutreiben, bediente man sich einer absichtlich herbeigeführten schnellen Inflation, die vor allem die ohnehin schon armen Bauern und alle ländlichen Netto-Nahrungsmittelkäufer traf. Ein konkretes Rückzahlungsdatum gab es nicht, ja es war nicht einmal sicher, ob Indien überhaupt mit einer Rückzahlung rechnen konnte. Indien war der größte Gläubiger Großbritanniens: seine Pfundschulden gegenüber Ägypten waren weitaus geringer.

Bereits 1867 hatte ein in Indien weithin bekannter Verwaltungsfachmann, W. W. Hunter, jene sozialen Schichten in Bengalen identifiziert, die vollständig vom Kauf von Nahrungsmitteln auf dem Markt abhängig waren und die daher am empfindlichsten von einer etwaigen Inflation der Lebensmittelpreise getroffen würden. Dazu gehörten Arbeiter, Handwerker und Fischer. In seinem bemerkenswerten kleinen Buch mit dem Titel *A Famine Warning System for Bengal* berichtete Hunter, welche Anzahl an Personen der besonders gefährdeten Klassen in den verschiedenen Distrikten der Provinz Bengalen lebten. Er gab den vorherrschenden Reispreis an und berichtete das Ausmaß des Preisanstiegs. Diese Indikatoren sollten als Warnsignale dienen. Sie sollten der Regierung signalisieren, wann sie eingreifen musste, wenn eine inflationsbedingte Hungersnot verhindert werden sollte.[27] Hunters Buch ist insofern von Bedeutung, als es zeigt, dass man in der Verwaltung eine Hungersnot nicht nur als Folge eines Rückgangs vorhandener Nahrungsmittel betrachtete, so wie dies etwa bei einer Dürre eintritt. Sie begriffen Hungersnot vielmehr in einem Sinn, den A.K. Sen später als „Versagen des Intitlement-Austauschs" bezeichnen sollte. In der Verwaltung befürwortete man deshalb die Einrichtung eines Warnsystems, das dabei helfen sollte, den Anstieg der Inflation über eine noch als sicher geltende Rate hinaus zu verhindern.[28]

Während des Krieges wurde genau die gegenteilige Politik verfolgt. Man ergriff sehr bewusst die schon beschriebenen Maßnahmen zur Förderung einer raschen Inflation: In der Verwaltung war man nicht so begriffsstutzig, dass man sich der negativen Auswirkungen der Inflation auf die Bevölkerung nicht bewusst gewesen wäre. Nach den Jahren der Depression war ein weitaus größerer Teil der Bevölkerung verarmt und landlos geworden und war nun verwundbarer als jemals zuvor. Die Zahl der Todesfälle nahm zu, aber die politische Stoßrichtung war weiterhin, der hungernden Landbevölkerung

Nahrungsmittel zu entziehen. Die Nahrungsmittel, über die Großbritannien seinerseits verfügte, wurden nicht etwa nach Indien, sondern in andere europäische Länder geliefert.[29] Die Machthaber kümmerten sich wenig um das, was man heute als „Kollateralschaden" bezeichnen würde, nämlich die inflationsbedingten Todesfälle und die Auswirkungen der Inflation auf die Produktion, wussten sie doch, dass die Tage der britischen Herrschaft und damit der Steuererhebung in Indien gezählt waren.

Gab es eine wirtschaftliche Alternative zu der enormen Belastung Indiens mit der Kriegsfinanzierung und der damit verbundenen Auslöschung von 3 Millionen Menschenleben? Ja, die gab es. Wäre es nur darum gegangen, die defizitfinanzierten Ausgaben für Angelegenheiten in indischer Verantwortung auszugleichen, hätte es kein Hungerproblem gegeben. Das Gesamtdefizit von 606 Rs. Crore zwischen 1940–41 und 1945–46 (siehe Spalte 5 der Tabelle 13.1), das sich errechnet, wenn man nur die von der indischen Regierung zu verantwortenden überschüssigen Haushaltsausgaben berücksichtigt, und die mit dem Defizit einhergehende Inflationsgefahr waren nicht so groß, dass sie nicht durch einen geringeren Konsum der Bevölkerung hätten aufgefangen werden können. Es waren die zusätzlichen, Indien ab 1940–41 auferlegten Kriegsausgaben, die sogenannten „erstattungsfähigen Ausgaben", die das Hungerproblem schufen. Über solche „erstattungsfähige Ausgaben" kam es zu einer Verdreifachung der Zwangsersparnisse, die bis 1945–46 auf insgesamt 1740 Rs. Crore angewachsen waren. Dieser Mechanismus war es, der den Konsum der ländlichen Bevölkerung Bengalens in höchstem Ausmaß einschränkte. Aus diesem Grund mussten schließlich drei Millionen Menschen den Hungertod sterben. Es war schlicht nicht möglich, dass Indien die ihm auferlegte Sonderbelastung mit Kriegskosten tatsächlich hätte tragen können. Die Bevölkerung war bereits überbesteuert, seit zwei Jahrhunderten hatte man ihr die Exporterlöse entzogen, und sie war in den Zustand der Unterernährung hinabgedrückt. Die Bevölkerung der kapitalistischen Metropole aber hätte diese Belastung, die für Indien viel zu hoch war, sehr wohl tragen können. Die von 1940–41 bis 1945–46 ausgegebene Summe von 1740 Rs. Crore oder 1276 Mio. Pfund hätte durch eine zusätzliche jährliche Besteuerung in Großbritannien in Höhe von 4,5 Pfund pro Kopf aufgebracht werden können, und wenn die Vereinigten Staaten ebenfalls einen Beitrag geleistet hätten, dann hätte die Pro-Kopf-Belastung der Bevölkerung beider Länder zusammengenommen nur £1 betragen. Außerdem wäre es die humanere Lösung gewesen, Indien seine eigenen, weltweit erzielten Auslandseinnahmen gutzuschreiben. Stattdessen hat sich Großbritannien – selbst als die Hungersnot wütete – diese Auslandseinnahmen in vollem Umfang angeeignet.

Bei den Bretton-Woods Verhandlungen im Jahr 1944, und auch später noch, brachte Großbritannien seine Auffassung vor, ein Teil seiner Schulden sei ihm zu erlassen und die Rückzahlung der verbleibenden Schulden sollte über das Ende des Krieges hinaus verschoben werden. Zur Begründung verwies es auf seine mangelnde Zahlungsfähigkeit. Skidelsky zufolge hat Keynes von Anfang an die Absicht geäußert, Großbritannien mindestens ein Drittel seiner gesamten Sterling-Schulden gegenüber der übrigen Welt zu erlassen. Die Tilgung des restlichen Drittels sollte als Ratenzahlung erfolgen. Mit großer Festigkeit lehnte Keynes einen Vorschlag der indischen Delegation ab, der eine eingeschränkte trilaterale Konvertibilität unter Einbeziehung der Vereinigten Staaten vorsah. Indien hätte im Rahmen einer solchen Vereinbarung sofort Zugang zu in Dollar denominierten Zahlungsmitteln für dringend benötigte Lebensmittelimporte gehabt. Nur die Vereinigten Staaten waren im Stande, solche Waren nach Indien zu exportieren. Keynes indes verwies darauf, es handle sich um eine bilaterale Angelegenheit zwischen Indien und Großbritannien. Indien aber hatte alliierte Streitkräfte finanziert, nicht nur Streitkräfte Großbritanniens. Die indische Delegation, zu der auch ein britischer Finanzexperte gehörte, drängte Großbritannien, seiner Verpflichtung zur Rückzahlung der Sterling-Schulden nachzukommen. Sie verwies auf das extreme Leid, das die Bevölkerung erfahren hatte. Bar jeder Logik lautete die britische Antwort, dieses Leid gehöre der Vergangenheit an. Ein Mitglied der britischen Delegation schlug sogar vor, den Erlass der britischen Sterling-Schulden zur Bedingung für die indische Unabhängigkeit zu machen. Diesen Vorschlag hat Keynes aber glücklicherweise nicht unterstützt.[30]

Was die Sterling-Bilanzen betrifft, befand sich die Gläubigernation Indien in einer schwächeren Position als das imperialistische Schuldnerland. Unter Ausnutzung seiner Machtposition hat Großbritannien, das Schuldnerland, Indien einseitig eine Zwangsanleihe von gigantischem Ausmaß aufgenötigt. Als dann die Zeit für die Rückzahlung gekommen war, setzte es mit großer Unnachgiebigkeit alles daran, seine Verpflichtung drastisch zu reduzieren. Kein einziger Penny der Indien geschuldeten Sterling-Gelder wurde freigegeben, und Großbritannien eignete sich Indiens Exportüberschusseinahmen in vollem Umfang an. Aus diesem Grund konnte Indien nur sehr wenige

Nahrungsmittel importieren: Bis 1946 war in Indien die Pro-Kopf-Verfügbarkeit von Getreide weiter gesunken, hinab auf 137 kg. Im April 1946 verstarb Keynes früh in seinem Leben an einem Herzleiden, an dem er schon seit längerem gelitten hatte. Die danach in Indien zur Beschaffung von Kriegsressourcen ergriffenen Maßnahmen standen in scharfem Kontrast zur Politik in Großbritannien. Dort strebte man eine gerechte Verteilung der Steuerlast auf die verschiedenen Einkommensklassen an, und ein Teil der zusätzlichen Steuern sollte nach Kriegsende zurückgezahlt werden. Was aber die kolonialisierte Bevölkerung Indiens betrifft, gab es keinerlei derartige Erwägungen, selbst wenn das dortige Pro-Kopf-Einkommen nur ein Dreißigstel des britischen Pro-Kopf-Einkommens ausmachte.

Die Indien im Rahmen von Interimsabkommen geschuldeten Sterling-Salden wurden 1947 auf zwei Konten aufgeteilt. Das erste enthielt nur 65 Millionen Pfund. Dies waren die Gelder, die zur Ausgabe freigegeben waren. Das zweite Konto dagegen war eingefroren. Im Jahr 1948 belief sich das Guthaben auf dem Konto mit verfügbaren Mitteln auf 80,6 Millionen Pfund Sterling, das Guthaben auf dem eingefrorenen Konto betrug dagegen 1.033,2 Millionen Pfund. Die 30-prozentige Abwertung des Pfund Sterling gegenüber dem Dollar im Jahr 1949 verringerte die Kaufkraft beider Guthaben erheblich. Das zweite Konto blieb bis in die 1950er Jahre, ein Jahrzehnt nach der Hungersnot, eingefroren. Die durch den Koreakrieg verursachte Inflation hat dann den realen Wert dieses Guthabens nochmals verringert. Auszahlungen wurden zwischen Indien und Pakistan im Verhältnis ihrer Bevölkerungsstärke aufgeteilt. Indien nutzte seinen Anteil zur Absicherung seines ehrgeizigen zweiten Fünfjahresplans für wirtschaftliche Entwicklung. Es verschaffte sich über diesen Weg für zwei bis drei Jahre einen Puffer gegen Belastungen seiner Zahlungsbilanz. Es ist unwahrscheinlich, dass der kleine Teil der Sterling-Gelder, der Pakistan zufiel, auch zum Nutzen der östlichen Region Pakistans, das spätere Bangladesch, ausgegeben wurde, auch wenn diese Region den Großteil der Hungertoten zu beklagen hatte. Selbst in diesem sehr begrenzten Sinne hat diese Region keine Entschädigung für das ihr aufgezwungene Opfer von Millionen von Menschenleben erhalten.

Man verfolgte eine Politik der Nachfragesteuerung. Die breite Bevölkerung konnte ein solche Politik nicht durchschauen, auch heute noch bleibt sie für sie undurchschaubar. Das gilt selbst für die gebildete Elite. Die extreme Einschränkung der Massennachfrage, mit dem Ziel, die Zwangsersparnisse zu erhöhen, hatte drei Millionen Todesopfer verlangt. Aber es gelang, diesen Tribut der Nachfragesteuerung als einfache Hungersnot zu tarnen. Auch heute noch kursieren irreführende Erklärungen dieser Not. Man erklärt sie aus Naturphänomenen, z.B. aus Zyklonen, oder aus Nahrungsmittelknappheit, oder aus Spekulation und Hortung, oder aus verspäteter Einfuhr von Nahrungsmitteln, oder aus einer Kombination all dieser Faktoren.

13 Öffentliche Politik und die Große Bengalische Hungersnot, 1943–44

1. John Maynard Keynes, A Treatise on Money (1930), in Collected Writings, vol. 5, Elizabeth Johnson and Donald Moggridge, eds. (Cambridge: Cambridge University Press, 1979), und How to Pay for the War (New York: Harcourt, Brace,1940).
2. John Maynard Keynes, *Indian Currency and Finance* (London: Macmillan, 1913).
3. Keynes, *A Treatise on Money*, in *Collected Writings*, vol. 5, 152–53; emphasis added.
4. Keynes, *A Treatise on Money*, in *Collected Writings*, vol. 5, 153.
5. Keynes, *A Treatise on Money*, in *Collected Writings*, vol. 5, 153, 154.
6. Keynes, *A Treatise on Money*, in *Collected Writings*, vol. 5, 155; emphasis added.
7. Keynes, *A Treatise on Money*, in *Collected Writings*, vol. 5, 155; emphasis added.
8. Keynes, *How to Pay for the War*.
9. Zitiert in Chnadavarkar, *Keynes and India*, 119.
10. Bis 1941-42 entspricht der Gesamtaufwand des Staates (Outlay) der Summe der Ausgaben (Expenditures) plus dem absoluten Wert des Gesamtdefizits wie angegeben. Ab 1942-43 übersteigen die Gesamtausgaben des Staates diese Summe geringfügig, da die Regierung Kredite in Rupien aufnahm, die in der Tabelle der RBI nicht aufgeführt sind. Der Wechselkurs zwischen Rupie und Sterling betrug ungefähr Rs.13,6 = 1 £. In der *Cambridge Economic History of India*, Bd. 2, hrsg. Dharma Kumar and Meghnad Desai (Cambridge: Cambridge University Press, 1984), wurden einige Daten aus Tabelle 15 des RBI-*Berichts 1946-47* übernommen (943, Tabelle 12.11), aber die Angaben in den Spalten 1, 3 und 4 wurden dort nicht berücksichtigt. CEHI gibt keinen Aufschluss über den tatsächlichen Anstieg der Einnahmen und Ausgaben des Zentralstaates, noch finden sich dort Angaben zum Gesamtaufwand (Total Outlay) und zum Gesamtdefizit.
11. Die Schätzungen des Nationaleinkommens Indiens in S. Sivasubramonian (2000) wurden von den Autoren auf die Gebietsabgrenzung Britisch-Indiens umgerechnet.
12. Amartya Sen, *Poverty and Famines: An Essay on Entitlement and Deprivation* (Oxford: Clarendon, 1981), 56.
13. Bhowani Sen, *Rural Bengal in Ruins* (Peoples Publishing House, 1945) zitiert in Rajani Palme Dutt, *India Today* (Delhi: Peoples Publishing House, 1947), 263; *Report on Currency and Finance 1945-46* (Bombay: Reserve Bank of India, 1946); Sen, *Poverty and famines*, 54.
14. P. S. Lokanathan, *India's Post-war Reconstruction and Its International Aspects* (Delhi: Indian Council of World Affairs,1946), 42.
15. Sen, *Poverty and Famines*.
16. P. C. Mahalanobis, R. K. Mukherjee and A. Ghosh, *A Sample Survey of After-effects of the Bengal Famine of 1943* (Calcutta: Statistical Publishing Society, 1946).
17. Sen, *Poverty and Famines*, 75.
18. Vgl. Utsa Patnaik, „Food Availability and Famine: A Longer View," *Journal of Peasant Studies*, Vol.19, Issue 1 (1991), nachgedruckt in Utsa Patnaik, *The Long Transition* (Delhi: Tulika Books, 1999); und Anand Chandavarkar, *Keynes and India: A Study in Economics and Biography* (Houndsmills: Macmillan, 1989).
19. Wir danken Arundhati Chowdhury für die Bereitstellung der digitalisierten RBI-Berichte.
20. S. Sivasubramonian, *The National Income of India in the Twentieth Century*.
21. Utsa Patnaik, „Food Availability and Famine."
22. George Blyn, *Agricultural Trends in India 1891–1947: Output, Availability and Productivity* (Philadelphia: University of Pennsylvania Press, 1966), Table 5.3, 102.
23. Lokanathan, *India's Post-war Reconstruction*, p. 49.
24. Robert Skidelsky, *John Maynard Keynes*, vol. 3, *Fighting for Freedom, 1937–1946* (Harmondsworth: Penguin, 2001), 84–88.
25. Vgl. Tabelle 5, 251, in Geoff Tily, „John Maynard Keynes and the Development of National Accounts in Britain, 1895 to 1941," *Review of Income and Wealth*, 55, 2 (June 2009), 331–59.
26. Die Schätzungen des Volkseinkommens Indiens in S. Sivasubramonian haben wir auf die Gebietsabgrenzung Britisch-Indiens umgerechnet.

27. Einige der von Hunter zusammengestellten Daten hat Utsa Patnaik in „Food Availability and Famine" übernommen.
28. Sen, *Poverty and Famines.*
29. Madhusree Mukerjee, *Churchill's Secret War: The British Empire and the Ravaging of India During World War II* (New York: Basic Books, 2011).
30. Skidelsky, *Fighting for Freedom, 1937–1946,* 413–14.

TEIL 4

Kapitel 14

Der Nachkriegsdirigismus und seine Widersprüche

Nach dem Krieg sah sich der Kapitalismus ernsthaft in seiner Existenz bedroht. Der sozialistische Block hatte sich nach dem Marsch der Roten Armee durch Osteuropa stark ausgedehnt. Zwar hatte die Linke den griechischen Bürgerkrieg verloren, sicher zum Teil auch weil das Abkommen von Jalta eine angemessene sowjetische Unterstützung der Revolution verhinderte. Aber es schwebte dennoch eine „sowjetische Bedrohung" über Westeuropa, wo die Sowjetunion aufgrund ihres epischen Kampfes gegen Nazideutschland ohnehin viel Wohlwollen genoss. Die Arbeiterklasse in Westeuropa, die während des Krieges enorme Opfer gebracht hatte, war entschlossen, nicht in eine Situation wie die der wirtschaftlichen Depression und Arbeitslosigkeit der Vorkriegsjahre zurückzufallen. Ein Ausdruck dieser Entschlossenheit war die Niederlage der von Winston Churchill geführten Konservativen Partei in der britischen Parlamentswahl nach dem Krieg.

Es war auch klar, dass die alten imperialistischen Mächte Europas angesichts des Aufschwungs der nationalen Befreiungskämpfe in der Nachkriegszeit nicht länger an ihrem Kolonialbesitz festhalten konnten. Viele dieser Kämpfe wurden von den Kommunisten angeführt. Gleichgültig aber, ob die Befreiungskämpfe nun von Kommunisten angeführt wurden oder nicht, fast immer wurden sie von der Sowjetunion unterstützt.

Die Umgestaltung des Kapitalismus

Auf die Bedrohung seiner Existenz antwortete der Kapitalismus auf zweierlei Weise. Zum einen trat er in den Kalten Krieg gegen die Sowjetunion ein, zum anderen strukturierte er sich in mehrfacher Hinsicht um. Um die sozialistische

Herausforderung zurückzudrängen, machte er Zugeständnisse, zu denen er sich sonst nicht bereit gefunden hätte. Es gab mindestens drei große Bereiche, in denen sich der Kapitalismus über Zugeständnisse eine neue Struktur gab.

Das *erste Zugeständnis* war die Einführung des allgemeinen Erwachsenenwahlrechts in die demokratische Regierungsform. Selbst in Frankreich, dem Land der klassischen bürgerlichen Revolution, ist das allgemeine Erwachsenenwahlrecht erst im Jahr 1945 eingeführt worden. Heutzutage glauben viele, Demokratie mit allgemeinem Wahlrecht sei eine „natürliche" Begleiterscheinung des Kapitalismus. Dies trifft jedoch nicht zu; es ist vor allem in den Nachkriegsjahren und erst nach langen Jahren des Kampfes verwirklicht worden. (Selbst in Großbritannien hatten die Frauen erst 1928 das Wahlrecht erhalten, zudem war das Wahlrecht noch nicht allgemein. Es gab weiterhin vermögensrechtliche Einschränkungen des Wahlrechts.)

Das *zweite Zugeständnis* war die politische Entkolonialisierung. In Ost- und Südostasien waren die Vereinigten Staaten nach der Niederlage Japans zur Vormacht geworden. Sie versuchten, sich an die Stelle der alten Kolonialmächte zu setzen und so die imperiale Besetzung zu verlängern – mit katastrophalen Folgen für Korea und Vietnam. Aber dieser Politik war kein nachhaltiger Erfolg beschieden. Der Prozess der politischen Entkolonialisierung war nicht mehr aufzuhalten. Allerdings ist er auch in vielen Fällen bis heute unvollendet geblieben, wie z. B. in Westafrika, wo weiterhin französische Truppen stationiert sind.

Wichtiger und umstrittener als die politische Entkolonialisierung war jedoch der Prozess der wirtschaftlichen Entkolonialisierung, d. h. die Übernahme der Kontrolle über die natürlichen Ressourcen, die sich das Metropolkapital während der Kolonialzeit angeeignet hatte. Die wirtschaftliche Entkolonialisierung stieß auf den erbitterten Widerstand der Großmächte. Sie unterstützten Putsche gegen Führer der Dritten Welt, die es wagten, die Ressourcen ihres Landes zu verstaatlichen, so zum Beispiel der Putsch gegen Mossadegh im Iran oder gegen Arbenz in Guatemala. Als Nasser den Suezkanal verstaatlichte, kam es zu einer regelrechten Invasion Ägyptens durch eine gemeinsame anglo-französische Streitmacht. Die Sowjetunion hat eine besonders wichtige Rolle dabei gespielt, die wirtschaftliche Entkolonialisierung möglich zu machen. Mit diesem Ziel im Auge trug sie in vielen Ländern der Dritten Welt dazu bei, einen öffentlichen Sektor zur Erschließung und Verarbeitung ihrer natürlichen Ressourcen aufzubauen. So konnten diese Länder dem Großkapital die Verfügungsgewalt entreißen und ihre Ressourcen wieder unter eigene Kontrolle bringen.

Das *dritte Zugeständnis* zur Umgestaltung des Kapitalismus war die Einführung keynesianischer Nachfragesteuerung. Geldpolitische Interventionen hatte es schon immer gegeben, ebenso wie fiskalpolitische Nachfragestimulierung, *die die Kapitalisten dazu anreizen soll, von sich aus ihre Ausgaben zu steigern.* Der Keynesianismus forderte jedoch mehr, nämlich die direkte Intervention des Staates durch staatliche, nicht über die Entscheidung der Kapitalisten vermittelte, Ausgaben. *Staatliche Ausgaben, nicht staatlich stimulierte Ausgaben der Kapitalisten,* sollten dazu beitragen, die Gesamtnachfrage auf eine Höhe zu bringen, die zu einer Produktion bei Vollbeschäftigung erforderlich wäre. Diese Politik wurde in der Nachkriegszeit eingeführt.

Es mag auf den ersten Blick seltsam erscheinen, diesen Interventionismus als ein Zugeständnis des Kapitals zu bezeichnen. Staatliche Steigerung der Gesamtnachfrage soll ja nicht nur das Beschäftigungs- und Produktionsniveau anheben, *sondern auch die Gewinne der Unternehmen.* Es handelt sich im Vergleich zu einem Zustand großer unfreiwilliger Arbeitslosigkeit schließlich um eine „Pareto-Verbesserung", in dem Sinne, dass niemand durch eine solche Veränderung schlechter gestellt wird, während einige, wenn auch nicht alle, besser gestellt werden. Zu den Bessergestellten zählen auch jene, denen Gewinne zufließen. Warum sollten sich die Kapitalisten dann überhaupt gegen eine solche Intervention wehren?

Mit anderen Worten, auch Kapitalisten profitieren in Gestalt höherer Gewinne von einer nachfragesteigernden Erhöhung der Staatsausgaben. Wird die Erhöhung der Staatsausgaben durch ein Haushaltsdefizit finanziert, ist der dadurch verursachte Anstieg der Gewinne offensichtlich. Aber auch wenn die Erhöhung der Staatsausgaben vollständig durch Besteuerung der Gewinne finanziert wird, muss es nicht zu einem Rückgang der Gewinne nach Steuern im Vergleich zur Ausgangssituation kommen, vorausgesetzt, die arbeitende Bevölkerung konsumiert ihr gesamtes Einkommen. Da sich in diesem Fall außerdem die Kapazitätsauslastung verbessert, steigen mit der Zeit auch die privaten Investitionen und damit die Gewinne. Warum also sollten sich die Kapitalisten gegen eine fiskalpolitische Nachfragesteuerung über die Steigerung staatlicher Ausgaben stellen?

Der Widerstand der Kapitalisten gegen eine fiskalpolitische Erhöhung der Beschäftigung erscheint auf den ersten Blick unerklärlich, jedenfalls solange die Arbeitslosigkeit über der „Inflationsschranke" liegt. Und doch gibt es offensichtlich diesen Widerstand. So hat sich das Kapital gegen Lloyd Georges Plan von 1929 gewehrt. Der Plan ging der „keynesianischen Revolution" voraus und sah vor, die Massenarbeitslosigkeit durch staatliche, defizitfinanzierte öffentliche Arbeiten zu überwinden. Und in den 1930er Jahren, als Roosevelts New Deal in den Vereinigten Staaten eine Erholung einleitete, wurde er unter dem Druck der Finanzinteressen gerade wegen seines Erfolgs bald wieder aufgegeben, mit der Folge, dass das Land im Jahr 1937 erneut in eine Rezession stürzte.

In Kapitel 12 haben wir argumentiert, dieser Widerstand der Kapitalisten sei nicht wirtschaftlicher, sondern epistemischer Natur. Direkte staatliche Eingriffe in die Nachfragesteuerung, die an den Kapitalisten vorbei gehen, untergraben die gesellschaftliche Legitimität des Systems. Ihr Klasseninstinkt gebietet den Kapitalisten, sich solchen Eingriffen zu widersetzen und eine „epistemische Schließung" zu erzwingen. Eine epistemische Schließung verschließt den Blick für jede Möglichkeit, eine wirtschaftliche Erholung an den Kapitalisten vorbei herbeizuführen. Auf diese Weise bleibt auch nicht der kleinste Spielraum dafür offen, die gesellschaftliche Legitimität des Systems in Frage zu stellen

In der Zeit unmittelbar nach dem Krieg sah sich der Kapitalismus in seiner Existenz bedroht. Es gab deshalb sowohl in den Vereinigten Staaten als auch in Europa kaum eine andere Wahl als sich mit der keynesianischen, über Staatsausgaben inszenierten Nachfragesteuerung abzufinden. In der Nachkriegszeit kam es so zu Beschäftigungsquoten in einer Höhe, die es für einen vergleichbar langen Zeitraum in der gesamten Geschichte des Kapitalismus niemals gegeben hat. Für die Institutionalisierung einer interventionistischen Nachfragesteuerung bedurfte es als erstem Schritt einer geeigneten internationalen Währungsvereinbarung. Das Bretton-Woods-System stellte sie bereit.

Das System von Bretton Woods

Hinter dem Plädoyer für staatliche Nachfragesteuerung stand die Annahme, ökonomisch rationales Handeln der einzelnen Wirtschaftssubjekte führe auf gesamtwirtschaftlicher Ebene zu einem irrationalen Ergebnis. Das Ergebnis sei zudem nicht nur auf gesamtgesellschaftlicher Ebene irrational, sondern laufe auch den privaten Interessen zuwider. Im Auftreten unfreiwilliger Arbeitslosigkeit werde dies offenkundig. Man begriff den Staat daher nicht als eine Instanz, die, um ihr besonderes Eigeninteresse durchzusetzen, in den Interessenkampf eingreift, sondern als Förderer des allgemeinen gesellschaftlichen Interesses. Bar jeglichen Einzelinteresses, so diese Sichtweise, bringt der Staat gesamtgesellschaftliche Rationalität in einen Bereich ein, in dem private, letztlich sich selbst vereitelnde Rationalität vorherrscht. Der Staat konnte eine solche Funktion nur übernehmen, wenn er autonom genug war, als geeignet erachtete politische Maßnahmen auch umzusetzen.

Der Staat, von dem man eine solcherart autonome Politik erwartet, kann nichts anderes sein als ein Nationalstaat. Über die erforderliche Autonomie verfügt er nur, wenn er nicht Gefangener des Finanzkapitals ist, sondern eine Politik verfolgen kann, die nicht unbedingt dem Geschmack des Finanzkapitals entspricht. Er muss in der Lage sein, grenzüberschreitende Finanzströme einzuschränken, denn anderenfalls, wenn sich das internationale Finanzkapital beliebig über die nationalen Grenzen hinweg bewegen kann, ist es dem Staat im Inneren nicht möglich, gegen Finanzinteressen vorzugehen. Täte der Staat dies dennoch, käme es zu einer massenhaften Kapitalflucht, und das würde das Land in eine Krise stürzen. Wie wir bereits gesehen haben, hat Keynes, noch bevor er seine *Allgemeine Theorie* geschrieben hatte, diese Idee bereits in einem Artikel in der *Yale Review* des Jahres 1933 geäußert. Dort forderte er, das Finanzwesen sollte vorrangig auf nationaler Ebene organisiert sein[1].

Das Bretton-Woods-System, eingerichtet im Jahr 1944, brachte diese Idee zum Ausdruck. In diesem System konnten die Nationalstaaten grenzüberschreitende Kapitalströme, vor allem Finanzströme, kontrollieren. So konnte der Staat seine Volkswirtschaft über Nachfragesteuerung der Vollbeschäftigung näher bringen.

Aber selbst wenn staatliches Nachfragemanagement gelänge, bliebe immer noch das Problem, wie ein Ausgleich der Zahlungsbilanz gesichert werden kann. Der Versuch, über Nachfragesteuerung Vollbeschäftigung zu erreichen, könnte ja immer noch vereitelt werden, wenn in der Zahlungsbilanz ein Leistungsbilanzdefizit von untragbarer Höhe enthalten ist. Da sich die Defizite aller Länder zusammengenommen auf Null summieren müssen, könnten natürlich die Überschussländer ihre Binnennachfrage ausweiten, ohne dass die Defizitländer ihre inländische Tätigkeit einschränken müssten.

Die Ausweitung der Binnennachfrage in den Überschussländern müsste über eine Steigerung des dortigen inländischen Verbrauchs bei dem gegebenen Beschäftigungsniveau erfolgen. Eine Erhöhung der inländischen Beschäftigung, statt des Binnenkonsums, als Mittel zur Steigerung der Binnennachfrage käme weniger in Frage, weil sich die Überschussländer ohnehin nahe an der Vollbeschäftigung befinden dürften.

Im Bretton-Woods-Abkommen konnte jedoch eine solche Anpassung seitens der Überschussländer nicht geregelt werden. Die Vereinigten Staaten, damals ein Überschussland, widersetzten sich jeder Vorkehrung, die den Überschussländern einen Abbau ihrer Überschüsse aufzwingen würde. Im Rahmen des Bretton-Woods-Systems waren also nur die Defizitländer verpflichtet, Anpassungen vorzunehmen. Zu diesem Zweck stand ihnen eine ganze Reihe von Instrumenten zur Verfügung, angefangen von der Abwertung der Wechselkurse bis hin zu Zöllen und Mengenbeschränkungen. Wechselkursabwertungen helfen natürlich wenig, wenn andere Länder zu Vergeltungsmaßnahmen greifen. Das Bretton-Woods-System legt deshalb fest, dass eine Abwertung der Genehmigung des IWF bedarf. Insofern haben die Länder ihr absolutes Recht zu Wechselkursänderung verloren. Es handelte sich, kurz gesagt, um ein System fester nominaler Wechselkurse mit Kapital- und Handelskontrollen (und damit um ein System multipler effektiver Wechselkurse), bei dem der nominale Wechselkurs mit Genehmigung des IWF angepasst werden konnte. Und innerhalb dieses Systems waren die Nationalstaaten frei, Maßnahmen zur Nachfragesteuerung zu ergreifen.

Keynes war keineswegs der einzige Autor oder auch nur der Hauptautor dieser Vereinbarung. So spielte der US-Vertreter in Bretton Woods, Harry White, eine einflussreiche Rolle. Aus einigen Bemerkungen von Keynes in *The General Theory* können wir jedoch die theoretischen Grundlagen von Bretton Woods erahnen. Keynes vertrat die Ansicht, der „Konkurrenzkampf um die Märkte" könne als die vorherrschende Ursache für Kriege im 19. Jahrhundert verstanden werden. Den Regierungen, so Keynes, bleibe unter dem gegebenen System des nationalen Laissez-faire und des internationalen Goldstandards kein anderes Mittel als sich im Abbau ihrer jeweiligen Arbeitslosigkeit zu überbieten.

Wie wir gesehen haben, entsprach Keynes' Argument nicht den historischen Tatsachen. Das 19. Jahrhundert war ein Zeitraum, der bemerkenswert frei war von Kriegen um Märkte. Großbritannien hielt seine Märkte für seine Konkurrenten offen, stabilisierte die Gesamtnachfrage auf hohem Niveau und sorgte durch die Kontrolle über seine Kolonien für den Ausgleich seiner Zahlungsbilanz. Tatsächlich waren in der Zeit zwischen dem Krimkrieg und dem Ersten Weltkrieg die Kriege um die deutsche und die italienische Einigung die einzigen Kriege zwischen europäischen Mächten. Das aber waren keine Kriege um Märkte, zumindest nicht in erster Linie. Aber hier interessiert uns weniger, ob sich Keynes hinsichtlich historischer Fakten geirrt hat, uns geht es jetzt um seine theoretische Position. Ein Regime ausgeglichener Haushalte und fester Wechselkurse, so Keynes, lasse keinen Raum für einen internen Mechanismus zur Steigerung des Beschäftigungsvolumens. Beide Beschränkungen hat das System von Bretton Woods aufgehoben. Die Staatshaushalte mussten nicht mehr ausgeglichen sein – was nur möglich war, wenn die Finanzströme kontrolliert werden konnten – und künftig durften die Wechselkurse angepasst werden.

Das dirigistische Arrangement und seine Widersprüche

Der Kolonialismus war aus kapitalistischer Sicht ideal. Zum einen wurde in den Kolonien die dortige handwerkliche Produktion verdrängt und so ein Absatzmarkt für die Metropole geschaffen. Zum anderen konnte *sich die Metropole über genau diese Zerstörung lokaler Produktion Rohstoffe für die eigene, kapitalistische Produktion beschaffen*. Der Akt der Markterschließung war also gleichzeitig ein Akt der Einkommensdeflation in den Kolonien. Einkommensdeflation entstand über zwei Wege. Sie wurde erstens umgesetzt über die Zerstörung des lokalen Handwerks und zweitens über den über das Steuersystem organisierten Drain (Reichtumsabzug, Überschussabzug). So konnte es gelingen, den Inflationsdruck in den Metropolen in Schach zu halten und gleichzeitig dem Metropolkapital einen Absatzmarkt zu erschließen. Zwei Grundbedingungen müssen vorliegen, damit das kapitalistische System überleben kann: Erschließung neuer Absatzmärkte und Abwehr steigender Angebotspreise durch Einkommensdeflation in der Peripherie. Beide Überlebensbedingungen des kapitalistischen Systems waren unter kolonialistischen Bedingungen auf einen Schlag erfüllt.

In einem Arrangement, in dem die Markterweiterung über erhöhte Staatsausgaben läuft, ist die Lage nun anders. Anders als bei der Markterschließung über die Zerstörung handwerklicher Produktion in der Kolonie können bei einer Markterweiterung durch höhere Staatsausgaben in der Metropole nicht gleichzeitig Rohstoffe beschafft werden. Die beiden Momente, Markterschließung und die Beschaffung von Rohstoffen, sind nun nicht mehr miteinander verwoben. Nach wie vor bedarf es aber der Einkommensdeflation, weil nur so der Gefahr steigender Angebotspreise für Rohstoffe und damit der Inflationsgefahr begegnet werden kann. Im Rahmen des dirigistischen Nachkriegsarrangements gab es jedoch keinen „anderen Weg" zur Einkommensdeflation in der Peripherie. So blieb das System immer anfällig für Inflation. Diese Anfälligkeit unterscheidet sich erheblich von einer Inflationsanfälligkeit, die sich aus einem hohen Beschäftigungsniveau ergibt. Joan Robinson hat letztere mit dem Begriff der „Inflationsschranke" herausgearbeitet. Ihr Konzept ging eigentlich auf die These von Marx zurück, die Existenz einer ausreichend großen industriellen Reservearmee sei eine wesentliche Voraussetzung für die Lebensfähigkeit des Kapitalismus.

Sobald die Reservearmee ausreichend weit unter die Größe der aktiv Beschäftigten fällt, so die gängige Interpretation der Marx'schen These, sind die Gewerkschaften stark genug, produktivitätsorientierte Reallöhne zu fordern und auch durchzusetzen. Die Profitrate schrumpft dann zusammen auf ein systemgefährdendes Niveau. (Dies ist nach Marx nicht der einzige Grund dafür, warum es einer Reservearmee bedarf; Arbeitsdisziplin kann im Kapitalismus nur erzwungen werden, dies der zweite Grund, wenn jene, die diese Disziplin vermissen lassen, zur Strafe in die Reservearmee verstoßen werden können.)

Marx' Argument bezog sich eigentlich auf Bewegungen der Nominallöhne. Er argumentierte aber innerhalb eines Geldsystems mit Geldware, weshalb Nominallohn- und Reallohnbewegungen in seiner Analyse zusammenfallen. Sein Argument kann sich also auf beides beziehen, sowohl auf die Bewegung der Nominallöhne als auch auf die der Reallöhne. Wenn wir jedoch das System mit Geldware verlassen und uns einem System mit Papier- oder Kreditgeld zuwenden, dann erhöht ein Rückgang der relativen Größe der Reservearmee, im Einklang mit der Marxschen These, die Nominallöhne. Aber die höheren Nominallöhne werden nun in Form von höheren Preisen „weitergegeben", eine Erhöhung der Reallöhne bleibt jedoch aus. Die Marxsche Aussage, die Überlebensfähigkeit des Systems hänge von der Existenz einer Reservearmee in ausreichender relativer Größe ab, hat daher eine breitere Gültigkeit. Sie gilt nicht nur für den besonderen Fall einer Welt mit Geldware, sie gilt auch in anderen Geldsystemen. Mit ihrem Konzept der „Inflationsschranke" hat Joan Robinson dies später (1956) herausgearbeitet.[2]

Aber nehmen wir einmal an, es bestehe eine ausreichend große Reservearmee und die Nominallöhne seien stabil. Unter solchen Bedingungen hat die Wirtschaft, in dem Maße wie sie wächst, einen wachsenden Bedarf an Rohstoffen. Ein Teil dieser Rohstoffe wird immer aus der tropischen Landmasse kommen müssen. Da der Angebotspreis dieser tropischen Produkte steigt, gefährdet er den Wert des Geldes entweder direkt in der Metropole oder indirekt über die Inflationsgefahr in der Peripherie. Im letzteren Fall würde die Peripherie ihre Exporte in die Metropole kontrollieren. Auch bei *überall als stabil gesetzten Nominallöhnen wäre also der Geldwert gefährdet*. Den Produzenten und Nutzern von Primärgütern in der Peripherie muss also eine Einkommensdeflation aufgenötigt werden, und zwar auch dann, wenn der Staat durch seine Ausgaben angemessene Märkte für die kapitalistischen Produkte in der Metropole bereitstellt. *Das dirigistische Arrangement der Nachkriegszeit verfügte über keinen Mechanismus zur Durchsetzung einer solchen Einkommensdeflation.*

Wegfall des Drain-Mechanismus und seine Folgen

Die Deindustrialisierung war nicht der einzige Mechanismus, über den der Peripherie eine Einkommensdeflation auferlegt wurde. Ein zweiter, ebenfalls wichtiger Mechanismus war der Drain, der Überschussabzug aus der Kolonie. Der Drain konnte die Gefahr steigender Angebotspreise bannen und so eine Unterminierung des Geldwerts in der Metropole verhindern. Mit der politischen Entkolonialisierung, die dem Überschussabzug ein Ende setzte, wurde *ipso facto* ein mächtiges Instrument der Einkommensdeflation abgeschafft. Zwar gab es weiterhin andere Formen des Überschusstransfers aus der Peripherie, etwa die ungleichen Tauschbedingungen im Handel mit der Metropole[3] oder Zahlungen für geistige Eigentumsrechte an das Metropolkapital. Die politisch erzwungenen Transferleistungen jedoch, wie sie im kolonialen Steuersystem arrangiert waren, liefen nun aus. Die Möglichkeit einer Inflation und damit die Bedrohung des Geldwertes lebte deshalb wieder auf.

Der Sachverhalt, dass nun der politische Mechanismus des Überschussabzugs nicht mehr zur Verfügung stand, hat noch eine weitere höchst wichtige Folge. Während der Kolonialzeit hielt Großbritannien, das führende kapitalistische Land, seinen eigenen Markt für die damaligen Industrialisierungsneulinge offen. Hätte es dies nicht getan, wären die rivalisierenden Mächte in einen Kampf um Märkte eingetreten. Unter solchen Bedingungen hätte Großbritannien den Goldstandard wohl kaum aufrechterhalten können. Die kapitalistische Weltwirtschaft wäre viel früher in die Krise geraten, in die sie dann später tatsächlich fiel. In der Tat ist es ein herausragender Grundzug einer führenden kapitalistischen Ökonomie, ihren Markt für aufstrebende, sich nachholend industrialisierende Volkswirtschaften offen zu halten.

Über den Überschussabzug aus den Kolonien ist es Großbritannien jedoch gelungen, Zahlungsbilanzprobleme abzuwenden. Ohne Drain hätte es sich bei jenen Ländern verschuldet, die einen Leistungsbilanzüberschuss gegenüber Großbritannien erzielen konnten. Mit anderen Worten, über den Überschussabzug verhinderte Großbritannien einen Abstrom von Schuldscheinen (der IOUs).

In der Zeit nach dem Zweiten Weltkrieg schloss die Entkolonialisierung aus, dass sich die Metropole den Überschuss anderer Länder über Drain aneignete. Die führende kapitalistische Wirtschaftsmacht dieser Zeit, die USA, hat im Rahmen ihrer Führungsrolle ihre Märkte für andere Volkswirtschaft offen gehalten, sich darüber aber zunehmend verschuldet. (Diese „Offenheit" wurde unter Donald Trump aufgehoben, ein Thema, auf das wir später eingehen.) Mit anderen Worten, nachdem der Drain-Mechanismus nicht mehr zur Verfügung stand, musste die Welt mit einem kontinuierlichen Abstrom von IOU-Schuldscheinen aus den Vereinigten Staaten zurechtkommen. Paradoxerweise ist die weltweit führende Wirtschaftsmacht dadurch zum höchstverschuldeten Land der Welt geworden. Noch nie in der Geschichte des Kapitalismus hat es eine Situation gegeben, in der das mächtigste kapitalistische Land der Welt gleichzeitig das höchstverschuldete ist. Aber dies spiegelt nur eine andere beispiellose Situation wider. Zum ersten Mal in der Geschichte kann die kapitalistische Führungsmacht nicht auf einen Reichtumsabzug zurückgreifen, der groß genug wäre, ihr Leistungsbilanzdefizit zu decken.

Das hat zwei Folgen. Erste Folge ist die Fragilität, in die das globale Finanzsystem gerät. Dies ist ein offensichtlicher und viel diskutierter Punkt, der hier nicht weiter auszuführen ist. Die zweite Folge ist das *enorme Wachstum eines Finanzüberbaus, basierend auf den IOU-Schuldscheinen der führenden Wirtschaftsmacht.*

Dieses Wachstum des finanziellen Überbaus in der Nachkriegszeit ist in der Tat eine bemerkenswerte Tatsache. Sie zu beschreiben, hat man den neuen Begriff der „Finanzialisierung" geprägt. Oft aber wird nicht ausreichend beachtet, dass *der Wegfall des Drain-Mechanismus, über den sich die führende Wirtschaftsmacht Überschüsse der Peripherie angeeignet hatte, diese Finanzialisierung in bedeutendem Ausmaß begünstigt hat.*

Es ist richtig, selbst wenn es einen Überschussabzug aus der Peripherie gegeben hätte, hätte er möglicherweise nicht ausgereicht, einen steigenden Abstrom von IOU-Schuldscheinen aus der führenden kapitalistischen Ökonomie zu verhindern. Eine „Finanzialisierung" in geringerem Umfang hätte es dann wohl immer noch gegeben. Aber sie wäre sicherlich nicht so schnell vorangeschritten, wenn das führende kapitalistische Land über einen Überschussabzug verfügt hätte. *Die Finanzialisierung ist, kurz gesagt, das Gegenstück einer Situation, in der die Metropole, anders als in der Kolonialzeit, nicht mehr über den Drain-Mechanismus verfügt.*

Der Abstrom von Schuldscheinen aus dem führenden kapitalistischen Land in den Rest der Welt wirft die Frage auf: Wie kann die führende Wirtschaft den Wert ihrer Währung aufrecht erhalten, und zwar nicht nur gegenüber den Währungen anderer kapitalistischer Länder, sondern auch im Warenhandel?

Im System von Bretton Woods versuchte man, dieses Problem auf rein formale Weise zu lösen. Man erklärte offiziell, der US-Dollar sei „so gut wie Gold" und fixierte seinen Goldpreis auf 35 Dollar pro Unze. Ein solches System ist jedoch nur dann lebensfähig, wenn es keinen Ansturm auf den Umtausch von Dollar in Gold gibt. Kommt es aber zu diesem Ansturm, ist das gleichbedeutend mit dem Untergang des Systems. Die Menge der gedruckten Dollar war aber nicht in einem bestimmten Verhältnis an die Goldmenge, die sich tatsächlich im Besitz der Zentralbank des führenden kapitalistischen Landes befand, gebunden. Es war klar, unter diesen Bedingungen konnte die Goldkonvertibilität des Dollars keinesfalls aufrechterhalten werden, sobald sie ernsthaft herausgefordert würde.

Niemand nahm an, dass die Dollar-Gold-Konvertibilität jemals getestet würde. Man setzte auf eine stillschweigende Übereinkunft zwischen den großen kapitalistischen Ländern, das System nicht herauszufordern. Allein die Machtverhältnisse zwischen den fortgeschrittenen Ländern, so dachte man, seien schon ausreichend, die Überlebensfähigkeit des Systems zu garantieren. Wenn aber der Abstrom aus dem Dollar massive Ausmaße annähme (ein Thema, das wir später untersuchen werden), müsste das System untergehen. Und genau das geschah Anfang der 1970er Jahre. Das Jahr 1971 brachte das Ende Dollarkonvertibilität, und im Jahr 1973 kam es dann zur Aufgabe des Bretton-Woods-Systems insgesamt.

Zusammengefasst: Es war die grundlegende Schwäche der dirigistischen Nachkriegsregelung, dass sie die kolonialistischen Stabilisierungsmechanismen nicht durch neue, ähnlich funktionierende Mechanismen ersetzen konnte. Im Goldstandardregime gab es keine entsprechenden Ersatzregelungen. Das machte sich auf zweierlei Weise bemerkbar: Erstens, es fehlte nun der Mechanismus der Einkommensdeflation. Geldwertbedrohende Inflation, wie sie aus dem Anstieg der Angebotspreise entsteht, konnte nicht mehr über Einkommensdeflation abgewehrt werden; zweitens, weil es den Mechanismus des Überschussabzugs nicht mehr gab, türmten sich im führenden kapitalistischen Land Schulden auf, mit der Folge einer massiven Ausweitung des finanziellen Überbaus. Darüber wurde das System besonders verletzlich und zerbrechlich. Der Zusammenbruch des Bretton-Woods-Systems und damit der keynesianischen Nachfragesteuerung war die unvermeidliche Folge. Das unterstreicht, *der Kapitalismus konnte ohne einen kolonialistischen Stützmechanismus oder ohne ein Arrangement mit ähnlicher Wirkung nicht funktionieren.*

Anders ausgedrückt: Zwei der Zugeständnisse, die der Nachkriegskapitalismus gemacht hatte, also die politische Entkolonialisierung einerseits und die keynesianische Nachfragesteuerung andererseits, standen im Widerspruch zueinander. Dies sollte erst im Laufe der Zeit deutlich werden. Solange aber der Widerspruch nicht zum Ausbruch kam (aus Gründen, die wir später erörtern werden), funktionierte das System außerordentlich gut und brachte das sogenannte „Goldene Zeitalter des Kapitalismus" hervor. Aber dieses „Goldene Zeitalter" war eigentlich ein Irrweg, etwas, das von seinem Wesenskern her betrachtet nicht nachhaltig gesichert werden konnte.

Widersprüche dirigistischer Politik in der Dritten Welt

Dirigistische Regime entstanden im Zuge der Entkolonialisierung auch in den meisten Ländern der Dritten Welt. Obwohl sich diese Regime, wie wir sehen werden, in wichtigen Punkten voneinander unterscheiden, haben sie eines gemeinsam: Sie alle widersetzen sich über den Staat und einen Sektor öffentlicher Unternehmen der vom Kolonialismus hinterlassenen Vorherrschaft des Metropolkapitals. Öffentliche Unternehmen wurden gegründet, mit dem Zweck, natürliche Ressourcen zu erschließen und zu verarbeiten, die Infrastruktur auszubauen und Lücken in der Produktionsstruktur, insbesondere in der Grundstoff- und Produktionsgüterindustrie, zu schließen. Da die einheimische Kapitalistenklasse von Anfang an relativ schwach und unterentwickelt war und wenig Interesse an Forschung und Entwicklung gezeigt hatte, wurde der öffentliche Sektor auch zum Mittel, im Rahmen der Möglichkeiten eine gewisse technologische Selbstständigkeit zu entwickeln.

Die dirigistischen Regime der Dritten Welt wollten aus dem kolonialen Muster der internationalen Arbeitsteilung ausbrechen und einen Prozess der Industrialisierung einleiten. Das konnte nur gelingen, wenn sie den heimischen Markt gegen die Produkte aus den Metropolen schützten. Sie errichteten daher Zollschranken und mengenmäßige Handelsbeschränkungen, hinter denen eine „importsubstituierende" Industrialisierung stattfinden konnte. Die Technologie für eine solche Industrialisierung blieb jedoch weitgehend in den Händen des Metropolkapitals, und so musste die einheimische Bourgeoisie mit dem Metropolkapital kooperieren. Joint Ventures zwischen einheimischem und ausländischem Kapital – entstanden über die Zollschranken hinweg – waren an der Tagesordnung. Protektionismus bedeutete also notwendigerweise auch Protektion jenes Metropolkapitals, dem es gelang, über Joint Ventures Betriebsstätten in den ehemaligen Kolonien anzusiedeln.

Der Protektionismus ermöglichte es den einheimischen Produzenten lediglich, einen größeren Marktanteil im Inland zu erobern, sei es im öffentlichen oder im privaten Sektor. Anhaltend größeres Wachstum konnte er nicht gewährleisten. Die Dynamik des Systems hing davon ab, wie schnell der Binnenmarkt selbst expandierte, zumal es für Einheiten, die sich unter dem dirigistischen Regime hinter protektionistischen Mauern entwickelt hatten, äußerst schwierig war, auf Exportmärkte vorzudringen, es sei denn, das Großkapital ließ dies zu. Aber das war in dieser Zeit kaum zu erwarten. Ausnahmen sind hier einige ostasiatische Länder, die den Vereinigten Staaten nahe standen und deren Krieg in Vietnam unterstützten.

Das Wachstum des Binnenmarktes hing in starkem Maß von der Wachstumsrate der Landwirtschaft ab. Sie stieg zwar in der gesamten Dritten Welt im Vergleich zur Kolonialzeit an, aber der Grad der Landkonzentration hemmte dieses Wachstum erheblich.

Hier gilt es drei verschiedene Fälle zu unterscheiden. Der erste Fall umfasst Länder, in denen die Kommunisten den antikolonialen Kampf angeführt hatten; hier folgte auf die Entkolonialisierung eine radikale Landumverteilung (in den meisten Fällen gefolgt von der Bildung von Genossenschaften und Kollektiven). Im zweiten Fall, wie zum Beispiel in japanischen Kolonien, haben Kolonialherren zuvor in erheblichem Umfang Grund und Boden an sich genommen. Hier führten die US-Besatzungstruppen am Ende des Krieges eine Umverteilung von Grund und Boden auf Kosten der japanischen Grundbesitzer durch. Im dritten Fall liegt keine der beiden vorgenannten Situationen vor. Hier folgte auf die Entkolonialisierung keine radikale Landumverteilung. Die Machtstruktur auf dem Land änderte sich nur wenig, zu wenig, um kleinbäuerliche Investitionen zu ermuntern. (Simbabwe war hier eine wichtige Ausnahme. Allerdings führte es die Landumverteilung nicht unmittelbar nach der Entkolonialisierung, sondern erst viel später durch.)

Schon Lenin hat im Falle Russlands den Grund dafür genannt, warum man dort die Umverteilung von Grund und Boden so zögerlich und ängstlich in Angriff genommen hat.[4] Was Lenin für das damalige Russland feststellte, gilt auch für die ehemaligen Kolonien. Wo die Bourgeoisie erst spät die historische Bühne betritt, fürchtet sie, jeder Angriff auf das Grundeigentum könne in einen Angriff auf das bürgerliche Eigentum umschlagen. Sie macht daher bei der Verteidigung des Privateigentums mit Grundbesitzern gemeinsame Sache, auch um den Preis, dass dadurch die demokratische Revolution innerhalb eines Landes aufgehalten wird. Dirigistische Regime in Ländern, in denen die Bourgeoisie oder proto-bourgeoise Elemente eine führende Rolle im antikolonialen Kampf gespielt hatten, haben daher stets jede radikale Umverteilung von Grund und Boden vermieden.

Das soll nicht heißen, dass in dieser dritten Gruppe von Ländern – sie machte die Mehrheit der Länder der Dritten Welt aus – die Grundeigentumsverhältnisse völlig unverändert blieben. Viele feudale oder halbfeudale Grundherren, die nicht daran interessiert waren, unter den neuen Bedingungen kapitalistische Landwirtschaft zu betreiben, verkauften ihr Land an reiche Pächter, die sich nun zu einer proto-kapitalistischen *Kulakenklasse* formten. In diesen Ländern bildete sich eine kapitalistische Agrarwirtschaft mit Segmenten des Grundbesitzerkapitalismus und des bäuerlichem Kapitalismus heraus. Es änderte sich jedoch nur die Zusammensetzung der obersten Grundbesitzerschicht, die Landkonzentration selbst blieb dagegen so hoch wie zuvor. Trotz der Entkolonialisierung gab es weiterhin eine große Masse an verarmten Bauern und Landarbeitern, die nur wenig oder überhaupt kein Land besaßen.

Im dirigistischen Regime unterstützte der postkoloniale Staat indes die Landwirtschaft auf verschiedene Weise: durch subventionierte Betriebsmittel, durch Zölle und mengenmäßige Handelsbeschränkungen. Der Staat stellte billige Kredite bereit, garantierte einträgliche Preise, investierte in Bewässerungsprojekte und in den Aufbau einer Infrastruktur. Unter seiner Ägide wurde eine Forschung zur Entwicklung besseren Saatguts und besserer landwirtschaftlicher Betriebsverfahren aufgebaut, und ein Netz öffentlicher Beratungsstellen sorgte dafür, dass diese Verfahren allgemein bekannt wurden. Die Hauptnutznießer dieser Maßnahmen waren zweifellos die besser gestellten Bauern und Grundbesitzer, die nun willens waren, kapitalistische Landwirtschaft zu betreiben. Aber insgesamt nahm das Wachstum der Landwirtschaft im Vergleich zur Kolonialzeit zu.

Am neuen dirigistischen Regime der Dritten Welt sticht Folgendes ins Auge. Einerseits tastete es die Konzentration des Eigentums an Grund und Boden nicht an, und es ließ zu, dass die Pächter von den früheren Grundherren vertrieben wurden, die sich so Land für eine kapitalistische betriebene Landwirtschaft beschaffen konnten. Diese eine Variante der Ursprünglichen Akkumulation war also zugelassen. Andererseits aber schützte das dirigistische Regime der Dritten Welt die Landwirtschaft davor, dass inländische und ausländische Monopolkapitalisten in den Agrarbereich eindringen konnten. Es verhinderte also die Ursprüngliche Akkumulation der anderen, klassischen Variante.

Zwar stieg in diesen Ländern die Wachstumsrate in der Landwirtschaft, aber dies hemmte das Wachstum des Binnenmarkts, weil die ansteigende Wachstumsrate der Landwirtschaft mit ungleicher Einkommensverteilung innerhalb jenes Bevölkerungssegments verbunden war, dessen Einkommen aus der Landwirtschaft herrührte. Das hemmte die Industrialisierung, ein Hemmnis, das das dirigistische Regime vor schwierige Probleme stellen sollte.

Eine wichtige Quelle des Binnenwachstums waren die zunehmenden Staatsausgaben. Für eine große Zahl von Jugendlichen aus der Mittelschicht eröffneten sich dadurch in der traditionellen Bürokratie, in der neu aufgebauten „Entwicklungsbürokratie" und bei öffentlichen Unternehmen neue Beschäftigungsmöglichkeiten. Michal Kalecki hat dieses Phänomen unter den Begriff „intermediäre Regime" gebracht.[5] Seiner Ansicht nach waren die städtische Mittelschicht und die reichen Bauern, die auf dem Land eine ähnliche Zwischenklasse wie die bürgerliche Mittelschicht in der Stadt darstellten, die tragenden sozialen Kräfte für Regime, die im Inneren Staatskapitalismus (öffentlicher Sektor) und im Äußeren Blockfreiheit miteinander verbanden. Sie erhielten Hilfe sowohl von der Sowjetunion als auch von den fortgeschrittenen kapitalistischen Ländern. Sie nutzten die sowjetische Hilfe dazu, ihre Position in den Wirtschaftsbeziehungen mit den kapitalistischen Ländern zu verbessern. Selbst wenn wir Kaleckis Bestimmung der Dritte-Welt-Regime akzeptieren, bleibt der Einwand, dass er die innere Widersprüchlichkeit dieser Regime nicht ausreichend beachtet.

Diese Regime können zwar auf beachtliche Erfolge verweisen, leiden aber an dem fundamentalen Widerspruch, dass Staatsausgaben nicht kontinuierlich wachsen können, ohne eine fiskalische Krise heraufzubeschwören. Staatsausgaben aber sind die Hauptquelle für die Dynamik des Systems. Die zweite Quelle, das landwirtschaftliche Wachstum, ist als Anschub nicht ausreichend, denn bei fehlender Umverteilung von Grund und Boden sind seine Wachstumsimpulse zu schwach. Die Fiskalkrise entspringt aus der Unvereinbarkeit der Ansprüche der bürgerlichen und proto-bürgerlichen Kräfte auf der einen Seite und der Ansprüche der aus den Reihen der Grundherren und reicher Bauern hervorgegangenen Agrarkapitalisten auf der anderen Seite. Deren gegensätzlichen Forderungen an den Staatshaushalt können nur durch Inflation auf Kosten der Arbeitskräfte in der Industrie, auf Kosten der Landarbeiter und der Mittelschichtangestellten, oder durch eine Kürzung der Staatsausgaben oder, typischerweise, durch ein Instrumentenbündel aus beiden Zugängen in Einklang gebracht werden.[6]

Die dirigistischen Regime der Nachkriegsjahre hatten viel Anerkennenswertes zu bieten. Sie erreichten sowohl in den fortgeschrittenen als auch in den unterentwickelten Ländern ein historisch noch nie dagewesenes Wirtschaftswachstum. Aber sie stellten eigentlich nur eine vorübergehende Phase dar, ein Übergangsarrangement, das sich nicht lange aufrechterhalten ließ. Diese Regime wollten einen „kontrollierten Kapitalismus" arrangieren, aber die Kontrollbemühungen konnten der „naturwüchsigen Spontaneität" dieser Produktionsweise nicht widerstehen.

14 Der Nachkriegsdirigismus und seine Widersprüche

1. J. M. Keynes, „National Self-Sufficiency," *The Yale Review*, Vol. 22, No.4 (June 1933).
2. Joan Robinson, *The Accumulation of Capital* (London: Macmillan, 1956).
3. Arghiri Emmanuel, *Unequal Exchange: A Study of the Imperialism of Trade* (New York: Monthly Review Press, 1972); Samir Amin, *Accumulation on a World Scale* (New York: Monthly Review Press, 1974).
4. V. I. Lenin, *Two Tactics of Social Democracy in the Democratic Revolution* (1905), in *Selected Works*, 3 vols. (Moscow: Progress Publishers, 1977).
5. Michał Kalecki, „Intermediate Regimes," in Michal Kalecki, *Selected Essays on the Economic Growth of Socialist and Mixed Economies* (Cambridge: Cambridge University Press, 1972).
6. Prabhat Patnaik and C. P. Chandrasekhar, „India: *Dirigisme*, Structural Adjustment, and the Radical Alternative," in *Globalization and Progressive Economic Policy*, Dean Baker, Gerald Epstein, and Robert Pollin, eds. (Cambridge: Cambridge University Press, 1998).

Kapitel 15

Der lange Aufschwung in der Nachkriegszeit

Die Regime in den fortgeschrittenen kapitalistischen Volkswirtschaften der Nachkriegszeit sahen staatliche Eingriffe zur Nachfragesteuerung vor. Sie überwanden damit ein Problem, das sich mit dem Auslaufen der kolonialen Stützmechanismen aufgetan hatte, nämlich das Problem mangelnder Gesamtnachfrage. In der Großen Depression hatte sich dieses Problem schlagend offenbart. Die Nachkriegsregime enthielten jedoch keine Mechanismen zur Überwindung des anderen Problems, der Inflationstendenz. Sie tritt auf, wenn die Nachfrage die Verfügbarkeit von Rohstoffen übersteigt, oder allgemeiner gesprochen, wenn der Angebotspreis irreversibel steigt. Und natürlich kann staatliche Nachfragestimulierung zur Erhöhung der Beschäftigung auch die industrielle Reservearmee so weit schrumpfen lassen, dass eine Inflation aus dem Arbeitsmarkt heraus entsteht, ein Ablauf, den Joan Robinson mit ihrer Idee einer „Inflationsschranke" vorwegnehmend analysiert hatte.

Trotz dieser offensichtlichen Hindernisse erlebte der Nachkriegskapitalismus einen anhaltenden Aufschwung. Diese Hindernisse waren von einer Art und einem Ausmaß, dass sie einen staatlich stimulierten Aufschwung im Keim hätten ersticken können. Das Gegenteil aber trat ein. Es kam zu einem Aufschwung, der ausgeprägter war als jeder andere Boom, den der Kapitalismus in seiner gesamten Geschichte über eine vergleichbar lange Zeitstrecke gesehen hat. Viele sahen sich deshalb dazu veranlasst, diesen Zeitraum als das „Goldene Zeitalter des Kapitalismus" zu bezeichnen. Wenn es möglich war, dass der Nachkriegskapitalismus aller Hindernisse zum Trotz einen derart langen Aufschwung erfuhr, dann müssen die Gründe dafür sorgfältig untersucht werden. Das vorliegende Kapitel widmet sich dieser Frage. Doch zunächst wollen wir kurz auf die Art des Aufschwungs selbst eingehen. Die Fakten über diesen Boom sind bekannt, doch die Interpretationen dieser Fakten sind unterschiedlich. Wir werden uns daher mehr auf die Interpretationen des Nachkriegsbooms und, allgemeiner, auf die dahinter liegenden theoretischen Perspektiven konzentrieren.

Staatsinterventionistische Nachfragesteuerung

In den Vereinigten Staaten lief die nachfragegesteuerte Beschäftigungspolitik über eine Steigerung der Militärausgaben. Manche Autoren bezeichnen diese Politik deshalb als „militärischen Keynesianismus".[1] Die Vereinigten Staaten haben die Große Depression im Wesentlichen durch höhere Militärausgaben im Vorlauf des Zweiten Weltkriegs überwunden. Früher als die USA hatten Deutschland und Japan mit der Militarisierung begonnen. Sie haben deshalb die Depression ebenfalls früher überwunden, allen voran gelang dies Japan. Dessen Finanzminister der frühen 1930er Jahre, Takahashi, wurde ermordet, weil er ein Ende der Militarisierung forderte, sobald sie nicht mehr dazu dienen würde, die depressive Flaute zu überwinden. Die liberalen kapitalistischen Länder, insbesondere die Vereinigten Staaten, folgten dem japanischen Beispiel eines militärischen Keynesianismus erst in den späten 1930er Jahren.

Aus mehreren Gründen hielten die Vereinigten Staaten auch nach dem Krieg an einem hohen Militärhaushalt fest: Erstens, weil es ein bequemes Mittel war, einen Rückfall in die Rezession zu verhindern, den man angesichts der sozialistischen Herausforderung auch aus politischen Gründen vermeiden musste; zweitens, weil die Militärausgaben den „Vorteil" hatten, nicht in die Tätigkeitssphäre des Privatkapitals einzugreifen und daher auch keinen Widerstand von dieser Seite hervorzurufen; und drittens, weil die Militärausgaben weder den Lebensstandard der arbeitenden Bevölkerung erhöhten noch die Kapazitäten erweiterten. Eine Erhöhung des Lebensstandards der arbeitenden Bevölkerung hätte, zum Ärger der Kapitalisten, deren Verhandlungsposition gestärkt, und eine Erweiterung der Kapazitäten hätte in der Zukunft Probleme mit der Kapazitätsauslastung geschaffen. Will nämlich der Staat eine Unterauslastung der Kapazitäten und damit Rezessionsrisiken vermeiden, muss er, in einer sinnlosen Spirale, seine Investitionsausgaben immer weiter erhöhen und die Kapazitäten immer wieder erweitern. Diese Spirale hat der russische Wirtschaftswissenschaftler Michail Tugan-Baranowski in den Blick gerückt.[2]

Aber es ging nicht nur darum, das Niveau der Gesamtnachfrage aufrechtzuerhalten. Der Anteil der Staatsausgaben am BIP ist in den Vereinigten Staaten in den 1950er und 1960er Jahren gestiegen. Zu diesem Anstieg, einer wesentliche Komponente der Zunahme des Anteils des wirtschaftlichen Überschusses am BIP (Überschussanteil), gibt es unterschiedliche Interpretationen.

In Fortsetzung ihrer früheren Arbeiten argumentierten Baran und Sweezy, es habe eine Ex-ante-Tendenz zur Erhöhung des Überschussanteils gegeben, weil die Wachstumsrate der Arbeitsproduktivität tendenziell über der Wachstumsrate der Reallöhne lag. Das bedeutet, so die Autoren, dass es auch eine Ex-ante-Tendenz zur Überproduktion gab, da die Konsumneigung der Lohnempfänger höher war als die der Überschussempfänger. Die Überproduktion sei jedoch durch steigende Staatsausgaben, insbesondere Militärausgaben, abgewendet worden.[3]

In seiner Rezension bestritt Nicholas Kaldor die Behauptung Barans, es gebe einen tendenziellen Anstieg des Überschussanteils mit der Begründung, es lägen keine empirischen Belege für einen säkularen Anstieg des Anteils der Nachsteuergewinne am BIP vor.[4] Hätte es eine Ex-ante-Tendenz zum Anstieg des Überschussanteils tatsächlich gegeben und wäre deren Überproduktion auslösende Wirkung durch *defizitfinanzierte* Staatsausgaben unterdrückt worden, dann hätte der Anteil der Gewinne (nach Steuern) am BIP im Laufe der Zeit sicherlich steigen müssen. Da es für diesen Anstieg aber keine Anzeichen gab, kann Kaldor zu Recht behaupten, Barans These eines Anstiegs des Überschussanteils sei falsch, das aber nur, wenn die Ausgaben, die zum Ausgleich der Überproduktion dienen sollen, über ein Haushaltsdefizit finanziert wurden.

Wenn wir *ex post* beobachten, der Anteil der Nachsteuergewinne am BIP sei gestiegen, können wir auf Grundlage dieser Beobachtung nicht, wie Kaldor dies tut, behaupten, es gebe keinen Anstieg des Ex-ante-Überschussanteils, und zwar aus zwei offensichtlichen Gründen. Erstens: Wenn wachsende Staatsausgaben nicht über ein Haushaltsdefizit, sondern über eine Gewinnsteuer finanziert werden, dann können die folgenden drei Phänomene gleichzeitig auftreten, nämlich ein Anstieg des Ex-ante-Überschussanteils, wachsende Staatsausgaben (was einem Anstieg des beobachteten Ex-post-Überschussanteils gleichkommt) und eine Konstanz des Anteils der Nachsteuergewinne am BIP. Wenn wir nun beobachten, dass der Anteil der Nachsteuergewinne am BIP konstant bleibt, ist das keineswegs eine Widerlegung des Arguments von Baran und Sweezy.

Zweitens: Der volkswirtschaftliche Überschuss umfasst neben den gesamten Nachsteuergewinnen und den staatlichen Steuereinnahmen auch die Nettolöhne der „unproduktiven Arbeiter". Ein Anstieg dieser Löhne, etwa wegen steigender Zirkulationskosten, kann daher sowohl *ex ante* als auch *ex post* einen Anstieg des Überschussanteils (Überschuss/BIP) widerspiegeln, selbst wenn weder der Anteil der staatlichen Steuereinnahmen noch der Anteil der Nachsteuergewinne im Laufe der Zeit steigen. Da Baran und Sweezy sich auf den Anstieg der Zirkulationskosten und den Anstieg des Anteils der *steuer*finanzierten Staatsausgaben am BIP – die Besteuerung der Kapitalisten eingeschlossen – konzentrierten, kann Kaldors Kritik auch aus diesem Grund sie nicht treffen.

Doch eine Frage zu Baran und Sweezy bleibt offen. Angenommen, es gibt keinen Ex-ante-Anstieg des Überschussanteils (Überschussanteil = Überschuss/BIP), es erhöht sich aber das Verhältnis Staatsausgaben zu BIP, wobei die Ausgabensteigerung über die Besteuerung der arbeitenden Bevölkerung finanziert wird. Weiter sei angenommen, die Besteuerung der Gewinne sei konstant, und das Verhältnis der Einkommen aus Bruttolöhnen zu den Einkommen aus Vorsteuergewinn bleibe unverändert. In diesem Fall steigt der Ex-ante-Überschussanteil nicht, aber der Ex-post-Überschussanteil wächst. Aus einem beobachteten Anstieg des Ex-post-Überschussanteils kann also nicht gefolgert werden, auch der Ex-ante-Überschussanteil sei gestiegen. Letzteres muss eigens untersucht werden.

Es liegt nahe anzunehmen, man könne über das Verhältnis des Vorsteuergewinnanteils (Vorsteuergewinne/BIP) zum Bruttolohnanteil (Bruttolöhne/BIP) eine Ex-ante-Anstiegstendenz des Überschussanteils (Überschuss/BIP) ableiten. Das mag zunächst einleuchten, ist aber bei genauerer Betrachtung unzureichend: Wenn der Staat bei einer gegebenen Kapazitätsauslastung seine Ausgaben erhöht, wenn er diese Ausgabenerhöhung über die Besteuerung von Gewinnen finanziert, und wenn die Kapitalisten daraufhin die Löhne drücken, um die höhere Steuerbelastung abzuwälzen, dann steigt der Anteil der Vorsteuergewinne (auf Kosten der Bruttolöhne) am Output (Vorsteuergewinne/BIP). Dieser Anstieg ist aber nicht über eine Ex-ante-Anstiegstendenz des Überschussanteils verursacht worden. Er verläuft anders, als er nach Baran und Sweezy verlaufen müsste. Daher erfordert das Baran-Sweezy-Argument eine sorgfältigere Beweisführung als nur die Betrachtung einiger weniger Kennzahlen.

Wie auch immer wir die Frage nach einem Anstieg des Ex-ante-Überschussanteils beantworten, es kann kaum einen Zweifel daran geben, dass sich in der Periode des Nachkriegsdirigismus in den Vereinigten Staaten und in der übrigen kapitalistischen Welt der Ex-post-Überschussanteil (Überschuss/BIP) erhöht hat. Mit anderen Worten: Mag sein, dass mit dem steigenden Anteil der Staatsausgaben (Staatsausgaben/BIP) und dem Anstieg des Zirkulationskostenanteils (Zirkulationskosten/BIP) eine Ex-ante-Tendenz zur Überproduktion abgewehrt wurde. Eines steht jedenfalls fest, der Überschussanteil ist gestiegen, und der Anteil der Nettolöhne der produktiven Arbeiter an der Gesamtproduktion ist zurückgegangen.

Diese Behauptung scheint im Widerspruch zu der weithin akzeptierten Hypothese einer Profitklemme zu stehen. In ihrer Untersuchung des britischen Kapitalismus orientieren sich Glyn und Sutcliffe an dieser Hypothese. Bei der Berechnung der Gewinnklemme ist strittig, ob Abschreibungen und Wertzuwächse der Lagerbestände als Teil des Gewinns zu betrachten sind. Im Rahmen unserer Betrachtung können wir diesen Punkt beiseite lassen. Wir setzen ja nicht den Lohnanteil ins Verhältnis zum Gewinnanteil, vielmehr geht es uns um den Anteil der Löhne im Vergleich zum Überschuss, der zu einem großen Teil dem Staat zufließt.[5] Nach Turner, Jackson und Wilkinson war im britischen Kapitalismus die Besteuerung ein wichtiges Instrument der Lohnbeschneidung; sie sprachen sogar von einer „Lohn-Steuer-Spirale".[6] Einen großen Teil der in Europa getätigten Sozialausgaben hat die arbeitende Bevölkerung über ihre Steuerleistung selbst finanziert. Offensichtlich sind aber nicht alle dieser Ausgaben auf diese Weise finanziert worden, andernfalls hätten sie kaum eine nachfragestimulierende Wirkung gehabt; dass sie nachfragestimulierend gewirkt haben, steht jedoch außer Zweifel.[7]

Selbst wenn das Verhältnis der arbeitsseitigen Steuern zu den kapitalseitigen Steuern identisch ist mit dem Verhältnis von Bruttolöhnen zu Vorsteuergewinnen, und wenn zusätzlich gilt, dass der Fiskalmultiplikator gleich eins ist, erhöhen höhere Staatsausgaben den Anteil des Ex-post-Überschusses an der Gesamtproduktion. Sind die Kapazitäten unausgelastet und liegt Arbeitslosigkeit vor, erhöht sich dieser Anteil durch eine Anpassung der Produktion. Und wenn sich der Anstieg der Staatsausgaben im Verhältnis zum Basisoutput auch dann noch fortsetzt, wenn die „unfreiwillige Arbeitslosigkeit" überwunden ist, löst der Staat einen inflationären Anstieg der Lohneinheit (des Nominallohns pro Arbeitseinheit) aus, und zwar auch dann, wenn er seinen Haushalt in der oben beschriebenen Weise über Besteuerung ausgleicht.

Mit anderen Worten: Selbst wenn die zusätzlichen Staatsausgaben, die man zur Überwindung unfreiwilliger Arbeitslosigkeit einsetzt, nicht defizitfinanziert, sondern steuerfinanziert sind, und wenn dieses zusätzliche Steueraufkommen der Erhöhung der Staatsausgaben entspricht, kann der Anteil des volkswirtschaftlichen Überschusses an der Gesamtproduktion der Wirtschaft steigen. Unabhängig davon, ob es sich bei den höheren Staatsausgaben um Militärausgaben handelt, wie in den Vereinigten Staaten, oder um Sozialausgaben, wie unter der Ägide der Sozialdemokratie in Europa,[8] solange diese erhöhten Ausgaben durch eine stärkere Besteuerung der produktiven Arbeiter gedeckt werden, kann es immer noch zu einem Anstieg des Ex-post-Anteils des wirtschaftlichen Überschusses an der Gesamtproduktion kommen.[9] Mit anderen Worten: Die dirigistischen Regime der Nachkriegszeit brachten die fortgeschrittenen kapitalistischen Volkswirtschaften zwar nahe an den Zustand der Vollbeschäftigung (aber nicht zur tatsächlichen Vollbeschäftigung, da eine kapitalistische Wirtschaft niemals ohne eine industrielle Reservearmee funktionieren kann), das führte aber gleichzeitig zu einem Anstieg des Ex-post-Anteils des wirtschaftlichen Überschusses am BIP.

Dies wirft nun eine wichtige Frage auf: Wenn die Arbeitslosenquote niedrig ist, der Anteil des Überschusses am gesamtwirtschaftlichen Output aber steigt, warum haben die Arbeiter dann nicht auf höhere Löhne gedrängt, um sich gegen eine sinkende Lohnquote zu wehren?

Zum Widerstand der Arbeiterklasse

Zwei Antworten sind möglich. Erstens, Inflation unterhalb eines bestimmten Schwellenwerts wird von der arbeitenden Bevölkerung nicht antizipiert und fließt daher nicht in die Verhandlungen um den Nominallohn ein.[10] Dies ist nichts anderes als die Keynes'sche „Geldillusion" in anderer Form. Eine Hypothese dieser Art liegt auch der Phillips-Kurve zugrunde, allerdings in schärferer Fassung. In der Phillips-Kurve ist gesetzt, dass die arbeitende Bevölkerung die Inflation *niemals* antizipiert, gleichgültig wie hoch sie ist. Wenn man sagt, Inflation werde nur dann nicht antizipiert, wenn sie unterhalb eines bestimmten Schwellenwerts liegt, sagt man damit auch, die Phillips-Kurve bleibe gültig, aber nur solange die Inflation unterhalb dieses Schwellenwerts verharrt. Während des langandauernden dirigistischen Regimes der Nachkriegszeit war sie nicht zu hoch. Sie war zwar positiv und die Nettolohnquote erodierte, war jedoch niedrig genug, um in den Lohnverhandlungen unbeachtet zu bleiben. Das könnte der Grund sein, warum die arbeitende Bevölkerung ihre Nominallohnforderungen nicht in einer Höhe angesetzt hat, die einen Rückgang der Nettolohnquote hätte verhindern können. Hätte sich die arbeitende Bevölkerung aber tatsächlich gegen eine sinkenden Lohnquote gewehrt, hätte sich die Inflation beschleunigt.

Die zweite Antwort auf die Frage, warum sich die arbeitende Bevölkerung nicht gegen einen Rückgang der Lohnquote gewehrt hat, verweist darauf, dass die Vereinigten Staaten ihre Inflation bis zu einem gewissen Grad in andere kapitalistische Länder exportiert hätten. Die Vereinigten Staaten waren traditionell eine Wirtschaft mit Leistungsbilanzüberschüssen. Auch aus diesem Grund haben sie es abgelehnt, im Bretton-Woods-Abkommen die Forderung aufzunehmen, Überschussländer müssten Maßnahmen zum Abbau ihrer Leistungsbilanzüberschüsse ergreifen. Aber die USA wandelten sich in der Nachkriegszeit von einem Überschussland zur einem Land mit Leistungsbilanzdefizit. In den 1950er Jahren errichteten die USA zur Einkreisung der Sowjetunion eine Reihe von Stützpunkten, angeblich um eine sowjetische Herausforderung des kapitalistischen Systems abzuwehren. Aber diese Herausforderung gab es in Wirklichkeit nicht. Die Sowjetunion hatte im Krieg 20 Millionen Menschen verloren und war gar nicht in der Lage, den Sozialismus über die bei Kriegsende erreichte Ausdehnung hinaus zu verbreiten. Maos China hat die Sowjetunion dafür kritisiert, dass sie sich in der Verbreitung des Sozialismus auf den Nachkriegsstand beschränkt hat.

Dank der Unterhaltskosten für diese Stützpunkte wurden die Vereinigten Staaten im Laufe der 1950er Jahre zu einer Volkswirtschaft mit Leistungsbilanzdefizit. Die Ausgaben für diese Stützpunkte wurden über ein Haushaltsdefizit finanziert, das seinerseits zum Leistungsbilanzdefizit beitrug. Zum Ausgleich dieser Defizite griffen die USA einfach zur Notenpresse. Da das Bretton-Woods-System deklarierte, der Dollar sei „so gut wie Gold“, waren andere Länder verpflichtet, Dollar, die ihnen aus der Notenpresse der USA zuströmten, zu halten.

Hinter der *formalen* Akzeptanz des Dollars als „so gut wie Gold" stand die *reale* Akzeptanz der Dollardeckung. Man akzeptierte die Versicherung, dass die antisowjetischen Militärbasen nicht allein den Interessen der USA, sondern dem Interesse der gesamten kapitalistischen Welt dienen sollten. Die kapitalistischen Länder akzeptierten die Dollarschwemme nicht wegen einer auf einem Stück Papier unterzeichneten Erklärung, der Dollar sei „so gut wie Gold", sondern weil die Vereinigten Staaten der unbestrittene Führer der kapitalistischen Welt waren. Und aus diesem Grund akzeptierten sie auch den Dollarabfluss aus den Vereinigten Staaten, auch wenn mit einem Teil dieser Dollarschwemme die Übernahme europäischer Fabriken und anderer Vermögensgüter finanziert wurde.

In Europa gab es deswegen eine gewisse Aufregung, insbesondere darüber, ob es klug sei, einem Land Kredite zu gewähren und dann zulassen zu müssen, dass es mit eben diesen Krediten die Vermögenswerte des kreditgebenden Landes aufkauft. (Die Pflicht, den Dollarzustrom in der Währung der USA zu halten, kam einem erzwungenen Kredit an die USA gleich.) Aber man konnte kaum etwas dagegen tun. Der Dollarabstrom aus den Vereinigten Staaten in die europäischen Banken setzte sich fort. Wollten die europäischen Banken diese Dollars im Ausland investieren, sahen sie sich durch das Bretton-Woods-System daran gehindert. Es räumte nämlich allen souveränen Ländern das Recht ein, die einströmenden und die abströmenden Kapitalbewegungen zu kontrollieren.

Hätten sich die Vereinigten Staaten Leistungsbilanzdefizite nicht erlauben können, hätten sie zur Unterdrückung inländischer Absorption eine höhere Inflationsrate im eigenen Land in Kauf nehmen müssen. Sie hätte über der Rate liegen müssen, die für die Finanzierung der Überseestützpunkte erforderlich war. Die USA konnten die inländische Inflationsrate also dämpfen, weil sie imstande waren, Leistungsbilanzdefizite einzufahren. Das wiederum bedeutete, dass der Nachfragedruck und damit die Inflationsrate anderswo höher war, als sie *ceteris paribus* andernfalls ausgefallen wäre. Die Vereinigten Staaten exportierten also in gewissem Maße ihre Inflation in andere Länder.

Zusammengefasst: Der US-Militarismus hat während des so genannten Goldenen Zeitalters die Nachfrage sowohl innerhalb als auch außerhalb des Landes aufrechterhalten. Die Nachfrage im Ausland wurde auf zweierlei Weise aufrechterhalten: erstens, das hohe Nachfrageniveau in den Vereinigten Staaten hat andere Volkswirtschaften gestützt, zweitens, das Leistungsbilanzdefizit der

Vereinigten Staaten zwang andere Länder, einen entsprechenden Leistungsbilanzüberschuss zu erzielen. Ihre Gesamtnachfrage lag deshalb sogar noch über dem Niveau, das ihre Binnenwirtschaft von sich aus gewährleistet hätte. Auch die Überschussländer kurbelten ihre Binnenwirtschaft über Staatsausgaben an, im Falle Europas unter der Ägide der Sozialdemokratie sogar durch umfangreiche Sozialausgaben. Aber der US-Militarismus hat diese inländische Stimulierung der Gesamtnachfrage in den Überschussländern noch verstärkt.

Beschäftigung und Kapazitätsauslastung standen deshalb auf hohem Niveau. Das löste seinerseits erhebliche private Investitionen und damit ein hohes Wirtschaftswachstum aus. Wie nach dem Kaldor-Verdoorn-Gesetz zu erwarten, wuchs in den fortgeschrittenen Volkswirtschaften die Arbeitsproduktivität besonders rasch. Es gibt eine positive Beziehung, so dieses Gesetz, zwischen dem Wachstum der Wirtschaft und dem Wachstum der Arbeitsproduktivität, wobei das Wirtschaftswachstum das Produktivitätswachstum auslöst und nicht umgekehrt. Hinzu kam ein weiterer Wachstumsimpuls. Innovationen, die während der Depression aufgeschoben werden mussten, konnten nun unter den Bedingungen des Booms umgesetzt werden. Bei niedriger Arbeitslosigkeit war die Verhandlungsmacht der Gewerkschaften hoch, die Reallöhne wuchsen rasch. So konnte die Arbeiterklasse der fortgeschrittenen kapitalistischen Länder ihren Lebensstandard auf ein historisch beispielloses Niveau anheben.

Dennoch war während dieser Periode der Anteil der Nettolöhne an der Gesamtproduktion rückläufig, entsprechend nahm der Anteil des wirtschaftlichen Überschusses zu. Normalerweise erwartet man in dieser Situation hohe Nominallohnforderungen und eine beschleunigte Inflation. Aber die Inflation blieb auf niedrigem Niveau und die Rate bleib konstant, und bis 1968 (dazu später mehr) gab es keinerlei Anzeichen für eine Lohnexplosion. Niveau und Geschwindigkeit der Inflation waren zu niedrig, als dass sie in den Verhandlungen Beachtung gefunden hätten. Außerdem dauert es immer eine gewisse Zeit, bis die arbeitende Bevölkerung eine Bilanz ihrer kumulierten Verluste ziehen kann. Anders ausgedrückt: Die deutliche absolute Verbesserung ihrer Lage verhinderte, dass sich die Arbeiter gegen ihre relativen Verluste auflehnten. Widerstandslos nahmen sie einen fallenden Anteil der Nettolöhne am gesamtwirtschaftlichen Output hin. Diese Situation musste früher oder später zu ihrem Ende kommen, und sie kam tatsächlich zu ihrem Ende. Aber solange sie andauerte, lebte man im „Goldenen Zeitalter“.

So viel zu Lohnsteigerungen als möglicher Grund eines Inflationsdrucks. Doch wie sieht es mit der anderen Inflationsquelle aus, den Preisen für Rohstoffe? Wenden wir uns nun dieser Frage zu.

Terms of Trade für Primärgüter

Nach dem Zweiten Weltkrieg hatten viele Wirtschaftswissenschaftler, allen voran W. Arthur Lewis,[11] vorausgesagt, dass die Rohstoffpreise rasch ansteigen würden. Doch weit gefehlt: Nach dem Boom im Koreakrieg fielen die Rohstoffpreise im Verhältnis zu den Preisen für Industrieerzeugnisse, und das bei einer insgesamt niedrigen Inflationsrate. Zwischen 1952 und 1971 fielen die Preise aller Rohstoffe im Verhältnis zu den Preisen für Industrieerzeugnisse um 23 Prozent; schließen wir Öl aus der Berechnung aus, liegt der Rückgang sogar bei 26 Prozent.

Auch Folgendes sei hervorgehoben: Fast der gesamte Rückgang der Terms of Trade für Primärrohstoffe gegenüber Industrieerzeugnissen fand statt, bevor sich in den hochentwickelten kapitalistischen Ländern wegen der Lohnerhöhungen von 1968 die Inflation beschleunigte. Paradoxer Befund: Vor 1968, im Zeitraum 1951–67, haben sich die Terms of Trade zugunsten der Industriegüter verbessert, obwohl man angesichts des anhaltenden Booms und der raschen Produktivitätssteigerung im Industriegüterbereich das Gegenteil erwartet hätte. In der Periode nach 1968 bewegten sich die Terms of Trade dagegen weder auf noch ab, obwohl man mit Lewis eine Verschlechterung der Terms of Trade für Primärrohstoffe erwartet hätte.

Diese Entwicklung der Terms of Trade ist nicht schwer zu erklären. In den hochentwickelten Ländern stieg in den 1950er und 60er Jahren der Anteil des volkswirtschaftlichen Überschusses an der Bruttowertschöpfung. Kapitalisten ermitteln den Preis für Industriegüter als Gestehungskosten (variable Kosten) plus Aufschlag, berechnet pro produzierter Einheit. Der Staat erhebt zusätzlich eine indirekte Steuer auf diesen Aufschlagspreis. Die Spanne für Gewinne und indirekte Steuern zusammengenommen steigt, das erhöht den Anteil des Überschusses am Brutto-Output. Das führt wahrscheinlich nicht nur zu einem Rückgang des Anteils der Bruttolöhne am Brutto-Output, sondern auch zu einem Rückgang des entsprechend berechneten Anteils der Primärgüterproduzenten. Trotz des Rückgangs dieses Anteils kann der Bruttolohnanteil an der Bruttowertschöpfung sinken. Genau das ist dann auch tatsächlich geschehen.[12] Daher ist die negative Entwicklung der Terms of Trade für Primärgüter im Anstieg des Überschussanteils enthalten.

Die eigentliche Frage ist jedoch, warum diese Entwicklung bei einer relativ niedrigen Inflationsrate überhaupt möglich war. Wegen des steigenden Angebotspreises musste man doch angesichts des anhaltenden Booms, neben möglichen anderen Effekten, eine Beschleunigung der Inflation erwarten. Zwar war im späteren Teil des Zeitraum 1960–73 die Inflation schon recht deutlich ausgeprägt, aber selbst am Maximalpunkt innerhalb dieses Zeitabschnitts lag die durchschnittliche Inflationsrate in den 21 OECD-Ländern bei gerade einmal 4 Prozent. Warum machte sich der steigende Angebotspreis nicht in einer Explosion der Rohstoffpreise bemerkbar, wo es doch nicht mehr möglich war, der Bevölkerung der Dritten Welt über kolonialistische Mechanismen eine Einkommensdeflation aufzuherrschen?

Hierfür gibt es zwei Gründe. Zum ersten Grund: Man kann, wie oben dargelegt, einem steigenden Angebotspreis für tropische Rohstoffe durch eine Intensivierung der Landnutzung entgegenwirken. Die wichtigste unter den Intensivierungsmethoden ist die Verbesserung der Bewässerung (sowohl um ihrer selbst willen als auch mit dem Ziel, andere Intensivierungsmaßnahmen, wie den Einsatz ertragreicher Saatgutsorten, zu effektivieren)[13]. Die Kolonialverwaltung hatte in der Dritten Welt nur sehr wenige Maßnahmen zur Intensivierung der Bodennutzung ergriffen. In der Tat fand in den Kanalkolonien im Punjab das einzige größere Bewässerungsprojekt statt, das im British Empire während der gesamten Kolonialzeit durchgeführt wurde. *Die postkolonialen dirigistischen Regime in der Dritten Welt machten es sich jedoch zur Aufgabe, solche Maßnahmen zur Intensivierung der Landnutzung tatsächlich umzusetzen.* In dem Maß, wie die Nachfrage in den Metropolen nach den Produkten der tropischen Landmassen wuchs, wuchs deshalb auch, dank der Intensivierungsmaßnahmen, das Angebot aus der tropischen Landmasse. Das ist der Grund, weshalb sich ein steigender Angebotspreis für Primärgüter (der nur bei geringer oder fehlender Intensivierung der Landnutzung auftritt) nicht geltend gemacht hat.

Anders ausgedrückt: Wenn der Metropolkapitalismus abgelegenen Regionen eine Einkommensdeflation aufzwingt, um zu verhindern, dass er sich die tropischen Produkte zu Preisen beschaffen muss, die im Verhältnis zu den Nominallöhnen steigen, dann geschieht dies nicht, weil Einkommensdeflation dazu die *einzige, unvermeidliche* Methode wäre. Einkommensdeflation ist die favorisierte Methode, weil dies die Art und Weise ist, wie der *Kapitalismus typischerweise seine Versorgung sicherstellt*. Nach dieser Logik soll der Staat nicht aktiv intervenieren, um die Produktion durch Intensivierung der Landnutzung zu steigern, auch nicht in peripheren Volkswirtschaften. Unter der britischen Kolonialherrschaft mussten alle staatlichen Investitionen eine Mindestrendite abwerfen, und die Kolonialverwaltung pflegte zu entgegnen, es sei nicht sicher, dass Intensivierungsinvestitionen diese Rendite abwerfen würden. Die Renditevorgaben behinderten so die Intensivierung der Landnutzung.

Der Grund für die Einkommensdeflation in der Peripherie war also weder eine Sache natürlicher noch geografischer Bedingungen, der Grund war gesellschaftlicher Natur. Tatsächlich handelte es sich schlicht um Zwang. Mit dem Aufkommen der postkolonialen Regime verschwand dieser gesellschaftliche Zwang weitestgehend. Die *postkolonialen dirigistischen* Regime zierten sich nicht, Steuergelder, einschließlich Haushaltsdefizite, in die Bewässerung und ganz allgemein in die Intensivierung der Landnutzung zu investieren. Die landwirtschaftliche Pro-Kopf-Produktion stieg wie nie zuvor. Wäre sie nicht gewachsen, wäre Inflation die Folge gewesen. Weil aber die Pro-Kopf-Produktion in der Landwirtschaft stark stieg, konnte die Inflation in Schach gehalten werden.

Nun zum zweiten Grund, weshalb sich ein steigender Angebotspreis nicht in einer Explosion der Rohstoffpreise bemerkbar machte. Überall in der Dritten Welt waren die neuen Regime bestrebt, ihre Volkswirtschaften zu industrialisieren. Dafür benötigten diese Länder alle Devisen, derer sie irgendwie habhaft werden konnten. Unter dem Druck, für ihre tropischen Produkte den Absatz steigern zu müssen, lieferten sich viele dieser Länder einen harten Kampf um Absatzmärkte. Die Länder, die neu in die industrielle Produktion einstiegen, waren hier im Vorteil, da sie den Kampf um Märkte über einen Preiswettbewerb führen konnten. Sie waren imstande, Großerzeugern, die in tropischen Ländern zwar den Markt beherrschten, einen Preiswettbewerb aber nur mit großen Verlusten hätten führen können, Marktanteile abzunehmen. Preiswettbewerb zur Ausweitung der Marktanteile wurde nun zum Gebot der Stunde; neue oder kleine Anbieter gingen hierbei voran. Sri Lanka vergrößerte seine Marktanteile auf dem Teemarkt auf Kosten Indiens, Bangladesch gelang dasselbe auf dem Markt für Jutetextilien. Beide erhöhten ihre Marktanteile über einen Preiswettbewerb.

Dieser verstärkte Wettbewerb zwischen den Ländern der Dritten Welt war der zweite Faktor, der die Inflationsrate trotz des Phänomens eines steigenden Angebotspreises niedrig hielt. Intensivierung der Landnutzung und die Notwendigkeit, für die Industrialisierung über einen harten Wettbewerb im Export von Rohstoffen möglichst viel Devisen erwerben zu müssen, das waren also die beiden Faktoren, die die Preise für Grundstoffe selbst inmitten eines langanhaltenden Aufschwungs unter Kontrolle hielten.

Dies konnte jedoch nur eine vorübergehende Linderung sein. Mit der Zeit verwickelten sich die dirigistischen Regime der Dritten Welt in Haushaltskrisen, da die aufstrebenden kapitalistischen und grundherrschaftlich-kapitalistischen Schichten den Haushalt als Mittel zur Ursprünglichen Akkumulation nutzten, nicht zuletzt über eine grassierende und zunehmende Steuerhinterziehung. Eine Förderung des Wachstums über staatliche Investitionen ließ sich nur noch fortsetzen, wenn die Regierung verstärkt auf indirekte Besteuerung oder Defizitfinanzierung zurückgriff. Beide Maßnahmen übten jedoch einen verarmenden inflationären Druck auf die arbeitende Bevölkerung aus. Im Rahmen einer parlamentarischen Demokratie war dies, politisch gesehen, nicht opportun. Unter diesen Umständen wurde das Tempo der öffentlichen Investitionen gedrosselt, der Dirigismus sah sich in eine Sackgasse getrieben, und die Intensivierung der Landnutzung stockte.

Das Goldene Zeitalter war notwendigerweise eine Übergangserscheinung. Es konnte nur andauern, solange die arbeitende Bevölkerung in den Metropolen nicht zur Kenntnis nahm, dass der Anteil des wirtschaftlichen Überschusses am BIP stetig wuchs, solange sie folglich nicht darum kämpfte, über drastische Nominallohnforderungen verlorenes Terrain zurückzugewinnen. Es konnte nur andauern, solange sich eine Intensivierung der Landnutzung in der Dritten Welt fortsetzen ließ und solange sich das dirigistische Regime nicht in Finanzkrisen verstrickte. Beide Ausgangsszenarien aber mussten früher oder später eintreten, und beide traten in der Tat schließlich ein. Doch davor erlebte der Kapitalismus ein Goldenes Zeitalter, aber nicht dank, sondern entgegen seiner Logik. Denn sowohl in den Metropolen als auch in der Dritten Welt war der Dirigismus ein wesentlicher Faktor für den Aufschwung, über Dirigismus aber verhängt der Kapitalismus seinen Bannfluch.

Imperialismus in theoretischer Hinsicht

Auf die politische folgte die wirtschaftliche Entkolonialisierung. Metropolländer wehrten sich erbittert gegen die wirtschaftliche Befreiung, ja sie inszenierten sogar Staatsstreiche gegen Regierungen der Dritten Welt, die es wagten, die Kontrolle über ihre eigenen nationalen Ressourcen zu übernehmen. Erste Versuche dieser Art waren die Putsche gegen Mossadegh im Iran und gegen Arbenz in Guatemala. Später kam es in Chile zum Putsch gegen Allende. Im Zuge dieses langwierigen Kampfes ist man militärisch gegen die Regierungen der Dritten Welt vorgegangen. Das hat den Eindruck hinterlassen, in den 50er und 60er Jahren, der Zeit der ersten militärischen Interventionen, sei der Imperialismus eine wirkliche Macht gewesen, heute aber habe er offenbar keine reale Bedeutung mehr.

Das genaue Gegenteil trifft zu. Man kann den Imperialismus in enger Fassung bestimmen als ein Arrangement, in dem der Bevölkerung der Dritten Welt eine Einkommensdeflation aufgenötigt wird, damit sich die Metropole Primärgüter aus der Peripherie beschaffen kann, ohne dabei einen steigenden Angebotspreis in Kauf nehmen zu müssen. Folgt man dieser engen Bestimmung, dann ist klar, dass dieses Arrangement nach der politischen Entkolonialisierung geplatzt war. Die Periode der 1950er und 60er Jahre war keineswegs die Blütezeit des Imperialismus in neuem Gewand. Sie stellt vielmehr eine Lockerung der imperialistischen Fessel dar, eine Lockerung, die eintrat, als der Imperialismus der Dritten Welt nicht länger seinen Willen aufzwingen konnte. Die Aggressivität des Imperialismus in dieser Zeit spiegelt seine Frustration über diese Unfähigkeit wider. Wie wir in einem späteren Kapitel darlegen werden, befindet sich das Metropolkapital heute im Vergleich zu den Jahren des Goldenen Zeitalters in einer viel stärkeren Position, wenn es darum geht, den Staaten und den Kleinproduzenten der Dritten Welt seinen Willen aufzuzwingen. Weil der Imperialismus aber nur selten noch auf spektakuläre Putsche zurückgreifen muss, ist er in diesem Sinne „unsichtbar" geworden.

15 Der lange Aufschwung in der Nachkriegszeit

1. Paul A. Baran and Paul M. Sweezy, Monopoly Capital (New York: Monthly Review Press, 1966).
2. Michał Kalecki, „The Problem of Effective Demand with Rosa Luxemburg and Tugan-Baranovsky," in Michal Kalecki, Selected Essays on the Dynamics of the Capitalist Economy 1933–1971 (Cambridge: Cambridge University Press, 1971).
3. Baran and Sweezy, *Monopoly Capital*; Paul M. Sweezy, *The Theory of Capitalist Development* (New York: Oxford University Press, 1942); and Paul A. Baran, *The Political Economy of Growth* (New York: Monthly Review Press, 1957).
4. Nicholas Kaldor, Besprechung von The Political Economy of Growth by Paul A. Baran, American Economic Review 48, no. 1 (March 1958).
5. Andrew Glyn and Bob Sutcliffe, *British Capitalism, Workers and the Profit-Squeeze* (Harmondsworth: Penguin, 1972).
6. H. A. Turner, Dudley Jackson, and Frank Wilkinson, *Do Trade Unions Cause Inflation?* (Cambridge: Cambridge University Press, 1972).
7. Prabhat Patnaik, „On the Economic Crisis of World Capitalism," in *Lenin and Imperialism*, Prabhat Patnaik, ed. (Delhi: Orient Longmans, 1986).
8. Josef Steindl, „On Maturity in Capitalist Economies," in *Problems of Economic Dynamics and Planning: Essays in Honour of Michał Kalecki*, Tadeusz Kowalik, ed. (Oxford: Pergamon, 1966).
9. Im Allgemeinen gelten die folgenden drei Ungleichungen: (a) $\Delta G/\Delta Y \geq G/Y$; (b) $\Delta W/\Delta Y \leq W/Y$; und (c) $\Delta Tw/\Delta W \geq Tw/W$. Dabei steht G für die Regierungsausgaben in der Ausgangssituation, Y steht für den gesamtwirtschaftlichen Output, W steht für Bruttolohnsumme für produktive Arbeitskräfte, Tw steht für das Steueraufkommen der produktiven Arbeitskräfte. Wenn eine der drei Ungleichheiten im strikten Sinn zutrifft, dann hat sich der Ex-post-Anteil des Überschusses aufgrund der staatlichen Intervention erhöht.
10. R. E. Rowthorn, „Conflict, Inflation and Money," *Cambridge Journal of Economics* 1, no. 3 (September 1977).
11. W. Arthur Lewis zitiert in Nicholas Kaldor, „Inflation and Recession in the World Economy," *Economic Journal* 86, no. 344 (December 1976).
12. Die Formel zur Bestimmung des Preises eines Industrieguts lautet wie folgt: $p = (pa.a + pw^*.l)(1+\pi)(1+t)$. Hierbei steht pa für den Stückpreis eines Primärguts oder Rohstoffs, *a* steht für den Input an Primärgütern, der zur Produktion einer Einheit eingesetzt wird, w^* bezeichnet den Lohnsatz, ausgedrückt in Einheiten des produzierten Guts, *l* ist der Arbeitskoeffizient pro produziertem Stück, π ist der Aufschlag für Gewinn, *t* ist der Aufschlag für indirekte Steuern. Die Terms of Trade entwickeln sich zu Lasten des Primärguts, wenn die Gewinn-cum-Steuer-Spanne nicht kompensiert wird durch einen Rückgang in $w^*.l$, oder durch einen Rückgang in a. Der Anteil der Bruttolöhne an der Bruttowertschöpfung zu Marktpreisen wird fallen, wenn die Gewinn-cum-Steuer-Spanne nicht ausgeglichen wird durch einen ausreichend großen Rückgang in $a/w^*.l$.
13. Zur Vermeidung von Missverständnissen sei festgehalten: wir verstehen unter „land-augmenting" (Intensivierung der Landnutzung) alle Maßnahmen, die die Produktivität pro Flächeneinheit erhöhen (aber nicht die Vertreibung früherer Landbesitzer mit dem Ziel, Agrarkapitalisten mehr Land zur Verfügung zu stellen). Mit anderen Worten, wir unterscheiden scharf zwischen „Intensivierung der Landnutzung" und „ursprünglicher Kapitalakkumulation".

Kapitel 16

Das Ende des Dirigismus in der Nachkriegszeit

Den verschiedenen Maßnahmen der politischen und wirtschaftlichen Entkolonialisierung ging die Auflösung des kolonialistischen Arrangements voraus. Dieses Arrangement hatte Märkte auf Abruf bereit gestellt, Märkte, die jederzeit angezapft werden konnten. Nach dem Zerfall dieses Arrangements standen diese „Anzapfmärkte" („markets on tap") dem Metropolkapital nicht länger zur Verfügung. Nach unserer Ansicht ist das ein wesentlicher Grund für die Weltwirtschaftskrise. Die politische und danach die wirtschaftliche Entkolonialisierung hatte zwei Konsequenzen: Erstens, die Ressourcen konnten nicht mehr wie früher unentgeltlich aus den Kolonien abgezogen werden. Dieser Ressourcenabzug hatte die Kolonialzeit geprägt, er hat im Zweiten Weltkrieg immense Ausmaße angenommen, und er hat Bengalen mit einer Hungersnot geschlagen, die drei Millionen Todesopfer forderte. Aber nun standen Rohstoffe aus Kolonien der führenden kapitalistischen Macht nicht mehr kostenlos zur Verfügung. Wollte unter diesen Bedingungen ein Land, ohne auf den kolonialistischen Ressourcenabzug zurückgreifen zu können, die globale kapitalistische Führungsrolle übernehmen, musste es ein Leistungsbilanzdefizit gegenüber den aufstrebenden Volkswirtschaften eingehen und sich darüber immer tiefer verschulden. In der Nachkriegszeit waren die USA diese Führungsmacht, und sie machten genau diese Erfahrungen.

Zweite Konsequenz: Den Kolonien und Halbkolonien der Dritten Welt hatte man über Überschussabzug und Deindustrialisierung eine Einkommensdeflation aufgezwungen. Damit wollte man verhindern, dass ein steigender Angebotspreis den Wert des Geldes bedroht. Nach dem Zerfall des Kolonialarrangements stand dieser Mechanismus nicht mehr zur Verfügung. Das erhöhte noch die Verwundbarkeit des Systems.

Die von Keynes propagierte und nach dem Zweiten Weltkrieg tatsächlich implementierte staatliche Nachfragesteuerung konnte zwar die aus dem Zerfall des Kolonialarrangements entstandenen Nachfrageprobleme lösen, nicht aber die beiden anderen oben genannten Probleme. Das dirigistische Nachkriegsregime in den kapitalistischen Metropolen blieb hier weiterhin anfällig. Insbesondere blieb es anfällig für das Risiko einer Nominallohnexplosion. Während des langanhaltenden Aufschwungs war in den Metropolländern der Anteil des Überschusses am BIP anhaltend gestiegen. Gleichzeitig ging die Arbeitslosenquote stark zurück, auf etwa 2 Prozent in Großbritannien Mitte der 1960er Jahre, und auf etwa 4 Prozent in den Vereinigten Staaten der Kennedy-Jahre. Die Verhandlungsposition der Arbeiterschaft hat sich unter diesen Bedingungen stark verbessert – damit verbunden war das Risiko einer Explosion der Nominallöhne.

Diese Schwachstellen kamen nicht sofort zum Vorschein. Es brauchte seine Zeit, bis sie offen zu Tage traten. Es entstand so der falsche Eindruck, es gäbe diese Anfälligkeiten gar nicht. Als sie dann aber offen in Erscheinung traten, war dies die Todesglocke des Nachkriegsbooms. Es war das Ende des so genannten Goldenen Zeitalters des Kapitalismus, auch des dirigistischen Regimes selbst, das sich in der neuen Situation nicht mehr aufrechterhalten ließ. Schauen wir uns an, wie sich die verschiedenen Widersprüche des Nachkriegsregimes entfalteten.

Inflation und Lohnexplosion

In den 1950er und 60er Jahren verlor die Arbeiterschaft, verloren insbesondere die „produktiven Arbeiter", an Boden, weil der Anteil des Überschusses (einschließlich der Zirkulationskosten) am BIP in den hochentwickelten kapitalistischen Ländern stieg. Dieser Anteil stieg, weil sich überall, neben dem Anstieg der Zirkulationskosten, der Anteil der Staatsausgaben am BIP erhöhte. Wir lassen die Frage beiseite, ob sich die Staatsquote nun erhöhte, weil man so einer unabhängig gegebenen Überproduktionstendenz begegnen wollte, oder ob es sich hierbei um eine Entwicklung eigener Art handelte. Wir haben dieses Problem weiter oben schon angesprochen. Die offensichtliche Folge einer steigenden Staatsquote war jedenfalls, dass die Preise schneller stiegen als die Lohnstückkosten, d.h. die Reallöhne (Reallöhne nach Abzug der direkten Steuern) stiegen langsamer als die Arbeitsproduktivität.

Dies tat dem Aufschwung jedoch keinen Abbruch, und zwar deshalb nicht, weil die Inflationsrate so niedrig war, dass sie der arbeitenden Bevölkerung gar nicht auffiel, zumal die Reallöhne (Bruttolöhne abzüglich der direkten Steuern) ja ohnehin rasch anstiegen, wenn auch langsamer als die Arbeitsproduktivität. Die Arbeitsproduktivität ihrerseits wuchs so rasch, zum einen, weil das BIP-besonders schnell anstieg, und zum anderen, weil sich der Investitionsstau, der sich während der Depression aufgebaut hatte, nun auflösen konnte.

Mitte der 1960er Jahre begann die Inflationsrate dann zu steigen, und zwar weil sich die Vereinigten Staaten von einem Überschussland zu einem Land mit Leistungsbilanzdefizit gewandelt hatten. Das Defizit entstand hauptsächlich aus den Unterhaltskosten für das weltweite Netz an Militärstützpunkten. Alle übrigen Länder zusammengenommen waren deshalb gezwungen, gegenüber den Vereinigten Staaten einen Leistungsbilanzüberschuss zu erwirtschaften. Zum einen stieg deshalb die Gesamtnachfrage in diesen Ländern, stimuliert durch den externen Impuls US-amerikanischer Stützpunktfinanzierung. Zum anderen häuften sie über ihren Leistungsbilanzüberschuss Dollarreserven an.

Das Leistungsbilanzdefizit der Vereinigten Staaten half dabei, den Kapitalismus in andere Länder, insbesondere nach Ostasien, zu verbreiten. Das entspricht dem Ablauf, den Großbritanniens anhaltendes Leistungsbilanzdefizit gegenüber kapitalistischen Rivalen wie Deutschland und den Vereinigten Staaten in der Zeit vor dem Ersten Weltkrieg ausgelöst hatte. Aber, im Unterschied zur Bilanzsituation der USA, war Großbritanniens Defizit durch die Überschussabzüge aus seinen Kolonien mehr als ausgeglichen. Großbritannien war weit von einer Auslandsverschuldung entfernt, ja es wurde zu jener Zeit sogar zur größten Gläubigernation der Welt. Die Vereinigten Staaten aber konnten nicht auf Drain-Einnahmen zurückgreifen, mussten deshalb ein Leistungsbilanzdefizit eingehen und somit Auslandsschulden anhäufen (im Rahmen des Bretton-Woods-Systems wurden diese Schulden durch Dollarexport beglichen).

Es ist das herausragende Grundanliegen der jeweiligen kapitalistischen Führungsmacht, über ihr Leistungsbilanzdefizit den Kapitalismus in neue Weltgegenden zu tragen und die Ansprüche der Bourgeoisien in den Schwellenländern zu befriedigen. Das Defizit der weltweit führenden Macht ist das Instrument, mit dem sie die kapitalistische Welt zusammenhält. Über das Defizit berücksichtigt sie auch die Interessen ihrer Rivalen und hält damit das internationale Zahlungssystem intakt. Genau diese Rolle hat das Defizit der USA gespielt.

Je mehr sich der Vietnamkrieg erhitzte, desto mehr weitete sich das Haushaltsdefizit der USA und folglich auch ihr Leistungsbilanzdefizit aus. Das führte nicht nur in den Vereinigten Staaten, sondern auch in anderen kapitalistischen Ländern, die ja entsprechend höhere Leistungsbilanzüberschüsse erzielen mussten, zu einem Nachfrageüberhang[1]. Weltweit nahm die Inflationsrate deshalb stark zu. In den hochentwickelten kapitalistischen Ländern stieg das Preisniveau im Verhältnis zu den Löhnen (hier: Bruttolöhne abzüglich der direkten Steuern). Dieser Anstieg erwies sich als der sprichwörtliche Tropfen, der das Fass zum Überlaufen bringt: Die Inflationsrate überschritt den Schwellenwert, von dem an sie in die Lohnforderungen eingeht. Die Folge war eine weltweite Nominallohnexplosion im Jahr 1968, die ihrerseits die Inflationsrate weiter in die Höhe trieb. Ein Widerspruch, der hinter dem langen Aufschwung geschlummert hatte, erschien nun zum ersten Mal auf offener Bühne.

Nach Sweezy und Magdoff ist ein Anstieg der Inflation eine typische Begleiterscheinung keynesianischer Nachfragesteuerung.[2] Sie folgten damit einer Argumentationslinie, die auf Hyman Minsky oder sogar bis auf Irving Fisher zurückgeht. Das Ziel der Nachfragesteuerung besteht darin, hohe Arbeitslosigkeit zu vermeiden. Aus diesem Grund soll Nachfragesteuerung den Aufschwung verlängern und eine drohende Krise verhindern. Je länger der Boom anhält, desto größer wird jedoch die Anfälligkeit der Wirtschaft, einschließlich der von Minsky hervorgehobenen Krisenanfälligkeit des Finanzsektors, und desto tiefer wird die Krise, die nach dem Zusammenbruch des Booms ausbrechen wird. So wird es immer dringlicher einen Zusammenbruch des Booms zu verhindern, gleichzeitig wird die Wirtschaft aber immer krisenanfälliger. Das läuft faktisch auf den Zwang hinaus, eine immer zerbrechlicher werdende Wirtschaft durch immer neue staatliche Interventionen stützen zu müssen.

Staatsinterventionistische Stützung der Wirtschaft muss natürlich in einer Weise ablaufen, die eine rückläufige Entwicklung der Inflationsrate verhindert. Andernfalls geriete die Wirtschaft in die von Irving Fisher erörterte Schuldendeflation, mit der Folge einer schweren Rezession. Wenn staatliche Eingriffe ein hohes Beschäftigungsniveau aufrechterhalten sollen, ist die einzige Richtung, in die sich die Inflationsrate realistischerweise bewegen kann, die Richtung nach oben. (Eine konstante Inflation ist bestenfalls ein Ausnahmefall.)

Stieg die Inflationsrate, weil der Staat sich verpflichtet sah, das wirtschaftliche Aktivitätsniveau trotz zunehmender finanzieller Risiken aufrechtzuerhalten, so die Auffassung von Sweezy und Magdoff, oder stieg sie, weil wachsende Militärausgaben ein stets schnelleres Wachstum der Staatsausgaben erforderten? Mit diesen Fragen müssen wir uns hier nicht weiter beschäftigen. Wir haben oben den Schwellenwert angesprochen, bei dessen Überschreitung die Inflation in den Lohnverhandlungen in Rechnung gestellt wird. Selbst ein erratischer Inflationssprung kann zu einer Überschreitung dieses Schwellenwerts führen und so eine Beschleunigung der Inflation auslösen. Kurz gefasst, aus jedem dieser Gründe war das System von vornherein zu einer Inflationskrise verurteilt.

Anders ausgedrückt: Man darf das von Joan Robinson eingeführte Konzept einer „Inflationsschranke" nicht als Festlegung auf einen bestimmten Schwellenwert verstehen. (Ebenso ist die Vorstellung, es gäbe einen einzigen NAIRU-Wert, eine Schimäre.) Ein Niveau der Arbeitslosigkeit, das bislang erfahrungsgemäß keine Beschleunigung der Inflation ausgelöst hat, kann plötzlich dennoch eine Beschleunigung zulassen, sobald sich die arbeitende Bevölkerung ihrer bewusst wird und die Militanz bei der Durchsetzung von Lohnforderungen wächst. Ob sich die Inflation bei Unterschreitung einer bestimmten Arbeitslosenquote beschleunigt, hängt in der Tat von einer Vielzahl von Faktoren ab, darunter die Entwicklung der Terms of Trade, die Inflationsentwicklung in der Vergangenheit, erratische Sprünge in der Gesamtnachfrage, der Lernprozess der arbeitenden Bevölkerung und so weiter. Die Vorstellung, in einer kapitalistischen Wirtschaft lasse sich allein durch staatliche Eingriffe in die Gesamtnachfrage dauerhaft ein hohes Beschäftigungsniveau sichern, ist falsch.

In den hochentwickelten Volkswirtschaften trat dies während des langen Aufschwungs offen zu Tage. Unter dem dirigistischen Regime stieg in den Metropolen in der zweiten Hälfte der 1960er Jahre die Inflationsrate. Dies führte zu einer Explosion der Nominallöhne, zum einen als unmittelbare Reaktion auf die Inflation in der aktuellen Periode, zum anderen, weil die arbeitende Bevölkerung versuchte, den Rückgang der Lohnquote in der vorangegangenen Periode gutzumachen. Das zog seinerseits wiederum eine weitere Beschleunigung der Inflation nach sich. Das war für sich selbst genommen schon schwerwiegend genug, gefährdete aber die Lebensfähigkeit des Systems auch aus einem anderen Grund. Diesem Grund wenden wir uns nun zu.

Der Zusammenbruch des Systems von Bretton Woods

Das System von Bretton Woods basierte auf einem Widerspruch. Der Dollar wurde als „so gut wie Gold" deklariert und war zu 35 Dollar pro Unze in Gold konvertierbar. Gold ist mit der Vorstellung verbunden – und das ist seine Besonderheit – sein erwarteter ebenso wie sein tatsächlicher Wert werde langfristig gesehen im Vergleich zur Warenwelt niemals fallen. Das verleiht der Wendung „so gut wie Gold" ihre Bedeutung. Der Dollar wurde als „so gut wie Gold" deklariert, damit sein Wert im Vergleich zur Warenwelt in langfristiger Betrachtung nicht falle. Fällt er dennoch, ist der Dollar nicht mehr „so gut wie Gold", und es ist nicht länger möglich, seine Konvertibilität in Gold aufrechtzuerhalten. Mit anderen Worten: Wenn das Bretton-Woods-System lebensfähig sein sollte, durfte es in langfristiger Betrachtung keine Inflation der Dollarpreise von Rohstoffen geben. Gleichzeitig fehlte aber ein Mechanismus zur Verhinderung einer solchen Inflation. *Der Widerspruch im Bretton-Woods-System bestand darin, dass es ein Ziel institutionalisierte, das umzusetzen ihm die Mittel fehlten.*

Die weltweite Lohnexplosion von 1968 versetzte somit dem Bretton-Woods-System den ersten Schlag. Die Gläubiger der Vereinigten Staaten saßen auf einem Dollarberg. Er hatte sich angehäuft, seit die USA zu einem Defizitland geworden waren und Dollar aus der Notenpresse in die Gläubigerländer abströmten. Nun aber bestanden die Gläubiger darauf, dass ihre Dollars in Gold konvertiert würden. Die Konvertibilität war jedoch nicht gewährleistet. Der Dreh- und Angelpunkt von Bretton Woods, die Bindung des Dollars an das Gold, wurde im Jahr 1971 aufgegeben. Im Jahr 1973 fiel dann das ganze System.

Es gibt ein Missverständnis darüber, welche Ereignisse zum Zusammenbruch des Bretton-Woods-Systems geführt haben. Der französische Präsident de Gaulle hatte bei der Forderung, die Dollarbestände in den Gläubigerländern seien zu Gold zu konvertieren, eine Vorreiterrolle übernommen. Die

Krise des Systems wurde deshalb oft einer halsstarrigen Rücksichtslosigkeit de Gaules zugeschrieben. Seine Empörung darüber, dass die Amerikaner mit Dollars aus ihrer eigenen Notenpresse europäische Unternehmen aufkauften, soll der Grund für seine rachsüchtige Forderung gewesen sein. Zweifellos herrschte damals in Europa große „Angst" vor der „amerikanischen Herausforderung", und man betrachtete das Bretton-Woods-System mit seiner Heiligsprechung des Dollars als „so gut wie Gold" als ein Instrument amerikanischer Hegemonie. Doch der Widerspruch des Systems lag tiefer und hatte strukturelle Wurzeln: Entscheidende Elemente des kolonialen Systems, die Großbritannien noch zum Vorteil gereicht hatten, standen den Vereinigten Staaten nicht mehr zur Verfügung. Genauer gesagt, es fehlte ein Mechanismus zur Kontrolle der Inflationsrate. Und diese Leerstelle machte sich Ende der 1960er und Anfang der 70er Jahre bemerkbar. Nicht de Gaulles rachsüchtige Rücksichtslosigkeit, sondern die grundlegende innere Widersprüchlichkeit des Systems hat zum Zusammenbruch von Bretton-Woods geführt.

Entwicklungen der Terms of Trade

Mit dem Zusammenbruch des Bretton-Woods-Systems im Jahr 1973 stand die kapitalistische Weltwirtschaft plötzlich ohne ein stabiles Anlagemedium da. Zwar hatte der Dollar (und hatten auf Dollar lautende Vermögenswerte) früher durchaus als Anlagemedium gedient. Nun aber waren die Wechselkurse frei, und der Wert der jeweiligen Währung war höchst unsicher. Weltweit hatten die Anleger plötzlich kein zuverlässiges Anlagemedium mehr. Es gab einen Ansturm auf Rohstoffanlagen, ein plötzlicher Sprung der Rohstoffpreise im Jahr 1973 war die Folge. Zweifellos machte sich damals immer deutlicher ein Nachfrageüberhang bemerkbar, und dieser Überhang mag zur Veränderung der Terms of Trade (des realen Güteraustauschverhältnisses) beigetragen haben. Aber der massive Anstieg der Netto-Austauschbedingungen (Net Barter Terms of Trade, Kehrwert der Terms of Trade im Warenhandel) lässt sich nicht allein durch einen „normalen" Nachfrageüberhang erklären. Man muss den panikartigen Umstieg auf Rohstoffanlagen nach dem Zusammenbruch von Bretton Woods in die Erklärung einbeziehen.

Die Nettoaustauschbedingungen (berechnet als Net Barter Terms of Trade) zwischen Industrieprodukten und Primärgütern hatten sich zwischen

1950 und 1972 zu Lasten der Primärgüter entwickelt. Im Jahr 1973 kehrte sich diese Entwicklung um. Nun verschoben sich die Bedingungen um fast 25 Prozent zu Gunsten der Primärgüter. Dieser Befund ändert sich kaum, gleichgültig, ob wir Öl in die Berechnung einbeziehen (Primärgüter, Öl eingeschlossen) oder nicht (Primärgüter, Öl ausgeschlossen). Schon bald ebbte dieser Ansturm auf die Primärgüter ab, auch wenn das reale Güteraustauschverhältnis für Primärgüter (Öl ausgeschlossen) zwischen 1973 und 1974 geringfügig um etwa 9 Prozent anstieg. Bei Erdöl war das jedoch eine ganz andere Geschichte. Ölproduzierende Länder schlossen sich zur OPEC zusammen, und um die Ölpreise hochzutreiben, verpflichteten sich alle ihre Mitglieder zu Produktionskürzungen. Zwischen 1973 und 1974 verschob sich das reale Güteraustauschverhältnis zwischen Primärgütern (Öl eingeschlossen) und Industriegütern um etwa 104 Prozent zugunsten der Primärgüter.

Auf den Ölpreissprung folgte in den hochentwickelten Ländern eine Phase rascher Inflation. Die Inflationsrate für die 21 OECD-Länder insgesamt lag im Zeitraum 1973-80 bei 8,5 Prozent, 1980 bei 8,8 Prozent und 1981 bei 8,6 Prozent. Im Zeitraum von 1960 bis 1973 hatte sie dagegen nur bei 4 Prozent gelegen.

Die Inflation hielt in den späten 1970er Jahren an, obwohl die Wirtschaftstätigkeit nach 1973 zurückging, ein Rückgang den man oft als „zweiten Wachstumseinbruch" bezeichnet hat (der erste ereignete sich in den 1930er Jahren). Diese Situation – anhaltende Inflation trotz stagnierender wirtschaftlicher Aktivität – war unter dem Stichwort „Stagflation" Gegenstand einer breiten Diskussion. Aber nichts an diesem Phänomen ist besonders bemerkenswert. Der Auftrieb der Inflation war ein Prozess der Selbstverstärkung, in dem die Inflation hohe Nominallohnforderungen provozierte, und Nominallohnerhöhungen ihrerseits wieder die Inflation anheizten, und so weiter. Beherrscht werden konnte diese Inflation schließlich nur durch einen Wechsel des Wirtschaftsregimes. Das dirigistische Regime und die Verpflichtung auf ein hohes Beschäftigungsniveau aber gehörten der Vergangenheit an. Es musste durch ein neues Regime abgelöst werden. Mit dem Triumph des Thatcherismus in Großbritannien und der Reaganomics in den Vereinigten Staaten etablierte sich in den hochentwickelten Ländern dieses neue Regime: der „Neoliberalismus".

Es gibt einen Unterschied zwischen dem wirtschaftlichen Einbruch von 1973–75 und der Situation in der nachfolgenden Reagan-Thatcher-Periode.

Der massive Ölschock führte zu einer Verschiebung der globalen Einkommensverteilung, weg vom Großteil der Bevölkerung in den fortgeschrittenen kapitalistischen Ölverbraucherländern, hin zu den OPEC-Ländern, die einen Großteil ihrer hohen Einkommen als Bankeinlagen bei Großbanken hielten. Die „marginale Konsumneigung" (um einen keynesianischen Begriff zu verwenden) der Umverteilungsverlierer war höher als die marginale Konsumneigung der Umverteilungsgewinner. *Kurz gesagt, der Ölpreisanstieg hatte eine nachfragedämpfende Wirkung auf die Weltwirtschaft.*

Zum Ausgleich dieser Nachfragedämpfung hätten die Staatsausgaben in weltweitem Maßstab steigen müssen. Da es aber keine Koordination zwischen den kapitalistischen Staaten auf globaler Ebene gab, entschied jeder Staat für sich allein, wie er mit dem Ölschock und der daraus resultierenden Inflation umgehen wollte. Statt mit der erforderlichen Erhöhung reagierten die Staaten mit einer Deckelung oder Kürzung der Staatsausgaben. Einzelne kapitalistischen Staaten haben sogar statt rezessionsbekämpfender rezessionsverstärkende Maßnahmen ergriffen, andere entschieden sich für Maßnahmen, die die Rezession zwar nicht verstärkten, sie aber auch nicht aufhalten konnten.

Man kann die Krise von 1973–75 somit als Folge der Kurzschlussreaktion des dirigistischen Regimes auf den Anstieg der Inflation betrachten. Das Paradigma war nach wie vor die Phillips-Kurve, nur mit der Einschränkung, dass sie sich „verschoben" hatte, d.h. man ging davon aus, dass sich die Dinge nach einer gewissen Zeit „beruhigen" würden. Bald würde staatsinterventionistische Nachfragesteuerung wieder für ein hohes Beschäftigungsniveau sorgen. Vielleicht werde das stimulierte Beschäftigungsniveau nicht so hoch ausfallen wie im Goldenen Zeitalter, aber interventionistische Nachfragesteuerung könnte zumindest ein ausreichend hohes Beschäftigungsniveau gewährleisten.

In einigen Ländern dachte man sogar, mit einer Politik der Preis- und Lohnregulierung das niedrige Arbeitslosigkeitsniveau des „Goldenen Zeitalters" wieder erreichen zu können. Man versuchte es mit dieser Politik eine Weile, aber ohne Erfolg. Bald war klar, die Zeiten der *dirigistischen Nachkriegsregime* waren vorbei. Ein völlig neues Regime war im Entstehen begriffen.

Aber der Kapitalismus ist kein geplantes System; das neue Regime entstand also nicht auf geplante Weise. Es entstand als Folge des damals bestehenden Kräfteverhältnisses zwischen den Klassen. Das Finanzkapital war nach dem Krieg zu Zugeständnissen gezwungen worden. Es musste damals wohl oder übel die keynesianische Nachfragesteuerung, gegen die es sich in der Vorkriegszeit heftig gewehrt hatte, akzeptieren. Nun aber konnte es seinen Willen durchsetzen, zum einen, weil der Keynesianismus durch die Inflation diskreditiert war, und zum anderen, weil das Finanzkapital in den Jahren des Goldenen Zeitalters erheblich an Macht gewonnen hatte; es war „international" geworden. Keynes hatte genau das nicht gewollt, da er richtigerweise voraussah, dass eine Internationalisierung des Finanzkapitals die Autonomie des Nationalstaats und damit dessen Fähigkeit zu inländischer Nachfragesteuerung untergraben würde. Übrigens glaubte Keynes, das Finanzkapital opponiere gegen Nachfragesteuerung, weil es einem grundlegenden theoretischen Missverständnis verhaftet sei. Sobald ihm die richtige Theorie, er meinte die seinige, vorliege, werde es seinen Widerstand aufgeben. Es kam anders. Das internationale Finanzkapital unterstützte die Reagan-Thatcher-Agenda, und das war das Ende der dirigistischen Regime. Wenden wir uns nun dem Prozess der „Internationalisierung" oder „Globalisierung" des Finanzwesens zu.

Die Globalisierung des Finanzkapitals

Nach dem Untergang des kolonialen Arrangements musste das führende kapitalistische Land seine Schulden erhöhen. Es verfügte ja nicht mehr über einen Mechanismus, der es erlaubt hätte, das laufende Defizit gegenüber rivalisierenden Mächten über einen Überschussabzug aus den Kolonien auszugleichen. Die neue weltweit führende Wirtschaftsmacht, die USA, musste sich also verschulden, und sie verschuldete sich in Form von Dollar-Exporten. Die Leistungsbilanz der USA war anfangs positiv gewesen (andernfalls wären die Vereinigten Staaten nicht zur kapitalistischen Führungsmacht geworden). Nun aber war die Bilanz negativ geworden, das Defizit weitete sich zunehmend aus, und die Relationsgröße der Dollareinlagen in den Metropolbanken (denen die exportierten Dollars vorwiegend zuflossen) zum BIP der Metropolländer wurde höher und höher. Und damit wuchs der Druck, dem Finanzkapital auf der ganzen Welt freien Zugang zu profitablen Investitionsmöglichkeiten zu eröffnen. Das Bretton-Woods-System hatte einst den Mitgliedsländern erlaubt, Barrieren gegen internationale Finanzströme zu errichten. Genau diese Barrieren galt es nun zu beseitigen.

In gewisser Weise musste es hierbei zu einem Erfolg kommen. Im Rahmen von Bretton Woods waren die Überschussländer nicht zu Anpassungsmaßnahmen verpflichtet, nur Länder mit Leistungsbilanzdefiziten mussten sich anpassen. Sie hätten diese Pflicht über Deflation im Verbund mit Währungsabwertung erfüllen können, wollten sich aber zuvor über kurzfristige Finanzierungsmöglichkeiten eine gewisse Atempause verschaffen. Dank der umfangreichen Dollarabflüsse aus den Vereinigten Staaten sammelte sich Liquidität im Finanzmarkt, dem Vorläufer des Eurodollarmarktes. Über diesen Markt kamen die Defizitländer an kurzfristiges „heißes Geld", mit dem sie je aktuelle Zahlungsbilanzschwierigkeiten beheben konnten. „Heißes Geld" dieser Art floss in den 1960er Jahren zum großen Teil nach Großbritannien, das damals Zahlungsbilanzschwierigkeiten hatte.

Man kann sagen, mit diesen Strömen „heißen Geldes" habe die Globalisierung der Finanzen begonnen. Um die Zahlungsbilanz vor einem krisenhaften Absturz zu bewahren, mussten die Regierungen nun darauf achten, das „Vertrauen der Investoren" nicht zu erschüttern. „Vertrauen der Investoren" ist ein Euphemismus für Vertrauen der Spekulanten, ein solches „Vertrauen" setzte Offenheit der jeweiligen nationalen Wirtschaft für internationale Finanzströme voraus. Um sich dieses Vertrauens würdig zu erweisen, öffneten sich die Volkswirtschaften zunehmend für solche Ströme und wandten sich ab von Kapitalverkehrskontrollen, die einzurichten ihnen das Bretton-Woods-System eigens gestattet hatte. In Europa geschah dies gegen Ende der 60er Jahre, in Afrika und Lateinamerika in den 80er Jahren. Dort nutzte der IWF das Instrument der „Konditionalitäten" dazu, diese „Öffnung" zu erzwingen. In Indien lief die Öffnung in den 90er Jahren ab. In vielen Ländern der Dritten Welt war deren Währung nicht voll konvertierbar. Aber mit oder ohne volle Konvertibilität geriet ihre Wirtschaft in den Strudel der globalisierten Finanzströme.

Als es 1973 und 1980 zu den Ölschocks kam, schwollen die Dollareinlagen bei den Metropolbanken weiter an, und mehrere Länder insbesondere in der Dritten Welt hatten die Last von Zahlungsbilanzschwierigkeiten zu tragen. Die Metropolbanken übernahmen das Recycling der Petrodollars, bedurften dazu aber einer Überwachungsagentur. Der IWF übernahm diese Rolle. Mit Darlehen im Rahmen der „Ölfazilität" und der „Erweiterten Fazilität" bot er seine eigenen Recycling-Abläufe an. Zusätzlich erleichterte er den Ländern der Dritten Welt auch die Kreditaufnahme, vorausgesetzt, sie hatten bei der

Erfüllung der IWF-„Konditionalitäten" ausreichend „Disziplin" gezeigt. Mit all dem veränderte sich die Rolle des IWF. Davor war er eine Institution, die die Länder mit Krediten zur Behebung von Zahlungsbilanzproblemen versorgte und sie darüber nachdrücklich zu einer Politik der „Stabilisierung" aufforderte. Nun wurde der IWF zu einem Instrument des internationalen Finanzkapitals, das die Länder zu einer „Strukturanpassung" bewegen sollte, mit dem Ziel, sie uneingeschränkt für globale Waren-, Dienstleistungs- und Kapitalströme, vor allem jedoch Finanzströme, zu öffnen. John Maynard Keynes hat mit seiner Wendung „Die Finanzen müssen auf nationaler Ebene organisiert sein" das Finanzwesen in die Hand der Nationalstaaten legen wollen. Es war eine Ironie des Schicksals, dass eine Institution, die er in seiner Eigenschaft als Mitbegründer des Bretton-Woods-Systems selbst mitgeschaffen hatte, sich nun zu einem Instrument wandelte, das die Volkswirtschaften für „Reformen" öffnete, die die nationalstaatliche Verortung des Finanzwesens nicht etwa schützten, sondern beseitigten.

Nachdem die Öffnung der Volkswirtschaften für globale Finanzströme einmal durchgesetzt war, hat sich das Kräfteverhältnis zwischen dem Nationalstaat und dem nunmehr globalisierten Finanzkapital verändert. Wollte der Staat den massenhaften Abfluss von Finanzkapital verhindern, durfte er das „Vertrauen der Investoren" keinesfalls erschüttern. Das verlangte einen Kotau vor den Forderungen des Finanzkapitals. Das Finanzkapital wiederum, das in den unmittelbaren Nachkriegsjahren angesichts der sozialistischen Bedrohung und einer fordernden Arbeiterklasse in den hochentwickelten Ländern Gelände hatte preisgeben müssen, war nun in der Lage, seine Vormachtstellung zu etablieren. Das äußert sich klar und deutlich im Übergang zu einer neoliberalen politischen Praxis.

Diese Hegemonie und die damit einhergehende neoliberale Politik sind nicht plötzlich vom Himmel gefallen. Das dirigistische Regime verfügte in der postkolonialen Ära über ein Bollwerk, das vor der inflationsbedingten Krise hätte schützen können. Das internationale oder globalisierte Finanzkapital, das sich im Rahmen des Bretton-Woods-Systems Schritt für Schritt herausbildete, nutzte die Gunst der Stunde, das dirigistische Regime anzugreifen und durch das neoliberale Regime zu ersetzen. Die Charakteristika und Implikationen dieses Regimes werden wir im nächsten Kapitel untersuchen. Davor müssen wir jedoch den Unterschied herausarbeiten, der zwischen unserer obigen Darstellung des Übergangs vom Dirigismus zum Neoliberalismus und den Darstellungen anderer Autoren besteht. Wir werden insbesondere einige Bemerkungen von Paul Krugman aufgreifen, um zu zeigen, dass es sich bei unserer Darstellung um eine Analyse *sui generis* handelt.

Die Fallstricke einer ricardianischen Lesart des Übergangs zum neoliberalen Regime

Natürlich hat Paul Krugman nicht das Anliegen, den Übergang zwischen Regimen zu untersuchen. Er befasst sich mit der Inflation, stellt die Frage, warum sie in den späten 60er und frühen 70er Jahren auftrat, und warum sie danach wieder abflaute. Seine Antworten gibt er im Rahmen eines ricardianischen Ansatzes.[3] Wir haben die Anfälligkeit des Metropolkapitalismus herausgestellt und deren Grund bestimmt. Er gilt uns als anfällig, weil ihm die kolonialen Stützmechanismen nicht mehr zur Verfügung standen. Der Staat übernahm nun die Rolle, über Nachfragesteuerung Märkte zur Verfügung zu stellen. Aber seiner zweiten Rolle, die Inflation wirksam zu kontrollieren, konnte er nicht gerecht werden. So war es nur eine Frage der Zeit, bis das System auf Grund laufen würde. Ganz anders Krugmann. Er folgt einem im Wesentlichen ricardianischen Weg.

Die Inflation in den frühen 70er Jahren sei, so Krugman, auf eine Ressourcenkrise zurückzuführen. Den verfügbaren Ressourcen habe ein übermäßiger Nachfragedruck gegenübergestanden. Ölbohrungen in der Nordsee und im Golf von Mexiko und die Kultivierung neuer Anbauflächen haben das Angebot dann so erweitert, dass es ausreichte, die Ressourcenkrise zu überwinden. Dies ist im Wesentlichen eine ricardianische Erklärung (die Frage „abnehmender Erträge" und langfristige Verschiebungen der Terms of Trade beachtet Krugmann allerdings nicht).

Diese Erklärung ist unzureichend. Die Ressourcenkrise in den 1970er Jahren ist nämlich keineswegs in allen Bereichen über eine Anpassung des Angebots überwunden worden. Im Falle des wichtigsten Primärgutes, des Nahrungsmittelgetreides, wurde nicht etwa das Angebot erhöht, sondern die Nachfrage drastisch gesenkt, und zwar über eine Einkommensdeflation, die man großen Teilen der Weltbevölkerung aufnötigte. *Das globalisierte Finanzkapital, verantwortlich für den Übergang zum neoliberalen Regime, machte es sich zur Aufgabe, diese Einkommensdeflation zu erzwingen.*

Eine Einkommensdeflation – das wird oft nicht erkannt – hat eine ähnliche Wirkung wie die Keynes'sche „Gewinninflation"; beide Prozesse sind letztlich darauf angelegt, überschüssige Nachfrage abzubauen. Hinsichtlich der Mechanismen unterscheiden sich jedoch die beiden Prozesse. Im Fall der Gewinninflation sorgt man dafür, dass die Güterpreise schneller steigen als die Nominallöhne. Im Fall der Einkommensdeflation drückt man die Nominaleinkommen so weit nach unten, dass sie unterhalb der Güterpreisentwicklung bleiben. In ihrer Wirkung sind also beide Zugänge gleich: sie bauen überschüssige Nachfrage ab. Nur läuft der eine Zugang über Gewinninflation, der andere über Einkommensdeflation. Das Finanzkapital favorisiert den Weg über die Einkommensdeflation, weil so der reale Wert von Finanzanlagen nicht nach unten fällt. Nachdem das Finanzkapital seine hegemoniale Stelle in der Weltwirtschaft etabliert hatte, war also ein Umschalten auf Einkommensdeflation die erwartbare Folge. Nach dem Zusammenbruch des Dirigismus war die Welt zunehmend unter den Einfluss des neoliberalen Regimes geraten. In diesem Rahmen gelang es, Einkommensdeflation als die favorisierte Methode der Inflationsbekämpfung durchzusetzen.

Die Methoden zur Durchsetzung der Einkommensdeflation, insbesondere in der Dritten Welt, lagen auf der Hand: Subventionskürzungen; Kürzungen sozialpolitischer Transferzahlungen; Kürzungen der Staatsausgaben – worüber sich auch die Ausgaben für Soziales und für Beschäftigungsförderung verringerten; Privatisierung wesentlicher Dienstleistungen, mit der Folge, dass die ärmere Bevölkerung für Dienstleistungen einen höheren Preis bezahlen musste, diese Preissteigerungen in den üblichen Indizes aber nicht berücksichtigt werden; wegen steigender Kosten für nunmehr privatisierte Dienstleistungen sinkt bei der ärmeren Bevölkerung die Nachfrage nach anderen Gütern usw. Kurz gesagt, die gesamte Palette der neoliberalen Maßnahmen hat ein hervorstechendes Merkmal gemeinsam: die Nachfrage der arbeitenden Bevölkerung wird eher über die Absenkung der Einkommen als über Einflussnahme auf die Güterpreise gedrosselt. Die Entwicklung bezüglich der Primärgüter verlief nach dem gleichen Muster. Die Inflation der Primärgüterpreise in den 1970er Jahren wurde nicht etwa über eine Steigerung des Angebots, sondern über eine Verringerung der Nachfrage überwunden. Und die Nachfrage ging zurück wegen der Einkommensbeschränkung, die man der arbeitenden Bevölkerung auferlegte.

Unter dieser Einkommensdeflation leidet auch die Angebotsseite. Mit anderen Worten, die Einkommensdeflation beschränkt sich nicht nur auf die Nachfrageseite, sie reduziert auch den Umfang des Angebots. Opfer einer solchen Deflation sind auch die Bauern und Kleinproduzenten, die bei Deflation weniger produzieren. Aber der Druck auf die Nachfrageseite ist größer als jeder Druck auf die Angebotsseite. Das Problem des Nachfragüberhangs wird also gelöst, indem die Nachfrageseite stärker eingeschränkt wird als die Angebotsseite

Nach Angaben der Ernährungs- und Landwirtschaftsorganisation (FAO) betrug die durchschnittliche jährliche Weltgetreideproduktion für den Dreijahresmesspunkt 1979-81 1573 Millionen Tonnen, bei einer Bevölkerung von 4435 Millionen (im Jahr 1980, der Mitte des Dreijahresmesspunkts). Bis zum Dreijahresmesspunkt 1999-2001 stieg die Getreideproduktion auf 2084 Millionen Tonnen, bei einer Weltbevölkerung von 6071 Millionen (im Jahr 2000, dem mittleren Jahr des Dreijahresmesspunkts 1999-2001). Dies kommt einem Rückgang der weltweiten Pro-Kopf-Getreideerzeugung von 355 Kilogramm im Jahr 1980 auf 343 Kilogramm im Jahr 2000 gleich. Anders gesagt: Es handelt sich gewiss nicht um eine Anpassung des Angebots an die Nachfrage, schließlich hat die weltweite Pro-Kopf-Getreideerzeugung nicht zu- sondern abgenommen. *Wenn wir neben der direkten auch die indirekte Nachfrage nach Getreide in Rechnung* stellen, ist die Einkommenselastizität der Getreidenachfrage mit Sicherheit positiv. Indirekte Nachfrage bezieht sich hier auf Produkte, bei deren Produktion Getreide als Input eingeht (verarbeitete Lebensmittel, Futtermittel für Tiere, aus denen dann Produkte zum menschlichen Verzehr gewonnen werden). Wenn wir nicht nur die Endnachfrage nach Getreide, sondern auch die Inputnachfrage im Sinn der Leontief'schen Input-Output-Analyse berücksichtigen, muss es eigentlich einen Nachfrageüberschuss für Getreide geben. Dieser Überhang müsste dann seinerseits einen Anstieg der Getreidepreise in Relation zum Vektor der Nominallöhne und der Nominaleinkommen auslösen.

Dies hätte zu einer Verschiebung der realen Austauschverhältnisse (der Terms of Trade) zwischen Getreide und Industriegütern zugunsten des Getreides führen müssen, da die Preise für Industriegüter in der Regel als Gestehungskosten plus Aufschlag festgesetzt werden, und die Steigerungsrate der Arbeitsproduktivität im verarbeitenden Gewerbe viel höher war als in der Getreideproduktion. Ironischerweise aber haben sich in diesen beiden Jahrzehnten die realen Austauschverhältnisse für Getreide gegenüber Industriegütern in weltweiter Betrachtung nicht etwa verbessert, sondern um bis zu 45 Prozent verschlechtert.[4] Mit anderen Worten: Der Nachfrageüberschuss, der auf den Getreidemärkten eigentlich hätte entstehen müssen, wurde – ohne dass eine Gewinninflation aufgetreten wäre – vollständig über Einkommensdeflation abgebaut. So heftig war diese Deflation, dass sich die Terms of Trade in Wirklichkeit genau entgegengesetzt zu der zu erwartenden Entwicklung bewegten.

Ein Nachhall des Kolonialismus

Das koloniale Regime hat, wie wir gesehen haben, die arbeitenden Menschen in den Kolonien und Halbkolonien der Dritten Welt mit einer Einkommensdeflation belastet. Die im Neoliberalismus durchgesetzte Einkommensdeflation ist eine Wiederholung dieses kolonialistischen Phänomens. Die Mechanismen, mit denen die Einkommensdeflation in den beiden Perioden durchgesetzt wird, sind natürlich unterschiedlich: In der Kolonialzeit lief die Deflation über ein Instrumentenmix aus Überschussabzug und Deindustrialisierung. Die neoliberale Ära nutzte dann folgende Massnahmenpalette: Kürzungen der öffentlichen Ausgaben; deindustrialisierende Verdrängung herkömmlicher Selbständigkeit durch multinationale Konzerne. So wird zum Beispiel durch den Eintritt von Walmart eine Vielzahl von Einzelhändlern ersetzt; Auflösung des Netzwerks von Beratungsstellen, die der Staat zur Unterstützung der bäuerlichen Landwirtschaft und der Kleinproduzenten, etwa der handwerklichen Weber, eingerichtet hatte. Entfällt diese Beratung, sinken die entsprechenden Einkommen. Zwar gibt es immer noch Transfers aus der Dritten Welt in die Industrieländer, aber ein Überschussabzug im kolonialen Stil ist nun nicht mehr möglich. Aber auch ohne diesen Abzug gelingt es, Einkommensdeflation durchzusetzen.

Im nächsten Kapitel befassen wir uns ausführlich mit den Implikationen des neoliberalen Regimes. Zwei Punkte seien jedoch hier schon erwähnt. Erstens, in der dirigistischen Periode versuchte man, unter dem Einfluss keynesianischer Ideen *eine Alternative zur kolonialen Struktur* aufzubauen. Anstelle kolonialistischer Extraktionen sollten staatliche Interventionen die Gesamtnachfrage ankurbeln. Aber mit diesem Arrangement war ein großer Nachteil verbunden. Es enthielt keinen Ersatz für die inflationshemmenden Mechanismen, die das koloniale Regime bereitgestellt hatte. Das war der Grund, weshalb Anfang der 1970er Jahre eine Inflation ausbrach. Zum Teil behebt der Neoliberalismus diesen Mangel. Er institutionalisiert eine Inflationskontrolle, ähnlich dem Mechanismus, der in Zeiten des Kolonialismus existiert hatte, aber in neuer Form. Mit einem Wort, Neoliberalismus ist Wiederbekräftigung des Imperialismus.

Aber gerade weil diese erneute Bekräftigung über das „friedliche Wirken" des Marktes erfolgt, weil es somit kaum noch bewaffneter Interventionen bedarf, ist der Imperialismus nicht mehr als solcher zu erkennen. Viele Autoren erkennen im Kapitalismus der dirigistischen Periode dessen imperialistische Natur sehr wohl, weil es damals zu mehreren militärischen Interventionen gegen Regierungen der Dritten Welt, die sich wirtschaftlich entkolonialisieren wollten, gekommen ist. In der gegenwärtigen Periode kommen solche Interventionen seltener vor (bestimmte Weltgegenden ausgenommen)[5]. Weil dem so ist, halten viele den Imperialismus für eine Sache der Vergangenheit. Sie verfallen einem Irrtum. Die bewaffneten Interventionen in der früheren Periode waren erforderlich, weil der Imperialismus bedroht und im Rückzug begriffen war. Wenn es nun heute keiner militärischen Interventionen mehr bedarf, dann ist dies ein Beleg nicht für das Ende, sondern für den Triumpf des Imperialismus. Es ist nicht mehr nötig, den Bevölkerungen der Dritten Welt die Einkommensdeflation von außen aufzuzwingen. Notgedrungen setzen ihre Regierungen nun selbst die Deflation der Einkommen durch, weil sie im Netz des Neoliberalismus gefangen sind.

Zweitens: Im Neoliberalismus manifestiert sich die Hegemonie des internationalen Finanzkapitals. Da das internationale Finanzkapital aber staatsinterventionistische Nachfragesteuerung ablehnt, fehlt dem Neoliberalismus ein Mechanismus zur Nachfragestimulierung in der kapitalistischen Metropole. Zur Nachfragestimulierung stehen die Kolonialmärkte nun definitiv nicht mehr zur Verfügung, und gleichzeitig darf der Staat die Nachfrage nicht mehr direkt stimulieren. Zur Nachfragestimulierung in der Metropole bleibt jetzt nur noch ein Mittel, nämlich der Aufbau spekulativer Vermögenspreisblasen.

Anders ausgedrückt: Im kolonialen Arrangement befand sich der Kapitalismus in einer idealen Lage. Er fand dort alle Mechanismen vor, die er zu seiner Stabilisierung bedarf. Kapitalismus kann ohne diese volle Palette kolonialistischer Stützmechanismen nicht existieren. Der Keynesianismus aber konnte nur einen einzigen dieser Mechanismen übernehmen, andere blieben dagegen ohne Ersatz. Am Scheitern des Keynesianismus erweist sich, dass der Kapitalismus ohne vollwertigen Ersatz kolonialistischer Mechanismen nicht auf Dauer funktionieren kann. Dem Neoliberalismus gelingt es, Einkommensdeflation durchzusetzen, der Keynesianismus konnte das nicht. Der Neoliberalismus versagt dabei, Beschäftigung und Wachstum zu stimulieren, dem Keynesianismus aber war dies gelungen. Dem Neoliberalismus gelingt, woran der Keynesianismus scheiterte, und der Keynesianismus hatte Erfolg, wo der Neoliberalismus versagt.

Der Neoliberalismus versucht, einige Grundzüge des Kolonialismus wiederherzustellen. Zur Stabilisierung des Kapitalismus soll der Bevölkerung in der Dritten Welt eine Einkommensdeflation aufgeherrscht werden. Damit hat er zwar Erfolg, setzt aber im Zuge der Umsetzung dieses Programms den Kapitalismus einer anderen Art von Strukturkrise aus, einer Krise, die von der Nachfrageseite ausgeht. Wir werden dies weiter unten untersuchen.

16 Das Ende des Dirigismus in der Nachkriegszeit

1. Nicholas Kaldor, „Inflation and Recession in the World Economy," *Economic Journal* 86, no. 344 (December 1976).
2. Paul M. Sweezy and Harry Magdoff, „Keynesian Chickens Come Home to Roost," *Monthly Review* 25, no. 11 (April 1974); Hyman Minsky, *John Maynard Keynes* (London: Palgrave Macmillan, 1975); Irving Fisher, „The Debt-Deflation Theory of Great Depressions," *Econometrica* 1, no. 4 (1933).
3. Paul Krugman, „Running Out of Planet to Exploit," *The New York Times,* April 21, 2008.
4. Wir danken Dr. Shouvik Chakraborty, der er uns diese Angabe zur Verfügung gestellt hat.
5. Natürlich hat der Imperialismus auch in neuerer Zeit Kriege in der Dritten Welt geführt. Einige mögen argumentieren, dass sich diese Kriege von früheren Interventionen gegen Regierungen der Dritten Welt unterscheiden. Damals hätten sich diese Interventionen gegen Regierungen gerichtet, die eine wirtschaftliche Entkolonialisierung anstrebten und die versuchten, sich dem Wirtschaftsregime zu entziehen, das der Imperialismus politisch durchgesetzt hatte. Aber der Punkt ist, dass das Wirtschaftsregime, das der Imperialismus früher politisch durchgesetzt hatte, heute nicht mehr politisch, sondern weitgehend über neoliberale wirtschaftliche Prozesse durchgesetzt wird. Das ist ein Triumph des Imperialismus, nicht etwa, wie oft behauptet wird, seine Überwindung.

TEIL 5

Kapitel 17

Das neoliberale Regime

Die Bestimmung des Neoliberalismus geht in der Regel von einer Dichotomie Staat versus Markt aus. Ironischerweise akzeptieren auch Kritiker des Neoliberalismus diese Einordnung, wenn sie „Liberalisierung, Privatisierung und Globalisierung" als dessen Kern betrachten und dann „Liberalisierung" als „Rückzug des Staates" interpretieren. Dies ist jedoch völlig irreführend. Neoliberalismus bedeutet nicht Rückzug des Staates, bedeutet nicht den Übergang von einem staatsinterventionistischen Regime zu einem Regime des „überlassen wir die Dinge dem Markt", wie das Vertreter des Neoliberalismus gerne darstellen möchten. *Nicht der Übergang von staatlicher Intervention zu marktlicher Selbstregulierung, sondern der Übergang von der einen Art zu einer anderen Art staatlicher Intervention charakterisiert den Regimewechsel.* Dahinter verbirgt sich eine Veränderung des Charakters des Staates selbst. Das wiederum spiegelt eine Veränderung der Natur der Klassen und ihrer Wechselbeziehungen wider. Ein besserer Weg zur Bestimmung des Neoliberalismus führt über die Analyse seines Klassencharakters, nicht über die Beschreibung seiner Symptome.

Der Übergang zum Neoliberalismus besteht im Wesentlichen in einer zweifachen Veränderung: eine Veränderung der Klassenkonfiguration und eine damit einhergehende Veränderung des Charakters des Staates und seines *Modus Operandi*. Lenin hatte in seiner Schrift *Der Imperialismus als höchstes Stadium des Kapitalismus* in Anlehnung an Hobson und Hilferding erörtert, wie sich in jeder Metropolökonomie mit dem Aufkommen der Monopole eine Finanzoligarchie herausbildet. Sie steht, so Lenin, einer Masse von Finanzkapital vor, in dem sich Industrie- und Bankkapital verschmelzen, und sie erstrebt ein möglichst großes exklusives Wirtschaftsgebiet, um sich in der Konkurrenz mit ihren Rivalen einen Vorsprung zu verschaffen. In der heutigen Globalisierung findet sich dagegen in jedem Land, gehöre es nun zur kapitalistischen Metropole oder zur Peripherie, eine Finanzoligarchie, besser gesagt, eine Unternehmens- und Finanzoligarchie. *Sie ist globalisiert in dem Sinne, als sie überall auf der Welt nach Profitquellen sucht. Sie beansprucht nicht ein möglichst großes Wirtschaftsgebiet für sich allein, sie versucht in jedem Gebiet der Welt Profit zu machen.*

Es gibt mindestens drei Unterschiede zwischen der Oligarchie, wie Lenin sie untersuchte, zur Oligarchie, wie wir sie heute vorfinden. Erstens hat die heutige Oligarchie keine nationalstaatliche Basis, noch wird sie vom Nationalstaat unterstützt. Nicht länger rivalisiert eine besondere nationalstaatlich fundierte Oligarchie mit anderen, ebenfalls nationalstaatlich fundierten Oligarchien. Vielmehr ist Oligarchie nun eine globalisierte soziale Einheit, deren „nationaler" Charakter in den Hintergrund rückt. Da alle Oligarchien innerhalb der Nationalstaaten bereits globalisiert sind, rivalisieren sie nicht gegeneinander. Vielmehr verschmelzen sie sich zu einem gemeinsamen staatenübergreifenden Sozialgebilde. Dieses staatenübergreifende Gebilde haben wir als internationales Finanzkapital bezeichnet.

Zweitens trägt das internationale Finanzkapital zu einer Abschwächung der „zwischenimperialistischen Rivalität" bei, die bei Lenin noch im Brennpunkt stand. Das internationale Finanzkapital lehnt eine Aufteilung der Welt in verschiedene Einflusssphären ab, denn es will sich ungehindert in jede Weltgegend frei bewegen können.

Drittens dient freie Beweglichkeit des Finanzkapitals nicht nur der Ansiedlung von Industrien, auch handelt es sich dabei beileibe nicht nur um die Förderung des eigenen „nationalen Interesses" gegenüber dem „nationalen Interesse" anderer. Natürlich werden Industriebetriebe vor Ort angesiedelt, wenn sie dort gewinnbringend betrieben werden können. Aber das Finanzkapital sucht vor allem nach Spekulationsgewinnen. In der gegenwärtigen Ära der Globalisierung steht die Spekulation im Mittelpunkt. Das soll nicht heißen, wir könnten nicht unterscheiden zwischen Kapital, das sich im Produktionsprozess befindet, und Kapital, das als Finanzkapital fungiert. Letzteres ist natürlich auf der ganzen Welt unterwegs auf der Suche nach Spekulationsgewinnen. Produktives Kapital und Finanzkapital lassen sich sehr wohl als funktionale Phasen voneinander unterscheiden, sind aber strukturell nicht durch eine Chinesische Mauer voneinander getrennt. Die multinationalen Konzerne, angeblich die Hüter des produktiven Kapitals, gehen ebenso spekulativen Aktivitäten nach wie die Agenten des Finanzkapitals. Und die Agenten des Finanzkapitals engagieren sich ebenso im Produktionsprozess wie die Hüter des produktiven Kapitals.

Innerhalb jeder kapitalistischen Wirtschaft wird die Unterscheidung zwischen der Unternehmens- und Finanzoligarchie und der übrigen Wirtschaft (kleinere Kapitalisten, Kleinproduzenten, Bauern und Handwerker) immer schärfer. Die Operationen der Unternehmens- und Finanzoligarchie globalisieren sich und werden zu integralen Bestandteilen des internationalen Finanzkapitals.

Wir erkennen das Besondere an dieser Entwicklung, wenn wir sie mit der Entwicklung in einigen Ländern der Dritten Welt vergleichen. Die Bourgeoisie in diesen Ländern, das Großbürgertum eingeschlossen, hatte vom neuen postkolonialen Staat Schutz vor dem Metropolkapital gefordert, und sie hat diesen Schutz dann auch tatsächlich erhalten. Diese Volkswirtschaften waren nun nicht nur gegen freie Kapitalströme abgeschottet, sie waren auch gegen freie Waren- und Dienstleistungsströme geschützt. In der Kolonialzeit hatte sich die Großbourgeoisie in ihrer Entfaltung behindert gesehen. Nun aber bot staatlicher Schutz der Großbourgeoisie die Möglichkeit, ihre Ambitionen in ihrem eigenen Raum verwirklichen zu können, *ohne ein Eindringen des Metropolkapitals fürchten zu müssen.* Der Dirigismus der Dritten Welt war in erster Linie eine Waffe der lokalen Großbourgeoisie gegen das Metropolkapital. Aber ihr Einsatz kam auch einer Vielzahl von Kleinproduzenten, Bauern und Handwerkern zugute, da sie ebenfalls vor den Übergriffen des Metropolkapitals geschützt waren.

Das dirigistische Regime war also ein Erbe aus dem antikolonialistischen Kampf. Die Großbourgeoisie des industriellen Sektors (bezeichnet als „nationale Bourgeoisie", im Gegensatz zur „Kompradorenbourgeoisie", die sich im Kolonialhandel engagiert), hat an diesem Kampf teilgenommen, und sie hat ihn überall dort angeführt, wo nicht die Kommunisten oder ähnliche linke Formationen die Führung übernommen hatten. Auch nach der Entkolonialisierung stellte sie sich zusammen mit der arbeitenden Bevölkerung gegen das Metropolkapital, wenn auch mit ihren eigenen Motiven und Ambitionen.

Unter dem Neoliberalismus hat die Großbourgeoisie nun ihre Position geändert. Sie macht jetzt gemeinsame Sache mit dem Metropolkapital, will mit ihm die Welt für freie Kapital-, Waren- und Dienstleistungsströme „öffnen", und dies *zum Schaden großer Teile der Bauernschaft und der Kleinproduzenten, ja sogar zum Schaden der mittleren kapitalistischen Unternehmen*. Die Kluft, die früher zwischen der „nationalen Wirtschaft" und dem Metropolkapital bestand, verlagert sich nun ins Innere des Landes. Nun steht die mit dem internationalen Finanzkapital verflochtene einheimische Großbourgeoisie der übrigen Wirtschaft gegenüber, deren Produktion und Beschäftigung unter der „Öffnung" für freie Kapital-, Waren- und Dienstleistungsströme leidet.

Mit dem Übergang zum Neoliberalismus tritt gegenüber dem Vorläuferregime, neben der Veränderung der Klassenkonfiguration, eine zweite Veränderung ein. Sie bezieht sich auf die Art der staatlichen Intervention. Der Nationalstaat kann es sich nicht leisten, das internationale Finanzkapital zu verschrecken, da er andernfalls wegen eventueller Kapitalabflüsse eine Finanzkrise auslösen würde. Aus Angst vor Kapitalabflüssen handelt der Staat nun fast ausschließlich auf Geheiß des globalisierten Kapitals. Anstatt sich, wie es der bürgerliche Staat traditionell versucht hatte, um den Anschein zu bemühen, über den Klassen zu stehen und die Rolle eines distanzierten und wohlwollenden Schiedsrichters zu spielen, interveniert er nun offen im Interesse des globalisierten Kapitals im Allgemeinen und seines lokalen Gegenstücks, der inländischen Unternehmens- und Finanzoligarchie. Er gibt vor, die Interessen dieser Oligarchie seien mit den Interessen der Nation deckungsgleich. Der neu eingebrachte Terminus „Entwicklung" insinuiert diese Deckungsgleichheit. Oligarchiedienliche Interventionen dienen nun der „Entwicklung". Jeder, der sich solchen Interventionen der Unternehmens- und Finanzoligarchie widersetzt, kann so als „entwicklungsfeindlich" und damit *ipso facto* als „antinational" gebrandmarkt werden.

Nach Rudolf Hilferding werden in der Ära des Finanzkapitals dessen Interessen mit den Interessen der Nation gleichgesetzt. Verherrlichung der „nationalen Idee" sei zur Ideologie des Finanzkapitals geworden.[1] Hilferdings Feststellung bezog sich jedoch auf die Ära, in der das Finanzkapital noch im Nationalstaat verankert war. In der gegenwärtigen Ära der Globalisierung verbreitet das internationale Finanzkapital – einschließlich des Metropolkapitals, der größten Komponente des internationalen Finanzkapitals – seine Interessen, indem es die „nationale Idee" innerhalb der Dritten Welt verherrlicht. Eine bemerkenswerte Umkehrung der Logik des Antikolonialismus!

Auf welche Weise diese ideologische Umkehrung im Inland Unterstützung findet, darauf werden wir später zurückkommen. Innerhalb des neoliberalen Regimes interveniert der Staat in erster Linie zugunsten des globalisierten Kapitals. *Die Bauern, Kleinproduzenten, Handwerker und Kleinkapitalisten, die der Staat im dirigistischen Regime noch protegiert hatte, verlieren nun den staatlichen Schutz.* Wehrlos gegenüber den Übergriffen der inländisch verankerten Unternehmens- und Finanzoligarchie und zwangsgeöffnet für das Eindringen des überstaatlichen internationalen Kapitals, stürzen diese Klassen, insbesondere die Bauern und Kleinproduzenten, in eine tiefe Krise.

Das Wesen der Globalisierung liegt in dieser grundlegenden Veränderung. Sie resultiert aus einer Reihe von Faktoren und Maßnahmen. Hier nur einige Beispiele: Privatisierung wesentlicher Dienstleistungen; Übergabe öffentlicher Vermögenswerte an das private Großkapital, sei es an die einheimische Unternehmens- und Finanzoligarchie oder an das Metropolkapital; Abbau früherer Preisstützungssysteme für die Landbevölkerung; Kürzung der öffentlichen Investitionen durch die Eindämmung des Haushaltsdefizits (auf drei Prozent des BIP und nicht mehr auf Null Prozent wie unter dem Goldstandard). Die Besteuerung der Reichen darf nicht erhöht werden, da andernfalls das „Vertrauen der Investoren" verlorenginge; und schließlich, als letztes Beispiel, die Öffnung der Wirtschaft für den freien Waren-, Dienstleistungs- und Kapitalverkehr (der Kapitalverkehr ist noch nicht in allen Ländern völlig frei).

Auswirkungen des Neoliberalismus

Diese grundlegende Verschiebung in der Klassenkonfiguration und die daraus resultierenden Veränderungen in der politischen Programmatik haben tiefgreifende Folgen. Eine viel beachtete Folge ist die Verlagerung des Kapitals aus den Hochlohnländern der fortgeschrittenen kapitalistischen Welt in die Niedriglohnländer des globalen Südens. Dies steht im krassen Gegensatz zu den historischen Erfahrungen. Vor der gegenwärtigen Globalisierung floss das Kapital aus dem globalen Norden im Wesentlichen in andere Länder wiederum des globalen Nordens. Es strömte in die von Europäern über eine gewaltige Migration besiedelten Gebiete gemäßigten Klimas. Die Kapitalmigration war komplementär zur Migration europäischer Arbeitskräfte.[2] Daneben floss als Ergänzung der kolonialen Arbeitsteilung auch Kapital in den globalen Süden, und zwar in Bereiche wie Mineralien, Plantagen und Handel.[3]

Man könnte erwarten, dass sich Kapital vom Norden in den Süden bewegt mit dem Ziel, dort die gleichen Güter mit der gleichen Technologie zu produzieren wie im Norden, aber zu den niedrigeren Löhnen des Südens. Man würde so den Anforderungen des Weltmarkts genügen und die Rentabilität bei der Produktion solcher Güter erhöhen. Solche Kapitalbewegungen haben jedoch damals nicht wirklich stattgefunden. Hätten sie stattgefunden, wäre der Unterschied zwischen entwickelten und unterentwickelten Ländern verschwunden. Die massiven Arbeitskräftereserven, die sich im Süden aufgrund der Deindustrialisierung und des Überschussabzugs aufgebaut hatten, wären bis zu einem bestimmten Punkt absorbiert worden, und zwar bis zu dem Punkt, bei dem sich die relative Größe der Arbeitskräftereserven und die Reallöhne in den beiden Teilen der Welt mehr oder weniger angeglichen hätten. Dazu ist es jedoch nie gekommen, und warum das nicht geschah, ist bis heute eine herausfordernde Frage für Entwicklungsökonomen geblieben.[4]

Selbst in der dirigistischen Nachkriegszeit, als sich Kapital aus dem Norden in den Süden bewegte, um dort verarbeitende Industrien aufzubauen – d.h. als die Nord-Süd-Kapitalbewegungen nicht mehr bloß dazu da waren, die koloniale Arbeitsteilung zu stützen –wollte man damit eher Tarifsperren überspringen als über relativ niedrige Dritte-Welt-Löhne den Weltmarkt bedienen. Da sich die Regierungen der Dritten Welt nach der Entkolonialisierung von der kolonialen Arbeitsteilung lösten und die heimischen Märkte vor Importen schützten, konnte das Metropolkapital nicht mehr auf diese Märkte zugreifen, wenn es seine Produktion nur in den fortgeschrittenen Ländern ansiedelte. Es musste also vor Ort produzieren, wollte es den Zugang zu diesen Märkten erhalten. Zugang bekam das Metropolkapital auf diese Weise jedoch nur zum lokalen Markt, nicht jedoch zum Weltmarkt.

Die gegenwärtige Globalisierung hat damit gebrochen. Um die globale Nachfrage zu befriedigen und gleichzeitig von den niedrigeren Löhnen im Süden zu profitieren, kam es zu einer echten Nord-Süd-Verlagerung. Im Bereich der industriellen Produktion war China der Hauptnutznießer dieser Verlagerung, im Dienstleistungssektor war es Indien, das am meisten profitierte.

Erstens, mit dieser Nord-Süd-Verlagerung hat der Kapitalismus seine Verbreitung enorm ausgeweitet. Es ist richtig, auch während der postkolonialen dirigistischen Regime in der Dritten Welt hat sich der Kapitalismus weiterentwickelt. Aber damals war diese Entwicklung gehemmt durch die

Notwendigkeit, die Kleinproduktion schützen und die internationalen Wirtschaftsbeziehungen auf verschiedene Weise kontrollieren zu müssen. Gleichstellung der ehemaligen Kolonien war eine Forderung im Befreiungskampf gewesen. Als Erbe aus dem antikolonialistischen Kampf bewahrte das postkoloniale dirigistische Regime diese Orientierung. All dies hemmte die volle Entwicklung des kapitalistischen Systems. Man rechtfertigte diese Hemmung mit dem Hinweis, das Kapital des Nordens habe ohnehin die Tendenz, die Akkumulation im Norden zu belassen und so die Dichotomie zwischen den entwickelten und den unterentwickelten Ländern voranzutreiben. Jetzt aber bekam der gereifte Kapitalismus endlich eine Chance, sich im Süden zu entwickeln. Eine mögliche Exportorientierung der ehemaligen Kolonien wurde nun neu bewertet. Im Vorgängerregime hatte man diese Entwicklungsstrategie verworfen, da sie nur die koloniale Arbeitsteilung wieder ertüchtige und es für die Länder der Dritten Welt keine Möglichkeit gebe, aus dieser renovierten Arbeitsteilung dann wieder auszubrechen. Nun aber wurde Exportorientierung zur Entwicklungsstrategie erster Wahl. Sie wurde zu dem favorisierten Instrument für Entwicklung, und das Metropolkapital, in der Peripherie bis dahin betrachtet als Hindernis für die Entwicklung der Dritten Welt, galt nun als entwicklungsfördernde Instanz, die mit offenen Armen empfangen wurde.

Zweitens beschleunigten sich im Rahmen dieser neuen Strategie in der Dritten Welt die Wachstumsraten des BIP. Es ist richtig, diese Entwicklung verlief nicht einheitlich, sie konzentrierte sich hauptsächlich auf Ost-, Südost- und Südasien; und richtig ist auch, dass die BIP-Wachstumsraten bereits im dirigistischen Regime schneller wuchsen als im kolonialistischen Regime. Aber damals beschleunigte sich das Wachstum nicht unter Schutz und Schirm des Großkapitals, sondern in protektionistischer Abwehr gegen das Großkapital. Protektion, importsubstituierende Industrialisierung, maßgeblich angetrieben durch öffentliche Investitionen, und Stimulierung des landwirtschaftlichen Wachstums waren Formen dieser Abwehr. Zu schnellerem Wachstum kam es im dirigistischen Regime nicht, weil man eine weltmarktoffene exportorientierte Strategie verfolgt hätte. Vielmehr standen die dirigistischen Regime der Dritten Welt in ausdrücklichem Gegensatz zur „Offenheit" der Kolonialzeit. Die Beschleunigung in der gegenwärtigen Periode ist anderer Natur. Sie beruht auf der „spontanen" Diffusion der Wirtschaftstätigkeit vom Norden in den Süden, im Gegensatz zur erzwungenen Diffusion unter dem

Dirigismus, als der Süden dem Norden über Importsubstitution bestimmte Wirtschaftstätigkeiten entriss.

Drittens entwickelte sich im Rahmen der oben behandelten Nord-Südverlagerung wirtschaftlicher Aktivitäten eine florierende städtische Mitteslchicht. Die Nord-Südverlagerung beschleunigte das Wachstum. Mit der Ausbreitung des Kapitalismus in den Süden entstand als unvermeidliche Begleiterscheinung kapitalistischer Expansion ein Heer von Beschäftigten im Finanzbereich und in der Warenzirkulation, aus dem eine blühende städtische Mittelschicht erwuchs. Sie wurde zur wichtigsten sozialen Stütze der Globalisierung in der Dritten Welt.

Kalecki hat mit seinem Konzept der „intermediären Regime" die Bedeutung der städtischen Mittelschicht unterstrichen. Zusammen mit den wohlhabenden Bauern sei sie das Rückgrat des dirigistischen Regimes gewesen.[5] Auch wenn man Kaleckis Auffassung, es handle sich bei der Mittelklasse um die herrschende Klasse, nicht teilt, kann man ihre soziale Bedeutung in der Dritten Welt nicht hoch genug einschätzen. Sie hat das dirigistische Regime unterstützt, weil es ihrer Ansicht nach Beschäftigungsmöglichkeiten eröffnete. Sie hat dann, als der *Dirigismus* in eine Sackgasse lief, den Neoliberalismus und das Globalisierungsregime unterstützt, wieder in der Erwartung neuer Beschäftigungsmöglichkeiten.

Wir haben nun die erste Kategorie der Auswirkungen besprochen, die sich aus der Globalisierung ergeben. Es gibt jedoch eine zweite Kategorie wichtiger Globalisierungsfolgen, die in der Literatur weniger Beachtung findet. Ihr wollen wir uns nun zuwenden.

Die Krise der traditionellen Kleinproduktion

Das dirigistische Regime hatte auf verschiedene Weise die Kleinproduktion, insbesondere die bäuerliche Landwirtschaft, unterstützt, geschützt und gefördert, selbst in Ländern, in denen der antikoloniale Kampf nicht von Kommunisten angeführt worden war und in denen es folglich keine durchgreifenden Landreformen gegeben hatte. In diesen Ländern hatte sich neben dem Agrarkapitalismus ein Grundherrenkapitalismus herausgebildet, und das über einen Prozess inländischer Ursprünglicher Akkumulation. Grundherren setzten ihre Pächter frei und machten so Land für kapitalistisch betriebene Landwirtschaft verfügbar. Ausländisches Großkapital war jedoch im Allgemeinen nicht beteiligt. Der Schutz und die Förderung der bäuerlichen Landwirtschaft hatte daher nicht allen Segmenten der Landwirtschaft gleiche Vorteile gebracht. Es waren die reichen Bauern und die Grundherren, die am meisten davon profitierten. Dennoch brachte der Schutz der Landwirtschaft unter dem dirigistischen Regime auch für die Masse der Kleinerzeuger einige Vorteile.

Die Förderung der bäuerlichen Landwirtschaft hatte verschiedene Formen angenommen: Zollschutz und mengenmäßige Handelsbeschränkungen als Abschirmung gegen Preisschwankungen auf dem Weltmarkt; (solche Schwankungen sind bei Primärerzeugnissen bekanntlich sehr groß) Bereitstellung subventionierter Betriebsmittel; Forschung in staatlichen Einrichtungen zur Entwicklung besserer Produktionsverfahren; öffentliche Investitionen in Bewässerung und in andere, der Kleinproduktion förderliche Einrichtungen; öffentliche Bereitstellung bestimmter Erzeugnisse zu gesicherten Preisen; Verbreitung besserer landwirtschaftlicher Praktiken durch ein eigens zu diesem Zweck entwickeltes breit aufgestelltes öffentliches Beratungsnetz usw. Als Folge aus all dem beschleunigte sich das landwirtschaftliche Wachstum. Das Phänomen eines steigenden Angebotspreises trat deshalb nicht zu Tage, und dem „Goldenen Zeitalter des Kapitalismus" wurde so eine längere Lebensdauer gewährt.

Mit dem Neoliberalismus werden jedoch all diese Schutz- und Fördermaßnahmen schrittweise zurückgenommen. Die bäuerliche Landwirtschaft (und ganz allgemein die Kleinproduktion) wird geöffnet für ausländisches Großkapital, einschließlich des Metropolkapitals, das nun in klassischer Form „Ursprüngliche Akkumulation" betreiben kann. Die Subvention von Betriebsmitteln wird im Namen korrekter Haushaltsführung eingestellt; öffentliche Beschaffung bestimmter Produkte zu garantierten einträglichen Preisen wird als ungerechtfertigte Einmischung in das Funktionieren des Marktes abgeschafft. Diese Abschaffung wurde institutionalisiert im Regelwerk der WTO (Die Ablehnung öffentlicher Bereitstellung von Nahrungsmitteln ist jedoch noch immer nicht institutionalisiert. Anders bei pflanzlichen Erzeugnissen, die für den Export produziert werden.); öffentliche Beratungsdienste werden stillgelegt. Bauern und Kleinerzeuger sind nun gezwungen, ohne vermittelnde Beratung direkte Geschäftsbeziehungen zu multinationalen Agrarunternehmen und multinationalen Einzelhandelsriesen wie Walmart einzugehen;

öffentliche Investitionen in die Bewässerung und die Übernahme anderer derartiger Gemeinkosten werden im Zuge des Abbaus öffentlicher Investitionen zurückgeführt; quantitative Handelsbeschränkungen werden abgeschafft, die Zölle werden außerordentlich niedrig angesetzt, niedriger sogar als die von der WTO zugelassenen „Zollgrenzen". Dies führt dazu, dass sich die Inlandspreise zumindest bei den für den Export produzierten pflanzlichen Erzeugnissen synchron mit den schwankenden Weltmarktpreisen bewegen, und dass die Bauern, wie zu Kolonialzeiten, in eine Schuldenfalle geraten.

Zu all dem kommt noch ein hoher Druck auf den Erwerb von Grund und Boden hinzu. Die Bedürfnisse der Bourgeoisie und der städtischen Mittelschicht verlangen Investitionen z. B. in den Wohnungsbau, in Immobilien, in die Infrastruktur (dahinter verbirgt sich oft die Nachfrage des Immobiliengeschäfts nach Land) und in die Industrialisierung. All dies setzt vermehrten Erwerb von Grund und Boden voraus, und all dies trägt zur Enteignung der Bauern und zur Umwidmung von Agrarland auf andere Zwecke bei.

Daher kommt es im Neoliberalismus zu einem zweifachen Prozess Ursprünglicher Akkumulation. Ursprüngliche Akkumulation kann zum einem verstanden werden als Stromgröße: die durchschnittlichen Realeinkommen der Bauern und Kleinproduzenten werden nach unten gedrückt; daneben gibt es eine ursprüngliche Akkumulation im Sinne einer Bestandsgröße: Bauern und Kleinproduzenten werden einfach ihres Vermögens beraubt, entweder indem man gar nichts bezahlt (besonders dann, wenn die Vermögenswerte einer Stammesbevölkerung gehören), oder man bezahlt zwar der Form nach, aber zu Wegwerfpreisen. Eine(r) von uns beiden hat die miteinander verflochtenen Prozesse ursprünglicher Akkumulation, die Akkumulation auf Kosten der Kleinproduzenten und die ähnlich geartete Akkumulation auf Kosten des Staates durch Privatisierung öffentlicher Güter, als „Akkumulation durch übergriffige Aneignung" bezeichnet. Der springende Punkt ist nun, die Entfesselung der ursprünglichen Akkumulation oder, anders gesagt, der „Akkumulation durch übergriffige Aneignung", ist ein wichtiges Merkmal des Neoliberalismus.[6] Die Selbstmorde von 300.000 Bauern in Indien in den zweieinhalb Jahrzehnten nach 1990 sind ein bezeichnender Hinweis auf das zerstörerische Potential dieses Prozesses.

Aber das ist beileibe nicht alles. Wenn traditionelle Kleinproduzenten enteignet werden, oder wenn sie dermaßen unter wirtschaftlichen Druck geraten, dass sie die Landwirtschaft oder andere traditionelle Berufe verlassen müssen, suchen sie in städtischen Gebieten Arbeit. Meist finden sie keine angemessene Arbeit und verstärken die Reihen der Arbeitskräftereserven. Die übliche Unterscheidung zwischen einer aktiven Armee von Arbeitskräften und einer Reservearmee ist in der Tat immer weniger zutreffend. Die Aufteilung der Beschäftigung nimmt nicht mehr die dichotome Form an, bei der die eine Gruppe voll beschäftigt, die andere Gruppe gänzlich arbeitslos ist. Die meisten der Beschäftigten sind nur zu einem Teil der möglichen Arbeitszeit beschäftigt – dank der raschen Ausweitung von Gelegenheitsarbeit, Teilzeitarbeit, intermittierender Beschäftigung, „Kleinunternehmertum" (ein Euphemismus für verdeckte Arbeitslosigkeit) usw. Welche Formen auch immer die Arbeitskräftereserven annehmen, verdrängte Bauern und Kleinproduzenten gehören auf jeden Fall dazu. Selbst in schnell wachsenden Volkswirtschaften reicht die Zahl neu entstehender Arbeitsplätze nicht dazu aus, die Freigesetzten zusammen mit dem natürlichen Anstieg der Erwerbsbevölkerung zu absorbieren.

Das hat folgenden Grund: Im Neoliberalismus sind die Restriktionen technologisch-strukturellen Wandels beseitigt, womit sich die Wachstumsrate der Arbeitsproduktivität beschleunigt. Da die Wachstumsrate der Beschäftigung im kapitalistischen Sektor die Differenz zwischen der Wachstumsrate der Produktion und der Ex-ante-Wachstumsrate der Arbeitsproduktivität ist (bei der Berechnung der Ex-ante-Wachstumsrate der Arbeitsproduktivität wird um den Effekt eines Anstiegs der verdeckten Arbeitslosigkeit korrigiert), muss die relative Größe der Arbeitskräftereserven zunehmen, wenn diese Differenz unter die Summe der natürlichen Wachstumsrate der Erwerbsbevölkerung und der Wachstumsrate der Arbeitssuchenden aus dem Sektor der Kleinproduktion fällt. Und genau dieser Punkt ist jetzt erreicht.

Aus den Erfahrungen in Europa ist der weit verbreitete Glaube entstanden, Kleinproduzenten würden zwar durch das übergriffige Vordringen des Kapitalismus enteignet, später würden sie aber als Proletarier wieder in die Wirtschaft integriert. Ihre Leiden seien insofern nur vorübergehend. Ein kleiner Teil unter den Enteigneten bleibe jedoch in den Reihen der Reservearmee gefangen und müsse längeres Leid erdulden.

Das ist jedoch ein Irrglaube. Es ist richtig, eine riesige, auf lange Dauer bestehende Masse an arbeitslosen und unterbeschäftigten Menschen hat sich in Europa nicht aufgebaut, aber nicht, weil die enteigneten Kleinproduzenten nach ihrer Verdrängung als Proletarier vom expandierenden kapitalistischen

Sektor absorbiert worden wären, sondern weil sie in großer Zahl in die von Europäern besiedelten gemäßigten Regionen auswanderten. Dem Kapitalismus wohnt also nicht die immanente Tendenz inne, die Masse der von ihm verdrängten Kleinproduzenten zu absorbieren. Für die Menschen in den Ländern der Dritten Welt gibt es aber keine vergleichbare Auswanderungsmöglichkeit. Ursprüngliche Akkumulation übersetzt sich dort uneingeschränkt in eine Zunahme inländischer Arbeitslosigkeit und Armut. In der Tat nehmen unter dem neoliberalen Regime Arbeitslosigkeit und Armut in der Dritten Welt über einen langen Zeitraum hinweg stetig zu.

Unter dem neoliberalen Regime ist in der Dritten Welt die Ex-ante-Wachstumsrate der Arbeitsproduktivität aus mindestens drei Gründen hoch. Erstens, die dortige Bourgeoisie und städtische Mittelschicht möchten den Lebensstil der Metropolen imitieren und die Kluft zwischen dem Lebensstil in der Dritten Welt und der Metropole verringern. Die Produktpalette und der Technologieeinsatz ändern sich entsprechend. Dieser Prozess setzt Arbeitskräfte frei. Zweitens verlangt der Wunsch, diesen Lebensstil im Einklang mit den Veränderungen in der Metropole ständig anzupassen, ein Tempo des technologischen und strukturellen Wandels, das typischerweise zu einer Verdrängung von Arbeitsplätzen führt. Und drittens ändert eine Verschiebung der Einkommensverteilung weg von den Arbeitern, Bauern und Kleinproduzenten hin zum Bürgertum und zur städtischen Mittelschicht die Zusammensetzung des Warenkorbs. Dies wiederum verändert die Palette der produzierten Güter. Auch in diesem Prozess werden Arbeitskräfte ersetzt.

Aus all diesen Gründen reicht die Zahl der entstehenden Arbeitsplätze nicht dazu aus, die über Ursprüngliche Akkumulation verdrängten Arbeitskräfte in die Reihen der aktiv Beschäftigten aufnehmen zu können, auch wenn sich die kapitalistische Wirtschaft im neoliberalen Regime über Prozesse Ursprünglicher Akkumulation ausdehnt. Aber selbst in Volkswirtschaften mit hohen BIP-Wachstumsraten ist die Zahl der entstehenden Arbeitsplätze für eine Absorption verdrängter Arbeitskräfte nicht hoch genug. Dies wirft eine wichtige Frage auf: Ist die Tatsache, dass nicht genügend Arbeitsplätze geschaffen werden, ein notwendiges Charakteristikum des neoliberalen Regimes, oder ist sie nur ein Zufallsergebnis, etwas, das nur aufgrund bestimmter Parameterwerte auftritt? *Unser Argument: dies ist ein notwendiges Charakteristikum der neoliberalen Wirtschaft*. Wir wollen nun zeigen, warum das so ist.

Die Deutung von Marktsignalen in einem neoliberalen Regime

Gegeben sei eine Wirtschaft auf dem Stand der Kleinproduktion, Pächter und Landarbeiter gehören dazu. Ein Produzent verdiene im Durchschnitt einen Betrag x pro Periode, und Ursprüngliche Akkumulation als Stromgröße reduziere diesen Betrag auf y (wobei $y<x$). *Geht diese Person im kapitalistischen Sektor in aktive Beschäftigung,* und zwar mit einem Pro-Kopf-Realeinkommen von z – wobei z höher ist als x – dann steigt das durchschnittliche Pro-Kopf-Realeinkommen der arbeitenden Bevölkerung *insgesamt.* Dies erhöht die durchschnittliche Pro-Kopf-Nachfrage nach Nahrungsmittelgetreide. Wenn die Pro-Kopf-Produktion von Nahrungsmittelgetreide nicht ihrerseits steigt, führt das zu einem Nachfrageüberhang auf dem Nahrungsmittelmarkt und damit zu einer Inflation. Um diese Inflation in den Griff zu bekommen, müssen die Gesamtnachfrage, die Beschäftigung und die Produktion gedrosselt werden, mit der Folge, daß die Wirtschaft nicht genügend Arbeitsplätze zur Verfügung hätte, um die Gesamtzahl der Arbeitssuchenden zu absorbieren. Unter die Arbeitssuchenden fallen sowohl die verdrängten Kleinproduzenten als auch Personen, die bei einer wachsenden Erwerbsbevölkerung den Arbeitsmarkt erstmals betreten. Letzteres haben wir weiter oben schon angesprochen.

Anders ausgedrückt, die Wachstumsrate der Beschäftigung, g_e, im kapitalistischen Sektor ist wie folgt gegeben:

$$g_e = \text{Min.}[(g-g_p), f(g_f)] \ldots$$

g steht für die Wachstumsrate der Produktion im kapitalistischen Sektor, g_p steht für die Wachstumsrate der Arbeitsproduktivität in diesem Sektor, g_f bezeichnet die Wachstumsrate der Nahrungsmittelgetreideproduktion in der Wirtschaft. $f(g_f)$ ist jene Wachstumsrate der Beschäftigung im kapitalistischen Sektor, die durch ein bestimmtes Wachstum der Produktion von Nahrungsmittelgetreide, g_f, aufrechterhalten werden kann, ohne dass es zu einem Nachfrageüberhang auf dem Nahrungsmittelgetreidemarkt kommt. Damit die Wachstumsrate der Beschäftigung aus dem vorkapitalistischen Sektor verdrängte Produzenten absorbieren kann, muss nicht nur die Wachstumsrate der Arbeitsnachfrage, der erste Term in eckigen Klammern, die natürliche

Wachstumsrate der Arbeitskräfte übersteigen. Auch der zweite Term muss größer sein als die natürliche Wachstumsrate der Arbeitskräfte. Dazu muss die Wachstumsrate der Nahrungsmittelproduktion die Bevölkerungswachstumsrate übersteigen. Nur dann kann das reale Pro-Kopf-Einkommen gegenüber der Ausgangssituation steigen (da $z>x$).[7]

Dagegen ließe sich einwenden, dass ein Land seinen Bedarf an Nahrungsmittelgetreide nicht aus eigener Produktion decken muss, kann es doch jederzeit Nahrungsmittelgetreide importieren. Die Welt als Ganzes kann dies jedoch nicht tun. Auch großen Volkswirtschaften ist dies nicht möglich. Gingen sie auf den internationalen Markt, müsste dies die Weltmarktpreise für Nahrungsmittelgetreide in die Höhe treiben, und der Geldwert wäre bedroht. Daher müssen sie, was Nahrungsmittelgetreide betrifft, mehr oder weniger „Selbstversorger" sein.

Eine Steigerung der Pro-Kopf-Produktion von Nahrungsmittelgetreide gelingt aber nur, wenn der Staat Maßnahmen zur Intensivierung der Landnutzung durchführt. Das ist nicht nur erforderlich, um den heimischen Markt mit Nahrungsmittelgetreide zu versorgen. Vor allem muss auch die Nachfrage aus den Metropolen nach eigens für den Export erzeugten Produkten bedient werden. Dazu muss Land, das zuvor dem Anbau von Lebensmittelgetreide gedient hat, auf eine andere Nutzung umgewidmet werden. Unter dem Dirigismus hat die Intensivierung der Landnutzung noch eine wichtige Rolle gespielt. Anders im neoliberalen Regime. Unter dem Neoliberalismus vermeidet man staatlich getragene Intensivierungsmaßnahmen, weil sich der Charakter des Staats, wie oben gezeigt, verändert hat. Nun liegt der Schwerpunkt darauf, die inländische Absorption von Nahrungsmittelgetreide über eine Deflation der Einkommen der arbeitenden Bevölkerung niedrig zu halten.

Maßnahmen zur Intensivierung der Landnutzung werden durch einen weiteren Faktor behindert. Ursprüngliche Akkumulation zu Lasten der bäuerlichen Landwirtschaft *senkt* die Nachfrage dieses Sektors und die gesamtwirtschaftliche Nachfrage nach Agrarprodukten, und zwar schon bevor die verdrängten Kleinproduzenten in die Städte wandern. *Der Staat versteht die sinkende Nachfrage nach Agrarprodukten als ein Signal des Marktes und schränkt folglich seine Bemühungen um eine Intensivierung der Landnutzung ein.* Neoliberale Privatisierung ist ein wichtiges Instrument zur Entfesselung Ursprünglicher Akkumulation. Das lässt die Kosten für lebenswichtige Dienstleistungen, wie z. B. die Gesundheitsversorgung ansteigen. Ein Rückgang der Nachfrage nach Nahrungsmittelgetreide ist die Folge, da Landwirte und andere Bevölkerungskreise bei ihrer eigenen Ernährung sparen müssen, damit sie die Dienstleistungen von Krankenhäusern bezahlen können.

Die Marktsignale unter einem neoliberalen Regime weisen also immer in die Gegenrichtung zur gesamtgesellschaftlichen Rationalität. In der keynesianischen Sichtweise war der Staat der Förderer gesamtgesellschaftlicher Rationalität. Nun ist er darauf reduziert, nach dem Diktat der privaten Rationalität zu handeln. Das führt zu sinnwidrigen Ergebnissen wie zum Beispiel zum Rückzug des Staats aus der Intensivierung der Landnutzung, und das sogar in Ländern, die von Hunger geplagt sind.

In der Tat führt in einer neoliberalen Wirtschaft eine Verringerung der Kaufkraft der arbeitenden Bevölkerung zu einem Überangebot an Nahrungsmittelgetreide. Der Staat reagiert darauf mit einer Einschränkung der Intensivierungsmaßnahmen, worauf die Wachstumsrate in der Produktion von Lebensmittelgetreide sinkt. Angenommen, die verdrängten Kleinproduzenten könnten als aktiv Beschäftigte vollständig vom kapitalistischen Sektor absorbiert werden. In diesem Fall käme es bei Lebensmittelgetreide nicht zu einem Überangebot, sondern zu einem Nachfrageüberhang. Aber das würde keineswegs die gegenteilige Strategie, also eine starke Ausdehnung der Intensivierungsmaßnahmen statt ihrer Einschränkung, auslösen. Es käme anders. Zur Abwendung einer Inflation würde ein harter geldpolitischer Kurs und eine arbeitslosigkeitsverschärfende Austeritätspolitik die gesamtwirtschaftliche Nachfrage absenken.

Weil der neoliberalen Staat dank seiner verkehrten Deutung von Marktsignalen die Maßnahmen zur Intensivierung der Landnutzung zurückfährt, übersteigt die Wachstumsrate der Nahrungsmittelgetreideproduktion die Bevölkerungswachstumsrate nur geringfügig. Das gilt selbst dann, wenn das Niveau des Pro-Kopf-Verbrauchs an Nahrungsmittelgetreide niedriger ist als in der Ausgangssituation (in der das Durchschnittseinkommen in der Kleinproduktionswirtschaft bei x lag). Hinzu kommt, dass unter dem neoliberalen Regime die Agrarexporte, die Exporte von Nahrungsmittelgetreide oder von sonstigem Getreide (z. B. Futtergetreide), zunehmen. Zur Produktion von sonstigem Getreide und sonstiger Agrarprodukte müssen Flächen, die zuvor dem Anbau von Lebensmittelgetreide gedient haben, umgewidmet werden. In einem neoliberalen Regime ist deshalb die Pro-Kopf-*Verfügbar-*

keit von Nahrungsmittelgetreide immer rückläufig (Pro-Kopf-Verfügbarkeit von Nahrungsmittelgetreide ist definiert als Nettoproduktion minus Nettoexporte plus Nettoabbau der Lagerbestände). Die Wachstumsrate der Pro-Kopf-Verfügbarkeit liegt hier, verglichen mit der Ausgangsituation, bei Null oder sogar unter Null. Aus diesem Grund können die über Ursprüngliche Akkumulation verdrängten Kleinproduzenten niemals als aktiv Beschäftigte absorbiert werden. Mehr noch. Von einer Absorption bei einem Einkommen von z kann schon gar nicht die Rede sein, ist doch ihr durchschnittliches Pro-Kopf-Einkommen sogar noch niedriger als x, und zwar weil die Pro-Kopf-Verfügbarkeit von Lebensmittelgetreide im Vergleich zur Ausgangssituation gesunken ist.[8]

Zurück zu unserer formalen Darstellung. Infolge der Ursprünglichen Akkumulation war das durchschnittliche Pro-Kopf-Realeinkommen auf den Wert y geschrumpft. Die Ausgangsgröße x ist höher als die Größe y, oder: x ist bis auf y geschrumpft. Ließe sich diese Schrumpfung des realen Pro-Kopf-Einkommens rückgängig machen bis zu dem Punkt, wo es wieder den Wert x erreicht, sänke die Pro-Kopf-Verfügbarkeit von Nahrungsmittelgetreide. Das käme umgekehrt einem Nachfrageüberhang nach Nahrungsmittelgetreide gleich. Es entstünde also ein Inflationsdruck, der eine kontraktive Politik verlangt. Aber andererseits erhöht sich das Pro-Kopf-Einkommen im Sektor Kleinproduktion annahmegemäß auf x. Eine kontraktive Politik wäre also erforderlich, ist aber nicht möglich. Fazit: Geht die Pro-Kopf-Verfügbarkeit von Nahrungsmittelgetreide zurück, kann das reale Pro-Kopf-Einkommen nicht von y auf z steigen, ja es kann sich nicht einmal von y bis x erholen.

Daraus folgt: Wie hoch auch immer die BIP-Wachstumsrate ist, unter dem neoliberalen Regime verschlechtern sich im Vergleich zum ursprünglichen, vor-neoliberalen Niveau die durchschnittlichen materiellen Lebensbedingungen der arbeitenden Bevölkerung insgesamt. Das muss sich in Art und Ausmaß der Armut niederschlagen.

Die Armutsfrage

Wenn unter neoliberalen Bedingungen Kleinproduzenten in ihren traditionellen Berufen bleiben, müssen sie niedrigere Einkommen akzeptieren. Die Verschlechterung ihres Lebensstandards ist hier offensichtlich. Geben sie jedoch ihre traditionellen Berufe auf und suchen sie Beschäftigung in den Städten, finden sie dort nie genug Arbeitsplätze vor. Ihr Lebensstandard verschlechtert sich auch dort, da sie unter diesen Bedingungen im Durchschnitt nie das Einkommen *x* erhalten, das sie früher erzielten. Ihre Realeinkommen im Vergleich zur ursprünglichen Situation sinken also, aber nicht nur das. Da die relative Größe der Arbeitskräftereserven wächst, werden selbst die Reallöhne der organisierten Vollzeitbeschäftigten nach unten gezogen, ein Effekt, der immer eintritt, wenn die relative Größe der Arbeitskräftereserven zunimmt.

Daraus entwickelt sich im neoliberalen Kapitalismus eine Kongruenz zwischen den Interessen der Arbeiter und den Interessen der Bauern und Kleinproduzenten. Ursprüngliche Akkumulation verschlechtert nicht nur die Lage der Bauern und Kleinproduzenten. Sie verschlechtert sogar die Lage der arbeitenden Bevölkerung insgesamt, weshalb die Verhandlungsstärke der gewerkschaftlich organisierten Arbeitskräfte sinkt. Auch deren wirtschaftliche Lage verschlechtert sich. Wir haben also eine Situation, in der zwei Prozesse wirtschaftlicher Verschlechterung ablaufen. Entweder, die verdrängten Kleinproduzenten wandern in die Städte ab, können dort aber nicht in die Reihen der aktiv Beschäftigten aufgenommen werden, oder die Kleinproduzenten bleiben ihrem traditionellen Lebensraum verhaftet, müssen aber einen niedrigeren Lebensstandard in Kauf nehmen. Beide Abläufe führen zu einem Anstieg des relativen Umfangs absoluter Armut.

Selbst in Volkswirtschaften mit raschem BIP-Wachstum hat sich genau dies tatsächlich ereignet. Die weltweite Pro-Kopf-Getreideproduktion (durchschnittlicher jährlicher Output geteilt durch die Weltbevölkerung von 2016) lag für den Dreijahresmesswert 2015 mit 2017 bei 344,9 Kilogramm. Das ist deutlich weniger als die 355 kg für den Dreijahresmesswert 1979 mit 1981 (durchschnittlicher jährlicher Output geteilt durch die Bevölkerung von 1980). In Indien wird Armut offiziell gemessen als Anteil der Bevölkerung, der keinen Zugang zu mindestens 2.200 Kalorien pro Person pro Tag hat. Selbst in Indien, einer der wachstumsstärksten Volkswirtschaften, ist dieser Armutsindikator von 58 Prozent für den Messwert 1993–1994 auf 68 Prozent für den Messwert 2011–2012 gestiegen. Für das städtische Indien liegt die Kaloriennorm bei 2.100 pro Person pro Tag. Die entsprechenden Indikatorwerte betragen 57 Prozent (1993–1994) bzw. 65 Prozent (2011–2012). Hinsichtlich der Entwicklung in Indien ist zu beachten, dass der frühere Messzeitpunkt (1993–1994) dicht auf das Jahr 1991 folgt, mit dem die neoliberale Politik einsetzte.

Verteidiger des Neoliberalismus bestreiten beharrlich eine Zunahme der absoluten Armut. Es ist deshalb wichtig, genau zu klären, worum es uns geht. Es besteht kein Zweifel, dass sich nach der Entkolonialisierung das Leben der Menschen in der Dritten Welt stark verbessert hat: eine bessere Infrastruktur, moderne Medizin, ein größeres Bewusstsein für Hygiene und andere Entwicklungen haben die Lebenserwartung der Menschen erhöht und die Kinder- und Müttersterblichkeit gesenkt. Mit anderen Worten: Wenn man von zunehmender Armut spricht, darf das nicht als Behauptung missverstanden werden, es gehe den Menschen heute schlechter als etwa vor einem halben Jahrhundert. *Zunehmende Armut hat vielmehr eine speziellere Bedeutung: die Pro-Kopf-Verfügbarkeit über einen bestimmten Korb lebenswichtiger Güter, darunter vor allem Nahrungsmittelgetreide, ist geringer als sie vor der Einführung des neoliberalen Regimes war.*[9]

Wie gesagt nimmt im neoliberalen Kapitalismus die Armut zu. Das entspringt aber nicht irgendeiner Verschwörung oder teuflischen Absicht. Das ist einfach eine Nebenwirkung des neoliberalen *Modus Operandi*, in dem gleichzeitig eine Ursprüngliche Akkumulation entfesselt und Inflation mit Verbissenheit eingedämmt wird. Man kann das, ohne zu sehr in das Funktionieren des Marktes eingreifen zu müssen, zum Erfolg führen, indem man die Staatsausgaben, eingeschlossen die Ausgaben für die Intensivierung der Landnutzung, einschränkt.[10] Dies schafft die Voraussetzungen für eine Einkommensdeflation. Wenn die Wachstumsrate der Arbeitsnachfrage (d.h. $g - g_p$) spontan niedrig ist, kommt es ohnehin zu einer spontanen Einkommensdeflation; andernfalls erreicht man eine Einkommensdeflation über inflationshemmende Maßnahmen.

Im Rückgang der weltweiten Pro-Kopf-Getreideproduktion nach der Inflation der 70er Jahre, und im Rückgang der weltweiten Pro-Kopf-Getreideabsorption spiegelt sich lediglich der *Modus Operandi* des Neoliberalismus wider. Krugman und anderen entgeht diese Einsicht, weil sie nicht erkennen, wie sich über die neoliberale Grundlogik eine Einkommensdeflation durchsetzt. Oben haben wir auf die Exporte in die Metropolen als eine Hintergrundkonstante hingewiesen. Das gleiche Phänomen kann jedoch auch durch den Verkauf für den Konsum der örtlichen Bourgeoisie und der inländischen Mittelklasse entstehen, und zwar sowohl für den direkten Konsum (Konsum von Lebensmitteln aus Getreide) als auch für den indirekten Konsum (Futtergetreide für tierische Produkte). Jede Beschleunigung des

Wachstums des nicht-landwirtschaftlichen Sektors wird wahrscheinlich auch diese „Exportnachfrage" erhöhen. Dies verringert die Pro-Kopf-Aufnahme von Nahrungsmittelgetreide in der übrigen Gesellschaft, womit die absolute Armut steigt. Somit gilt notwendigerweise: *Mit einer Beschleunigung der Wachstumsrate einer auf tropischer Landmasse angesiedelten Wirtschaft nimmt dort die absolute Armut zu, es sei denn, es werden Maßnahmen zur Intensivierung der Landnutzung ergriffen. Unter neoliberalen Bedingungen ist das jedoch nur selten der Fall.*

Der Grund für diese Entwicklung: ein steigendes BIP erhöht die Nachfrage nach Grund und Boden. Diese Nachfrage kann sich unmittelbar auf den Erwerb von Grund und Boden beziehen (für den Bau von Golfplätzen, Luxusvillen und dergleichen), oder sie bezieht sich auf landwirtschaftliche Produkte. Im Neoliberalismus wird diese steigende Nachfrage nach Land über eine Verschärfung der Einkommensdeflation zu Lasten der arbeitenden Bevölkerung gedeckt. Diese Deflation erzeugt dann ihrerseits wieder neue Armut. Nicht nur die Nachfrage der Metropolen, auch das Wachstum in der eigenen Ökonomie ist in den Ländern der Dritten Welt für die Zunahme der Armut verantwortlich (da dort eine ausreichende Intensivierung der Landnutzung unterbleibt). Je stärker diese periphere Wirtschaft wächst, desto größer ist dort das Ausmaß der absoluten Armut.

Marx hat hervorgehoben, die Logik des Kapitalismus bringe auf der einen Seite Reichtum und auf der anderen Seite Armut hervor. Er bezog sich, was die Armut betrifft, in erster Linie auf das Wachstum der industriellen Reservearmee. Auch ist seine Aussage allgemein gehalten. Sie kann jedoch genauer gefasst werden, wenn man folgende Sätze hinzufügt: Auf der festumrissenen tropischen Landmasse muss sich eigentlich der Angebotspreis der dort erzeugten Produkte erhöhen. Daraus kann Inflation entstehen, die den Geldwert bedroht. Dieser Gefahr einer Erhöhung des Angebotspreises und darüber ausgelöster Inflation kann nur mit einer Einkommensdeflation, also mit einer Verarmung der arbeitenden Bevölkerung, begegnet werden.

Viel ist darüber geschrieben worden, dass und wie die Globalisierung über eine Nord-Süd-Verlagerung wirtschaftlicher Aktivitäten das Wachstum in den Ländern der Dritten Welt fördere. Den anderen Aspekt der Globalisierung, Einkommensdeflation und Zunahme der absoluten Armut, hat man jedoch kaum beachtet. Im nächsten Kapitel greifen wir dieses Thema wieder auf.

17 Das neoliberale Regime

1. Rudolf Hilferding, *Das Finanzkapital* (Vienna: Wiener Volksbuchhandlung, 1910).
2. Ragnar Nurkse, „International Investment Today in the Light of Nineteenth- Century Experience," *Economic Journal* 64, no. 256 (December 1954).
3. Interessanterweise gingen während der Kolonialzeit nur 10 Prozent der britischen Kapitalinvestitionen nach Indien, obwohl Indien die größte Kolonie war.
4. Paul A. Baran, *The Political Economy of Growth* (New York: Monthly Review Press, 1957); A. K. Bagchi, The Political Economy of Underdevelopment (Cambridge: Cambridge University Press, 1982).
5. Michał Kalecki, „Intermediate Regimes," in Michal Kalecki, *Selected Essays on the Economic Growth of Socialist and Mixed Economies* (Cambridge: Cambridge University Press, 1972).
6. Prabhat Patnaik, „The Economics of the New Phase of Imperialism," in Prabhat Patnaik, *Re-Envisioning Socialism* (Delhi: Tulika, 2011).
7. Wir gehen hier der Einfachheit halber davon aus, dass die natürliche Wachstumsrate der Erwerbsbevölkerung gleich der Wachstumsrate der Bevölkerung ist.
8. Die Verringerung des Pro-Kopf-Verbrauchs an Nahrungsmitteln infolge der ursprünglichen Akkumulation ist: $c(x)-c(y)$, wobei $c(x)$: Nahrungsmittelverbrauch bei Einkommen x, und $c(y)$: Nahrungsmittelverbrauch bei Einkommen y. N sei die Anzahl der von der ursprünglichen Akkumulation betroffenen Personen. Wenn $N\{c(x)-c(y)\}$, also der Gesamtrückgang der Nahrungsmittelnachfrage, einen bestimmten Schwellenwert S^* überschreitet, dann sinkt die Intensivierung der Landnutzung, so dass gf. $\leq$ n, also die Wachstumsrate der Nahrungsmittelgetreideproduktion, kleiner oder gleich der Wachstumsrate der Bevölkerung (Arbeitskräfte) wird. Da N groß ist, ist diese Bedingung erfüllt. Das bedeutet, die verdrängten Bauern können weder in den kapitalistischen Sektor aufgenommen werden, noch können sie vom niedrigeren Einkommen y auf das höhere Ausgangsniveau x zurückkehren.
9. Wenn ein Bauer ein Privatkrankenhaus aufsucht, das teurer ist als das Krankenhaus in der Zeit vor dem neoliberalen Regime, und wenn er wegen der höheren Krankenhauskosten weniger für Lebensmittel ausgibt, könnte man zu dem Schluss kommen, er stelle sich nun besser. Schließlich kann er sich nun ein teureres Krankenhaus leisten. Dies ist jedoch irreführend, denn in Wahrheit hat er gar keine andere Wahl: Das öffentliche Krankenhaus, das er früher aufgesucht hat, ist jetzt heruntergewirtschaftet oder wird im Rahmen der neoliberalen Politik abgewickelt. Da er die gleiche Gesundheitsversorgung wie früher erhält, aber weniger Lebensmittel konsumiert, ist sein von ihm konsumierter Warenkorb, vektoriell gesehen, nun kleiner; nach unserer Auffassung steht der Bauer nun ärmer da als in der Ausgangssituation.
10. Utsa Patnaik kann zeigen, dass die Beziehung: Je höher die Exportorientierung der Landwirtschaft desto geringer die Verfügbarkeit von Nahrungsmitteln im Inland, *universelle Gültigkeit* hat. Vgl. Utsa Patnaik, „Export-Oriented Agriculture and Food Security in Developing Countries and India", Economic and Political Weekly, Vol. 31, Issues 35-37, September 1996.

Kapitel 18

Ungleichheit und Ex-ante-Überproduktion

An der gegenwärtigen Globalisierung sticht eines ins Auge: Zum ersten Mal in der Geschichte des Kapitalismus kommt es zu einer De-Segmentierung der Weltwirtschaft. Während der gesamten bisherigen Geschichte des Kapitalismus war den Arbeitskräften des globalen Südens eine freie Migration in den Norden verwehrt. Das ist immer noch so. Nachdem die erzwungene Migration des Sklavenhandels zu Ende gegangen war, während derer 20 Millionen Personen von Afrika nach Süd- und Nordamerika verfrachtet worden waren, gab es – nach Arthur Lewis – im Langen Neunzehnten Jahrhundert bis zum ersten Weltkrieg zwei große Migrationsströme.[1]

Der eine Migrationsstrom führte ausgehend von tropischen und halbtropischen Regionen hinein in andere tropische und halbtropische Regionen. Diese Migranten arbeiteten dort als Niedriglohn-Kulis oder als Beschäftigte in Vertragsknechtschaft in Minen, auf Plantagen oder in anderen Wirtschaftszweigen. Zielgebiete dieser Migration waren vor allem die Westindischen Inseln, Fidschi, Ostafrika und Gebiete im westlichen Pazifik. Dort hatte sich unter den kolonialen oder halbkolonialen Regimen im Zuge der Deindustrialisierung eine riesige Arbeitskräftereserve aufgebaut. Bei dem zweiten Strom handelt es sich um eine Hochlohnmigration aus gemäßigten Regionen in andere gemäßigte Regionen. Im Wesentlichen lief dieser Strom von Europa ausgehend nach Kanada, in die Vereinigten Staaten, nach Australien, Neuseeland und Südafrika. Diesen Migranten bot sich dort die Möglichkeit, Einheimischen Land zu entreißen und sich als Bauern niederzulassen. Die Löhne dieser Migranten waren nicht deshalb hoch, weil in Europa eine „landwirtschaftliche Revolution" stattgefunden hätte. Sie waren hoch, weil sie auf Land erwirtschaftet wurden, das man den Einheimischen entrissen hatte. Besonders zu beachten: *Man hielt diese beiden Migrationsströme strikt voneinander ge-*

trennt. Niedriglohnarbeiter aus den Tropen sollten nicht mit den Hochlohnarbeitern aus den gemäßigten Regionen konkurrieren und deren Löhne unterbieten.

Diese mit Zwang durchgesetzte Trennung der beiden Migrationsströme wurde durch eine weitere Trennung ergänzt. Das Kapital aus dem Norden bewegte sich trotz rechtlicher Bewegungsfreiheit nicht ungehindert in den Süden. Ein Großteil des Kapitals floss zunächst von Großbritannien nach Europa und anschließend von Großbritannien und Europa in die von Europäern besiedelten Gebiete gemäßigten Klimas. Dieser Kapitalstrom speist sich in erheblichem Umfang aus dem Überschussabzug aus den tropischen und halbtropischen Kolonien. Es floss auch Kapital vom Norden in den Süden. Dabei ging es aber nicht darum, über eine Nord-Süd-Standortverlagerung industriellen Kapitals das koloniale Muster internationaler Arbeitsteilung zu durchbrechen und im Zielgebiet zu günstigeren Löhnen zu produzieren. Vielmehr floss Kapital aus dem Norden in Sektoren wie Bergwerke und Plantagen, mit dem Zweck, das koloniale Muster der internationalen Arbeitsteilung abzusichern.

Arbeitskräfte aus dem Süden konnten nicht frei in den Norden ziehen, und das Kapital aus dem Norden ging, ausgenommen Transfers in kolonialistisch geförderte Nischen, nicht von sich aus in den Süden. So kam es in der Tat zu einer Segmentierung der Weltwirtschaft. Einen nennenswerten Süd-Nord-Kapitalstrom gab es nicht. Der Süden konnte nur in geringem Umfang eigenes Kapital generieren. „Freihandel" und „Laissez-faire" erwiesen sich im eigenen Land in Wahrheit als Barrieren, und die Metropole war weitgehend protektionistisch abgeschottet, ganz zu schweigen von anderen unsichtbaren Schranken wie der Rassendiskriminierung.[2]

Innerhalb dieser segmentierten Welt konnte die arbeitende Bevölkerung im Norden produktivitätsorientierte Reallohnsteigerungen erkämpfen. Das gelang allerdings nicht immer im Gleichschritt, da die Arbeitsproduktivität aufgrund des Wirtschaftswachstums und des technischen Fortschritts in einem Ausmaß zunahm, dem die Reallohnsteigerungen nicht zu jeder Zeit folgen konnten. Im Süden war die Lage anders. Dort verharrten die Reallöhne mehr oder weniger auf Subsistenzniveau.[3] Dort konzentrierten sich weiterhin die riesigen Arbeitskräftereserven der Weltwirtschaft, entstanden aus dem kolonialistischen Reichtumsabzug und kolonialistischer Deindustrialisierung. Aus dieser Segmentierung der Weltwirtschaft ist die Spaltung zwischen den fortgeschrittenen und den unterentwickelten Ländern hervorgegangen.

Es bleibt eine offene Frage, warum es keine Nord-Süd-Kapitalverlagerung gab mit dem Ziel, im Süden mit der gleichen Technologie die gleichen Güter zu produzieren wie im Norden, dies aber zu den günstigeren Löhnen des Südens. Tatsache ist jedoch, dass es eine solche Verlagerung bis dahin nicht gegeben hat. Das ist der Grund für die Aufspaltung der Welt in zwei Segmente.

Diese geografische Segmentierung scheint sich mit der gegenwärtigen Globalisierung aufzulösen. Um von den dortigen niedrigeren Löhnen zu profitieren, ist das Kapital jetzt eher bereit, Produktionsstätten in den Süden zu verlagern. Nach wie vor aber ist die Mobilität der Arbeitskräfte aus den tropischen und halbtropischen Gebieten in Richtung der gemäßigten Regionen eingeschränkt. Wie das Schicksal der Flüchtlinge aus dem Süden sowohl in Europa als auch in den Vereinigten Staaten zeigt, werden Versuche, solche Beschränkungen zu umgehen, auf äußerst unmenschliche Weise bekämpft. Die Arbeitsmigration vom Globalen Süden zum Globalen Norden ist also weiterhin beschränkt, aber das Kapital ist nun eher bereit, sich im Süden zu engagieren. Nicht bei allen Ländern des Südens ist diese Kapitalverlagerung angekommen. Aber es sind doch viele, die Kapital aus dem Norden aufnehmen konnten. Eine Nord-Südverlagerung dieser Art hat wichtige Folgen. Wegen der größeren Bereitschaft des Kapitals, sich dank der niedrigeren Löhne im Süden zu engagieren und von dort aus den globalen Markt zu bedienen, löst sich die Spaltung der Welt in zwei Segmente allmählich auf.

Mit der Nord-Süd-Verlagerung wirtschaftlicher Aktivitäten sind die Lohnentwicklungen in den beiden Segmenten nun stärker miteinander verbunden. Diese Mobilität des Kapitals führt aber sicher nicht, wie in Wirtschaftslehrbüchern postuliert, zu einer Angleichung der Segmentlöhne. Aber der Unterschied zwischen den Segmentlöhnen kann sich nicht mehr im gleichen Tempo wie früher vergrößern. Denn es würde sich mit Sicherheit mehr Kapital von Norden nach Süden bewegen, sobald die Differenz der Segmentlöhne eine bestimmte Schwelle überschreitet.

Während sich die Löhne im Norden also nicht mehr weit von den Löhnen im Süden entfernen können, gelingt es im Süden nach wie vor kaum, die Löhne über das Existenzminimum hinaus anzuheben (gemeint ist hier nicht das biologische, sondern das historische Existenzminimum). Die Löhne blieben in etwa auf ihrem früheren Niveau, mit dem sich die arbeitende Bevölkerung im Süden seit Langem hatte abfinden müssen. Auch wenn Wirtschaftsaktivitäten aufgrund der Lohnunterschiede in den Süden verlagert werden, verringert sich der relative Umfang der Arbeitsreserven im Süden kaum. Wie im letzten Kapitel dargelegt, sorgt die vom neoliberalen Regime entfesselte Ursprüngliche Akkumulation, zusammen mit dem natürlichen Wachstum der Bevölkerung und damit dem Wachstum der Erwerbsbevölkerung dafür, dass das Arbeitskräfteangebot sogar noch stärker wächst als die Arbeitskräftenachfrage. Das gilt selbst in Ländern, die sich zu bevorzugten Empfängern von Nord-Kapital entwickeln konnten. Für die übrigen Länder des Südens ist die Lage noch schlechter. Steigen die Löhne im Süden, werden im Namen der Inflationsbekämpfung einkommensdeflationäre Maßnahmen ergriffen. Die Beschäftigung geht zurück, die Löhne im Süden können nicht steigen. So bleibt die Nachfrage nach Gütern, die zu steigenden Angebotspreisen produziert werden, begrenzt, und nirgendwo im System ist der Geldwert gefährdet.

Wegen dieser beiden Prozesse, der Bindung der Nord-Löhne an die Süd-Löhne und der andauernden Kopplung der Löhne im Süden an ein kaum steigendes Existenzminimum, bleibt der weltweite Vektor der Reallöhne mehr oder weniger konstant.[4] Da der Vektor der Arbeitsproduktivität jedoch weiter steigt, nimmt in jedem Land der Anteil des Überschusses am gesamtwirtschaftlichen Output weiter zu. Das ist Hauptgrund für den Anstieg der Einkommensungleichheit, wie er in der Zeit der Globalisierung zu beobachten ist.

Zunehmende Einkommensungleichheit

Betrachten wir die Frage der Einkommensungleichheit etwas genauer. Das obige Argument, mit steigender Arbeitsproduktivität erhöhe sich der Überschussanteil (Überschuss/Output), könnte erklären, warum in jedem Land der Anteil des Überschusses am gesamtwirtschaftlichen Output steigt. Es stellt sich jedoch die Frage, wie ein Anstieg des Überschussanteils – eine makroökonomische Größe – mit einer Zunahme der Einkommensungleichheit in Verbindung gebracht werden kann. Bevor wir diese Frage beantworten, sollten wir jedoch einen bestimmten Punkt klären.

Die Aussage über einen Anstieg des Überschussanteils bezieht sich auf den Ex-ante-Überschuss. Das ist wie folgt zu verstehen: Bei gegebenen Löhnen und bei einem bestimmten Output sei ein Anstieg der Arbeitsproduktivität zu verzeichnen. Wird weiterhin der gleiche Output produziert, steigt der Überschuss. Es kann jedoch sein, dass die Produktion nicht in gleicher Weise fortgesetzt wird. Der Überschuss, der sich bei gleichbleibendem Produktionsniveau eingestellt hätte, wird also nicht tatsächlich erzielt. Damit der ursprünglich erwartete Überschuss dennoch produziert werden kann, müssen Ausgaben (zu Basispreisen) getätigt werden, die genau diesem Betrag entsprechen. Ist dies der Fall, gilt uns der Überschuss als *realisiert*.

Es gibt einen einfachen Weg, über den diese Realisierung ablaufen kann: die oben erwähnten Ausgleichsausgaben werden für jene Produktion aufgewandt, aus der der Überschuss entspringt. Dann bleibt der Output im Vergleich zum Ausgangsniveau unverändert, aber die Bezieher von Surpluseinkommen beanspruchen mehr davon für sich, die Lohnempfänger bekommen entsprechend weniger. Das ist, wie gesagt ein einfacher Fall der Realisierung. Die Ausgleichsausgaben entfallen hier auf die Produktion jener Güter, aus der der Ex-ante-Surpluszuschlag entsteht. Komplexere Anpassungsmuster ergeben sich, wenn die Anpassungsausgaben zur Herstellung eines anderen Güterbündels eingesetzt werden. Auf diese komplexeren Muster müssen wir hier nicht eingehen. Aber immer muss gelten: *Nach allen Anpassungen und unter der Annahme, dass alle Löhne der „produktiven Arbeiter" konsumiert werden, muss der Ex-post-Überschuss, oder anders gesagt, muss der „realisierte" Überschuss der Summe aus Investitionen, Nettoexporten, Staatskonsum, Konsum der Kapitalisten und dem Konsum der „unproduktiven Arbeiter" entsprechen.*

Wenn die Summe – Investitionen plus Konsum der Kapitalisten plus Konsum der unproduktiven Arbeitskräfte plus Nettoexporte plus Staatskonsum – trotz des Anstiegs des Überschussanteils (Surplus / Output) sich nicht verändert, dann bleibt der Ex-post-Überschuss gleich hoch wie zuvor, aber der Anstieg des Überschussanteils stellt sich in einer *Verringerung des Outputs* im Vergleich zur Ausgangssituation dar. Dies ist die Situation, in der aufgrund eines ansteigenden Überschussanteils eine Überproduktionskrise entsteht. Wir werden das im nächsten Abschnitt erörtern.

Folgendes fällt auf: unabhängig von der Art der Anpassung äußert sich ein Anstieg des Ex-ante-Überschussanteils in einem Anstieg des Ex-post-Überschussanteils. Wir wollen dies an zwei Beispielen verdeutlichen, an einem ersten Beispiel, bei dem sich der absolute Betrag der Ex-post-Überschüsse nicht ändert, und an einem zweiten Beispiel, bei dem sich dieser Betrag ändert.

Nehmen wir der Einfachheit halber an, der gesamte Überschuss falle in Form von Profiten an. Wir lassen also „unproduktive Arbeitskräfte", Steuern,

Staatsausgaben und Außenhandel außer Betracht. Nehmen wir außerdem an, in der Ausgangssituation seien 100 Einheiten an Lohngütern produziert worden, 50 davon entsprechen der Lohnsumme und 50 entfallen auf den Profit. Dieser Profit wiederum wird entweder direkt oder indirekt für Investitionsgüter ausgegeben (der Konsum der Kapitalisten sei gleich Null). Im Bereich der Investitionsgüter beträgt die Lohnsumme 50 und die Gewinne belaufen sich auf 50 (diese Gewinne werden natürlich auch direkt oder indirekt für Investitionsgüter ausgegeben). Der gesamtwirtschaftliche Überschuss beträgt also 100. Nehmen wir nun an, aufgrund eines Anstiegs der Arbeitsproduktivität im Lohngütersektor bei gegebenen Reallöhnen steige der Ex-ante-Überschuss dieses Sektors auf 60, wobei die Gesamtinvestitionen jedoch unverändert bleiben. Bleiben die Investitionen unverändert, dann bleibt auch der realisierte Überschuss unverändert. Nur eines ändert sich. Der Output des Lohngütersektors sinkt nun um ein Sechstel, von 100 auf 83,33. Aus diesem *geringeren Output* wird aber wie zuvor ein Überschuss von 50 erwirtschaftet. Aber in diesem Fall beträgt der Gesamtüberschuss wie zuvor 100 bei einem Output von 183,33 (statt zuvor 200). *Der Anteil des Überschusses am Output ist also gestiegen.*

Betrachten wir nun den entgegengesetzten Fall, in dem Ex-ante-Überschuss und Ex-post-Überschuss immer gleich sind. Es handelt sich hierbei also um einen „krisenfreien Normalfall“. Hier steigt die Nachfrage nach Investitionsgütern, weil der Überschuss im Lohngütersektor 60 statt 50 beträgt. Da im Investitionsgütersektor keine Steigerung der Arbeitsproduktivität stattgefunden hat, bleibt der Anteil des Überschusses in diesem Sektor unverändert. Es kommt also zu einem Outputanstieg im Investitionssektor (Anstieg auf 120), der Lohnsumme (Anstieg auf 60) und des Überschusses (Anstieg auf 60). Dieser Überschuss fließt annahmegemäß in die Investition, da wir von einem „krisenfreien Normalzustand“ ausgehen. In der neuen Situation beträgt der Gesamtüberschuss also 120 (d.h. 60+60), und der gesamtwirtschaftliche Output liegt bei 220 (d.h. 100+120). Damit ist im zweiten Beispiel der Anteil des Überschusses an der Gesamtwirtschaft von 50 Prozent (100 von 200) auf 54,5 Prozent (120 von 220) gestiegen.

Daraus folgt, unabhängig von der Art der Anpassung äußert sich ein Anstieg des Ex-ante-Überschussanteils in einem Anstieg des Ex-post-Überschussanteils (Überschussanteil: Überschuss/Output). Geht nun der Überschuss beispielsweise an die obersten 10 Prozent der Bevölkerung, von denen wir annehmen, dass sie als Eigentümer von Sachkapital Besitzeinkommen beziehen, dann äußert sich der Anstieg des Überschussanteils in einem Anstieg des Anteils der obersten 10 Prozent der Bevölkerung am Volkseinkommen. *Ein empirisch festzustellender Anstieg der Ungleichheit zwischen den Haushaltseinkommen lässt sich also durch einen Anstieg des Ex-ante-Überschussanteils erklären, der sich seinerseits aus einem Anstieg der Arbeitsproduktivität bei gegebenen Reallöhnen ergibt. Das gilt nicht unbedingt für alle Sektoren, trifft aber auf jene Sektoren zu, aus denen der Überschuss entspringt.*

Nach Thomas Piketty hat die Ungleichheit der Einkommensverteilung in den meisten Ländern zugenommen. Auch andere Forschungsarbeiten bestätigen diesen Befund.[5] Pikettys Erklärung dieses Befunds ist jedoch theoretisch fehlerhaft. Er erklärt den Anstieg der Einkommensungleichheit mit einem neoklassischen Wachstumsmodell: Überschreitet die Profitrate die natürliche Wachstumsrate, erhöht sich auf dem Weg zum Gleichgewichtszustand die Kapitalintensität. In einer Situation, in der die Substitutionselastizität zwischen Kapital und Arbeit größer ist als eins, erhöht eine steigende Kapitalintensität den Anteil der Gewinne an der Produktion. Nach Piketty ist das die Ursache für die wachsende Einkommensungleichheit. Er beruft sich dabei auf zwei Ungleichheiten: $r > n$ und $\varepsilon > 1$. Dabei bezeichnet r die Profitrate, n steht für die natürliche Wachstumsrate und ε für die Substitutionselastizität.

Aber selbst in Pikettys eigenem Ansatz muss $r > n$ nicht zwangsläufig zu einer höheren Kapitalintensität führen, da nach Pasinetti im Gleichgewichtszustand gilt: $n = s_c \cdot r$, wobei s_c die Sparneigung der Kapitalisten bezeichnet und kleiner ist als 1.[6] Und es gibt keinen Grund, warum ε größer sein sollte als 1. Außerdem müsste nach dieser Argumentation der Anstieg der Einkommensungleichheit automatisch enden, wenn ein Fließgleichgewicht erreicht ist, und zwar selbst dann, wenn $s_c = 1$.

Vor allem aber setzt das neoklassische Wachstumsmodell stets Vollbeschäftigung und damit das Say'sche Gesetz voraus. Wie oben gezeigt, ist dieses Gesetz in einer Wirtschaft mit Geldgebrauch nicht gültig, und kapitalistische Wirtschaft ist zuallererst Geldwirtschaft. Die Vollbeschäftigungsannahme, auf die sich Pikettys Erklärung stützt, ist nicht nur empirisch fehlerhaft. Für eine kapitalistische Wirtschaft, also eine Wirtschaft mit Geldgebrauch, ist sie auch logisch unhaltbar. Pikettys empirische Ergebnisse sind sehr wertvoll, müssen aber theoretisch anders erklärt werden.[7] Wir haben oben eine Erklärung vorgelegt, die diese theoretische Lücke schließen soll. Unter dem Globalisierungsregime, so unsere Erklärung, resultiert die Zunahme der Ungleichheit auf Länderebene aus einem steigenden Überschussanteil (Surplus in Prozent des Outputs) in der entsprechenden Volkswirtschaft. Dieser Anstieg erklärt sich seinerseits daraus, dass der länderspezifische Vektor der Arbeitsproduktivität gestiegen ist, während sich der länderspezifische Vektor der Reallöhne nicht verändert hat.

Die Ex-ante-Tendenz zur Überproduktion

Wir haben bisher von einem Anstieg des Überschussanteils (Surplus in Prozent des Output) innerhalb jedes einzelnen Landes gesprochen. Daraus lässt sich nicht logisch ableiten, dass der Überschussanteil in der Weltwirtschaft insgesamt auch dann steigt, wenn sich die Aufteilung der Weltproduktion auf die Länder ändert (was ja letztlich der Grund dafür ist, dass der Anteil der Überschüsse in jedem Land steigt). Wir können aber eine hinreichende Bedingung bestimmen, unter der sich steigende Surplusanteile auf Länderebene übersetzen in einen steigenden Surplusanteil auf der Ebene der Weltwirtschaft. Wenn sich die Verteilung der weltwirtschaftlichen Aktivitäten über die Länder ändert, nehmen einige Länder Aktivitäten auf, andere geben Aktivitäten ab. Ist nach der Aktivitätenverlagerung der Überschussanteil in empfangenden Ländern gleich oder größer als in den abgebenden Ländern vor der Verlagerung, dann steigt der Überschussanteil auf der Ebene der Weltwirtschaft.

Es kann kaum ein Zweifel daran bestehen, dass die so genannten Schwellenländer wie Indien, China und Brasilien derzeit einen größeren Überschussanteil aufweisen als die fortgeschrittenen kapitalistischen Länder in der Basisperiode. Nur zur Veranschaulichung: Das oberste 1 Prozent der Bevölkerung in den Vereinigten Staaten verfügte im Jahr 1978 über 11 Prozent des Volkseinkommens, im Jahr 2014 verfügte in China das oberste 1 Prozent der Bevölkerung über 13 Prozent des Volkseinkommens, und in Indien liegt der entsprechende Wert bei 22 Prozent. Daraus folgt, dass sich während der Globalisierung und durch die Globalisierung der Überschussanteil auch auf der Ebene der Weltwirtschaft erhöht hat.

Eine Erhöhung des Überschussanteils auf der Ebene der Weltwirtschaft führt nach Kalecki, auf den sich dann später Baran und Sweezy in *Monopol-*

kapital stützen, zu einer Ex-ante-Überproduktion.[8] Das Argument lautete wie folgt: In jeder Periode ist der Anteil des Surpluseinkommens am konsumierten Volkseinkommen im Allgemeinen geringer als der Anteil des Einkommens der Lohnempfänger. Jede Umverteilung des Einkommens von den Lohnempfängern zu den Überschussempfängern innerhalb einer gegebenen Periode führt also zu einer Verringerung des Konsums in dieser Periode und – bei jedem Investitionsniveau – zu einer Verringerung der Gesamtnachfrage in dieser Periode. Da die tatsächlichen Investitionen in jeder Periode durch die in der Vergangenheit getroffenen Investitionsentscheidungen bestimmt werden, kann man ihre Höhe in der aktuellen Periode als eine gegebene Größe betrachten. Finden nun Verschiebungen weg von den Löhnen hin zu den Überschüssen statt, verringert sich die Gesamtnachfrage in der betreffenden Periode.

Im betreffenden Zeitraum entsteht also eine Situation der Ex-ante-Überproduktion. Aber das ist keineswegs alles. Wird dem nicht entgegengewirkt, führt dies zu einer Verringerung der Kapazitätsauslastung in der betreffenden Periode, mit Auswirkungen auf die Investitionsentscheidungen, die in der laufenden Periode getroffen werden, die aber erst in den nachfolgenden Perioden Früchte tragen werden. Im Vergleich zu der Situation ohne Ex-ante-Überproduktion sind die Investitionen in der Folgeperiode nun niedriger. Das wiederum hat Auswirkungen auf die übernächste Periode. Daraus folgt, selbst eine einmalige Verschiebung von Lohneinkommen zu Surpluseinkommen innerhalb ein- und derselben Periode führt dazu, dass das Investitions- und Produktionsprofil in allen nachfolgenden Perioden niedriger ausfällt, als es ohne diese Verschiebung ausgefallen wäre. Eine Wirtschaft, die zuvor ein stetiges Wachstum verzeichnet, wird durch den Anstieg des Überschussanteils auf ein geringeres Wachstum hinabgedrückt.

Es gibt zwei verschiedene Gründe, warum das Produktionsprofil fällt: zum einen, weil sich der Wert des keynesianischen Multiplikators verringert, wenn sich die „Konsumneigung“ der Wirtschaft infolge der Lohn-Surplus-Verschiebung abschwächt; zum anderen, weil die Investitionen auf das Niveau der Kapazitätsauslastung reagieren. (Nach Kalecki reagieren die Investitionen nicht auf die Kapazitätsauslastung, sondern nur auf die Profitrate, und da sich die Profitrate in der Periode, in der es zu einer Lohn-Surplus-Verschiebung kommt, nicht ändert – die tatsächlichen Investitionen bleiben ja unverändert – sinke das Produktionsprofil allein wegen eines rückläufigen

Konsumprofils. Nach Josef Steindl reagieren die Investitionen, anders als nach Kalecki, sehr wohl auf die Kapazitätsauslastung. Die Absenkung des Produktionsprofils erklärte er aus beiden obengenannten Gründen.)

Eine Lohn-Surplus-Verschiebung kann einmalig auftreten, ohne dass ihr weitere folgen. Es kann aber auch eine Abfolge solcher Verschiebungen geben. Das haben wir in unserer Argumentation besonders hervorgehoben. Bei einer Abfolge wiederholter Lohn-Surplus-Verschiebungen bewegt sich die Wirtschaft auf ein immer geringeres Wachstum zu, da die Arbeitsproduktivität *weiter steigt*, während die Reallöhne mehr oder weniger konstant bleiben.

Jede durch eine Lohn-Surplus-Verlagerung ausgelöste Tendenz zur Überproduktion und Stagnation ist eine Ex-ante-Tendenz. Sie muss sich also nicht tatsächlich manifestieren, entgegenwirkende Faktoren können sie unterdrücken. Nun waren für den Kapitalismus lange Zeit, bis hin zum Ersten Weltkrieg, zwei Merkmale besonders charakteristisch. Das eine war die Segmentierung der Weltwirtschaft. Sie ermöglichte es der arbeitenden Bevölkerung in fortgeschrittenen Volkswirtschaften dank steigender Arbeitsproduktivität höhere Löhne zu erzielen. Der Tendenz zur Lohn-Surplus-Verlagerung wurde so Einhalt geboten.

Allerdings gab es sehr wohl eine Verschiebung, aber keine Lohn-Surplus-Verschiebung, sondern eine Verschiebung weg von den Einkommen der Rohstoffproduzenten hin zu den Surpluseinkommen. Dies zeigt sich zum einen an dem zugegebenermaßen umstrittenen statistischen Befund, dass der Anteil der Löhne am Volkseinkommen in den fortgeschrittenen kapitalistischen Ländern vom letzten Viertel des 19. Jahrhunderts bis hin zum Zweiten Weltkrieg mehr oder weniger konstant geblieben ist, und zum anderen an der langfristigen Verschlechterung der Austauschbedingungen (Terms of Trade) für Rohstoffe gegenüber den Industriegütern im gleichen Zeitraum. Auch diese Verteilungsverschiebung könnte eine Ex-ante-Tendenz zur Überproduktion und damit zur Stagnation hervorgerufen haben, und es gibt die Auffassung, dass dies tatsächlich so abgelaufen ist.[9]

Aber hier wird das zweite Charakteristikum des damaligen Kapitalismus relevant. Er verfügte nämlich über die kolonialen und halbkolonialen „Anzapfmärkte", also über Märkte, die auf Abruf bereitstanden. Sollten diese dauerhaft gegen die Tendenz zur Überproduktion wirken, mussten zwar immer neue Märkte erschlossen werden; tiefer und tiefer musste der Kapitalismus in die überkommene Wirtschaft der Kolonien und Halbkolonien eingreifen. Aber diesen Übergriffen stand keine Schranke entgegen. Deshalb konnte es trotz eines Anstiegs des „Monopolisierungsgrads" (Kalecki) zu dem Boom des Langen 19. Jahrhunderts kommen. Der Anstieg des Monopolisierungsgrads hätte den Anteil der Oligopolprofite am Gesamtwert des gesamtwirtschaftlichen Outputs (Rohstoffkosten eingeschlossen) erhöhen müssen. Dies hätte dann eine Tendenz zur Überproduktion und Stagnation nach sich gezogen. Dem wirkte die Erschließung immer neuer Anzapfmärkte entgegen.

In der Periode des Dirigismus nach dem Zweiten Weltkrieg gab es in der fortgeschrittenen kapitalistischen Welt erneut ein Gegenmittel gegen jede Tendenz zu Überproduktion und Stagnation: die staatsinterventionistische Steuerung der Nachfrage. Auch dieses Regime hatte seinen „Anzapfmarkt", nun aber geschaffen durch die staatlichen Ausgaben. Da der Staat sich um ein nachhaltig hohes Beschäftigungsniveau bemühte – denn eine hohe Arbeitslosigkeit hätte die soziale Legitimität des Systems angesichts der sozialistischen Herausforderung untergraben – schuf er tatsächlich so etwas wie einen Markt auf Abruf. Ob es in den Vereinigten Staaten im dirigistischen Nachkriegsregime, wie Baran und Sweezy meinen, eine solche Ex-ante-Tendenz zu Überproduktion und Stagnation gab, ist umstritten. In Kapitel 15 haben wir das erörtert. Aber selbst wenn es eine solche Tendenz gab, gab es diese nur ex ante. Der Staat hat sie über Ausgabenprogramme unterdrückt und so den Nachkriegsboom, das so genannte Goldene Zeitalter des Kapitalismus, ermöglicht.

In der gegenwärtigen neoliberalen Phase besteht *nach wie vor die Ex-ante-Tendenz* zur Überproduktion und Stagnation, *gleichzeitig fehlen nun aber die Mittel,* diese Tendenz zu unterdrücken. Die beiden wichtigsten Gegenmaßnahmen – damit auch die wichtigsten exogenen Anreize (dazu später mehr) – stehen nicht mehr zur Verfügung. In Zeiten des Kolonialismus und Halbkolonialismus konnte das kapitalistische System immer tiefer in die vorkapitalistischen Wirtschafsbereiche eindringen. Unter neoliberalen Bedingungen würde eine Fortsetzung dieser Strategie nicht ausreichen, der Tendenz zur Überakkumulation und Stagnation wirksam zu begegnen. Und das Finanzkapital kann nun staatsinterventionistische Nachfragesteuerung wirksam verhindern. Staatliche Nachfragesteuerung hatte das Finanzkapital schon immer abgelehnt. Es hatte sie aber wegen der sozialistischen Bedrohung in der Nachkriegszeit zwangsläufig akzeptieren müssen. Diese Notwendigkeit entfällt nun im neoliberalen Regime. Also: Der Kapitalismus mag nach wie vor weiter in vorkapitalistische Wirtschaftsbereiche eindringen, als ein Mittel gegen die Tendenz zur Überproduktion und Stagnation reicht das aber nicht mehr aus. Auch staatliche Ausgabenprogramme fallen als Gegenmittel aus. Das zeigt sich daran, dass inmitten der Rezession nach 2008, nach einer anfänglichen Phase des Zauderns, überall der Schwerpunkt auf „Sparsamkeit" und korrekter Haushaltsführung lag (bis die aktuelle Pandemie dazu zwang, die Haushaltsführung zu lockern).

Spekulationsblasen

Es drängt sich nun die Frage auf, wenn dem neoliberalen Kapitalismus eine Tendenz zur Stagnation anhaftet, und wenn die beiden grundlegenden Mittel, dieser Tendenz zu begegnen, nicht mehr zur Verfügung stehen, wie erklären sich dann die doch recht beachtlichen Wachstumsraten vor der Finanzkrise im Jahr 2008? Genauer gesagt, wie erklärt sich, dass die Wachstumsraten im fraglichen Zeitraum nicht *gefallen* sind, wo doch unsere bisherige Argumentation nahelegt, dass sie hätten fallen müssen. Es ist festzuhalten, dass die Wachstumsrate der fortgeschrittenen kapitalistischen Länder (OECD) im Zeitraum 1973-2008 etwa halb so hoch war wie die Wachstumsrate in den Jahren 1951 bis 1973. Zweifelsohne waren die Wachstumsraten in den fortgeschrittenen kapitalistischen Ländern in der neoliberalen Phase im Durchschnitt niedriger. Aber diese Wachstumsrate hat sich eben nicht *verlangsamt*. Nach unserer bisherigen Argumentation hätte sie sich aber verlangsamen müssen.

Die vielfach vorgebrachte Antwort auf diese Frage lautet: Nachdem der Staat unter dem Druck des Finanzkapitals keine Nachfragesteuerung mehr betreiben konnte, haben zwei Faktoren diese staatliche Rolle ersetzt. Der eine ist die wachsende Verschuldung, die den Konsum der arbeitenden Bevölkerung (aber auch anderer Kreise der Bevölkerung) trotz stagnierender Reallöhne in die Höhe getrieben hat, und der andere ist das Aufkommen von Blasen bei den Vermögenspreisen.

Die Verschuldung allein kann die Gesamtnachfrage nur vorübergehend ankurbeln, denn die Kreditnehmer werden zögern, im Verhältnis zu ihrem Einkommen und Vermögen immer mehr Kredite aufzunehmen, und die Kreditgeber sind nicht bereit, im Verhältnis zu Vermögen und Einkommen der Kreditsuchenden immer mehr Kredite zu vergeben. Hier kommen Vermögenspreisblasen ins Spiel. Sie erhöhen sowohl die Bereitschaft der Kreditnehmer als auch der Kreditgeber, die Verschuldung zu erhöhen. Das kurbelt den Konsum und die gesamtwirtschaftliche Nachfrage an. Und in dem Maße, wie sich die Blasenbildung speziell bei Finanzanlagen abspielt, senkt dies auch die Kosten für die Kreditaufnahme. Das kann dann auch Investitionen stimulieren. Die künstliche Aufwertung von Vermögensanlagen durch eine Vermögenspreisblase steigert somit die Gesamtnachfrage sowohl durch einen höheren Konsum als auch durch eventuell höhere Investitionen.

Ohne großen Zweifel war der Wachstumsprozess im neoliberalen Kapitalismus, besonders in den Vereinigten Staaten, in hohem Maße von der Herausbildung von Vermögenspreisblasen abhängig. Solche Blasen haben die dortige Nachfrage und damit die Nachfrage in der Weltwirtschaft insgesamt angekurbelt. Die Wachstumsphase der 1990er Jahre war mit der „Dotcom-Blase“ in den Vereinigten Staaten verbunden, und die Wachstumsphase des laufenden Jahrhunderts vor 2008 hing mit der Immobilienblase in den USA zusammen.

Es ist eine Ironie, dass nach dem Zusammenbruch der Immobilienblase die US-Notenbank viel Kritik einstecken musste. Sie habe in verantwortungsloser Weise die Blasenbildung gefördert und die Blase länger als verantwortbar aufrechterhalten. Besonders kritisiert wurde, dass Alan Greenspan nach dem Zusammenbruch der Dotcom-Blase die Zinsen gesenkt hat und damit dem Aufbau der Immobilienblase Vorschub geleistet habe. Diese Kritik übersieht, dass nach Abschwung der Dotcom-Wirtschaft nur die Immobilienblase einen neuen Aufschwung stützen konnte.

Mit anderen Worten, im neoliberalen Kapitalismus sind Blasen der entscheidende und unentbehrliche wachstumsstimulierende Mechanismus, auch wenn jede Blase unweigerlich platzt und auf jedes Platzen einer Blase eine Krise folgt. Wer Alan Greenspan dafür kritisiert, er habe den Aufbau einer Blase gefördert, beschuldigt einen Einzelnen für Fehler des Systems. Diese Kritik gibt sich dem frommen Glauben hin, das System könnte auch ohne Spekulationsblasen ein respektables Wachstum aufweisen. Wer „Subprime-Kredite“ anprangert, übersieht, dass ohne die Kredite, die sich im Nachhinein als zweitklassig herausstellen, das System nicht in der Lage gewesen wäre, einen Aufschwung einzuleiten.

Soll die Wirtschaft nicht in eine Stagnation abgleiten, muss der Boom durch eine Senkung des Zinssatzes verlängert werden. In einer neoliberalen kapitalistischen Wirtschaft geschieht das über die Vorbereitung der nächsten

Blase (auch wenn es nicht tatsächlich zu einer Blase kommen muss). Nach der Logik des Systems kommt es zum Wachstum, wenn die „Subprime-Kredite“ auf keinen Fall als das erscheinen, was sie tatsächlich sind – zweitklassig. Läge aber die Zweitklassigkeit dieser Kredite offen zu Tage und würde man sie deshalb unterbinden, käme es nicht zu Wirtschaftswachstum.

Wachstumsstimulierung war immer schon erforderlich. Vor dem Ersten Weltkrieg hat das kolonialistische Arrangement die Rolle der Wachstumsstimulierung übernommen. Nach dem Zweiten Weltkrieg kam diese Rolle der staatsinterventionistischen Nachfragesteuerung zu. Es stellt sich nun die Frage: Warum erscheint uns dann Wachstumsstimulierung im Neoliberalismus als besonders problematisch? Antwort: Blasen als Stimulus unterscheiden sich in zwei entscheidenden Punkten von den vorherigen Stimuli.

Erstens kann Blasenbildung nicht im gleichen Sinn als exogener Stimulus verstanden werden wie das Eindringen in vorkapitalistische Märkte im Rahmen des kolonialen Arrangements oder wie staatsinterventionistische Nachfragesteuerung. Ein Anreiz ist exogen, wenn er in jeder Folgeperiode zusätzliche Investitionen verursacht. Investitionen sind zusätzlich, wenn sie zu folgenden Investitionssteigerungen hinzukommen: Investitionssteigerungen, die über den Multiplikator-Akzelerator-Prozess laufen, oder Investitionssteigerungen, die auf der Erwartung künftigen Marktwachstums beruhen. Kolonialmärkte und staatliche Interventionen sind in diesem Sinne exogen, Blasen sind es nicht. Sie mögen sich bilden oder auch nicht. Investitionen, die in jeder Folgeperiode nur aufgrund des Eintritts einer Blase getätigt werden, gibt es nicht, denn es ist offen, ob und wann eine solche Blase tatsächlich eintritt. Blasen können der Wirtschaft nicht zu einem positiven Trend verhelfen, Kolonialismus oder staatsinterventionistische Nachfragesteuerung können das sehr wohl. Letztere Stimuli sichern für Investitionen selbst dann noch eine feste Untergrenze, wenn ein Boom zusammenbricht. Auf Spekulationsblasen trifft das nicht zu.

Zweitens waren staatliche Interventionen und Kolonialmärkte nicht nur exogen in dem Sinne, als sie dem System zu einem positiven Wachstumstrend verhalfen. Sie stellten auch Anzapfmärkte (*markets on tap*) bereit, die jederzeit zugänglich waren und einen Zusammenbruch des Booms verhinderten. Sie boten mehr als nur eine Untergrenze bei einbrechender Konjunktur, sie verhinderten sogar den Einbruch selbst. Diese Märkte auf Abruf glichen jedes gesamtwirtschaftliche Nachfragedefizit aus und halfen so, einen Konjunktureinbruch abzuwenden. Es liegt auf der Hand, Blasen können diese Funktion von Märkten auf Abruf nicht übernehmen.

Abgesehen von den Jahren der Depression zwischen den beiden Weltkriegen unterscheidet sich der neoliberale Kapitalismus von allen früheren Phasen des Kapitalismus. Dem Neoliberalismus fehlt ein Stützmechanismus, der mit den Mechanismen vorangegangener langanhaltender Aufschwünge vergleichbar wäre. Die damaligen Stützmechanismen waren externe Stimuli und ergänzende Abrufmärkte in einem. Vergleichbare Mechanismen fehlen im Neoliberalismus. Er ist daher von Natur aus anfällig für Stagnation und gleicht darin dem Kapitalismus der Zwischenkriegszeit. Auch damals gab es keine Stabilisierungsmechanismen, die gegen Stagnation hätten schützen können. Im Neoliberalismus wird diese Stagnationsanfälligkeit durch die Lohn-Surplus-Verlagerung, die sie in der Weltwirtschaft verursacht, noch erheblich verstärkt.

Wie oben ausgeführt, war der Kolonialismus das ideale Arrangement für den Kapitalismus. Kolonialismus bot einen Mechanismus zur Stützung der gesamtwirtschaftlichen Nachfrage und sorgte gleichzeitig für eine Einkommensdeflation, die überall im System eine Geldwertbedrohung ausschloss. Der Dirigismus nach dem Zweiten Weltkrieg bot mit der Nachfragesteuerung zwar einen Wachstum stimulierenden Mechanismus, aber es fehlte ihm ein Instrument, das erlaubt hätte, Inflation zu verhindern und den Geldwert zu schützen. Der neoliberale Kapitalismus verfügt über einen solchen Mechanismus der Inflationsprävention, nämlich Einkommensdeflation in der Dritten Welt. Aber dafür fehlt ihm ein verlässliches Instrument zur Stützung des Wachstums. Wachstum wird in diesem System im Wesentlichen durch die Bildung von Blasen vorangetrieben. Blasen aber treten weder mit vorhersagbarer Regelmäßigkeit auf, noch kann man sie aktiv auslösen. Die neoliberale Phase führt den Kapitalismus in eine Sackgasse. Wir behandeln diesen Punkt im nächsten Kapitel.

18 Ungleichheit und Ex-ante-Überproduktion

1. W. Arthur Lewis, *The Evolution of the International Economic Order* (Princeton, NJ: Princeton University Press, 1978).
2. A. K. Bagchi, *The Political Economy of Underdevelopment* (Cambridge: Cambridge University Press, 1982).
3. Belege zur Bewegung der Lohnquote in den USA und im Vereinigten Königreich, vom späten 19. Jahrhundert bis zum Ende der 1930er Jahre, finden sich in Michal Kalecki, *The Theory of Economic Dynamics* (London: Allen and Unwin, 1954).
4. Nach Joseph Stiglitz war im Jahr 2011 das Realeinkommen einer typischen männlichen Arbeitskraft in den USA geringfügig niedriger als im Jahr 1968. Vgl. seinen Artikel „Inequality Is Holding Back the Recovery" in *New York Times*, January 13, 2013.
5. Thomas Piketty, *Capital in the Twenty-First Century* (Cambridge, MA: Harvard University Press, 2013).
6. Luigi L. Pasinetti, „Rate of Profit and Income Distribution in Relation to the Rate of Economic Growth," *Review of Economic Studies* 29, no. 4 (October 1962).
7. Eine umfassende Kritik an Pikettys theoretischer Position findet sich in Prabhat Patnaik, „Capitalism, Inequality and Globalization," *International Journal of Political Economy* 43, no. 3 (April 2015).
8. Michał Kalecki, *Theory of Economic Dynamics* (London: Allen and Unwin, 1954); Paul A. Baran and Paul M. Sweezy, *Monopoly Capital* (New York: Monthly Review Press, 1966).
9. W. Arthur Lewis, *Economic Survey 1919–1939* (Philadelphia: Blackiston, 1950); Prabhat Patnaik, Introduction to Lenin and Imperialism (Delhi: Orient Longmans, 1986).

Kapitel 19

Kapitalismus in der Sackgasse

Die mit dem Jahr 2008 einsetzende Krise dauert bis heute an. Sie ist, so haben wir im vorausgegangenen Kapitel argumentiert, nicht nur deshalb entstanden, weil in den Vereinigten Staaten eine Immobilienblase geplatzt ist. Sie ist Ausdruck eines tieferen Problems: Wie in der Zwischenkriegszeit der Großen Depression gibt es keinen exogenen Stimulus, der einen Abschwung zumindest begrenzen oder einen positiven Wachstumstrend sicherstellen könnte. Erst recht fehlt ein „Markt auf Abruf" („market on tap"), der von vornherein verhindern könnte, dass es überhaupt zu einem Abschwung kommt.

Das koloniale Arrangement hatte eine entscheidende Rolle als externer Stimulus gespielt. Aber beginnend mit dem Ersten Weltkrieg war es immer weniger imstande, diese Aufgabe zu erfüllen. Nach dem Zweiten Weltkrieg fungierte dann die staatsinterventionistische Nachfragesteuerung als exogener Stimulus. Wegen des Widerstands des globalisierten Finanzkapitals, dessen Durchschlagskraft durch diese Globalisierung selbst um ein Vielfaches zugenommen hat, ist auch diese Art der Wachstumsstimulierung nicht länger möglich. Weil keine exogenen Stimuli mehr verfügbar sind, treten nun Wachstumsphasen nur dann auf, wenn sich eine Blase bildet. Aber diese Blasen sind weder wirklich exogen noch bieten sie einen Markt auf Abruf. Und dieses Problem fehlender exogener Stimuli wird durch die Tendenz zur Überproduktion, ihrerseits hervorgerufen durch die Globalisierung des Kapitals, noch verschärft.

Wir befinden uns also in einer Periode lang anhaltender Stagnation des Weltkapitalismus. Innerhalb des vorherrschenden Regimes blitzen von Zeit zu Zeit blasengetriebene Aufschwungphasen auf, die aber sofort wieder zusammenbrechen, sobald die Blase platzt. Der neoliberale Kapitalismus verfügt zwar über einen Mechanismus zur Eindämmung der Inflation und damit zum Schutz des Geldwertes (Einkommensdeflation in der Dritten Welt). Es fehlt ihm aber ein verlässlicher Mechanismus exogener Wachstumsstimulierung. Was bleibt, ist die unzuverlässige Stimulierung durch Vermögenspreisblasen. Der gegenwärtigen Wirtschaft wohnt eine Ex-ante-Tendenz zur Überproduktion inne, wie sie der Weltkapitalismus nie zuvor gekannt hat. Vor diesem Hintergrund wiegt der Mangel an echter exogener Stimulierung besonders schwer.

Wie in der gegenwärtigen Phase fehlte auch dem Kapitalismus der Zwischenkriegszeit ein externer Wachstumsanreiz. Neben dieser Gemeinsamkeit gibt es jedoch zwischen den beiden Perioden einen wichtigen Unterschied. In der Zwischenkriegszeit war vielen der künftige Weg des Kapitalismus klar. Dank der keynesianischen Revolution eröffnete sich damals eine staatsinterventionistische Nachfragesteuerung als Weg in die Zukunft. Dieser Weg war frei, sobald der Widerstand des damals noch *national fundierten* Finanzkapitals überwunden war. Heute aber gibt es keine klare Zukunftsperspektive. Eine Rückkehr zum staatsinterventionistischen Regime würde Kapitalverkehrskontrollen verlangen. Der Staat bleibt weiterhin Nationalstaat, und wenn er eine aktiv gestaltende Rolle spielen will, muss er seine Volkswirtschaft von den globalen Kapitalströmen abkoppeln. Nur so kann er sich gegen den Willen des internationalen Finanzkapitals durchsetzen. Mit anderen Worten: Rückkehr zu Kapitalverkehrskontrollen bedeutet *Rückzug aus der Globalisierung*, denn das Hauptmerkmal der gegenwärtigen Globalisierung ist die Globalisierung der Kapitalströme, vor allem der Finanzströme.

Es könnte noch einen anderen Weg in die Zukunft des Kapitalismus geben, nämlich die Errichtung eines globalen Ersatzstaats in Form einer Koordination zwischen den großen Nationalstaaten. Er könnte den Widerstand des globalisierten Finanzkapitals gegen eine staatliche Stimulierung der Weltwirtschaft durch koordinierte fiskalische Anstrengungen überwinden. Auf globaler Ebene könnte eine konzertierte Aktion mehrerer mächtiger Nationalstaaten, so die Idee, das wiederholen, was einzelne Nationalstaaten nach dem Zweiten Weltkrieg auf nationalstaatlicher Ebene getan haben: den Widerstand brechen, den das Finanzkapital staatsinterventionistischer Nachfragesteuerung entgegensetzt. Das Ergebnis wäre nun eine zwischenstaatlich koordinierte fiskalische Stimulierung der Weltwirtschaft.

Diese Möglichkeit wird jedoch kaum noch diskutiert. Anders in der Zwischenkriegszeit. Damals gab es viele, darunter Keynes, die sich für eine zwischen den großen Nationalstaaten koordinierte fiskalische Stimulierung stark machten.[1] Heute jedoch hört man solche Stimmen nur noch selten. Unter dem Einfluss des internationalen Finanzkapitals schwören die meisten Ökonomen immer noch auf „gesunde Finanzen" als den nationalstaatlichen Pfad der Tugend.

Die strukturelle Krise des Kapitalismus hat zwei Aspekte. Zum einen ist das System nicht in der Lage, ein nachhaltiges Wachstum zu generieren. Gelegentlich auftretende Blasen sorgen zwar für Wachstum, aber die Aufschwünge sind nur kurz. Das System hat deshalb nicht das Potential, die Massenarbeitslosigkeit zu überwinden. Massenarbeitslosigkeit und eine durch die Globalisierung des Kapitals verursachte Lohnstagnation üben selbst in den fortgeschrittenen Ländern Druck auf die Einkommen der arbeitenden Bevölkerung aus. Das ist der eine Aspekt der strukturellen Krise. Der andere besteht darin, dass es keine klare Vorstellung darüber gibt, wie ein Weg nach vorne aussehen könnte, denn jeder Weg nach vorne verlangt die Überwindung der Hegemonie des internationalen Finanzkapitals. Diese Hegemonie könnte auf zweierlei Weise gebrochen werden. Entweder die Staaten ziehen sich auf nationaler Ebene aus der Globalisierung zurück, oder wichtige Staaten koordinieren sich zu einem gemeinsamen Angriff auf diese Hegemonie. In bürgerlichen Kreisen gibt es jedoch noch nicht einmal ein Bewusstsein dafür, dass diese Hegemonie überwunden werden muss, geschweige denn einen Versuch, sie tatsächlich zu überwinden.

Vom liberalen bürgerlichen Establishment, dem Keynes angehörte, würde man eigentlich erwarten, dass es *zur Rettung des kapitalistischen Systems* Wege zur Überwindung seiner strukturellen Krise aufzeigt. Überraschenderweise ist sich das Bürgertum dieser Krise nicht einmal bewusst. Während Keynes zu seiner Zeit besorgt war, die Welt werde die Arbeitslosigkeit, die mit dem „kapitalistischen Individualismus unausweichlich" verbunden sei, nicht mehr lange dulden, scheint das heutige liberale Denken Arbeitslosigkeit keineswegs als ein Problem zu begreifen, das die Welt „nicht mehr lange hinnehmen wird" (Keynes 2017: 314).[2] Vor diesem Hintergrund erscheint die Überwindung der strukturellen Krise des Kapitalismus als besonders schwierig, und das ist der Grund, warum sich der Kapitalismus in einer Sackgasse befindet.

Sollten wir den Eindruck erweckt haben, die Krise bestünde nur in einem intellektuellen Versagen, müssen wir uns korrigieren. Die strukturelle Krise ist tief in der Wirklichkeit verankert. Die Überwindung der gegenwärtigen

Situation erfordert die Überwindung der Hegemonie des internationalen Finanzkapitals. Das aber ist innerhalb der Grenzen des kapitalistischen Systems kaum möglich. Zur Überwindung der Finanzkapitalhegemonie kämen nur Maßnahmen in Frage, die nicht rekursiv zu einer Überwindung des Systems führen. Sie sind also ausgeschlossen. Systemimmanent gibt es jedoch kaum Maßnahmen, die hinreichend wären, die Hegemonie des internationalen Finanzkapitals zu brechen.

Wenn sich der Staat einer bestimmten Nation der Globalisierung entziehen soll mit dem Ziel, eigenen Handlungsspielraum zur Krisenbekämpfung zu gewinnen, muss sich als erstes die Klassenbasis dieses Staates ändern. Es müsste ein Klassenbündnis gegen die heimische Großbourgeoisie entstehen, denn sie ist ihrerseits Teil des globalisierten Kapitals und stellt insofern schon einen Schritt in Richtung Überwindung des kapitalistischen Systems dar. Die Klassenbasis müsste sich auch ändern, wenn wir den zweiten Weg zur Überwindung der Finanzkapitalhegemonie betrachten: das koordinierte Vorgehen großer Nationalstaaten gegen das Finanzkapital mit dem Ziel, dessen Widerstand gegen einen globalen fiskalischen Stimulus zu brechen. Auch in diesem Fall müssten andere Klassen aktiviert werden.

Darüber hinaus würde eine solche globalfiskalische Stimulierung die Inflation wieder anheizen und den Geldwert untergraben, wenn nicht ähnlich wie im neoliberalen Regime eine Einkommensdeflation dagegen gesetzt wird. Und wenn diese Einkommensdeflation den arbeitenden Menschen in der Dritten Welt aufgezwungen werden soll, dann müssten in einem Teil der Welt die Steuern angehoben und in einem anderen Teil der Welt gesenkt werden. Ein Ding der Unmöglichkeit. Es sei denn, die führenden Nationalstaaten starten zusätzlich zur globalfiskalischen Stimulierung eine koordinierte Offensive zur imperialistischen Durchsetzung einer regional ungleichen Einkommensdeflation. Angesichts der großen Interessenunterschiede zwischen den fortgeschrittenen Ländern wäre das alles andere als einfach. Daher wird das internationale Finanzkapital angesichts einer solchen globalfiskalisch ausgelösten Inflationsgefahr erneut seine Hegemonie geltend machen können.

Natürlich könnte die Inflationsgefahr selbst im Falle eines zwischenstaatlich koordinierten fiskalischen Stimulus in Schach gehalten werden, wenn dieses neue Regime, getragen von einem Bündnis sich koordinierender Nationalstaaten, die Kleinproduzenten in der Dritten Welt, statt sie einer Einkommensdeflation zu unterwerfen, unterstützt und schützt. Das wäre ein *Regime des globalen Dirigismus*. Es müsste eine Ursprüngliche Akkumulation, wie sie der Neoliberalismus betreibt, verhindern. Aber nun ginge es nicht mehr bloß darum, den Widerstand des internationalen Finanzkapitals gegen fiskalische Stimulierung zu überwinden. Der kapitalistische *Modus Operandi* selbst müsste ernsthaft eingeschränkt werden. Ein solches globales dirigistisches Regime, käme es überhaupt jemals zustande, könnte kein dauerhaftes Phänomen sein. Angesichts der „naturwüchsigen Spontaneität" des Kapitalismus müsste es entweder die Beschränkungen kapitalistischer Logik immer mehr verschärfen. Es würde sich dann in eine systemüberwindende Richtung bewegen. Oder die Beschränkung des *Modus Operandi* wird im Laufe der Zeit mehr und mehr gelockert. Es träte dann eine Situation ein, in der die Hegemonie des internationalen Finanzkapitals wieder hergestellt ist.

Anders ausgedrückt. Das internationale Finanzkapital stellt die *höchste Entwicklungsstufe* des Kapitalismus dar. Nirgendwo innerhalb des Systems sind eventuelle Keime für eine noch höhere Entwicklungsstufe zu erkennen. Systemimmanent erscheint es als unmöglich, die Hegemonie des Finanzkapitals zu überwinden. Linke Intellektuelle haben es deshalb vorgezogen, das existenzielle Problem des Kapitalismus gleich gar nicht zur Kenntnis zu nehmen. Die Sackgasse, in der sich der Kapitalismus gegenwärtig befindet, lässt sich also genauer definieren: Das System kann sich nicht weiterentwickeln, ohne dass die Hegemonie des internationalen Finanzkapitals überwunden wird, aber gleichzeitig kann diese Hegemonie nicht überwunden werden, ohne dass ein Prozess in Gang gesetzt würde, der den Kapitalismus selbst überwindet.

Faschistische Tendenzen

Das liberale bürgerliche Establishment ist gelähmt, gleichzeitig stagniert merkwürdigerweise auch die Linke. Dieser Stillstand der Linken hat zwei offensichtliche Ursachen. Die eine ist der Zusammenbruch der Sowjetunion und des osteuropäischen Sozialismus, sowie die stärkere Integration mehrerer sozialistischer Länder der Dritten Welt in die kapitalistische Weltwirtschaft. Im Zuge dieser Integration sind ausländische Kapitalisten eingeladen, sich im jeweiligen Dritte-Welt-Land zu engagieren, und gleichzeitig werden die einheimischen Kapitalisten gefördert. In diesen Ländern haben deshalb die Einkommens- und Vermögensungleichheiten derart zugenommen, dass man darüber diskutieren kann, ob sie noch sozialistisch genannt werden sollten. Der Eindruck ist nun weit verbreitet, Sozialismus könne nicht funktionieren. Selbst linke Kräfte, die den früheren sozialistischen Regimen kritisch gegenüberstanden, haben unter diesem Verlust einer sozialistischen Alternative gelitten.

Die zweite Ursache für die Stagnation der Linken ist die rückläufige Stärke der Arbeiterklasse. Die Arbeiterklasse hat an Stärke verloren, weil während der Krise die Arbeitslosigkeit zugenommen hat. Das ist der offensichtlichste Grund ihrer Schwächung. Doch auch die Globalisierung und die Verlagerung von Aktivitäten in Niedriglohnländer schwächen die Gewerkschaften. Wie ein Damoklesschwert schwebt über ihren Köpfen die Drohung einer Auslagerung wirtschaftlicher Aktivitäten. Schließlich wirkt sich auch die Privatisierung, ein charakteristisches Grundanliegen des neoliberalen Kapitalismus, negativ auf die Kraft der Gewerkschaften aus. Überall auf der Welt ist der gewerkschaftliche Organisationsgrad im öffentlichen Sektor größer als in der Privatwirtschaft. In den Vereinigten Staaten, z. B., liegt der Organisationsgrad im öffentlichen Sektor bei 33 Prozent (das Bildungswesen eingeschlossen), im privaten Sektor bei nur 7 Prozent. Die Linke hat also deshalb an Kraft verloren, weil die Macht der Gewerkschaften und die Macht der Arbeiterklasse im Allgemeinen abgenommen hat.

Es gibt jedoch einen tieferen Grund für den Stillstand der Linken. Er hat mit ihrer ambivalenten Haltung gegenüber der gegenwärtigen Globalisierung zu tun. Einerseits ist man in linken Kreisen gemeinhin mit einer Globalisierung unter der Schirmherrschaft des internationalen Finanzkapitals unzufrieden, andererseits aber begrüßt man, wenn auch vorsichtig, Globalisierung als Alternative zur Abkoppelung, die als Rückfall in den Nationalismus verpönt ist. Abkoppelung – einer der beiden Wege, die aus der gegenwärtigen Notlage herausführen könnten – birgt für die Linke das Risiko des Nationalismus. Als Gegenkonzept zur Abkoppelung ist ihr Globalisierung deshalb willkommen.

Wir werden das im letzten Kapitel dieses Buches ausführlicher erörtern. Festzuhalten ist hier, dass für bedeutende Teile der Linken, zumindest in den fortgeschrittenen Ländern, jeder Rückzug von dieser finanzdominierten Globalisierung als reaktionärer Schritt, als Rückfall in den „Nationalismus“ angesehen wird. Auch wenn dieses Gefühl aufgrund der beiden Weltkriege, die auf europäischem Boden ausgetragen wurden, verständlich ist, trägt es doch zur Stagnation der Linken bei. Die Linke befindet sich oft in der Gesellschaft des liberalen bürgerlichen Establishments, wenn sie sich Regimen entgegenstellt, die sich vom Prozess der Globalisierung abkoppeln wollen.

Gleichzeitig hat die Linke den bereits erwähnten alternativen Ausweg aus der Sackgasse, die koordinierte fiskalische Stimulierung durch mehrere fortgeschrittene Länder, nicht weiterverfolgt. Bemerkenswert ist, dass mehrere von der Schuldenkrise betroffene und zur Austerität gezwungene europäische Länder keine ernsthafte Forderung nach einem koordinierten Wachstumsanschub in der Europäischen Union erhoben haben, um darüber die Bedingungen der verschuldeten Länder zu verbessern. Man fragte danach, was getan werden sollte, die Probleme einzelner Länder zu lindern, fragte aber nicht nach allgemeinen Maßnahmen für eine gemeinsame, länderübergreifende Erholung. Darin könnte zum Ausdruck kommen, dass die Linke vermeiden möchte, sich im Bereich der sogenannten „Übergangsforderungen" zu verfangen.

Die liberale Bourgeoisie ist gelähmt und die Linke nimmt zur Globalisierung eine ambivalente Haltung ein. Vor diesem Hintergrund treten weltweit rechte Kräfte als Vorboten einer neuen und besseren Ordnung auf. Man hat sie als „populistisch" bezeichnet, aber zu Unrecht. Mit der Etikettierung „Populismus" setzt man auch fortschrittliche Regime herab. Die Bezeichnung dient dazu, dem neoliberalen Widerstand gegen wirtschaftliche Maßnahmen, die dem Volk tatsächlich zu Nutze kommen, ideologische Seriosität zu verleihen. Aus neoliberaler Perspektive werden solche, dem Volksnutzen dienliche, Maßnahmen als populistische Maßnahmen mit der rassistischen, fremdenfeindlichen und spalterischen Politik der aufstrebenden Rechten gleichgesetzt. Statt als populistisch sollte man die aufstrebenden rechten Kräfte als „neofaschistisch" bezeichnen. Aber man muss sich im Klaren sein, dass es sich um eine recht heterogene Strömung handelt, dass wir im heutigen Kontext keine Wiederholung des Faschismus der 1930er Jahre erwarten sollten, dass ein faschistischer Staat von einer faschistischen Bewegung, selbst wenn sie die Staatsmacht innehat, unterschieden werden muss, und dass sogar eine faschistische Bewegung auf ihrem Weg zur Macht ihren Charakter, insbesondere ihr Verhältnis gegenüber dem Großkapital, ändert.

Von einer allgemeinen kraftstrotzenden Menschenverachtung abgesehen zeichnen sich faschistische Bewegungen typischerweise durch vier Grundzüge aus. Die derzeit entstehenden rechten Bewegungen akzentuieren diese Grundzüge in unterschiedlichem Maße, wobei die *Hindutva*-Bewegung in Indien dem Faschismus vielleicht am nächsten kommt. Aber noch gibt es nirgendwo auf der Welt tatsächlich einen faschistischen Staat. Der erste der vier Grundzüge einer faschistischen Bewegung ist die gezielte Verunglimpfung einer unglückseligen Minderheit, die für eine in Wahrheit krisenbedingte Misere der Mehrheit verantwortlich gemacht wird. Dieser Grundzug ist fast allen derzeitigen rechten Bewegungen gemein. Nicht das „System" sei für die Notlage der Mehrheit verantwortlich, sondern die „Anderen": Einwandernde mexikanischer Herkunft oder Einwandernde muslimischer Religionszugehörigkeit, chinesische Arbeitskräfte, die in den Vereinigten Staaten „Arbeitsplätze stehlen"; muslimische Bevölkerungskreise und die *Dalits* (die Unberührbaren) in Indien; Einwanderer in den europäischen Ländern usw. Dabei ist die Identität des schuldigen „Einwanderers" von Land zu Land unterschiedlich.

Der zweite Grundzug einer faschistischen Bewegung ist ihre Unterstützung des internationalen Finanzkapitals. Das Finanzkapital unterstützt dann im Gegenzug die faschistische Bewegung. Die Bewegung unterstützt das Finanzkapital umso offener und lauter, je näher sie der Machtübernahme kommt. Denn eine faschistische Bewegung kann niemals hoffen, ohne die Unterstützung der Großbourgeoisie an die Macht zu kommen. Je stärker die Bewegung wird, desto stärker umwirbt sie deshalb die Großbourgeoisie. Zwar gibt es in der Wirtschaftspolitik Unterschiede zwischen einem Trump und einem Modi. Trump stürzt sich kopfüber in Richtung Protektionismus, Modi dagegen verherrlicht den Neoliberalismus in all seinen Aspekten. Aber *keine dieser politischen Bewegungen* hat sich jemals der *globalisierten Finanzmacht* entgegengestellt. Keine hat jemals eine Kontrolle grenzüberschreitender Finanzströme vorgeschlagen, auch Trump nicht, bei all seiner protektionistischen Rhetorik und all seinen protektionistischen Maßnahmen.

Der dritte Grundzug einer faschistischen Bewegung ist die Entfesselung faschistischer Straßenbanden zu Terrorisierung ihrer Gegner. Diese Banden ergänzen den Autoritarismus von oben durch Bandenterror von unten. Der Faschismus unterscheidet sich grundlegend vom bloßen Autoritarismus. Im Unterschied zum Autoritarismus stellt Faschismus eine Massenbewegung dar. Sie stützt sich auf das Kleinbürgertum, einschließlich der städtischen Angestellten. Sie zieht außerdem das Lumpenproletariat an sich und unter bestimmten Umständen sogar Teile der Arbeiterklasse. Seine Eigenschaft als Bewegung verleiht dem Faschismus Massencharakter. Palmiro Togliatti betont diesen Punkt, wenn er davon spricht, der Faschismus habe sowohl einen „Klassencharakter" als auch einen „Massencharakter".[3] Diese buntgemischte Masse wendet sich, angeleitet von ihren faschistischen Führern, mit roher Gewalt gegen Linke, gegen die liberale Intelligenz und gegen ausgesonderte Minderheiten. Straßenbanden spielen eine wichtige Rolle bei der Unterdrückung politischer Gegner und beim Aufbau eines faschistischen Staats. Diese werden deshalb nicht schon aufgelöst, wenn die Bewegung an die Macht gekommen ist. Erst wenn der Staat nach faschistischen Prinzipien umgestaltet ist, ist das Ende der Straßenbanden gekommen. Es ist jedoch offen, ob in der heutigen Situation überhaupt ein faschistischer Staat im Stil der 1930er Jahre errichtet werden könnte. (In Deutschland ist vor der Etablierung des faschistischen Staats die SA zerstört worden. So gelang es, zum einen die Unterstützung des Finanzkapitals zu gewinnen, zum anderen konnten unter dieser Voraussetzung Instrumente des früheren bürgerlichen Staates, wie die Streitkräfte, in den neuen faschistischen Staat integriert werden.)

Der vierte Grundzug des Faschismus ist die Förderung der Unvernunft. Verwischung der Trennlinie zwischen Geschichte und Mythologie, Verachtung und völlige Missachtung jeglicher Evidenz, sobald sie den faschistischen ideologischen Überzeugungen widerspricht, und extreme Feindseligkeit gegenüber den Intellektuellen, kennzeichnen die faschistische Bewegung, die ihrerseits auf nichts anderem beruht als auf Unvernunft.

Bewegungen, die diese vier Grundzüge aufweisen, gibt es in allen modernen Gesellschaften, meist aber handelt es sich nur um Randerscheinungen. In Krisenzeiten rücken sie aber vom Rand in die Mitte immer dann, wenn das liberale bürgerliche Establishment der Krise hilflos oder gleichgültig gegenübersteht, und wenn die Linke aus ihren besonderen Gründen nicht in der Lage ist, eine Alternative zu präsentieren. Wo es der Linken aber gelingt, eine Alternative anzubieten, wie in den USA unter Bernie Sanders oder in Großbritannien unter Jeremy Corbyn, entreißt sie den Faschisten Teile ihrer Massenunterstützung und entzieht ihnen so den Boden unter ihren Füßen. Ist die Linke jedoch nicht imstande, eine Alternative anzubieten, erstarkt die faschistische Bewegung. Diese greift die Wut der Menschen auf und sorgt dafür, dass sie nicht auf das System, sondern auf eine unglückselige Minderheit zielt. Genau aus diesem Grund greift das Finanzkapital faschistische Bewegungen auf. Es kann so jeder potenziellen Herausforderung von links Einhalt gebieten. Es kann so zudem einen spaltenden Diskurs einführen, der es sehr viel schwieriger macht, über geeinte Massenaktionen wichtige Forderungen zur Verbesserung des täglichen Lebens durchzusetzen. Indem das Großkapital, wie Kalecki es ausdrückte, ein Bündnis mit den „faschistischen Emporkömmlingen" eingeht, lenkt das Großkapital den Zorn der Massen, der andernfalls vielleicht ihm gegolten hätte, gegen die Gewerkschaften und gegen die Arbeiterklasse, die es darüber noch weiter schwächt.

Der Neoliberalismus ist ein guter Nährboden für Faschismus. Fällt die Wirtschaft in Krise und Stagnation, untergräbt dies gleichzeitig die Fähigkeit des liberalen bürgerlichen Establishments, mit der Krise umzugehen. Über den globalistischen Angriff auf die national organisierte Arbeiterklasse schwächt der Neoliberalismus auch die Linke. Gleichzeitig macht es die globale Mobilität des Kapitals leicht, Propaganda zu betreiben wie „die Chinesen stehlen unsere Arbeitsplätze" oder „die Mexikaner stehlen unsere Arbeitsplätze". Der Neoliberalismus verschafft dem Faschismus somit gedeihliche Rahmenbedingungen.

Es kommt noch ein Punkt hinzu. Zumindest in neuerer Zeit hat sich der Kapitalismus ideologisch damit legitimiert, er sei ein System, das allen zugute kommt. Das hohe Beschäftigungsniveau der Nachkriegszeit und die Sozialausgaben (die allerdings zu einem großen Teil über Beiträge und Steuern von der arbeitenden Bevölkerung selbst finanziert wurden) haben dieser Behauptung eine gewisse Glaubwürdigkeit verliehen. Doch im neoliberalen Kapitalismus, in dem die Sozialausgaben zurückgefahren werden und die Ungleichheiten zunehmen, geht diese Glaubwürdigkeit mehr und mehr verloren. Die ideologische Rechtfertigung kreist aber immer noch um die Behauptung, der Kapitalismus könne für hohes Wachstum und hohe Beschäftigung sorgen. Sogar der Abbau der Sozialausgaben und andere „populistische Maßnahmen" werden als Voraussetzung für Wachstum und Beschäftigung angepriesen. Treten nun aber statt Wachstum Stagnation und Krise ein, wird der neoliberale Kapitalismus besonders angreifbar. Seine ideologische Rechtfertigung wird von der Wirklichkeit unmittelbar widerlegt. Vor diesem Hintergrund begrüßt die Großbourgeoisie, ihrerseits Teil des internationalen Finanzkapitals, einen faschistisch inspirierten Diskurswechsel.

Die Schwäche des gegenwärtigen Faschismus

Der Faschismus der 1930er Jahre und der heutige Faschismus (oder Neofaschismus) unterscheiden sich grundlegend in einem Punkt. Anders als der Faschismus der 1930er Jahre können die heutigen faschistischen Bewegungen, selbst wenn sie an die Macht kommen, wenig zur Überwindung der Krise in ihren jeweiligen Ländern beitragen. Es sei daran erinnert, dass Japan das erste Land war, das die Große Depression durch staatliche Militärausgaben, finanziert über Anleihen, überwunden hat. Das war die früheste Version einer Politik, die man als „militärischen Keynesianismus" bezeichnen könnte. Diesem Beispiel folgte kurz darauf Deutschland, das nach der Machtergreifung durch die Nazis mit seiner Wiederbewaffnung begann. In dem kurzen Zeitraum zwischen dem Ende der Großen Depression und dem Beginn des Weltkriegs konnten die Faschisten ihre Volkswirtschaften auf eine Stand bringen, der über dem Niveau der liberalen Volkswirtschaften lag.

Wollte man unter den gegenwärtigen Bedingungen, zu welchem Zweck auch immer, die Staatsausgaben erhöhen, müsste man zur Finanzierung entweder die Wohlhabenden stärker besteuern oder ein Haushaltsdefizit eingehen. Die globalisierte Finanzwelt sähe beides höchst ungern und würde sich beiden Finanzierungsformen widersetzen. Und da keine faschistische Bewegung irgendwo auf der Welt Kapitalausfuhrkontrollen vorschlägt, kann das globalisierte Finanzkapital schon allein über seinen Widerstand gegen eine steuer- oder defizitfinanzierte Ausweitung der Staatsausgaben jegliche staatsinterventionistische Nachfragesteuerung verhindern. Allerdings fehlen dann auch die Instrumente erfolgreicher Krisenbewältigung.

Unter diesen Umständen können faschistische Bewegungen auf einen verschärften Protektionismus setzen, Trump ist hierfür ein Beispiel. Aber eine solche Politik der Schadensverschiebung im Stil des „Mach den Nachbarn zum Bettler" (Beggar-thy-Neighbour-Politik) würde in keinem der Länder die Lage verbessern. Kein Land wäre nämlich bereit, auch noch die andere Wange hinzuhalten, alle anderen kapitalistischen Länder würden also ebenfalls protektionistisch agieren. Angesichts eines weltweit verschärften Protektionismus erlahmt schließlich der kompetitive Handlungsdrang der Kapitalisten, ihre „animal spirits" trocknen aus, und es schrumpft auf globaler Ebene die gesamtwirtschaftliche Nachfrage. Bei weltweit praktiziertem Protektionismus kann keines der Länder seine Lage verbessern. Nicht nur das. Jedes Land steht nach dem weltweiten Übergang zum Protektionismus schlechter da als zuvor.

Wir haben argumentiert, die Überwindung der gegenwärtigen Krise, ob innerhalb der Grenzen einer einzelnen Volkswirtschaft oder global, erfordere die Überwindung der Hegemonie des internationalen Finanzkapitals. Nur wenn ein Nationalstaat willens ist, diese Hegemonie zu brechen, ist er imstande, die Krise zu überwinden. Das gilt sogar für einen Staat, in dem die Faschisten an der Macht sind. Es ist jedoch ein Grundcharakteristikum des zeitgenössischen Faschismus, dass er weit davon entfernt ist, diese Hegemonie brechen zu wollen. Im Gegenteil. Er will sich für Machtergreifung und Machterhalt die Unterstützung des internationalen Finanzkapital sichern.

Darin ist ein wichtiger Sachverhalt inbegriffen. Der frühere Faschismus ist von der Aufrüstung zum Krieg übergegangen und hat sich durch den Krieg schließlich selbst verbrannt, wenn auch zu großen Kosten für die Menschheit. Der heutige Faschismus kann weder die Krise durch Aufrüstung überwinden, noch kann er eine stagnative Krise zur Aufrüstung nutzen, aber er wird sich auch nicht durch einen Krieg selbst auslöschen. (Wenn der Faschismus auf Kosten des Verbrauchs der arbeitenden Bevölkerung aufrüstet, trägt Aufrüstung nicht zur Bewältigung einer Wirtschaftskrise bei. Und vorausgesetzt, die Wahldemokratie bleibt zumindest teilweise erhalten, werden die Faschisten an der Wahlurne einen hohen Preis zahlen müssen, wenn sie die Aufrüstung über den Konsumverzicht der arbeitenden Bevölkerung finanzieren.) Faschismus wird es also weiterhin geben, aber die Faschisierung der Gesellschaft und des politischen Systems wird sich eher schrittweise und in einer „friedlicheren", weniger mit Zwang behafteten Form abspielen. Die politischen Formationen des liberalen bürgerlichen Establishments werden den faschistischen Organisationen sogar nacheifern und ihrerseits verfolgte Minderheitengruppen angreifen. Da faschistische und liberale politische Formationen bei den Wahlen gegeneinander konkurrieren, die Krise sich aber unvermindert fortsetzt und die Unzufriedenheit der Bevölkerung sich darüber festigt, sehen sich liberale politische Formationen zunehmend gezwungen, die rechte, rassistische, einwanderungsfeindliche und antimuslimische Rhetorik der Faschisten zu übernehmen. Der heutige Faschismus wird die Welt zwar nicht in der Weise verwüsten, wie es der frühere Faschismus getan hat, aber er wird dem sozialen Gefüge der kapitalistischen Länder großen Schaden zufügen.

Der Linken kommt deshalb eine historische Aufgabe zu. Nur sie ist in der Lage, diese Schädigung des sozialen Gefüges zu verhindern. Sie muss dazu eine Politik verfolgen, die die betroffenen Länder aus ihrer gegenwärtigen Krise herausführen kann, eine Politik, die die Hegemonie des internationalen Finanzkapitals angreift und über diesen Angriff die Überwindung des Kapitalismus vorbereitet. Die Hegemonie des internationalen Finanzkapitals kann nur überwunden werden über Strategien, die die Überwindung des Kapitalismus selbst in Gang setzen. Genau deshalb ist keine andere politische Formation dieser Aufgabe gewachsen. Nur die Linke kann sie übernehmen. Wir stehen also wieder einmal vor der Wahl zwischen Sozialismus und Barbarei, wenngleich diese Alternative für uns eine andere Bedeutung hat als damals für Rosa Luxemburg .[4]

Der Umgang der Vereinigten Staaten mit der Krise

Das Beispiel USA scheint dem bisher Gesagten zu widersprechen. Unser Argument, eine Überwindung der Krise, sei es in einem einzelnen Land, sei es in der Weltwirtschaft als Ganzes, setze voraus, dass die Hegemonie des internationalen Finanzkapitals gebrochen wird, erscheint durch die Erfahrungen der USA als widerlegt: Die Vereinigten Staaten haben sich unter Präsident Trump nicht nur protektionistisch gegen Einfuhren geschützt, sie haben auch das Haushaltsdefizit vergrößert. Dieses zusätzliche Defizit resultierte keineswegs nur aus großen Steuervergünstigungen für Unternehmen, es entstand auch durch eine Erhöhung der Staatsausgaben. Und dennoch hat die Trump-Administration keine Kapitalverkehrskontrollen eingeführt. All das scheint unsere Argumentation zu widerlegen.

Bevor wir diese Frage erörtern, sei darauf hingewiesen, dass für die Vereinigten Staaten beide Maßnahmen, der Schutz vor Importen und die fiskalische Stimulierung der Inlandsnachfrage, Hand in Hand gehen müssen. Andernfalls fließt jede derartige Stimulierung in Form größerer Importe nach außen ab, schafft dann zwar Arbeitsplätze, aber eben außerhalb der USA. Bei einem derartigen Ablauf wächst die Auslandsverschuldung der USA, und die Beschäftigung im Inland nimmt nur unwesentlich zu. Ein solcher Ablauf wäre für die USA also wenig zweckmäßig. Sehr wohl zweckmäßig ist es jedoch, wenn die USA ihre heimische Wirtschaft fiskalisch anreizen, aber gleichzeitig sicherstellen, dass der Anreizeffekt nicht einfach ins Ausland abfließt. Kurz gesagt, es handelt sich hier um eine konsistente politische Vorgehensweise.

Diese Vorgehensweise hat keineswegs zu einem Abstrom von Finanzmitteln geführt. Im Gegenteil, den USA sind beträchtliche Finanzströme zugeflossen. Der Grund dafür liegt auf der Hand. Die Vereinigten Staaten befinden sich in einer einzigartigen Position. Kein anderes Land kann für sich beanspruchen, seine Währung gelte unter den Anlegern der Welt als „so gut wie Gold". Zwar gibt es, anders als im Rahmen des Bretton-Woods-Systems, keine formale Konvertibilität zwischen Dollar und Gold zu einem festen Kurs. Aber die USA sind imstande, eine de-facto Konvertibilität zu behaupten. Der Dollar und auf Dollar lautende Vermögenswerte werden somit zu einem stabilen Medium für die Anlage von Vermögen. Eine Erhöhung des Haushaltsdefizits kann zum Abstrom von Finanzmitteln führen. Aber im Gegensatz zu allen anderen Ländern sind die USA immun gegen Finanzabflüsse dieser Art, weil kein Anleger wegen des US-Haushaltsdefizits sein Vertrauen in die US-Währung verliert, oder weil kein Anleger erwartet, andere Anleger würden ihr Vertrauen in die US-Währung verlieren.

Wenn andere Länder ihrerseits protektionistische Vergeltungsmaßnahmen gegen US-Importe ergreifen, drückt das nicht nur auf das Aktivitätsniveau in den Vereinigten Staaten. Es drosselt vielmehr die gesamte kapitalistische Welt, weil dadurch das Wirtschaftsvertrauen der Kapitalisten unterminiert wird. Wenn die Vereinigten Staaten eine expansive Politik betreiben, ohne dies, wie eigentlich erforderlich, mit Kapitalverkehrskontrollen zu verbinden, dann mag sich das Ergebnis dieser Politik zunächst wie ein Erfolg darstellen. Aber dieser „Erfolg" ist ein Scheinerfolg. Er hält nur so lange an, wie andere Länder keine Anstrengungen unternehmen, ihr eigenes Aktivitätsniveau anzuheben.

Das wird nicht mehr lange der Fall sein – die derzeitige Pandemie wird dafür sorgen. Sie hat alle Länder ergriffen, alle leiden unter massiver Arbeitslosigkeit, und die pandemiebedingten Schließungen führen zu Produktionseinbußen. Wenn dann die Pandemie abklingt, wird es schwierig sein, auch nur das Vor-Pandemieniveau wieder zu erreichen, geschweige denn über dieses Niveau hinauszuwachsen. Der Grund: Die Haushalte und Unternehmen mussten während der pandemiebedingten Schließungen Einkommensverluste hinnehmen. Ihr Nettovermögen hat sich reduziert, weil sie notwendige Ausgaben nur über Kreditaufnahmen oder im Rückgriff auf Kassenbestände bestreiten konnten. Läuft die Pandemie dann einmal aus, werden sie ihr Nettovermögen wieder aufbauen wollen. Dazu müssen sie ihre Ausgaben einschränken, deren Volumen deshalb noch für einige Zeit unterhalb des Vor-Pandemieniveaus verharren wird. Der Schock der Pandemie wird daher über das Ende der Pandemie hinaus die anhaltende Krise des Kapitalismus weiter verschärfen. Vor diesem Hintergrund werden andere Länder noch weniger bereit sein, Trumps unilateralen Schutz der US-Wirtschaft zu akzeptieren, ohne ihrerseits Vergeltungsmaßnahmen zu ergreifen.

Schon allein die Tatsache, dass die Vereinigten Staaten eine protektionistische Politik betreiben, zeigt, in welchem Maße sie ihre Führungsrolle aufgegeben haben. Bis vor kurzem hatten die Vereinigten Staaten, wie früher Großbritannien, ihren eigenen Markt für andere hochentwickelte kapitalistische Länder offen gehalten und ihnen gegenüber ein Leistungsbilanzdefizit zugelassen. Wie oben dargelegt, bauen führende Wirtschaftsmächte absichtlich Bilanzdefizite gegenüber der übrigen Welt auf. Ja sie müssen diese Defizite eingehen, wenn sie ihrer Führungsrolle gerecht werden wollen. Unter Trump versuchen die Vereinigten Staaten jedoch einen Alleingang. Wir wünschen uns zwar „Alleingänge" von Ländern der Dritten Welt, wenn wir dafür plädieren, sie sollten sich von der neoliberalen Globalisierung abkoppeln. Aber Alleingänge können in einer Welt frei beweglichen Finanzkapitals nicht funktionieren.

Betroffene Länder können auf den US-Protektionismus mit Vergeltungsmaßnahmen reagieren und sich ihrerseits gegen US-Importe schützen. Aber das allein trägt nicht zu ihrer wirtschaftlichen Erholung bei. Zu ihrer Erholung müssen sie zudem eine expansive Finanzpolitik betreiben. Eine Steigerung der Haushaltsausgaben belebt aber die Wirtschaftstätigkeit nur unter bestimmten Bedingungen. Die fiskalische Expansion kann als Wachstumsimpuls wirkungslos bleiben, wenn zur Vermeidung von Kapitalabflüssen die Zinsen erhöht werden müssen. Zinssatzdifferenzen zwischen den konkurrierenden Ländern müssen also reguliert werden. Das gelingt nur, wenn Erwartungen über zwischenstaatliche Finanzströme bei der Kalkulation von Zinssätzen keine Rolle spielen, d. h., es gelingt nur, wenn der Kapitalverkehr kontrolliert wird. Keynes' Bemerkung, das Finanzwesen müsse, soll es der Beschäftigungspolitik dienstbar gemacht werden, „in erster Linie national organisiert" sein, hat einen größeren Wahrheitsgehalt als man gemeinhin annimmt. Die Einführung nationalstaatlich verankerter Kapitalverkehrskontrollen erfordert jedoch die Überwindung der Hegemonie des internationalen Finanzkapitals. Innerhalb des kapitalistischen Systems ist das aber nicht möglich.

Die „Schwellenländer" der Dritten Welt werden die negativen Auswirkungen des US-Protektionismus besonders zu spüren bekommen. Dort ist die Phase des hohen Wachstums nun vorbei. Vorbei ist damit auch die Zeit, in der sich in großem Umfang Wirtschaftsaktivitäten aus den hochentwickelten kapitalistischen Ländern heraus in ihre Volkswirtschaften hinein verlagerten. Die arbeitende Bevölkerung in diesen Volkswirtschaften, ausgequetscht während der Periode des hohen Wachstums über den Prozess der Ursprünglichen Akkumulation, wird es nun am Ende der Phase hohen Wachstums keineswegs leichter haben. Im Gegenteil, man wird in der neuen Situation noch mehr aus ihnen herauspressen können, weil sich bei langsamerem Wachstum weniger Beschäftigungsmöglichkeiten bieten. Kurz gesagt, es gibt keine Symmetrie in dieser Angelegenheit. Teile der Mittelschicht werden sich dieser verarmenden Schicht hinzugesellen. Früher noch gutgestellt, sind ihre Aussichten jetzt düster. Wir werden diese Fragen im letzten Kapitel aufgreifen.

19 Kapitalismus in der Sackgasse

1. Charles P. Kindleberger, *The World in Depression, 1929–1939* (Berkeley: University of California Press, 1973).
2. John Maynard Keynes, *The General Theory of Employment, Interest and Money* (London: Macmillan, 1936), 381.
3. Palmiro Togliatti, *Lectures on Fascism* (New York: International Publishers, 1976).
4. Rosa Luxemburg, *The Accumulation of Capital* (London: Routledge, 1963, ursprünglich veröffentlicht im Jahr 1913).

TEIL 6

Kapitel 20

Zur Geschichte des Kapitalismus

Fast die gesamte Wirtschaftswissenschaft, ob klassisch oder neoklassisch, analysiert den Kapitalismus als eine geschlossene, eigenständige, sich selbst genügende Einheit. Das gilt sogar für die marxistische Tradition. Die kapitalistische Dynamik spielt sich dort typischerweise in einer Welt ab, die aus Kapitalisten, Arbeitern und dem Staat besteht. Der Staat hält sich im Hintergrund und ist zu nichts anderem da, als die Eigentumsverhältnisse, oft als „Spielregeln" bezeichnet, durchzusetzen. Doch wenn wir den wirklichen Kapitalismus betrachten, dann erscheint seine Dynamik in einem ganz anderen Licht. Der wirkliche Kapitalismus, anders als der Kapitalismus als geschlossenes System, ist eingebettet in ein vormals vorkapitalistisches Milieu. Diese vorkapitalistische Welt formt sich der Kapitalismus für seine Zwecke zurecht, sie bleibt also weder in ihrer ursprünglichen Form erhalten, noch wird sie, wie Rosa Luxemburg meinte, dem etablierten Kapitalismus gleichgemacht. Mehr noch. Vieles von dem, was gemeinhin über den Kapitalismus ausgesagt wird, erscheint in einem anderen Licht, wenn wir die Vorstellung aufgeben, Kapitalismus sei ein isoliertes System, und ihn stattdessen im Verhältnis zu seiner Umwelt betrachten, die ihrerseits nicht kapitalistisch ist, die er sich aber, zweckgerichtet umgeformt, unterwirft.

Marx hat in seiner Erörterung der „Ursprünglichen Akkumulation" eine brillante Analyse des Verhältnisses zwischen dem kapitalistischen und dem vorkapitalistischen Sektor vorgelegt. Man kann uns nicht vorwerfen, wir seien uns dessen nicht bewusst. Wir haben in Kapitel 17 jedoch besonders hervorgehoben, dass Ursprüngliche Akkumulation nicht bloß eine „Vorgeschichte" des Kapitalismus ist, sondern auch *während seiner gesamten Geschichte* gleichzeitig mit der „normalen" Akkumulation abläuft (eine Ansicht, zu der, wie wir weiter unten darlegen werden, auch Marx selbst gelangt ist).

Ursprüngliche Akkumulation begleitet die „normale" Akkumulation, wie sie Marx in Band II des *Kapital* anhand seines Zwei-Abteilungen-Schemas analysiert. Diese Einsicht hat wichtige theoretische Konsequenzen.

Kapitalismus und die Produktion von Armut

Die erste Konsequenz aus unserem Verständnis Ursprünglicher Akkumulation als eines die gesamte Geschichte des Kapitalismus durchziehenden Prozesses bezieht sich auf das Konzept der kapitalistischen Produktion von Armut. Wenn wir davon sprechen, im Kapitalismus werde Armut „produziert", meinen wir nicht nur, dass sich „Armut" im Kapitalismus fundamental von „Armut" in allen vorkapitalistischen Gesellschaften unterscheidet. In der Tat ist kapitalistisch produzierte Armut als Resultat von Marktprozessen immer mit sozialer *Unsicherheit* behaftet. Das ist zweifellos richtig und wichtig, aber wir denken noch an etwas Anderes.

Wenn Marx sagt, der Kapitalismus produziere an einem Pol Reichtum und am Gegenpol Armut, bezieht er sich, wie sich aus dem Kontext dieses Satzes ergibt, auf die „industrielle Reservearmee". Marx' Aussage wird im Allgemeinen so interpretiert, dass mit der Akkumulation der Umfang der industriellen Reservearmee, zumindest als absolute Größe, wächst (sie muss nicht notwendigerweise auch als relative Größe wachsen, d. h. in Relation zur Zahl der aktiv Beschäftigten). Die Reservearmee ist das Hauptreservoir der Armut in ihrer kapitalistischen Gestalt. Also: Mit der Akkumulation wächst die Reservearmee, mit der Reservearmee wächst die Armut.

So verstanden ist Marx' Aussage sowohl wahr als auch über jeden Einwand erhaben. Wer kann bestreiten, dass der Kapitalismus ohne eine Reservearmee von Arbeitskräften nicht funktionieren kann (auch wenn diese Reserve heutzutage vielleicht einen anderen Namen trägt, wie z. B. NAIRU), oder dass die absolute Größe dieser Reserve zunehmen muss, wenn die Zahl der Arbeitskräfte steigt, oder dass Armut typischerweise mit Arbeitslosigkeit verbunden ist? Goodwins Formalisierung von Marx war nur eine von mehreren Möglichkeiten, die zugrunde liegende Logik des Arguments zu verdeutlichen.[1]

Betrachten wir den Kapitalismus jedoch in seinem globalen Umfeld, bekommt die Aussage über kapitalistisch produzierte Armut eine ganz andere Bedeutung. Die riesigen Arbeitskräftereserven, die in Ländern wie Indien,

China, Indonesien und Bangladesch durch Deindustrialisierung (und über die Überschussextraktion im Falle der Kolonien) entstanden sind, sie sind *ebenfalls ein Produkt des Kapitalismus.* In diesen Ländern erzeugt der Kapitalismus über Reichtumsabzug und Deindustrialisierung die dortige Armut. Die kapitalistische Produktion von Armut muss in einem globalen Kontext interpretiert werden.[2]

Arbeitskräftereserven sind aber falsch verstanden, wenn man sie als eine Größe betrachtet, die, wenn sie erst einmal aufgebaut ist, mehr oder weniger zufällig weiter existiert. Vielmehr sind Existenz und dauerhaftes Bestehen von Arbeitskräftereserven für die Logik des Kapitalismus unentbehrlich. Und zwar deshalb, weil die Produkte der tropischen Landmasse einem steigenden Angebotspreis unterliegen; Maßnahmen zur Intensivierung der Landnutzung, die den steigenden Angebotspreis in Schach halten könnten, erfordern typischerweise staatliche Eingriffe. Die Kapitalisten aber wollen keinen aktivistischen Staat, es sei denn, er fördert direkt ihre eigenen Interessen. Staatliche Intensivierung der Landnutzung findet deshalb kaum statt und kann deshalb steigenden Angebotspreisen nicht entgegenwirken. Mit der Kapitalakkumulation wächst die Nachfrage der Metropole nach Produkten der tropischen Landmasse. Soll diese Nachfrage der Metropole, ohne dass es wegen steigender Angebotspreise zu einer Inflation und einer Gefährdung des Geldwerts kommt, befriedigt werden, dann muss die heimische Nachfrage nach den eigenen Tropenprodukten *eingeschnürt* werden. (Mit Tropenprodukten sind hier Produkte gemeint, die vorzugsweise auf der tropischen oder halbtropischen Landmasse erzeugt werden. Diese Landmasse ist mehr oder weniger deckungsgleich mit der gebietlichen Abgrenzung der Dritten Welt.) Direkter oder indirekter Zwang ist erforderlich, wenn die lokale Nachfrage nach vor Ort erzeugten Produkten eingeschnürt werden soll. Gegen die Volkswirtschaften der Dritten Welt erfordert das eine Vorgehensweise, die wir als Einkommensdeflation bezeichnet haben.

Große Arbeitskräftereserven in der Dritten Welt sind eine gute Voraussetzung dafür, der arbeitenden Bevölkerung eine Einkommensdeflation aufnötigen zu können. Die Bevölkerung kann dann einheimische Produkte nur noch in geringerem Umfang absorbieren. Anders, wenn die Arbeitskräftereserven gerade einmal erschöpft sind: Die Einkommen der arbeitenden Bevölkerung steigen, die Nachfrage nach Gütern, denen ein steigender Angebotspreis anhaftet, steigt, der Geldwert innerhalb des Systems wird destabilisiert, destabilisiert wird dann das System selbst, es sei denn, es kommt zur Inflationskontrolle. Die Inflationskontrolle baut dann die Arbeitskräftereserven wieder auf. Die Arbeitskräftereserven sind also nicht bloß ein zufällig fortlebendes historisches Erbe der Deindustrialisierung der Kolonialzeit, sondern unentbehrlicher Teil der Logik des Systems selbst.

Die Marx'sche Bemerkung, Akkumulation erzeuge Reichtum an einem Pol und Armut am Gegenpol, und zwar vermittelt über den Aufbau einer industriellen Reservearmee, wird gemeinhin mit der Situation in der Metropole verbunden. Über Einkommensdeflation hervorgerufene Armut in der Peripherie unterscheidet sich jedoch von einer über Akkumulation erzeugten Armut in der Metropole. Anders ausgedrückt: Das Wachstum des Reichtums durch Kapitalakkumulation an einem Pol, verortet in den Metropolen, geht zwangsläufig einher mit wachsender absoluter Armut im Gegenpol, verortet auf der tropischen Landmasse. Am Gegenpol entsteht die Armut über folgende Zwischenschritte: *Unabhängig davon, wie sich in der Metropole die Existenz und Größe einer Reservearmee in Armut übersetzt,* muss die einheimische Absorption von Tropenprodukten, die einem steigenden Angebotspreis unterliegen, in ihrer *absoluten* Größenordnung verringert werden. Solche Tropenprodukte sind, in welchem Umfang auch immer, Elemente des Warenkorbs, und durch den Verfügungsumfang über den Warenkorb ist Armut definiert. Daraus folgt, *wachsende Armut in der Dritten Welt geht zwangsläufig einher mit wachsendem Reichtum in den Metropolen.*

Daraus folgt auch, dass die kapitalistische Produktion von Armut als ein Phänomen betrachtet werden muss, das sich auf globaler Ebene, nicht nur in der Metropole, abspielt. Aus globaler Perspektive betrachtet nimmt die absolute Armut parallel zur Kapitalakkumulation zu, zumindest wenn wir Armut als Entbehrung von Gütern begreifen, die einem steigenden Angebotspreis unterliegen. Richtet man dagegen die Aufmerksamkeit nur auf die Metropole und bezieht man Marx' These nur auf die absolute Größe der Reservearmee innerhalb der Metropole (eine Sichtweise, für die man Marx selbst verantwortlich machen muss), ist es einfach zu zeigen, dass das Ausmaß der vom Kapitalismus produzierten Armut relativ gering ist. Diese Sichtweise macht es auch leicht, den Kapitalismus günstiger darzustellen und das System als wohlwollender erscheinen zu lassen, als es in Wirklichkeit ist. Dieses Bild eines wohlwollenden Kapitalismus entpuppt sich jedoch als irreführend, sobald wir seinen globalen oder imperialen Charakter betrachten.

Kapitalismus als gesellschaftlicher Fortschritt

Die zweite Konsequenz einer kontextuellen Sichtweise des Kapitalismus, die den Kapitalismus im Verhältnis zu seiner globalen Umwelt versteht, bezieht sich auf die Bestimmung des Proletariats. Die vorkapitalistischen Gesellschaften bestanden aus Gemeinschaften, denen man qua Geburt, nicht aus eigener Entscheidung, angehörte. Sie waren in hohem Maße unterdrückend, hierarchisiert, und sie lähmten die Initiative. Man hielt dem Kapitalismus zugute, dass er diese Gemeinschaften über die Ursprüngliche Akkumulation – in England abgewickelt in der Form von „enclosures"– aufbrach. Aus den Dörfern Vertriebene kamen in die neu entstehenden bürgerlichen Städte und schlossen sich dort den Reihen des Proletariats an. Obwohl diese Arbeiter unterschiedlichster Herkunft waren, sich anfangs kaum kannten und in Konkurrenz zueinander standen, bildeten sie im Lauf der Zeit über „Assoziationen", die zu gewerkschaftlicher und politischer Aktion führten, eine neue Gemeinschaft.

Marx sagt in *Das Elend der Philosophie*, englische Ökonomen seien ganz erstaunt darüber, dass die Arbeiter einen großen Teil ihres Lohnes für die Aufrechterhaltung dieser Assoziationen aufwenden, selbst wenn diese kaum dabei helfen, Lohnerhöhungen durchzusetzen. Das liege daran, dass die Arbeiter, auch wenn sie diese Koalitionen anfangs eigens zur Durchsetzung höherer Löhne gebildet hätten, bald beginnen, die Assoziationen um ihrer selbst willen zu schätzen: Die Aufrechterhaltung der Assoziationen wird für sie wichtiger als Lohnerhöhungen. Sie überschreiten ihre individuellen Interessen, um eine neue Gemeinschaft zu bilden. Der Kapitalismus zerstört also die alte Gemeinschaft, um trotz seiner selbst und gegen seinen Willen eine neue Gemeinschaft zu bilden, die ihn schließlich zerstören wird.

Das Bild, das Marx hier zeichnet, hat für den Metropolkapitalismus durchaus seine Gültigkeit. Dort war aufgrund der Massenauswanderung in die gemäßigten Regionen die Reservearmee im Verhältnis zu den aktiv Beschäftigten klein geblieben. Dort konnten mächtige Zusammenschlüsse oder Gewerkschaften entstehen, die die Arbeiter zu einer neuen Gemeinschaft vereinten (die sozialistische Politik wurde von „außen" in sie hineingetragen). Für die Volkswirtschaften der Peripherie ist Marx' Darlegung dagegen weniger relevant. Über die Ursprüngliche Akkumulation verdrängte Arbeiter und Kleinproduzenten werden dort nicht in nennenswertem Umfang in den nur langsam wachsenden Kreis der aktiv Beschäftigen aufgenommen. So vergrößern die Verdrängten die Arbeitskräftereserven, und darüber hinaus nimmt die zeitliche Zerstückelung der Beschäftigung eine Form an, die die dichotome Unterscheidung zwischen einer aktiven Arbeiterschaft und einer Reservearmee weitgehend zum Verschwinden bringt. Man ist nicht länger exklusiv entweder arbeitslos oder beschäftigt. Nun ist man mehr oder weniger arbeitslos oder mehr oder weniger beschäftigt. Gelegenheitsarbeit, intermittierende Beschäftigung, Teilzeitbeschäftigung und kurzfristige „Vertragsarbeit" nehmen überhand, was jede gewerkschaftliche Aktion, jede Bildung einer neuen Gemeinschaft erschwert. Und in dem Maße, in dem hohe Arbeitskräftereserven die einheimische Produktion in das alte Verlagssystem zurückwerfen, vertieft sich dieses Problem noch mehr.

Im kapitalistischen Sektor sind die Beschäftigungsmöglichkeiten begrenzt. Das dämpft die Abwanderung aus den traditionellen Kleinproduktionssektoren, obwohl in diesen Sektoren – über die Ursprüngliche Akkumulation, hier verstanden als „Stromgröße" – die Einkommen massiv eingeschnürt werden. Trotz der Einkommensklemme bleiben die betroffenen Kleinproduzenten in ihren traditionellen Berufen, d.h., ihre alte Gemeinschaft wird nicht zerstört. Weder schafft der Kapitalismus in der Dritten Welt eine neue Gemeinschaft, die sich in ihrer Stärke mit der neu gebildeten Gemeinschaft in der Metropole auch nur annähernd vergleichen könnte, noch zerstört er in der Peripherie die alte Gemeinschaft mit der gleichen Wucht, wie er das in der Metropole tat. Marx hat dem Kapitalismus revolutionäres Potential zugeschrieben, aber er hatte nur den Metropolkapitalismus im Blick. Betrachtet man dagegen den Kapitalismus als globales Phänomen im Kontext der Dritten Welt, kann von einem revolutionären Potential nicht die Rede sein. Nirgendwo sonst als in der Metropole, so scheint es, kann sich ein revolutionäres Potential vergleichbarer Stärke bilden, und in der Metropole entstand dieses Potential nicht aus einer notwendigen inneren Logik des Systems heraus, sondern als Ergebnis besonderer Umstände. Hier ist vor allem die massive Auswanderung in die gemäßigten Siedlungsgebiete zu nennen.

Die dritte Implikation einer kontextuellen Betrachtung des Kapitalismus hängt mit dem eben Gesagten zusammen. Die bürgerlichen Revolutionen, Schöpferinnen des Kapitalismus, hatten Slogans wie „Freiheit", „Gleichheit" und „Brüderlichkeit" auf ihre Fahnen geschrieben. Sie standen gegen die feudalen Werte und gegen die Ideologie des Feudalismus, gleichgültig, wie sehr die Realität der kapitalistischen Entwicklung sie später Lügen strafte. Anders in der Dritten Welt. Dort bleibt nicht nur die Zerstörung der alten Gemeinschaft aus. Im Gegenteil, ursprüngliche Akkumulation erfolgt dort während der Kolonialzeit im Bündnis der Bourgeoisie mit der dortigen Grundherrenklasse, bei der sich nach wie vor der Grundbesitz konzentriert. Der Grundbesitz der Herren wurde nicht etwa angegriffen, sondern geschützt, als Anreiz für eine kapitalistische Wirtschaftsweise im Agrarsektor. Nach der Kolonialzeit lief die Ursprüngliche Akkumulation dann über das Bündnis der einheimischen Bourgeoisie mit dem internationalen Finanzkapital. Der ideologische Apparat der feudalen Ordnung und sogar einige ihrer sozialen Institutionen wie das Kastensystem werden also nicht etwa zerstört, sie werden perpetuiert, und der Kolonialismus fügte dann auch noch neue Institutionen und Ideologien der Ungleichheit, wie Rassismus und Apartheid, hinzu.

Einige Autoren in Indien haben behauptet, der Kolonialismus habe mit Institutionen wie der Gleichheit vor dem Gesetz das Kastensystem zumindest angekratzt. Aber dem ist nicht so. Die Deindustrialisierung in der kolonialen Periode hat Handwerker in großem Umfang freigesetzt, sie hat auf diese Weise den Bevölkerungsdruck erhöht und darüber die Landarbeiter, darunter als größte Gruppe die *Dalits* (die Unberührbaren), tiefer in die Armut gestoßen als jede andere Klasse. Und Konzepte wie die Gleichheit vor dem Gesetz standen nur auf dem Papier. Bis zur Unabhängigkeit war es den *Dalits* selbst in der Umgebung der Hauptstadt Delhi, ihrer sozialen Stellung wegen, nicht gestattet, Land zu besitzen.

Mit anderen Worten: Dem Kapitalismus, zumindest dem Kapitalismus der Metropole, wird in der Regel eine immanente Tendenz zur revolutionären Transformation zugeschrieben. Der Kapitalismus in der Peripherie bringt jedoch aus sich heraus keine derartige Tendenz hervor, weder in ideologischer Hinsicht noch in Bezug auf die sozialen Institutionen.

Das soll nicht heißen, es gebe in der Dritten Welt keine ideologischen Transformationsbestrebungen. Es gibt sie sehr wohl, aber sie sind aus dem antikolonialen Kampf entstanden, sie sind entstanden im Kampf *gegen* den Metropolkapitalismus. Gewiss, diese Ideen, damals neu für die Dritte Welt zumindest in ihrer modernen Form (eigene Versionen solcher Ideen haben dort wohl schon früher existiert), sind von der vorherrschenden bürgerlichen Ideologie in den Metropolen beeinflusst, die formal an einer bestimmten Vorstellung von Gleichheit festhält. Freilich wird dort die Gleichheitsidee, manchmal kurz, manchmal für längere Zeit, durch Antisemitismus, Rassismus, Feindseligkeit gegen Minderheiten, Anti-Islamismus und Patriarchalismus stark in Frage gestellt, manchmal sogar verdrängt. Aber in der Dritten Welt hat sich der Gleichheitsbegriff nicht deshalb durchgesetzt, weil der Kapitalismus dorthin vorgedrungen ist und im Zuge dieser Ausbreitung die Gleichheitsidee exportiert hätte. Auch die kapitalistische Entwicklung vor Ort hat die Gleichheitsidee nicht von sich aus hervorgebracht. Nicht der kapitalistischer Übergriff auf die Peripherie, sondern der Kampf gegen diesen Übergriff, nicht die kapitalistische Entwicklung, sondern der Kampf gegen diese Entwicklung haben in der Peripherie das Gleichheitsideal institutionalisiert.

Fazit: In der Metropole springt das revolutionäre Potential des Kapitalismus ins Auge, und die meisten Schriften aus der Metropole heben diesen Punkt besonders hervor. Wenn wir jedoch den Kapitalismus in seiner globalen Einbettung betrachten, wird klar, dass in den Schriften aus der Metropole sein revolutionäres Potenzial in einzigartiger Weise übertrieben wird.

Die marxistische Diskussion unterscheidet in der Regel zwischen einer historisch fortschrittlichen Phase des Kapitalismus und einer Phase, in der der Kapitalismus historisch obsolet wird. Dies entspricht zwar der philosophischen Konzeption des Marxismus, doch ist eine Abgrenzung zwischen den beiden Phasen in historischer Hinsicht problematisch. Lenin folgend, wird die Trennlinie meist über das Kriterium der Monopolbildung gezogen. Man spricht dann von einer Phase vor der Monopolbildung und einer Phase, die mit abgeschlossener Monopolisierung einsetzt. Letztere bezeichnet Lenin als Phase des „sterbenden Kapitalismus". In dieser Periode wird Kapitalismus historisch obsolet, er verwickelt die Menschheit in imperialistische Kriege zur Neuaufteilung einer bereits aufgeteilten Welt.

Ob jedoch diese beiden Phasen klar voneinander abgegrenzt werden können, ist umstritten. Anwar Shaikh hat diese Unterscheidung abgelehnt.[3] Und auch Kalecki hält fest, nicht nur die Vorstellung vollkommener Konkurrenz der neoklassischen Ökonomen, sondern sogar der freie Wettbewerb im Sinn der klassischen Ökonomen, habe nie der historischen Wirklichkeit entsprochen. Die Praxis von Preisabsprachen unter Kapitalisten, so Kalecki, reicht historisch weit zurück. Eine analytisch haltbare Unterscheidung zwischen den beiden Phasen des Kapitalismus gibt es deshalb nicht. Die Unterscheidung muss analytisch haltbar sein, d.h., empirische Phasenabgrenzungen, die der theoretischen Begründung entbehren, kann man aus der Diskussion ausschließen. Interessanterweise meinte sogar der Doyen der klassischen Ökonomie, Adam Smith, Kapitalisten würden immer und überall Absprachen treffen.

Wenn wir den Kapitalismus als globales Phänomen betrachten, wird der Boden für eine historisch fundierte Zweiphaseneinteilung sogar noch unsicherer. Der Kapitalismus war von Anfang an imperialistisch. Lenins „Imperialismus" ist nur eine besondere Phase dieser langen Geschichte. Anders als einige Autoren, vor allem Josef Steindl, gesagt hatten, war der Kapitalismus zu keinem Zeitpunkt in seiner Frühgeschichte in seiner Fähigkeit beeinträchtigt, die Produktivkräfte weiterzuentwickeln. Er hat sie sehr wohl weiter entwickelt, und begleitet war dieser Prozess von einer rücksichtlosen, noch immer andauernden Ursprünglichen Akkumulation zu Lasten der arbeitenden Bevölkerung in der Dritten Welt. Die Einteilung der Geschichte des Kapitalismus in eine Phase des Fortschritts und eine Phase seines Sterbens ist also nicht überzeugend, schon gar nicht, wenn man den Kapitalismus unter dem Gesichtspunkt seiner Interaktionen mit den arbeitenden Menschen der Dritten Welt betrachtet.

Wenn wir überhaupt von einer Periode des sterbenden Kapitalismus sprechen wollen, dann müssen wir deren Beginn in unserer Gegenwart ansetzen. Wir haben ja gesehen, dass der heutige Kapitalismus in eine Sackgasse geraten ist, aus der es keinen klaren Ausweg gibt.

Marx über Imperialismus

Marx war sich des Phänomens des Imperialismus sehr bewusst, und in einer Reihe von Artikeln über Indien, veröffentlicht in der *New York Daily Tribune*, schrieb er mit bemerkenswerter Einsicht über die Rolle des britischen Kolonialismus bei der Zerschlagung der traditionellen indischen Gesellschaft.[4] Marx' diesbezügliche Ansichten sind viel diskutiert worden. Auf diese Debatte müssen wir hier nicht eingehen. Bemerkenswert ist jedoch, dass er in all seinen Schriften die Auswirkungen des Imperialismus auf die Metropolwirtschaft kaum behandelt. Was der Imperialismus den Kolonien angetan hat, erörtert Marx mit großer analytischer Schärfe und mit Sympathie für die Kolonisierten. *Wie die Metropole vom Imperialismus profitiert hat*, untersucht er aber kaum. Auch sein *magnum opus* ist hier keineswegs eine Ausnahme. Hier und da gibt es im *Kapital* vereinzelte Hinweise, und in Band III wird der Kolonialhandel als entgegenwirkende Ursache zum tendenziellen Fall der Profitrate erwähnt. Aber darüber hinaus findet sich nicht viel darüber, welche Rolle die Kolonien in der Entwicklungsdynamik des Kapitalismus spielten. Es findet sich auch nicht viel dazu, ob Kolonialismus eine notwendige Voraussetzung dafür war, dass der Kapitalismus überhaupt seine Dynamik entfalten konnte.

Marx' Ansichten zu diesem Thema haben sich jedoch geändert, vielleicht weil er die Aussichten auf eine Revolution in Europa, auf die er große Hoffnungen gesetzt hatte, schwinden sah. In seinem Brief vom 19. Februar 1881 an den Narodnik-Ökonomen Nikolai Danielson schreibt er, die Inder würden unentgeltlich und jährlich eine Summe nach England schicken, die mehr als das Einkommen der 60 Millionen Landwirtschafts- und Industriearbeiter Indiens ausmache.[5]

Dies ist das erste Mal, dass Marx über „Drain" schreibt. Vielleicht ist er über das Werk Dadabhai Naorojis, den Pionier der Drain-Forschung, auf dieses Thema aufmerksam geworden. Marx scheint Naoroji zwar nie persönlich getroffen zu haben, stand aber mit dem sozialistischen Autor Henry Hyndman in Kontakt, der seinerseits mit Dadabhai Naoroji befreundet war. Marx verweist auf den großen Umfang des „Drain", er weiß, wie sehr der Überschussabzug die Einkommen der arbeitenden Bevölkerung einschnürt (so sehr, dass es zu einer Reihe katastrophaler Hungersnöte kommt). Er kann also sicher nicht gleichzeitig der Auffassung sein, dieser Transfer, ein Transfer ohne jegliche Gegenleistung, habe bei der Entwicklung der britischen Wirtschaft nur eine unbedeutende Rolle gespielt. Sobald sich Marx über das Ausmaß und die Härte des Drain bewusst ist, muss er die Auffassung aufgeben, die Dynamik der britischen Wirtschaft, die Art ihres Akkumulationsprozesses, könnten rein intern, ohne Rekurs auf externe Faktoren, verstanden werden. Wenn der Drain für Großbritannien und damit für den Metropolkapitalismus eine solch große Bedeutung hat, dann kann das geschlossene, isolierte Universum, auf das Marx sich im *Kapital* fokussiert, nur einen Teil der kapitalistischen Wirklichkeit erfassen. Zwar ist Marx' Analyse des Kapitalismus als geschlossenes System von unschätzbarem Wert. Wir verstehen so, wie der Mehrwert produziert, wie und warum er realisiert, und wie er wieder zu Kapital wird. Aber erfasst ist damit nur ein Teil der Wirklichkeit. Erst wenn der Metropolkapitalismus in seinem globalen Umfeld betrachtet wird, kann der Kapitalismus als System korrekt verstanden werden. Marx, so scheint es, war zu dieser Einsicht gelangt.

Marx starb ein paar Jahre nach diesem Brief an Danielson. Er konnte deshalb seine Einsichten über Imperialismus nicht mehr systematisch in seine Theorie integrieren. Aber es ist offenkundig, dass sein Denken eine neue Wendung genommen hatte. Ein Beispiel macht das deutlich. Im Danielson-Brief sagt Marx, Eisenbahnen seien „für die Hindus nutzlos". Ganz anders hatte er das noch in seinen früheren *Tribune*-Artikeln eingeschätzt. Dort spricht er vom Bau indischer Eisenbahnen unter Kolonialherrschaft als Teil der „Regeneration", eine Regeneration, die auf die „Zerstörung" der alten Struktur Indiens folgen werde. Ja er glaubte sogar, der Aufbau eines Eisenbahnnetzes werde zur Entwicklung einer Produktionsgüterindustrie beitragen. Früher hatte Marx noch gedacht, der Imperialismus werde aus sich heraus eine Regeneration der indischen Wirtschaft zu Stande bringen. Nun, ab 1881, ist diese Zuversicht einer großen Skepsis gewichen.

Heute haben wir viel mehr Informationen über die Interaktion zwischen der Metropole auf der einen Seite und den Kolonien und Halbkolonien auf der anderen Seite. Nichts spricht mehr dafür, den Kapitalismus und seine Dynamik weiterhin als ein geschlossenes, isoliertes System zu betrachten. Und doch verstehen marxistische Analysen fast vierzehn Jahrzehnte nach dem Brief von Marx an Danielson den Kapitalismus immer noch als ein geschlossenes, isoliertes System. Dieser Zugang muss aufgegeben werden. Kapitalismus ist in seinem globalen Umfeld zu betrachten. Der Begriffsrahmen muss breiter sein als der Rahmen, in dem die Analyse des *Kapital* angesiedelt war.

Ein Punkt bedarf der Klärung: In der marxistischen Theorie sind zwei Ebenen zu unterscheiden. Im Gegensatz zum gesamten liberalen Denken betrachtete Marx den Kapitalismus als ein „naturwüchsiges System", das von seinen eigenen immanenten Tendenzen angetrieben wird, und in dem die einzelnen Agenten, scheinbar Subjekte des Prozesses, in Wahrheit durch die Konkurrenz zu bestimmten Handlungen gezwungen werden. Der Kapitalist akkumuliert nicht aus eigenem Antrieb, er ist dazu genötigt in einem darwinistischen Kampf, in dem er, wenn er nicht akkumuliert, untergehen muss. Marx bezeichnete den Kapitalisten, den vermeintlichen Helden unter den dramatis personae des Systems, sogar als „ personifiziertes Kapital": Die immanenten Tendenzen des Kapitals machen sich über die Handlungen der Kapitalisten und anderer menschlicher Akteure geltend, aber die Agenten sind durch das System gezwungen, auf bestimmte Weise zu handeln. Sie handeln also als entfremdete Wesen.

Bei Adam Smith und in der gesamten liberalen Tradition handelt das Individuum aus eigenem Antrieb und aus eigenem Willen. Marx unterscheidet sich grundlegend von dieser Tradition. Nach Marx sind die Individuen gezwungen, so zu handeln, wie das System es verlangt. Innerhalb dieser

Gesamtsicht verortet er seine tiefgreifende Analyse der Produktion und der Verwertung des Mehrwerts in dem Universum einer geschlossenen, isolierten kapitalistischen Wirtschaft. Diese Verengung auf ein geschlossenes System müssen wir aufgeben. Gleichzeitig aber halten wir es für unbedingt notwendig, an der Bestimmung der kapitalistischer Arbeitsteilung als eines „naturwüchsigen Produktionsorganismus" festzuhalten. Das Plädoyer für Sozialismus ergibt sich aus dieser „Naturwüchsigkeit", aus der „urwüchsig zufälligen Gliederung des Produktionsorganismus", denn wenn der Kapitalismus ein rational gestaltbares System wäre (wie die liberale Tradition von Smith bis Keynes glaubte), gäbe es keinen Grund, ihn gänzlich umzustürzen. Wir bleiben also bei der Bestimmung des Kapitalismus als eines „naturwüchsigen" Systems, fordern aber einen umfassenderen Analyserahmen, der den Imperialismus als wesentliches Element des Systems integriert.

Wie wir weiter oben nahegelegt haben, hat sich Marx selbst in diese Richtung bewegt. Man kann zwar unterscheiden zwischen einem „frühen" und einem „späten" Marx. Eine bessere Unterscheidung wäre jedoch die zwischen einem Marx, der den Kapitalismus als ein geschlossenes, sich selbst genügendes System betrachtete, und einem Marx, der den Kapitalismus als das Zentrum eines imperialistischen Systems auffasste. Letzteren Gedanken haben andere Marxisten aufgegriffen. Sie gingen dabei aber nicht weit genug.

Plädoyer für Sozialismus

Sozialismus hat man bislang ausschließlich mit dem Argument befürwortet, er befreie die Menschheit von dem „naturwüchsigen" System, als das der Kapitalismus charakterisiert werden muss, ein System, das nicht nur ausbeuterisch, sondern auch in zutiefst ontologischer Weise antagonistisch ist. So ist das Kapital selbst dann gegen Lohnerhöhungen, wenn sie die Gewinne gar nicht schmälern. Jede Verbesserung der Bedingungen der arbeitenden Bevölkerung, auch wenn sie nicht auf Kosten der Gewinne geht, macht die Arbeiter mächtiger und widerstandsfähiger, jede Verbesserung für die arbeitende Bevölkerung erscheint deshalb als eine Bedrohung des Systems. Und dieser ontologische Antagonismus ist nicht etwa auf Böswilligkeit der Handelnden zurückzuführen; er ist dem System selbst inhärent. Die Kapitalisten, ihrerseits eine entfremdete Einheit innerhalb des Systems, sehen sich gezwungen, das System zu akzeptieren.

Ein Zweites spricht für Sozialismus: er bietet Schutz für die Kleinproduzenten. Ursprüngliche Akkumulation zu Lasten der Kleinproduzenten durchzieht die gesamte Geschichte des Kapitalismus. Es ist das eine dem Kapitalismus innewohnende Tendenz. Dem steht der Sozialismus entgegen. Der Weg zum Sozialismus führt über den Schutz und die Förderung der Kleinproduzenten. Der Aufbau des Sozialismus schützt die Kleinproduzenten, kapitalistische Ursprüngliche Akkumulation zerstört sie. Natürlich stellt die Kleinproduktion im Sozialismus keinen umfangreichen Sektor dar. Aber die Kleinproduzenten müssen sich freiwillig zusammenschließen, um auf dem Weg zum Sozialismus zu kollektiveren Eigentumsformen zu finden. Arbeiter und Kleinproduzenten beschreiten also den Weg zum Sozialismus gemeinsam, gemeinsam wehren sie sich gegen die Last der Ursprünglichen Akkumulation – in einem Arbeiter-Bauern-Bündnis unter der Führung der Arbeiterschaft. Die Führung liegt in den Händen der Arbeiterklasse, denn sie hat kein eigenes Eigentum und kann deshalb unmittelbar zu kollektivem Eigentum übergehen.

Arbeiter-Bauern-Bündnisse hat Lenin in seinen *Zwei Taktiken der Sozialdemokratie* vorgeschlagen. In Ländern, in denen die kapitalistische Entwicklung erst spät einsetzt (wie damals in Russland), macht die Bourgeoisie, so Lenin, gemeinsame Sache mit den Feudalherren. Verfolgt von der Angst, ein Angriff auf das Feudaleigentum könnte in einen Angriff auf das bürgerliche Eigentum übergehen, vereitelt das Bürgertum deshalb, gemeinsam mit den Feudalherren, die demokratischen Bestrebungen der Bauernschaft.[6] Nur das Proletariat ist in der Lage, das Feudaleigentum zu zerschlagen, nur das Proletariat kann den landlosen Bauern Land zuteilen. Demokratie für die Bauernschaft gibt es nur, wenn das Proletariat ihm dazu verhilft.

Ein Arbeiter-Bauern-Bündnis ist nicht nur deshalb notwendig, weil auf der Gegenseite die Bourgeoisie mit dem Großgrundbesitz einen Kompromiss eingeht. Ein solches Bündnis ist auch deshalb notwendig, weil die Bauernschaft aus dem Griff der Ursprünglichen Akkumulation befreit werden muss. Der Bourgeoisie ist nicht in erster Linie ihr Bündnis mit dem Großgrundbesitz vorzuwerfen. Vorzuwerfen ist ihr zuallererst, dass die führenden Schichten der Bourgeoisie die Bauernschaft über Ursprüngliche Akkumulation direkt auspressen. Das wird erst so richtig klar, wenn wir Ursprüngliche Akkumulation nicht auf die Vorgeschichte des Kapitalismus beschränken, sondern sie als ein Phänomen betrachten, das die gesamte Geschichte des Kapitalismus durchzieht. Diese Durchgängigkeit Ursprünglicher Akkumulation zu erkennen, gelingt aber nur, wenn wir das kapitalistische System nicht als geschlossen und isoliert, sondern als eingebettet in einem globalen Umfeld betrachten.

In Ländern mit einer bedeutenden Kleinproduktion ist *Sozialismus der einzige Weg, diese vielen Menschen, einschließlich der in diesem Sektor beschäftigten Arbeiter (denn auch die bäuerliche Landwirtschaft braucht Arbeiter) vor dem Elend zu bewahren.* Sozialismus überwindet die Urwüchsigkeit des Kapitalismus; Sozialismus negiert alle kapitalismusimmanenten Tendenzen, und er überwindet den Widerstand gegen staatlich getragene Maßnahmen zur Intensivierung der Landnutzung. Der Sozialismus überwindet das Problem steigender Angebotspreise über eine Intensivierung der Landnutzung, der Kapitalismus überwindet dieses Problem über eine Intensivierung absoluter Armut durch Einkommensdeflation.

Die marxistische Tradition hat das revolutionäre Potenzial der Bauernschaft tendenziell unterschätzt. Oft hat man in erster Linie auf die Kleinbauern, das Halbproletariat und die Landarbeiter als mögliche Verbündete der Arbeiterklasse verwiesen, eine möglicherweise positive Rolle der mittleren und reichen Bauern im revolutionären Prozess aber entweder ganz ausgeschlossen oder mit Skepsis betrachtet. Das beschränkte und schwächte die revolutionäre Herausforderung. Es mag sein, dass die Ausklammerung reicher Bauern aus dem Kreis der Verbündeten früher einmal ihre Berechtigung hatte. In der Ära des neoliberalen Kapitalismus, der große Teile der Bauernschaft der Ursprünglichen Akkumulation unterwirft, hat sie jede Berechtigung verloren. Ein breites Arbeiter-Bauern-Bündnis ist nun möglich. Es kann einen großen Schritt in Richtung Überwindung des Kapitalismus machen.

Die Frage, wer als Bauer gelten kann und nicht als Agrarkapitalist oder Proto-Kapitalist ausgeschlossen werden muss, entscheidet sich über die Bündnispolitik. Nicht Teil des Bündnisses sind jene, die zwar in der Landwirtschaft tätig sind, deren Haupteinkommensquelle jedoch aus nicht-landwirtschaftlichen Tätigkeiten stammt. Sie bekommen die Auswirkungen der Ursprünglichen Akkumulation, die hauptsächlich die Agrarproduzenten treffen, nicht zu spüren. Es ist nicht sinnvoll, sie als Bauern zu bezeichnen. Wer dagegen hauptsächlich in der Landwirtschaft tätig ist und somit die Hauptlast der Ursprünglichen Akkumulation tragen muss, gehört zum Bündnis. Nur sie sollte man als „Bauern“ bezeichnen.

Zwar hat es sich als äußerst schwierige Aufgabe erwiesen, Revolutionsbündnisse von Arbeitern und Bauern über den ersten Umsturz hinaus aufrechtzuerhalten und gemeinsam, als Arbeiter- und Bauernbündnis, den Weg zum Sozialismus zu gehen. In mehren dieser Umstürze fiel dieses Bündnis auseinander, und die Revolution brach entweder ganz in sich zusammen oder sie lief in eine falsche Richtung. Diese Schwierigkeiten hat es zweifellos gegeben. Aber auch hier wurden die objektiven Schwierigkeiten durch eine fehlerhafte Theorie noch verstärkt.

Nach einer weithin bekannten These führt Warenproduktion zu einer Differenzierung unter den Produzenten. Aus den Reihen der kleinen Warenproduzenten geht dann eine Klasse von Kapitalisten oder Proto-Kapitalisten hervor. Versteht man dann außerdem unter Warenproduktion jede Produktion für den Markt, führt dies in revolutionären Bewegungen zu der Befürchtung, Bauern und Kleinproduzenten könnten sich restaurativen Kräften zugesellen. Häufig sollte dann eine extremistische Politik gegen Teile der Bauernschaft dies verhindern. Das hat revolutionäre Bewegungen so geschwächt, dass ironischerweise gerade diese Politik der gewaltsamen Prävention die kapitalistische Restauration deutlich gestärkt hat.

Diese extreme Position macht den *Fehler, jede Produktion für einen Markt mit Warenproduktion gleichzusetzen.* Süßwarenverkäufer, Inhaber von Imbissbuden, Lebensmittelhändler, Gemüsehändler und Gastwirte – Kleinproduzenten dieser Kategorie wickeln in Indien seit Jahrtausenden über Bargeld ihre Geschäfte auf einem lokalen Markt ab, ohne dass dies weder im mittelalterlichen noch im antiken Indien zu Kapitalismus oder Proto-Kapitalismus geführt hätte. Bei Warenproduktion mit ihrer Tendenz, auf der einen Seite Kapitalisten und auf der anderen Seite ein Halbproletariat, entstanden aus entwurzelten Kleinproduzenten, hervorzubringen, hat der Markt eine besondere Bedeutung. Für den Verkäufer hat hier das Produkt keinen Gebrauchswert. Es ist für ihn reiner Tauschwert, stellt ihm nur eine bestimmte Geldsumme dar. Eine solche Transaktion setzt die Unpersönlichkeit des Tauschakts voraus. Unpersönlichkeit findet sich typischerweise im Fernhandel, aber nicht im Tausch auf dem lokalen Markt.[7]

Der Kapitalismus befindet sich in einer Sackgasse, unter anderem deshalb stößt er überall auf der Welt in Richtung Faschismus. Es bietet sich heute die historische Möglichkeit, den Kapitalismus zu überwinden. Dazu muss die in der marxistischen Tradition allzu weit verbreitete Skepsis gegenüber einem breiten Arbeiter-Bauern-Bündnis überwunden werden.

20 Zur Geschichte des Kapitalismus

1. R. M. Goodwin, „A Growth Cycle," in *Socialism, Capitalism and Economic Growth: Essays Presented to Maurice Dobb,* C. H. Feinstein, ed. (Cambridge: Cambridge University Press, 1967)
2. Die folgende Argumentation greift zurück auf Utsa Patnaik and Prabhat Patnaik, A Theory of Imperialism (New York: Columbia University Press, 2016) and Utsa Patnaik, „Capitalism and the Production of Poverty," T. G. Narayanan Memorial Lecture, Social Scientist (January–February 2012).
3. Anwar Shaikh, *Capitalism: Competition, Conflict, Crises* (New York: Oxford University Press, 2016).
4. Iqbal Husain hat die Marxschen Schriften über Indien zusammengestellt in *Karl Marx on India* (Delhi: Tulika, 2006).
5. Der genaue Wortlaut findet sich, in englischer Übersetzung, in *Marx-Engels Correspondence,* www. marxists.org.
6. V. I. Lenin, *Two Tactics of Social Democracy in the Democratic Revolution* (1905), in Selected Works, 3 vols. (Moscow: Progress Publishers, 1977).
7. Ausführlicher erörtert in Prabhat Patnaik, „Defining the Concept of Commodity Production," in *Studies in Peoples' History 2, no. 1* (May 2015).

Kapitel 21

Der Weg nach vorn

Soll die gegenwärtige Konstellation überwunden werden, so unsere Argumentation, muss die Hegemonie des internationalen Finanzkapitals gebrochen werden. Kapitalismusimmanent ist das ganz gewiss nicht möglich. Überwindung der Hegemonie des internationalen Finanzkapitals heißt also Überwindung des Kapitalismus selbst. Die einzelnen Länder werden dabei ihre eigenen Wege gehen müssen. Im Folgenden richten wir unsere Aufmerksamkeit nur auf den Fall eines Drittweltlandes, auf Indien. Unsere Ausführungen sind jedoch von allgemeiner Bedeutung.

Die Notwendigkeit einer Abkoppelung

Ein Weg, die Hegemonie des internationalen Finanzkapitals zu überwinden, der ideale Weg sogar, könnte über die Errichtung eines Weltstaats führen. Dieser Weltstaat, gestützt auf die Arbeiter und Bauern der gesamten Welt, erzwingt vom internationalen Finanzkapital Maßnahmen zur Wiederbelebung der Weltwirtschaft und zur Sicherung eines minimalen Lebensstandards für alle Menschen. Geht man diesen Weg, entzieht man sich der Hegemonie des Finanzkapitals nicht über einen Rückzug aus der Globalisierung. Vielmehr hebt man die Globalisierung auf ein neues Niveau, auf dem die Herrschaft des Finanzkapitals überwunden ist.

Aber davon kann derzeit keine Rede sein. Es gibt keinen international koordinierten Kampf der Arbeiterklasse, geschweige denn der Bauernschaft; ein weltweiter Kampf gegen die Hegemonie der globalen Finanzmacht steht derzeit also nicht auf der Tagesordnung, und auf einen solchen Kampf zu warten, käme Samuel Becketts „Warten auf Godot" gleich. Kämpfe, seien sie von Arbeitern oder von Bauern geführt, sind weitgehend innerstaatlich organisiert. Dank solcher Kämpfe sind in neuerer Zeit wiederholt fortschrittliche Regierungen an die Macht gekommen. Sie setzen sich dafür ein, ihre Länder aus der gegenwärtigen Sackgasse herauszuführen, in die hinein sie der Kapitalismus geführt hat.

Eine solche Regierung muss, will sie den Interessen der arbeitenden Bevölkerung, die ihr zur Macht verholfen hat, treu bleiben, früher oder später den Abfluss von Finanzmitteln einschränken. Worauf immer eine solche Regierung ihre Entscheidungen stützt, um die Entscheidung, die grenzüberschreitende Mobilität des Kapitals einzuschränken, käme sie nicht herum. Jede Agenda mit dem Ziel, die Bedingungen der arbeitenden Menschen zu verbessern, würde auf den Widerstand der globalen Finanzmacht stoßen. Und selbst wenn die internationale Finanzwelt ihre Augen vor solchen Bemühungen ausnahmsweise ein Mal verschlösse, die Frage nach der Finanzierung der Agenda würde ihr die Augen ganz gewiss wieder öffnen. Zur Finanzierung dieser Agenda müsste entweder das Haushaltsdefizit erhöht, oder es müssten die Reichen stärker besteuert werden. Ein Exodus der Finanzwelt wäre die Folge. Die Regierung stünde dann vor der harten Wahl: entweder sie fährt die Agenda zurück, um so das Vertrauen der Investoren zurückzugewinnen, oder sie kontrolliert den Kapitalverkehr. Will die Regierung ihr Versprechen gegenüber den sie stützenden Klassen einhalten, muss sie sich für den zweiten Weg entscheiden.

Damit würde sich diese Regierung bereits ein Stück weit von der derzeitigen Globalisierung abkoppeln. Aber das wäre noch nicht alles. Selbst wenn die Kapitalflucht durch Kapitalverkehrskontrollen verhindert wird, wird es schwierig sein, das Leistungsbilanzdefizit auszugleichen, sobald der Kapitalzufluss wegen solcher Kontrollen versiegt. In diesem Fall wären dann Einfuhrkontrollen unvermeidlich. Diese wären umso notwendiger, wenn die hochentwickelten Länder auf die Kapitalverkehrskontrollen mit Sanktionen reagierten. Es wäre dann noch schwieriger, die Zahlungsbilanz auszugleichen. All diese Prozesse werden die Natur des derzeitigen neoliberalen Regimes verändern. Das modifizierte Regime koppelt sich Schritt für Schritt von der Globalisierung ab und führt Handels- und Kapitalkontrollen ein.

Im neuen Regime wird sich das Wirtschaftswachstum zwangsläufig auf den Binnenmarkt stützen müssen. Die Initiative zur Stimulierung des Binnenmarkts obliegt der Regierung. Das Ausgabenprogramm der Regierung muss der Intensivierung der Bodennutzung dienen und damit den Output der Landwirtschaft erhöhen. So würden Inflationsrisiken kontrolliert, und Einkommensdeflation zu Lasten der arbeitenden Bevölkerung könnte vermieden werden.

Das wäre keineswegs eine Rückkehr zum alten Dirigismus. Damals hat man eine radikale Umverteilung des Bodens vermieden und versucht, die Landwirtschaft im eigenen Land nach kapitalistischen Prinzipien zu entwickeln. Eine Intervention der multinationalen Agrarindustrie oder der einheimischen Großbourgeoisie versuchte man zu verhindern. Aber diese Entwicklung des Kapitalismus auf dem Lande hat die wirtschaftlichen Ungleichheiten dort vergrößert. Sie hat die Masse der Bevölkerung in einen Zustand ständiger Entbehrung gedrückt, und sie hat zu einer Verkümmerung des Binnenmarktes geführt. Eine Strategie, die den neoliberalen Kapitalismus tatsächlich überwinden kann, muss stattdessen das Land umverteilen und die Landwirtschaft, bei freiwilliger Mitwirkung der Bauern, auf genossenschaftlicher oder kollektiver Basis neu organisieren. (Die extreme Bodenkonzentration erschwert die Entwicklung echter Genossenschaften; auch deshalb ist Umverteilung von grundlegender Bedeutung.)

In einer Landwirtschaft, die sich über freiwillige Kollektive entwickelt, würde weit mehr als im dirigistischen Regime für eine Intensivierung der Landnutzung getan. Nicht nur das, auch die Einkommen auf dem Lande würden steigen, und sie wären nicht so ungleich verteilt wie früher. Der Binnenmarkt würde sich also erweitern. Da die nachgefragten Güter beschäftigungsintensiv sind, wird diese alternative Strategie die Arbeitskräftereserven absorbieren, anders als im dirigistischen Regime, das die Arbeitskräftereserven vergrößerte.

Das Güterangebot in einem erweiterten Binnenmarkt zu steigern, obliegt nicht nur den Kleinproduzenten, den Kleinkapitalisten und den verschiedenen kollektiven und genossenschaftlichen Einheiten. Auch ein wiedererstarkter staatlicher Sektor muss dazu beitragen. Denn die Einführung von Handels- und Kapitalverkehrskontrollen und eine stärkere Besteuerung der Reichen würde höchstwahrscheinlich zu einem „Investitionsstreik" des Großkapitals führen. Mit anderen Worten: Selbst wenn wir nicht prinzipiell für eine Stärkung des öffentlichen Sektors eintreten, müssen wir ihn früher oder später doch stärken, einfach weil die Logik der Situation dies verlangt.

Ein weiterer Punkt kommt hinzu. Ein demokratischer Übergang zur neuen Ordnung darf nicht nur darin bestehen, die Lage der arbeitenden Menschen zu verbessern. Es ist vielmehr geradezu der Wesenskern eines demokratischen Übergangs, dass die arbeitenden Menschen ihre bessere Lage nicht der Großzügigkeit der Regierung verdanken, sondern dass sie ein Recht darauf haben. Daher muss die Entwicklung zwar dem oben beschriebenen Pfad folgen, aber das allein genügt nicht. Der Entwicklungspfad muss zudem über institutionalisierte wirtschaftliche Rechte geschützt sein. Demokratische Verfassungen garantieren in der Regel nur politische Rechte. Das neue Regime muss eine Reihe universeller, einklagbarer wirtschaftlicher Rechte einführen, die den politischen Rechten gleichgestellt sind.

Mindestens fünf solcher wirtschaftlicher Rechte müssten verbrieft sein: das Recht auf Beschäftigung (oder auf Lohnfortzahlung, wenn der Staat für Beschäftigung nicht sorgen kann), das Recht auf Nahrung zu erschwinglichen Preisen, das Recht auf kostenlose, qualitativ hochwertige öffentliche Gesundheitsversorgung, das Recht auf kostenlose, qualitativ hochwertige öffentliche Bildung bis mindestens zum Hochschulniveau und das Recht auf eine Altersrente und Invalidenunterstützung in angemessener Höhe. Alle diese Rechte könnten sofort implementiert werden. Dafür werden gerade einmal 10 Prozent des BIP zusätzlich benötigt. Ironischerweise hat man das noch nie versucht. Es spricht Bände über die Natur des neoliberalen Wachstums, dass diese grundlegenden Anforderungen trotz einer vermeintlich hohen Wachstumsrate in Ländern wie Indien nie erfüllt werden konnten. Im Gegenteil, in Indien ging neoliberales Wachstum sogar mit einem absoluten Rückgang der Pro-Kopf-Gesamtaufnahme von Nahrungsmittelgetreide einher. Die Gesamtaufnahme umfasst hier sowohl die direkte als auch die indirekte Aufnahme (indirekte Aufnahme heißt: Aufnahme über Nahrungsmittel, zu deren Herstellung Getreide eingeht, und tierische Produkte, zu deren Herstellung Nahrungsmittelgetreide als Futtergetreide eingesetzt wird).[1]

Der von uns skizzierte Entwicklungspfad scheint auf den ersten Blick wenig mit Sozialismus zu tun zu haben. Wir haben aber nicht den Sozialismus als Endziel charakterisiert, wir haben die Maßnahmen beschrieben, die auf dem Weg zum Sozialismus notwendig sind. Es wird nicht leicht sein, diesen Weg zu gehen, ernsthafte Hindernisse schon für die ersten Schritte werden sich auftun. Erörtern wir nun einige dieser Hindernisse.

Hindernisse gegen den alternativen Entwicklungspfad

Das offenkundigste Hindernis gegen den alternativen Entwicklungspfad ist die unmittelbare politische Intervention seitens der Metropolen, vor allem seitens der Vereinigten Staaten. Von solchen Interventionen betroffen waren Länder der Dritten Welt, die sich, um die Kontrolle über ihre Ressourcen und über ihr Schicksal zurückzugewinnen, im Rahmen ihrer dirigistischen Nachkriegsregime von der Hegemonie der Metropolen abkoppeln wollten. Auch heute noch stellt man solchen Bestrebungen Hindernisse entgegen, aber immer seltener müssen das direkte Interventionen sein. Zumindest in jenen Teilen der Dritten Welt, die nicht über Öl-Reichtum verfügen, sind direkte Interventionen kaum noch erforderlich. Das Hindernis gegen Abkoppelung sind dort die spontanen, neoliberalen Abläufe selbst. Bleibt das spontane Abkoppelungshindernis aus, schreitet die CIA ein.

Dieses spontane Hindernis, also das Hindernis, das sich aus der Logik des neoliberalen Regimes heraus von selbst aufbaut, ist unser zweiter Punkt. In jedem neoliberalen, dem Strudel der Finanzströme offenstehenden Land löst schon die Ankündigung eines Abkoppelungsregimes, noch bevor die Verfechter eines solchen Regimes überhaupt an die Macht gekommen sind, eine Kapitalflucht aus. Die Gegner dieser Abkoppelungsbefürworter haben dann schnell die Frage parat: Wenn das Land schon in finanziellen Schwierigkeiten steckt, bevor diese Regimewechselanbeter überhaupt an der Macht sind, welche Katastrophe muss dann erst eintreten, wenn sie tatsächlich die Macht innehaben? Die Verfechter des Regimewechsels müssten daraufhin den Finanziers und Kapitalisten versichern, dass sie ihnen auch nicht ein Jota an Schaden zufügen werden; sie wären gezwungen, ihre Vision zu begraben. Halten sie aber doch an ihrer Vision fest, werden die Wähler sie bestrafen. Die Wähler, überzeugt davon, dass es im Falle einer Machtübernahme der Regimekritiker zu katastrophalen Konsequenzen käme, entscheiden sich an der Wahlurne gegen sie. Die Befürworter eines neuen Regimes kommen in diesem Fall erst gar nicht an die Macht.

Der Weg zur Macht ist für eine politische Gruppierung, die das neoliberale Regime ablösen will, mit vielen Schwierigkeiten gepflastert. Schafft es eine solche Gruppierung aber dennoch die Macht zu ergreifen, dann schwillt der finanzielle Abfluss zu einem Sturzbach an. Die Folge, es kommt zu einer Finanzkrise. Die Advokaten des Wandels verlieren dann massiv an Popularität. Auf der anderen Seite aber ergreift die pro-kapitalistische Gruppierung vor dem Hintergrund der Finanzkrise die günstige Gelegenheit zum Putsch, eventuell ein parlamentarischer Putsch, wie wir ihn in Lateinamerika erlebt haben. Unnötig zu erwähnen, dass pro-kapitalistische Kräfte für all dies mit der Rückendeckung der Vereinigten Staaten rechnen können.

Jedes Land, das eine alternative Entwicklungsstrategie anstrebt, ist zwangsläufig mit diesen Übergangsschwierigkeiten konfrontiert. Und es sind zuallererst diese Schwierigkeiten, die die Länder der Dritten Welt daran hindern, sich aus der Knechtschaft des Neoliberalismus zu befreien. Sie wirken dermaßen abschreckend, dass sich bewaffnete Interventionen im Stil der 1950er und 1960er Jahre schlicht erübrigen. Was damals die bewaffnete imperialistische Intervention gegen dirigistischen Regime leistete, das vollbringt nun, gegen eine mögliche Abkoppelung, die Furcht vor der Finanzkrise.

Hat der Neoliberalismus Länder erst einmal im Griff, wird ihnen eine Befreiung zunehmend schwer fallen. Genau diese Hilflosigkeit, diese Unfähigkeit, sich aus der Falle zu befreien, dient dann den Wortführen des Neoliberalismus als Beweis dafür, dass das neoliberale Regime begrüßenswert sei, dass es keine Alternative zu ihm gebe (TINA), und dass es von einem Konsens aller politischen Gruppierungen getragen sei. Der hier behauptete „Konsens" ist in Wirklichkeit Hilflosigkeit. Die meisten politischen Gruppierung wissen, dass sie, sobald sie versuchen, sich aus den Fängen des neoliberalen Regimes zu befreien, in diese Hilflosigkeit, in diese „Situation ohne Alternative", hineingetrieben werden.

Natürlich gibt es bestimmte außergewöhnliche Umstände, unter denen das internationale Umfeld einen Ausbruch aus dem neoliberalen Regime begünstigt. Ein Boom der Rohstoffpreise bietet solche Umstände. Politische Wenden nach links wurden in Lateinamerika dadurch ermöglicht. Dort hat damals ein Anstieg der Ölpreise die Übergangsschwierigkeiten entschärft und darüber die linken Projekte in Venezuela, Bolivien und Ecuador möglich gemacht. Steigende Rohstoffpreise können linke Projekte begünstigen, umgekehrt aber kann der Preisverfall linke Projekte gefährden. Der Ölpreisverfall hat lateinamerikanische Volkswirtschaften, die sich linken Projekten zugewandt hatten, in ernste Schwierigkeiten gebracht, und zwar ohne dass die Linke eine Schuld daran gehabt hätte. Die Linke hat in dieser schwierigen Situation unverschuldet Rückschläge hinnehmen müssen.

Sicherlich kann man diese fortschrittlichen Regime dafür kritisieren, dass sie keine Schritte in Richtung einer strukturellen Transformation ihrer Volkswirtschaften unternommen haben. Zwar haben sie über Umverteilungsmaßnahmen sichergestellt, dass die arbeitende Bevölkerung vom Rohstoffpreisboom profitierte. Das war lobenswert. Aber sie haben ihre Wirtschaft nicht strukturell transformiert und waren so schlecht auf ein Ende des Rohstoffbooms vorbereitet. Der Einbruch der Rohstoffpreise hat ihnen dann sehr geschadet, und der Übergang zu einem alternativen Regime ist sehr viel schwieriger geworden.

Die Linke muss die Menschen in der Dritten Welt besser auf den Übergang vorbereiten. Sie muss klarstellen und um Verständnis dafür werben, dass die Menschen für ihre Emanzipation in der Zeit des Übergangs einen Preis zahlen müssen. Anders als die bürgerlichen Gruppierungen darf sie den Leuten nicht das Blaue vom Himmel versprechen.

Neben diesen Problemen im Übergang zu einem neuen Regime stellt sich ein weiteres Hindernis einer alternativen Entwicklung in den Weg: die ideologische Ambiguität, mit der die Linke der heutigen Globalisierung entgegentritt. Untersuchen wir das nun näher.

Zum Begriff des Nationalismus

Ein wichtiger Ausdruck der ideologischen Ambiguität auf Seiten der Linken ist ihr Widerstand gegen jede strategische Alternative, die eine Abkopplung von der derzeitigen Globalisierung verlangt. Die Abkopplung, so das Argument, lässt den Nationalismus wieder erstehen. Der Linken, in ihrem Wesen internationalistisch, gilt eine Wiederbelebung des Nationalismus als reaktionär und inakzeptabel. Hinter diesem Argument verbirgt sich die Auffassung, die Vorherrschaft des internationalen Finanzkapitals in der gegenwärtigen Globalisierung sei zwar verwerflich, nicht aber die Globalisierung selbst. Als Überwindung des Nationalismus habe die Globalisierung auch etwas Positives.

Diese Position ist insofern problematisch, als sie Varianten des Nationalismus nicht voneinander unterscheidet. Sie fasst Nationalismus als homogene Kategorie, hält Nationalismus daher rundum für verwerflich. Großenteils verkennt die Linke den Unterschied zwischen dem Nationalismus des imperialistischen Projekts und dem Nationalismus, auf den der antiimperialistische Kampf in den Kolonien und Halbkolonien rekurrierte. Das Aufkommen des imperialistischen Nationalismus hat Rudolf Hilferding (am Vorabend des Ersten Weltkriegs) zu der Aussage veranlasst, die Ideologie des Finanzkapitals sei die Verherrlichung der „nationalen Idee". Mit diesem imperialistischen Nationalismus hat der anti-imperialistische Nationalismus nichts gemein. Kurz gesagt, die Linke verkennt den Unterschied zwischen dem Nationalismus eines Hitler und dem Nationalismus eines Ho Chi Minh oder eines Gandhi und hält implizit jeglichen Nationalismus für verwerflich. Dies ist ein grundlegender Fehler.[2]

Die beiden Varianten des Nationalismus sind jedoch grundverschieden. Nicht nur unterscheiden sie sich in ihren Zielen, sie sind auch unterschiedlicher Natur. Der Nationalismus in Europa, der nach den Westfälischen Verträgen aufkommt und mit Cromwells Eroberung Irlands auch den Beginn des imperialen Projekts darstellt, ist nicht inklusiv: Überall grenzte er einen „inneren Feind" aus, die Katholiken in Nordeuropa, die Protestanten in Südeuropa und die Juden überall. In dieser Variante steht Nation „über dem Volk": Die Nation sollte nicht dem Volk, sondern das Volk der Nation dienen. Gefragt war Opferbereitschaft des Einzelnen gegenüber der Nation.

Anders der Nationalismus wie er dem antiimperialistischen Kampf in großen Teilen der Dritten Welt zugrunde lag. Innere Feinde kannte er nicht; er war inklusiv, *ja er musste inklusiv sein*, denn es kam darauf an, ein ganzes Volk gegen die Macht des Imperialismus zu mobilisieren. Dieser Nationalismus hegte keine imperialen Ambitionen. Im Gegenteil, er musste sich mit den antiimperialistischen Kämpfen anderswo verbrüdern. Andere Nationen dominieren zu wollen konnte deshalb nie seine Absicht sein. In der Regel entwickelte diese Nationalismusvariante eine Art „Freiheitscharta" (wie z. B. die Resolution des Karachi-Kongresses in Indien im Jahr 1931), in der festgelegt wurde, wie die neue Nation den Interessen des Volkes zu dienen hatte. Darin fehlen Forderungen wie, das Volk solle sich unterordnen und solle Opfer bringen für ein metaphysisches Gebilde namens „Nation". Der antiimperialistische Nationalismus in der Dritten Welt unterschied sich also in jeder Hinsicht vom post-westfälischen Nationalismus in Europa, den das Finanzkapital später in einer Welt der interimperialistischen Rivalität so unverhohlen für seine eigenen Zwecke reaktivierte.

Es ist richtig, auch in den Ländern der Dritten Welt selbst musste sich der antiimperialistische Nationalismus mit einem ausgrenzenden, minderheitenfeindlichen und die Nation überhöhenden Nationalismus europäischer Prägung auseinandersetzen. Dieser Nationalismus europäischer Prägung war nicht antiimperialistisch. *Gewöhnlich von europäisch-imperialistischen Kräften als Gegenmittel gegen den antiimperialistischen Nationalismus gefördert,* richtete er sich gegen eine religiöse, ethnische oder sprachliche Minderheit im eigenen Land. Der Hindutva-Nationalismus in Indien ist ein schlagendes Beispiel. Dessen Anhänger fielen besonders darüber auf, dass sie sich nicht am antikolonialen Kampf beteiligten. Noch immer dauert in den meisten Ländern der Dritten Welt die Auseinandersetzung zwischen diesen beiden Nationalismen, einem antiimperialistischen und einem ausgrenzenden Nationalismus, an. In der gegenwärtigen Ära der Globalisierung hat ein die Nation verherrlichender und minderheitenfeindlicher Nationalismus die Oberhand gewonnen. Der imperialistische Nationalismus ist zurzeit herrschend, weil der Antiimperialismus vorübergehend ohnmächtig ist, und es ist die Hegemonie des internationalen Finanzkapitals, die den Antiimperialismus vorübergehend in Ohnmacht versetzt hat.

Das inklusive Verständnis der Nation muss wieder erstarken. Eine wichtige Voraussetzung hierfür ist die Wiederbelebung jenes Nationalismuskonzepts, das dem antiimperialistischen Kampf zugrunde lag. Anders als behauptet war dieser Nationalismus *keineswegs reaktionär*, ruhte er doch auf einer neuen Agenda, die den Neoliberalismus überwinden wollte. Ein inklusiver Nationalismus stellt das Wohlergehen der Menschen in den Mittelpunkt. Er stoppt so die in großen Teilen der Dritten Welt ablaufende soziale Desintegration. Es ist ein grober Fehler, diesen inklusiven Nationalismus als „reaktionär" abzutun. Er ist schon deshalb nicht reaktionär, weil nur die Linke in der Lage ist, diese neue Agenda voranzutreiben. Der politischen Führung der Linken kommt die Aufgabe zu, eine Entgleisung dieses „Nationalismus" in eine anti-internationalistische Richtung zu verhindern.

Die Linke muss den integrativen Nationalismus wiederbeleben. Mit einer Freiheitscharta im Zentrum ihrer Agenda, kann sie, wie es früher eine Politik im „Geist von Bandung" versucht hatte, über den inklusiven Nationalismus eine Brücke hin zum Internationalismus bauen. Diese Rolle kann die Linke allerdings nur spielen, wenn sie ihre ambivalente Haltung gegenüber der Globalisierung überwindet und klar zwischen den verschiedenen Konzepten des Nationalismus, dem inklusiven antiimperialistischen und dem europäisch-imperialistischen Nationalismus, unterscheidet. Letzterer ist in der Tat abscheulich. Aber es gibt auch den inklusiven Nationalismus als antiimperialistische Kraft.

Die Fallgruben des Produktionismus

Die Haltung der Linken zur Globalisierung ist noch aus einem anderen Grund zwiespältig. In Teilen der Linken, insbesondere in der Dritten Welt, ist die Ansicht verbreitet, fast überall in der Dritten Welt habe Globalisierung, gemessen an der Wachstumsrate des Bruttoinlandsprodukts, zu einer enormen Entwicklung der Produktivkräfte beigetragen. Auch künftig sei das zu erwarten. Nun aber ist nach marxistischem Verständnis eine Produktionsweise erst dann historisch obsolet, sie ist erst dann reif für ihre Überwindung, wenn sie die Entwicklung der Produktivkräfte fesselt. Aber noch wachsen die Produktivkräfte, zu seiner Überwindung ist der Kapitalismus also noch nicht reif genug.

Es gibt auch eine umgangssprachliche Version dieser Ansicht: Die Globalisierung hat, so diese Version, zumindest einigen Ländern des Südens enorm hohe, ja beispiellose Wachstumsraten beschert. Die Menschen in diesen Ländern wären geradezu töricht, die Abkoppelung von der Globalisierung zu fordern. Sie würden sich selbst den Ast absägen, auf dem sie sitzen, ja sogar sehr bequem sitzen. Die Menschen in anderen Ländern des Südens können zuversichtlich sein, dass sich auch bei ihnen ein höheres Wachstum einstellt. Statt sich von der Globalisierung abzukoppeln, sollten sie auf das erwartbare Wachstum setzen.

Dieses Argument ist mangelhaft, weil es historische Hinfälligkeit mit ausbleibendem Wirtschaftswachstum gleichsetzt. Wachstumsraten des Bruttoinlandsprodukt stehen aber mit der Obsoleszenz einer Produktionsweise in keinerlei Beziehung. Wie wir von Wirtschaftshistorikern wissen, hat Russland in der Zeit vor dem Ersten Weltkrieg hohe Wachstumsraten verzeichnet. Damals ist die Industrieproduktion in einem Zeitraum von nur fünf Jahren um 50 Prozent gestiegen. Was den Weltkapitalismus anbelangt, so gab es im viktorianischen und edwardianischen Boom hohe Wachstumsraten. Und doch bezeichnete Lenin den Kapitalismus seiner Zeit ohne wenn und aber als „moribund" und forderte, ihn an seiner schwächsten Stelle, in Russland also, zu stürzen.

Interimperialistische Kriege hatten das kapitalistische System in seiner Monopolphase erschüttert. Die Arbeiter der kriegführenden Länder standen vor der harten Entscheidung, entweder ihre Arbeiterkameraden in den feindlichen Schützengräben zu töten oder ihre Waffen gegen ein System zu richten, das sie dazu zwang, ihre Klassenbrüder zu töten.[3] Vor genau die gleiche Wahl sahen sich die Menschen gestellt, die aus den Kolonien rekrutiert wurden, um für ihre „Herren", für ihr Metropolkapital, zu kämpfen. Oder, um es mit Rosa Luxemburgs Worten zu sagen, das System war an einem Punkt angelangt, an dem es nur noch eine Wahl gab: Sozialismus oder Barbarei. Diese herausragenden marxistischen Autoren haben die historische Obsoleszenz des Systems also nicht an irgendwelchen Wachstumsraten des Bruttoinlandsprodukts festgemacht. Entscheidend war für sie die Tatsache, dass das System die Menschheit in einen Zustand der Barbarei gebracht hatte, aus dem heraus nur der Sozialismus sie retten konnte.

Eine Unterscheidung zwischen einer fortschrittlichen Phase des Kapitalismus und einer Phase, in der er sich rückwärts entwickelt und damit obsolet wird, läßt sich kaum halten. Sie erweist sich vor allem dann als unzutreffend, wenn man den Kapitalismus in seinem weltweiten Umfeld betrachtet. Schon immer hat der Kapitalismus auf der einen Seite die Produktivkräfte entwickelt und auf der anderen Seite wachsende absolute Armut hervorgebracht. Seine „progressive" und „regressive" Rolle hat er immer gleichzeitig, nicht hintereinander, gespielt. Die These, die progressive Phase entspreche dem Kapitalismus des freien Wettbewerbs, die regressive Phase falle mit dem Monopolkapitalismus zusammen, konnte im Kontext der imperialistischen Kriege noch überzeugen. Heute aber kann sie das kaum noch.

Auch wenn man akzeptiert, die progressive Phase des Kapitalismus könne von seiner regressiven Phase am unterschiedlichen Wachstum der Produktivkräfte, also an den Wachstumsraten des BIP, festgemacht werden, kommt man in Schwierigkeiten. Das so genannte Goldene Zeitalter des Kapitalismus lag schließlich innerhalb der als regressiv eingestuften Monopolphase. Auch hilft es nicht weiter, die regressive von der progressiven Phase darüber abzugrenzen, indem man die regressive Phase mit dem Absturz in die Barbarei identifiziert. Eine zeitliche Einteilung der Geschichte des Kapitalismus nach einer solchen Phasenabfolge ist schlicht nicht möglich. Vor der Entkolonisierung war der Kapitalismus in den Kolonien immer barbarisch, und er ist es auch heute noch. Zwar gibt es der Form nach keine Kolonien mehr. Aber mit großer Rücksichtslosigkeit belastet der Kapitalismus die arbeitenden Menschen in der Dritten Welt mit einer Deflation ihrer Einkommen, und darin ist er barbarisch.

Der Sturz des Kapitalismus zur Verwirklichung der menschlichen Freiheit steht dann auf der Tagesordnung, wenn die Theorie seine tödliche Funktionslogik offengelegt hat, wenn es offenkundig ist, dass die menschliche Freiheit nur verwirklicht werden kann, wenn der Kapitalismus gestürzt wird. Es stimmt, dass einige Perioden diesem Zweck günstiger sind als andere. Aber die Unterscheidung zwischen Zeiten, die für einen Umsturz günstig sind, und Zeiten, in denen die Chancen für einen Umsturz schlecht stehen, hat mit der Unterscheidung zwischen einer fortschrittlichen Phase des Kapitalismus und einer Phase seiner historischen Obsoleszenz nichts zu tun. Nach unserer Argumentation ist die gegenwärtige Periode für das sozialistische Projekt günstig, zum ersten, weil sich der Kapitalismus in einer Sackgasse befindet, aus der er noch keinen Ausweg zu finden scheint, zum zweiten, weil er in dieser Sackgasse überall die Kräfte des Faschismus heraufbeschwört, die ihrerseits progressive Kräfte der Gegenwehr freisetzen. Dieser Faschismus wird zwar nicht die Geschichte der 1930er und frühen 1940er Jahre wiederholen. Aber er ist eine Düsternis, die uns dauerhaft zu überschatten droht. Was uns von Seiten des Faschismus bevorsteht, sind also nicht unbedingt Kriege und Todeslager. Vielmehr droht eine mehr oder weniger lange Periode schleichender Faschisierung der Gesellschaft, aus der nur der Sozialismus die Menschheit retten kann.

Wir haben die Idee, das Potenzial des Kapitalismus anhand der Geschwindigkeit zu beurteilen, mit der sich die Produktivkräfte entwickeln, „Produktionismus" genannt. Die ambivalente Haltung der Linken gegenüber der Globalisierung auf der Grundlage eines „produktionistischen" Arguments ist unserer Ansicht nach aus zwei Gründen falsch. Erstens ist Produktionismus in sich schon widersprüchlich. Zur Beurteilung der Zukunftsfähigkeit des Kapitalismus oder zur Beurteilung seiner Obsoleszenz bietet er also keine Grundlage. Zweitens entbehrt die produktionistische Einteilung der Geschichte des Kapitalismus in zwei Phasen, in eine progressive und in eine regressive Phase, jeglicher Substanz. Zwei-Phasen-Konzeptionen, die sich auf andere, nicht-produktionistische Kriterien stützen, sind ebenfalls nicht stichhaltig, stehen jetzt aber nicht im Mittelpunkt. Denn es ist der Produktionismus, der in der Regel das Kriterium der Zweiphasen-Einteilung bereitstellt, und die Abkopplung von der Globalisierung wird in der Regel unter Berufung auf dieses Kriterium bekämpft. Der Produktionismus ist aber zur Beurteilung der Zukunftsfähigkeit des Kapitalismus nicht geeignet. Wenn linke Kräfte aus produktionistischen Gründen der Globalisierung eine positive Seite abgewinnen, wenn sie sich aus eben diesen Gründen einer Abkopplung von der Globalisierung entgegenstellen, dann folgen sie einem falschen Weg.

Wenn die Linke nicht zu einer klaren Haltung zur Globalisierung findet, wenn sie es nicht schafft, die arbeitende Bevölkerung für eine Überwindung der neoliberalen Ordnung zu mobilisieren, wenn sie es nicht schafft, über diese Schritte den Übergang zum Sozialismus zu eröffnen, wird die Menschheit noch lange in einer Welt der Krisen und der Faschisierung leben müssen.

21 Der Weg nach vorn

1. Dies wird auf globaler Ebene durch den bereits erwähnten Rückgang der Pro-Kopf-Getreideproduktion bestätigt. Da im Berichtszeitraum ein größerer Teil der Getreideproduktion für die Biokraftstoffproduktion abgezweigt wurde, muss die Pro-Kopf-Verfügbarkeit von Getreide für Konsumzwecke noch schneller zurückgegangen sein. In Indien hat die Pro-Kopf-Verfügbarkeit von Getreide und Hülsenfrüchten in keinem der folgenden Jahre das Niveau von 1991 erreicht. Im Jahr 1991 sind die neoliberalen Reformen eingeführt wurden.
2. Prabhat Patnaik, „Two Concepts of Nationalism," in *What the Nation Really Needs to Know*, Rohit Azad, Janaki Nair, Mohinder Singh, and Mallarika Sinha Roy, eds. (New Delhi: HarperCollins India, 2016).
3. György Lukács, *Lenin: A Study in the Unity of His Thought* (London: New Left Books 1970 [1924]).

Zur Übersetzung herangezogene deutschsprachige Literatur (Auswahl)

Schriften von Karl Marx, MEW

[MEW 23 (1973)] Karl Marx und Friedrich Engels. Marx-Engels-Werke. Band 23: Das Kapital. Kritik der politischen Ökonomie, Erster Band. Dietz Verlag, Berlin, 1973.

[MEW 25 (1973)] Karl Marx und Friedrich Engels. Marx-Engels-Werke. Band 25: Das Kapital. Kritik der politischen Ökonomie, Dritter Band. Dietz Verlag, Berlin, 1973.

[MEW 26.2 (2000)] Karl Marx und Friedrich Engels. Marx-Engels-Werke. Band 26.2.Theorien über den Mehrwert. Dietz Verlag, Berlin, 6., unv. Aufl. 2000 der 1. Aufl. 1967.

[MEW 9 (1960)] Karl Marx und Friedrich Engels. Marx-Engels-Werke. Band 9. Karl Marx. Die britische Herrschaft in Indien. Aus dem Englischen, Dietz Verlag, Berlin, 1960, S. 127-133.

Schriften von Karl Marx, MEGA II

Marx, Karl. 1857/58. MEGA II/1.1: "Grundrisse", Teil 1,1857/58. Berlin: De Gruyter. MEGAdigital http://telota.bbaw.de/mega/.

Marx, Karl. 1857/58. MEGA II/1.2: "Grundrisse", Teil 2, 1857/58. Berlin: De Gruyter. MEGAdigital http://telota.bbaw.de/mega/.

Marx, Karl. MEGA II/4.1 „Lohn, Preis und Profit". Berlin: De Gruyter. MEGAdigital http://telota.bbaw.de/mega/

Marx, Karl.1991. Das Kapital. Kritik der politischen Ökonomie. Erster Band. 4. Aufl. Hrsg. von Friedrich Engels (1890). In: MEGA2 II/10. Berlin: Karl Dietz.

Sonstige Schriften

Baran, Paul A., und Paul M. Sweezy. 1967. Monopolkapital. Ein Essay über die Amerikanische Wirtschafts- und Gesellschaftsordnung. Aus dem Amerikanischen von Hans-Werner Saß. Frankfurt am Main: Suhrkamp.

dewiki.de. „Prebisch-Singer-These" (Terms of Trade, Reales Güteraustauschverhältnis). In dewiki.de Lexikon. 2024. Abgerufen von https://dewiki.de/Lexikon/Prebisch-Singer-These.

Franz, Wolfgang. 2009. Arbeitsmarktökonomik. Siebte, vollständig berarbeitete Auflage. Dordrecht Heidelberg New York: Springer.

gabler-banklexikon.de. „Multiplikator-Akzelerator-Prozess". In www.gabler-banklexikon.de. 2024. Abgerufen von https://www.gabler-banklexikon.de/definition/multiplikator-akzelerator-prozess-59976/version-375295

Hilferding, Rudolf. 1947. Das Finanzkapital. Eine Studie über die Entwicklung des Kapitalismus. Berlin: JHW Dietz Nachf. GmbH.

Keynes, John Maynard. [1932] 1983. Vom Gelde (A Treatise on Money). Ins Deutsche übersetzt von Dr. Carl Krämer unter Mitwirkung von Louise Krämer. München und Leipzig 1932. Berlin: Duncker & Humblot.

Keynes, John Maynard. 2017. Allgemeine Theorie der Beschäftigung, des Zinses und des Geldes. Neuübersetzung von Nicola Liebert. Berlin: Duncker & Humblot.

Kindleberger, Charles P.. [1973] 2019. Die Weltwirtschaftskrise 1929-1939. Aus dem Englischen von Michael Ledig. Mit einer Einführung von Georg von Wallwitz. München: dtv Verlagsgesellschaft.

Krämer, Hagen. „Monopolgradtheorie der Verteilung". In wirtschaftslexikon.gabler.de. 2024. Abgerufen von https://wirtschaftslexikon.gabler.de/definition/monopolgradtheorie-der-verteilung-38502

Laschitza, Annelies, Radczun, Günter (Hrsg.). 2000. Rosa Luxemburg. Gesammelte Werke, Bd. 4, August 1914 bis Januar 1919. Berlin: Karl Dietz.

Lenin, W. I. 1961. Der Imperialismus als höchstes Stadium des Kapitalismus. Gemeinverständlicher Abriß. Institut für Marxismus-Leninismus beim ZK der KPdSU. Hrsg. W.I. Lenin. Ausgewählte Werke in drei Bänden, Bd. 1 763-873. Berlin: Dietz.

Lucassen, Jan und Lucassen, Leo. "Indentured Labour" (Vertragsknechtschaft). In Enzyklopädie der Neuzeit Online. im Auftrag des Kulturwissenschaftlichen Instituts (Essen) und in Verbindung mit den Fachherausgebern herausgegeben von Friedrich Jaeger (bis 2019), Georg Eckert, Ulrike Ludwig, Benjamin Steiner und Jörg Wesche. J.B. Metzler, Teil von Springer Nature. Copyright © Springer-Verlag GmbH, DE 2005. Abgerufen am 29. November 2023 von http://dx.doi.org/10.1163/2352-0248_edn_SIM_283537.

Luxemburg, Rosa. 1916. Die Krise der Sozialdemokratie. In Laschitza und Radczun 2000: 51-164.

Luxemburg, Rosa. Dritte Auflage 1969. Die Akkumulation des Kapitals. Frankfurt: Verlag Neue Kritik Archiv Sozialistischer Literatur.

Merk, Gerhard. „Arbeitskoeffizient (labour-capital ratio)". In Börsenlexikon. 2024. Abgerufen von https://www.ad-hoc-news.de/boersenlexikon/a/arbeitskoeffizient-labour-capital-ratio/16329457

Patnaik, Utsa und Prabhat Patnaik. 2023. Eine Theorie des Imperialismus. Mit einer Anmerkung von David Harvey. Aus dem Englischen von Michael Zängle. Kassel. Mangroven Verlag.

Piketty, Thomas. [2014] 2016. Das Kapital im 21. Jahrhundert. Aus dem Französischen von Ilse Utz und Stefan Lorenzer. München: Verlag C.H.Beck oHG.

Ricardo, David. 2006. Über die Grundsätze der Politischen Ökonomie und der Besteuerung. Von Ottmar Kotheimer überarbeitete Übersetzung Gerhard Bondis. Herausgegeben von Heinz D. Kurz und Christian Gehrke. Mit einer Einführung von Heinz D. Kurz unter dem Titel "David Ricardo". Marburg: Metropolis.

Schumpeter, Joseph A. 2020. Kapitalismus, Sozialismus und Demokratie. 10., vervollständigte Auflage. Mit einer Einführung von Heinz D. Kurz; übersetzt von Susanne Preiswerk (Teil I-IV) und Theresa Hager, Philipp Kohlgruber und Patrick Mellacher (Teil V) Narr Francke Attempto. Tübingen: UTB GmbH.

Schumpeter, und Joseph. 2006. Theorie der wirtschaftlichen Entwicklung. Nachdruck der 1. Auflage 1912. Herausgegeben und ergänzt um eine Einführung von Jochen Röpke und Olaf Stiller. Berlin: Duncker & Humblot.

Smith, Adam.1978. Der Wohlstand der Nationen. Eine Untersuchung seiner Natur und seiner Ursachen. Aus dem Englischen übertragen und mit einer umfassenden Würdigung des Gesamtwerks von Horst Claus Recktenwald. München: Deutscher Taschenbuchbuch Verlag.

Wirtschaftslexikon24.com. „Harrod-Modell". In Wirtschaftslexikon24.com. 2024. Abgerufen von https://www.wirtschaftslexikon24.com/d/harrod-modell/harrod-modell.htm.

Register

Zu den Autoren

Utsa Patnaik ist eine marxistische Ökonomin aus Indien. Von 1973 bis 2010 unterrichtete sie an dem Centre for Economic Studies and Planning in der School of Social Sciences an der Jawaharlal Nehru University (JNU) in Neu-Delhi. Sie ist verheiratet mit dem marxistischen Ökonomen Prabhat Patnaik.
Patnaik promovierte in Ökonomie am Somerville College, Oxford, England, bevor sie nach Indien zurückkehrte, um ihre Stelle an der JNU anzutreten. Ihre Forschungsschwerpunkte sind die Probleme des Übergangs von der Landwirtschaft und den vorherrschenden bäuerlichen Gesellschaften zur Industriegesellschaft, sowohl im historischen Kontext als auch gegenwärtig in Bezug auf Indien; und Fragen in Bezug auf Ernährungssicherheit und Armut. Einige der von ihr verfassten Bücher umfassen *Peasant Class Differentiation – A Study in Method* (1987), *The Long Transition* (1999) und *The Republic of Hunger and Other Essays* (2007).
Patnaik hat desweiteren mehrere Bände mit-bearbeitet und mit-herausgegeben, darunter *Chains of Servitude – Bondage and Slavery in India* (1985), *Agrarian Relations and Accumulation – the Mode of Production Debate in India* (1991), *The Making of History – Essays presented to Irfan Habib* (2000), *The Agrarian Question in Marx and his Successors in zwei Bänden* (2007, 2011) und *A Theory of Imperial Capitalism.*

Prabhat Patnaik, geboren am 19 September 1945 in Jatni, Odisha, ist emeritierter Professor an der Jawaharlal Nehru University (JNU) in Neu-Delhi.
Nach seinen Schulabschluss trat Patnaik 1969 der Faculty of Economics and Politics der University of Cambridge in England bei und wurde Mitglied des Clare College in Cambridge. 1974 kehrte er nach Indien zurück und arbeitete als Dozent an dem neu enstandenen Centre for Economic Studies and Planning (CESP) an der JNU. 1983 wurde er Professor in dem CESP und unterrichtete dort bis zu seinem Ruhestand in 2010. Zu dem Zeitpunkt seines Ruhestandes bekleidete er den Sukhamoy Chakravarty Sitz in Planning and Development an dem CESP.